Othmar von Ettingshausen   Grundlagen des Systemdenkens

Othmar von Ettingshausen

Grundlagen des Systemdenkens

Entscheiden in komplexen Situationen

© Othmar von Ettingshausen 2016

Herstellung und Verlag:
BoD - Books on Demand, Norderstedt

ISBN 978-3-7412-3000-4

Für Ina-Maria, Colin und Valeska

Situation eins

Ich gehe die Straße entlang.
Im Bürgersteig ist ein tiefes Loch.
Ich falle hinein.
Ich bin ratlos und hilflos.
Ich fühle mich nicht schuldig.
Es dauert endlos lang, wieder herauszufinden.

Situation zwei

Ich gehe dieselbe Straße entlang.
Im Bürgersteig ist ein tiefes Loch.
Ich tue so, als ob ich es nicht sähe.
Ich falle wieder hinein.
Ich kann nicht glauben, dass ich mich wieder in dieser Situation befinde.
Aber ich fühle mich nicht schuldig.
Es dauert immer noch lange, herauszukommen.

Situation drei

Ich gehe dieselbe Straße entlang.
Im Bürgersteig ist ein tiefes Loch.
Ich sehe, dass es da ist.
Ich falle hinein –es ist schon eine Gewohnheit-
aber ich habe meine Augen dabei weit geöffnet.
Ich weiß, wo ich mich befinde.
Es ist meine Schuld.
Ich klettere sofort heraus.

Situation vier

Ich gehe dieselbe Straße entlang.
Im Bürgersteig ist ein tiefes Loch.
Ich gehe daran vorbei.

Situation fünf

Ich gehe eine andere Straße entlang.

Portia Nelson (aus: There is a hole in my sidewalk)

Inhaltsverzeichnis

1. Einleitung	8
2. Systemen begegnet man überall	12
3. Was ist ein System?	23
4. Die Sprache des Systemdenkens	54
4.1 verbale Beschreibungen des Problems	55
4.2 Zeitverläufe der Schlüsselvariablen	59
4.3 Feedbackdiagramme (Rückkoppelungsschleifen)	61
4.4 Bestands- und Flussgrößen (Stock and Flow)	74
4.5 Software (mathematische Fachsprache)	91
5. Rückkoppelungen	93
5.1 negative, stabilisierende Rückkoppelung	100
5.2 positive, verstärkende Rückkoppelung	118
5.3 selbsterfüllende Prophezeiungen	129
5.4 positive Rückkoppelungen in Wirtschaftsleben	132
5.5 Verzögerungen: die versteckten Störenfriede	143
6. Verständnisebenen: vom Ereignis zur Vision	148
6.1 Ereignisse	150
6.2 Muster, Trends, Zeitverläufe, Verhaltensmuster	153
6.2.1 lineare Zeitverläufe	158
6.2.2 exponentielle Zeitverläufe	162
6.2.3 zielsuchende Zeitverläufe	168
6.2.4 oszillierende Zeitverläufe	170
6.2.5 s-förmige Zeitverläufe	177
6.2.6 Zeithorizont	180
6.2.7 Logik	184
6.2.8 Zusammenfassung	184
6.3 Strukturen	186
6.4 mentale Modelle	189
6.5 Visionen	199
6.6 systemische Veränderungen managen	203

7. Komplexität	207
8. Entscheiden in komplexen Situationen	236
9. Systemarchetypen	255
9.1 Fehlkorrekturen	258
9.2 Problemverschiebungen	264
9.3 Grenzen des Wachstums	271
9.4 die Tragödie der Gemeingüter	277
9.5 Widersacher wider Willen	287
9.6 Eskalation	294
9.7 erodierende Ziele	304
9.8 Erfolg dem Erfolgreichen	312
9.9 Wachstum und Unterinvestition	323
9.10 der Stammbaum des Systemarchetypen	332
10. Benutzte Literatur	335
11. System Dynamics Software	339
12. System Dynamik Institutionen	339

*Die Spielregeln werden härter.
Deshalb muss das Rüstzeug für Problemlösungen
effizienter und effektiver werden.
Der einzige nachhaltige Wettbewerbsvorteil besteht daher
in der Fähigkeit schneller zu lernen als die Konkurrenz.*

1. Einleitung

Wir alle müssen, um zu überleben, unser Umfeld verstehen. Wir können aber unmöglich Experten auf jedem Gebiet sein, das uns betrifft. Besteht vielleicht ein Ausweg aus dieser Zwangslage? Erstaunlicherweise gibt es eine verhältnismäßig einfache Methode unser komplexes Umfeld zu begreifen und mit ihm umzugehen. Die Antwort lautet: *Systemdenken*. Es ist das Ziel dieses Buches, Sie mit dieser Methode vertraut zu machen.

Das ist ein hoher Anspruch. Wenn Systemdenken uns in die Lage versetzt, die Welt um uns herum besser zu verstehen und nachhaltige Problemlösungen zu finden, fragt man sich, warum die Methode nicht verbreiteter ist. Zunächst sind unsere Schulen ausgesprochen langsam, neue Lehrinhalte aufzunehmen. Systemdenken ist noch relativ neuartig und unbekannt und fühlt sich für Menschen ungewohnt an, die in der traditionellen fachspezifischen Weise ausgebildet sind. Dazu kommt noch, dass die meisten Veröffentlichungen über Systemdenken sehr technisch, mathematisch und schwer zu lesen sind. Erst in jüngster Zeit sind die Versuche, vielfach auf Englisch, zahlreicher geworden, Systemdenken auch Laien zu vermitteln. Dies entspricht auch der Zielsetzung dieses Buches. Sie brauchen kein ausgeprägtes mathematisches oder naturwissenschaftliches Wissen und die Formulierungen sind möglichst einfach und leicht verständlich gehalten. Ohne großen Aufwand müssen Sie nur Ihren Hausverstand einsetzen, um Systemdenken zu verstehen und es anzuwenden lernen. Vielfach müssen Sie nur Ihr Wissen umdenken. Dann können Sie folgendes erwarten:

• Es wird Ihnen leichter fallen, Neues zu lernen. Die meisten Themen und Studienfächer werden völlig getrennt voneinander gelehrt. Wenn Sie an einem Kurs in Chemie teilnehmen und danach in Volkswirtschaftslehre wird zwischen beiden Fachgebieten keine Verbindung hergestellt und Sie müssen in Volkswirtschaftslehre ganz von vorne anfangen. Genau genommen bezieht sich aber einiges, das die Chemie betrifft auch auf politische Systeme und umgekehrt. Anstatt von vorne zu beginnen, können Sie auf dem vorhandenen Wissen aufbauen. Die grundlegenden Regeln nach denen Systeme funktionieren, wie Rückkoppelungen und das Verhalten von Systemen, das durch seine Struktur bestimmt wird, lassen sich gleichermaßen auf soziale, politische, ökonomische, ökologische, chemische und physikalische Systeme anwenden. Sobald Sie diese Regeln verstanden haben, können Sie jeden neuen Sachverhalt und jedes neue Problem auf der Grundlage vorhandenen Wissens erfassen.

•Sie lernen, komplexe Probleme und Situationen leichter zu verstehen. Die meisten Lehrinhalte befassen sich nicht mit der Lösung von Problemen, die die Grenzen zwischen den unterschiedlichen Disziplinen überschreiten und nur wenige Menschen lernen, wie sie schwierige Probleme besser beherrschen können. Systemische Denkansätze für solche Probleme garantieren zwar nicht die richtigen Antworten, aber sie erhöhen die Wahrscheinlichkeit nachhaltigere Lösungen zu finden.

•Sie erhalten Hinweise auf effektive Strategien, wie sie ihr Umfeld beeinflussen können, damit es sich im gewünschten Sinn verhält. Wenn Menschen Zustände verändern und Probleme lösen wollen, verschwenden sie oft ihre Zeit mit wirkungslosen Methoden und sind letztlich über die Ergebnisse enttäuscht. Hingegen helfen systemische Denkansätze effektive Eingriffe in Systeme zu identifizieren, wodurch die Erfolgschancen für nachhaltige Lösungen steigen.

•Systemdenken wird Ihnen helfen Arbeitsabläufe zu optimieren, Verzögerungen wahrzunehmen und Engpässe zu beseitigen.

•Sie verbessern Ihre Fähigkeit über komplexe Streitfragen produktiv zu kommunizieren, weil Sie eigene und fremde mentale Modelle als Ursache eines Problems erkennen. Sie werden die unterschiedlichen Sichten darüber, wie ein Problem entsteht, besser wahrnehmen.

•Sie werden Ihre Fähigkeiten der komplexen Kommunikation und der Mustererkennung (Strukturanalyse) verbessern. Beides ist im digitalen Zeitalter erfolgsentscheidend.

•Schließlich hilft Ihnen Systemdenken eine übergreifende Sicht Ihres eigenen Umfeldes zu entwickeln. Die meisten Menschen erfahren ihr Wissen stückweise und erhalten wenig Unterstützung darin, eine sinnvolle Gesamtsicht zu entwickeln. Aber ein systemischer Denkansatz bietet zumindest einen widerspruchsfreien Bezugsrahmen und die Möglichkeit Wissensfragmente, die einem begegnen, anschaulich zusammenzufügen.

Im weitesten Sinn umfasst das Systemdenken eine große und relativ formlose Sammlung von Methoden, Werkzeugen und Prinzipien, die alle darauf zielen, die Wechselwirkung von Kräften zu erkennen und sie als Teil eines gemeinsamen Prozesses zu begreifen. All diese unterschiedlichen Ansätze werden von dem Leitgedanken getragen, dass das Verhalten aller Systeme bestimmten allgemeinen Prinzipien folgt, die man erforschen und beschreiben kann. Eine Variante des Systemdenkens bietet eine besonders nützliche Sprache, mit der sich beschreiben lässt, wie man lohnende Veränderungen in Organisationen –in der Politik und in Unternehmen- bewirken kann. Diese Form, die sogenannte „Systemdynamik", ist in den letzten vierzig Jahren von Professor Jay Forrester und seinen Kollegen, allen voran Professor John Sterman am Massachusetts Institute of Technology (MIT) in Boston entwickelt worden. Die Werkzeuge und Methoden (Verbindungen von Variablen und Schleifen sowie Modelle von Bestands- und Flussgrößen) gründen alle auf dem systemdynamischen Verständnis, dass komplexe Rückkoppelungsprozesse problematische Verhaltensmuster in Organisationen und weitverzweigten menschlichen Systemen erzeugen können.

Ein System ist ein wahrgenommenes Ganzes, dessen Elemente „zusammenhängen", weil sie einander gegenseitig im Laufe der Zeit beeinflussen und auf ein gemeinsames Ziel hinwirken. Der Begriff geht auf das griechische Verb *synistánai* zurück, was ursprünglich „zusammenstellen oder einen Zusammenhang bewirken" bedeutete. Wie hier anklingt, schließt die Struktur eines Systems die Qualität der Wahrnehmung mit ein, durch die man als Beobachter, den Zusammenhang herstellt.

Beispiele für Systeme sind biologische Organisationen (einschließlich des menschlichen Körpers), die Atmosphäre, Krankheiten, ökologische Nischen, Fabriken, Unternehmen, Industrien, chemische Reaktionen, Projektmanagement, politische Parteien, Gemeinschaften, Familien oder Teams. Man selbst und seine Arbeit gehören Dutzenden von verschiedenen Systemen an.

Systemische Strukturen sind häufig unsichtbar –bis jemand darauf aufmerksam macht. Das Wort „Struktur" kommt vom lateinischen *struere*, „bauen". Aber Strukturen in Systemen sind nicht zwangsläufig bewusst gebaut. Sie setzen sich aus den bewussten und unbewussten Entscheidungen zusammen, die die Menschen im Laufe der Zeit treffen.

Seit dem Beginn der Arbeiten über Systemdynamik am MIT in Boston haben unzählige Personen unterschiedliche Aspekte der Systemdynamik und des Systemdenkens veröffentlicht. Jay W. Forrester, Donella Meadows, John D. Sterman, Peter M. Senge, Daniel H. Kim, Hartmut Bossel, Dietrich Dörner, Peter Milling, Günther Ossimitz, Klaus Mainzer und Frederic Vester –um nur einige zu nennen- haben mit ihren Publikationen wesentlich zum besseren Verständnis der System Dynamik und des Systemdenkens beigetragen.

Das Buch, das Ihnen vorliegt, baut im Wesentlichen auf der Literatur auf, die im Anhang genannt ist. Es beinhaltet meine Vorlesung „Grundlagen des Systemdenkens", die ich an der „International School of Management" in Dortmund gehalten habe. Es befasst sich mit den Strukturen und den Gesetzen, die in Systemen herrschen. Dabei liegt der Schwerpunkt auf sozialen Systemen, die Familien, Volkswirtschaften und industrielle Organisationen betreffen und auf Systemen, die Menschen, Ressourcen und Technologien miteinander verbinden. Soziale Systeme sind Systeme, die sich demnach auf menschliche Gemeinschaften beziehen. Sie verkörpern die Wechselwirkungen zwischen Menschen und umfassen Familien, kleinere Gruppen, Unternehmen, Länder, Volkswirtschaften, internationale Beziehungen oder die Globalisierung und vieles mehr.

Das Buch richtet sich an alle, die ihre Fähigkeiten, Probleme zu lösen, verbessern wollen. Es wäre schön, wenn Ihnen dieses Buch gefällt. Ich hoffe, es verschafft Ihnen einen Zugang zu neuen Denkweisen und Einblicken in die komplexe Welt, in der wir leben und die unsere Kinder erben werden.

Wer nicht kommuniziert, muss damit rechnen,
dass es jemand anders für ihn tut-
und dann womöglich nicht in seinem Sinne.
Paul Watzlawick

2. Systemen begegnet man überall

Ein System ist eine Anordnung aufeinander wirkender, in Wechselbeziehung zueinander stehender und voneinander abhängiger Elemente, die ein gemeinsames Ziel verfolgen. Dieses Zusammenwirken entscheidet darüber, wie sich ein System verhält und wie es sich weiter entwickelt. Systeme können unterschiedlich aufgebaut sein und Menschen, Tiere, Pflanzen, Wälder, Maschinen, Unternehmen, Städte oder Volkswirtschaften umfassen.

Dazu einige Beispiele von Systemen, die uns allen vertraut sind:
- *Mechanische Systeme*: Kraftwerke, Produktionsanlagen, Fließbänder, Auto, Fahrrad, Autopilot, Thermostat, Getriebe, Klimaanlagen, Gangschaltung
- *Biologische Systeme*: Lebewesen, Fotosynthese, Durst, Atmung, Hunger, Krankheiten, Immunsystem, Nervensystem
- *Ökologische Systeme*: Wetter, Regenwald, Klimaschwankungen, Landwirtschaft, Treibhauseffekt, Stoffkreisläufe, Lawinen, Gletscherschmelze, Gezeiten, Anstieg des Meeresspiegels
- *Sozioökologische Systeme*: Demokratie, Diktatur, Politik, Management, Produktion, Wertschöpfungsketten, Investitionen, Inflation, Arbeitsmarkt, Familie, Gesundheitssystem, Gesellschaft, Kultur, Wissenschaft, Bildung, Preisbildung durch Angebot und Nachfrage, Lagerhaltung, Finanzmärkte, Börse

Systeme verfügen über ausgeprägte Eigenschaften, die nicht in ihren Teilen vorhanden sind. Man kann die Eigenschaften des gesamten Systems nicht bestimmen, wenn man es zerlegt und die Teile untersucht.

Wir alle leben und arbeiten in Gesellschaftssystemen, zum Beispiel in Beziehungen, Unternehmen, Handwerksbetrieben, Behörden, Schulen, Forschungseinrichtungen oder Universitäten. Aber trotzdem begann sich erst spät und zögernd ein grundlegendes Verständnis für die Gesetze zu entwickeln, die das Verhalten von Systemen in Familien, Politik und

Wirtschaft beschreiben. Ganz im Gegensatz zu den Naturwissenschaften, zu Medizin und Technik, wo das Bewusstsein für verflochtene und unübersichtliche Systeme ausgeprägt ist.

Warum wird Systemen und ihren Grundlagen in der Fachliteratur, im Bildungswesen, in Politik und Wirtschaft zu wenig Beachtung geschenkt? Sind sie doch allgegenwärtig. Hat das damit zu tun, dass keine Notwendigkeit dafür erkannt wird, das Verhalten von Systemen zu verstehen? Oder scheint es, dass Systeme schwer durch eine allgemein umfassende Theorie zu erfassen sind und ihnen deshalb wenig Bedeutung zugemessen wird? Oder könnte es damit zusammenhängen, dass Gesetzmäßigkeiten von Systemen so schwer wahr zu nehmen sind und sich deshalb der Aufklärung entziehen? Wahrscheinlich treffen alle diese Gründe zu.

Für primitive Gesellschaften, die von Ackerbau und Viehzucht lebten, standen Systeme von Natur aus fest und ihre Eigenschaften wurden als gegeben und jenseits von Einsicht und Kontrolle akzeptiert. Die Menschen versuchten ganz einfach den natürlichen Systemen ihrer Umgebung und den Familien- und Stammessystemen zu entsprechen, die eher allmählich entstanden sind und sich nicht planmäßig entwickelt haben. Und so glichen sich die Menschen den Systemen an, ohne sich dem Zwang auszusetzen, sie verstehen zu müssen. Zwar mussten sich die Menschen vielfach so verändern, dass sie zu den jeweiligen Gegebenheiten passten und ohne größere Schwierigkeiten mit ihnen leben konnten. Aber das Gefühl von den Systemen in ihrer Umgebung, dem Klima, dem Wetter, der Jagd, dem Ackerbau, Bedrohungen durch Umweltkatastrophen, Hungersnöten oder Feindseligkeiten beherrscht zu werden, hatten die Menschen damals nicht. Das Bewusstsein für Systeme existierte nicht.

Im Mittelalter war die Lebenserwartung der Menschen im Vergleich zu heute begrenzt. Sie lag zwischen zwanzig und fünfunddreißig Jahren. Die Säuglings- und Kindersterblichkeit war hoch. Die Bevölkerung wurde häufig von verheerenden Naturkatastrophen und Epidemien heimgesucht. Die meisten Menschen entfernten sich nicht mehr als fünfzehn Kilometer von ihrem Geburtsort. Es herrschte kaum persönliche Freiheit. Armut und Entbehrung waren weit verbreitet. Deshalb wurde das Bewusstsein der Menschen von Spiritualität und dem Leben nach dem Tod und nicht vom Inhalt und den Zusammenhängen des täglichen Daseins getragen.

Das änderte sich in der Renaissance, der europäischen Kulturepoche des 15. und 16. Jahrhunderts. Sie war wie ein Erwachen. Die Menschen begannen die Welt, in der sie lebten, wahrzunehmen und sich für sie zu interessieren. Sie wurden wissbegierig und nachfragend. Sie wollten nicht nur andere Zivilisationen kennen lernen, sondern interessierten sich auch für die Lebensverhältnisse der Menschen in früheren Zeitaltern. Die Neugierde entwickelte sich zu einer mächtigen Antriebskraft. Sie bewirkte die Wiederbelebung von Lehren, Lernen und Forschen. Erfindungen und Entdeckungen waren die Folge. Die Wissbegierde führte zu experimentellen Methoden. Sie erweckte das Bestreben, die Welt unbehindert durch die Fesseln vermeintlicher Autoritäten wahrzunehmen.

Die Menschen begannen die Objekte, die sie nicht verstanden, auseinander zu nehmen, um zu begreifen, wie sie funktionieren. Sobald sie durchschauten, welche Aufgaben die Einzelteile erfüllten, versuchten sie Schlüsse auf die Wirkungsweise des Ganzen herzuleiten. Dieser dreistufige Prozess, nämlich

- *Objekte in Einzelteile zu zerlegen,*
- *die Eigenschaften und das Verhalten der Einzelteile isoliert zu erkennen und*
- *das Verständnis der Funktionsweise der Einzelteile in das Verständnis des ganzen Objektes zu integrieren*

wurde die grundlegende Untersuchungsmethode, die von der Renaissance initiiert wurde. Diesen Prozess nennen wir Analyse. Kein Wunder, dass für uns heute Analyse und Nachforschung gleichbedeutend sind. In unserem Sprachgebrauch wurden die „Analyse des Problems" und die „Lösung eines Problems" sinnverwandt.

Das änderte sich in der Mitte des 19. Jahrhunderts. Es entwickelte sich die industrielle Revolution. Der Mensch als Arbeitskraft wurde von Maschinen ersetzt. Es entstanden Industriegesellschaften. Mit ihnen begannen Systeme unser tägliches Leben zu dominieren. Sie wurden uns bewusst, weil wir ihnen überall begegnen und wir nicht außerhalb der Systeme leben, sondern vielfach mitten drin.

So begegnen uns Systeme in Wirtschaftskreisläufen, wir treffen sie im Marktgeschehen, in veränderlichen Zinsniveaus, schwankenden Beschäftigungssituationen und bei Firmengründungen an. Systeme beobachten wir im Bildungswesen, im technischen Fortschritt, in der

Infrastruktur des Kommunikations- und Verkehrswesens, im Gesundheitswesen und in der Globalisierung. Systeme begegnen uns auch in Aufständen gegen Regierungen und Streiks zur Durchsetzung von Arbeitnehmerinteressen sowie in vielen anderen Erscheinungsformen in unserem sozialen Umfeld. Diese Systeme in Politik und Wirtschaft wurden unerwartet so komplex und ihr Verhalten so verwirrend, dass es schien, als könnten sie mit keiner allgemeinen Theorie erklärt werden. Die vergebliche Suche nach einer durchdachten, wohl geordneten Struktur, einem Bauplan, nach Ursache- und Wirkungsbeziehungen und nach einer Theorie, die das Systemverhalten erklärt, führte zu der Ansicht, dass soziale Systeme zufällig entstehen und verstandesmäßig nur unzureichend zugänglich sind.

Aber im Laufe der letzten Jahrzehnte wurde es nach und nach offenkundig, dass die Schwierigkeit, Systeme zu verstehen nicht so sehr im Fehlen gesicherter und allgemein gültiger Erklärungsmöglichkeiten zu suchen ist. Vielmehr verursachte es vor allem Kopfzerbrechen, allgemein gültige Grundsätze zu erkennen und zu beschreiben, mit deren Hilfe Erfolg oder Versagen von sozialen Systemen, in denen wir uns bewegen, erklärt werden können. Das Interesse begann sich somit auf die Lösung von Problemen zu richten und auf unerwünschtes Systemverhalten zu konzentrieren.

Industriegesellschaften sind wissbegierig. Unentwegt suchen sie nach neuen Erkenntnissen. Wirtschaftswissenschaftler haben eine Vielzahl grundlegender Beziehungen in unserem Wirtschaftssystem erkannt. Psychologen haben die wechselseitigen Verknüpfungen in sozialen Systemen dargestellt. Chemiker, Physiker, Biologen und Ärzte erforschten die Natur. Die Politikwissenschaften untersuchten Regierungssysteme und internationale Beziehungen. Jedoch waren alle diese Untersuchungen nur beschreibend und qualitativ. Eine bloße Beschreibung und Darstellung alleine reicht jedoch nicht aus, das Wesentliche von Systemen offen zu legen. So gute Dienste mathematische Methoden bei der Strukturierung wissenschaftlicher Erkenntnisse in Naturwissenschaften und Technik auch leisten, versagten sie bei der Analyse charakteristischer Eigenschaften, Situationen und Konstellationen von Systemen in Familien und Unternehmen, in Politik und Wirtschaft, bei Behörden und in Institutionen. Wir wurden mit Wissensfragmenten dieser sozialen Systeme überschüttet. Aber es fehlte die Methode, dieses Wissen interdisziplinär zusammen zu fassen, zu strukturieren und in einer Art „Bauplan" darzustellen.

Unerlässlich sind Strukturkenntnisse, wenn es darum geht, naturwissenschaftliche Beobachtungen schlüssig zu einander in Beziehung bringen und auszuwerten. Ohne integrierende Struktur bleiben Informationen nur eine Ansammlung von vielen verschiedenen ungeordneten Sachverhalten. Forschungsergebnisse bleiben nur eine Sammlung von Beobachtungen und Verfahren. Vereinzelt erleben wir widersprüchliche Erkenntnisse, wenn es nicht gelingt, die Beobachtungen zu strukturieren und eine Struktur in dem betreffenden System zu erkennen. Ohne Strukturkenntnisse, die Beobachtungen und Sachverhalte zueinander in Beziehung bringen, ist es schwer, aus Einsichten zu lernen oder Lehren aus der Vergangenheit für die Zukunft zu ziehen.

In Strukturkenntnissen steckt Wissen. Die Gesetze der Physik, Chemie und Biologie öffnen den Blick für Strukturen mit deren Hilfe die unzähligen Beobachtungen erklärt werden können. Diese Strukturen sind die Ergebnisse wissenschaftlicher Forschung und die Grundlage des technischen Fortschritts.

Ein Beispiel aus der Chemie soll diesen Sachverhalt verständlich machen. Die Gesamtzahl der zurzeit bekannten organischen Verbindungen liegt schätzungsweise knapp über acht Millionen. Diese Zahl ist umso bemerkenswerter, wenn man bedenkt, dass über 90 Prozent aller organischen Verbindungen nur aus Kohlenstoff-, Wasserstoff-, Stickstoff- und Sauerstoffatomen bestehen. Je mehr Kohlenstoff-, Wasserstoff- und Sauerstoffatome aber Moleküle haben, desto unterschiedlicher sind ihre Strukturen bei gleicher Summenformel.

Die Summenformel einer Verbindung gibt die Art und Zahl der Atome einer Substanz an. Aceton ist ein Molekül mit der Summenformel C_3H_6O, das aus drei Kohlenstoff- und sechs Wasserstoffatomen sowie einem Sauerstoffatom besteht. Da aber auch Propionaldehyd dieselbe Summenformel aufweist, wird zu der Unterscheidung der beiden Verbindungen eine Strukturformel verwendet, die die räumliche Anordnung der Atome darstellt. Erst die Strukturformel und nicht die Summenformel gibt Aufschluss über das chemische Verhalten der beiden Moleküle, in diesem Falle des Acetons und des Propionaldehyds. Und nur die Strukturformel erlaubt es über das Reaktionsvermögen einer Verbindung zweifelsfrei zu diskutieren. Abbildung 2-1 macht deutlich, wie sehr sich zum Beispiel Aceton vom Propionaldehyd, zwei chemische Verbindungen mit gleicher Summenformel, strukturell unterscheidet.

Diese strukturellen Unterschiede erklären auch die experimentell feststellbaren Unterschiede ihrer chemischen und physikalischen Eigenschaften.

$$\text{Summenformel: } C_3H_6O$$

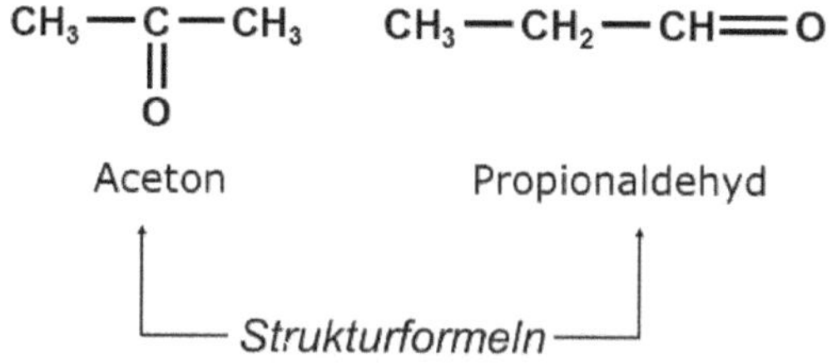

$$CH_3-\underset{\underset{O}{\|}}{C}-CH_3 \qquad CH_3-CH_2-CH=O$$

$$\text{Aceton} \qquad\qquad \text{Propionaldehyd}$$

$$\underbrace{\qquad\qquad\qquad\qquad\qquad}_{\text{Strukturformeln}}$$

Abbildung 2-1: Einer Summenformel können mehrere Strukturformeln zugeordnet werden. Die Struktur bestimmt das Reaktionsvermögen der Substanz.

Die Naturwissenschaften versuchen, die Vorgänge in der Natur zu erfassen, zu beschreiben, zu ordnen und letztlich zu verstehen. Von „Verständnis" kann gesprochen werden, wenn es gelingt, eine Vielzahl von Erscheinungsformen mit einer vergleichsweise einfachen Theorie zu erfassen. Eine Theorie ist ein Konzept zur Beschreibung von Strukturen, eine umfassende Zusammenstellung von Informationen und Begründungszusammenhängen. Im Laufe der letzten 200 Jahre wurden Theorien –man kann sie auch als Verallgemeinerungen oder als vereinfachtes Bild eines Ausschnittes der Realität ansehen- entwickelt, die jeweils auf mechanische, optische und elektrische Systeme angewandt werden konnten. Mit Hilfe dieser Theorien konnte das Verhalten von Systemen in Naturwissenschaft und Technik erklärt werden.

Solche Systeme sind jedoch weitaus einfacher aufgebaut und leichter darzustellen als die, denen man in sozialen Systemen, in Familien, in Unternehmen, in Wirtschaft und Politik, begegnet. Und so wundert es nicht, dass Betriebs- und Volkswirtschaftslehre lange Zeit lediglich als beschreibende Wissenschaften ohne vereinheitlichende

Struktur charakterisiert wurden. Die Anforderungen an Politik und Wirtschaft änderten sich im beginnenden Informationszeitalter aber derart, dass die traditionellen Konzepte, zum Beispiel des Rechnungswesens und der Investitionsplanung nicht mehr ausreichen. Auch sind die meisten ökonomischen Kennziffern rückwärtsgerichtet. Die Steuerung eines Unternehmens und im Besonderen einer Volkswirtschaft erfordert aber auch zukunftsorientierte Indikatoren und Konzepte zur Überprüfung und Simulation von Entscheidungsregeln.

Es fehlte an Analyse- und Planungsinstrumenten für verlässliche und nachhaltige Entscheidungen. Deshalb wurde lange Zeit nach Prinzipien gesucht, die das dynamische und systemische Verhalten der vielfältigen Erscheinungsformen im Familien- und Freundeskreis, im öffentlichen Leben und in Unternehmen erklären. Gefragt sind Konzepte, die das Handeln ordnen und mit deren Hilfe die unterschiedlichen Prozesse zum Beispiel in Psychologie, Betriebs- und Volkswirtschaft sichtbar gemacht, zusammengefasst und vereinheitlicht werden können. Dies gelang erst seit den 1960er Jahren mit Prinzipien, die zeigten, wie das dynamische und systemische Verhalten der Strukturen in Politik und Wirtschaft analysiert, bewertet und nachhaltig verändert werden kann (Forrester, 1961; Goodman, 1989; Sterman, 2000).

Das Konzept rückgekoppelter Systeme, das sich zur Beschreibung naturwissenschaftlicher und technischer Systeme bewährt hat, stellte sich dabei auch als die lang gesuchte Grundlage zur Strukturierung von Beobachtungen in sozioökonomischen Systemen heraus. Rückkopplungen sind das Wesentliche aller Systeme –*no feedback, no system!* Rückkopplung oder Feedback bedeutet, dass eine Auswirkung auf eine Ursache reagiert. Ursache und Wirkung sind miteinander verknüpft.

Die folgenden Prozesse sind Beispiele für Rückkopplungen:
- Wenn wir eine heiße Herdplatte berühren, schmerzt es. Wir ziehen, die Hand zurück und unterbrechen dadurch die Rückkopplung.
- Je mehr Atomwaffen die NATO während des Kalten Krieges stationierte, desto mehr Atomwaffen produzierte die Sowjetunion mit der Folge, dass die NATO ihrerseits ihren Bestand an Atomwaffen erhöhte.
- Wenn ein Unternehmen die Preise seiner Produkte senkt, um Marktanteile zu gewinnen, reagiert der Wettbewerb mit der gleichen Maßnahme und beschleunigt dadurch eine Abwärtsspirale der Preise.

- Je attraktiver eine Stadt ist, desto größer ist die Zuwanderung aus benachbarten Gegenden mit der Folge steigender Immobilienpreise, überbelegter Schulen und überfüllter Straßen. Das geht so lange gut, bis andere Städte wieder anziehender werden.
- Je stärker ein seinen Markt beherrschendes Unternehmen ist, desto größer ist die Wahrscheinlichkeit, dass die Regierung als Wettbewerbshüterin eingreift, um die Macht der den Markt beherrschenden Firma zu begrenzen.
- Je höher die Preise von Gebrauchsgütern sind, desto geringer ist die Nachfrage. Dies führt zu überhöhten Lagerbeständen und hat Preissenkungen zu Folge, um die Lagerbestände abzubauen.

Anhand allgemeiner Grundsätze, die den Aufbau von Systemen beschreiben, wurde es möglich, die oft verwirrenden und widersprüchlichen Beobachtungen in familiären, betriebswirtschaftlichen und politischen Systemen zu strukturieren und einem Ordnungsprinzip zu unterwerfen. Sobald eine Struktur und die für ihr Verhalten maßgeblichen Regeln erfasst worden sind, wird es möglich, sich in sozioökonomischen Systemen mit Widersprüchen auseinanderzusetzen, Unklarheiten aufzuklären und Streitfragen zu lösen.

Die Kenntnis der Strukturen und ihres Verhaltens sowie der Gesetze, die in Systemen herrschen, sind somit der entscheidende Ansatz für erfolgreiche Problemlösungen. Dabei liegt der Schwerpunkt dieses Buches auf sozialen Systemen, die Volkswirtschaften und industrielle Organisationen betreffen und auf Systemen, die Menschen und Technologien miteinander verbinden. Soziale Systeme sind Systeme, die sich auf menschliche Gemeinschaften beziehen. Sie verkörpern die Wechselwirkungen zwischen Menschen und umfassen Familien, kleinere Gruppen, Unternehmen, Länder, Volkswirtschaften, internationale Beziehungen, Nichtregierungsorganisationen oder die Globalisierung und vieles mehr.

Physikalische Systeme umgeben uns in Form von Technologien. Soziale und physikalische Systeme aber dürfen nicht voneinander isoliert betrachtet werden, denn viele Systeme in unseren Lebensbereichen betreffen die Wechselwirkung zwischen sozialen und physikalisch-technischen Elementen. Denn der Mensch spielt in der Technik noch immer die entscheidende Rolle.

Dafür gibt es unzählige Beispiele wie Menschen und Maschinen in einem System zusammenarbeiten. So ist ein Forschungslaboratorium ein System von Menschen, die neue Produkte entwickeln. Menschen arbeiten an Bildschirmen, um Prozesse zu steuern. Der Baggerführer hebt Gräben aus. Ein Pilot bedient im Cockpit Instrumente, um Flugzeug und Passagiere sicher und pünktlich ans Ziel zu bringen. Im Operationssaal führen Mediziner mit Hilfe von Geräten chirurgische Eingriffe an Menschen durch.

Es ist kein Geheimnis, dass die Welt in der wir leben, sehr komplex geworden ist und zunehmend komplexer wird. Probleme wie Umweltverschmutzung, Klimawandel, Energieengpässe, Inflation, Arbeitslosigkeit, Korruption, Planwirtschaft, demographischer Wandel, Migration aus Krisen- und Kriegsgebieten, Kriminalität, Terrorismus und Verwahrlosung von Städten betreffen uns alle. Aber es wird immer schwieriger, diese Probleme zu lösen. Wenden wir uns jedoch an Fachleute, erleben wir sie nicht selten hilflos und von den Teilen eines Problems festgehalten, die in ihr spezielles Arbeitsgebiet und in ihre Erfahrungen passen. Tatsächlich scheint es, dass je mehr Menschen sich mit den Problemen dieser Welt befassen, desto schwieriger wird es, eine Erklärung dafür zu bekommen, nach welchen Gesetzmäßigkeiten die Probleme entstehen und wie sie zu beheben wären.

Aber wie kommen wir weiter? Sollen wir uns nur mit unseren eigenen Angelegenheiten befassen und alles andere links liegen lassen? Aber das „alles andere" hat die Gewohnheit, in unserer Leben auf eine meist unangenehme Art einzudringen, wenn wir es nicht beachten. Bei klugen Entscheidungen wird daher das nähere und weitere Umfeld berücksichtigt. Folglich müssen wir beides verstehen, um richtig zu entscheiden und zu überleben. Wie ist das möglich, können wir doch nicht Experten auf allen Gebieten werden? Gibt es einen Ausweg? Ja, den gibt es. Die Antwort lautet: *Systemdenken*. Was heißt das?

Systemdenker arbeiten mit einer zentralen Vorbedingung: Wenn man nicht weiß, wie bestimmte Ergebnisse erzielt werden oder eine bestimmte Situation entsteht, bereitet es große Schwierigkeiten, Verbesserungen zu erreichen. Eine zeichnerische Darstellung von Verstärkungs- und Ausgleichsprozessen, sogenannte Feedbackdiagramme, ist dabei ein erprobter Ausgangspunkt für die Darstellung von Rückkoppelungen, die das Systemverhalten verursachen, das man korrigieren will. Darüber hinaus helfen

Feedbackdiagramme, Probleme zu orten, bevor es tatsächlich zu einem Zusammenbruch kommt. Besonders wirkungsvoll sind Feedbackdiagramme, wenn sie in einer Arbeitsgruppe erstellt werden. Das gemeinsame Verständnis, wie ein System wirken könnte, vermittelt ein umfassenderes Bild der Wirklichkeit und führt deshalb zum Teamlernen und angemessenen und nachhaltigen Aktionsplänen.

Wissenschaftler erkannten, dass Probleme nicht in einzelne Problembereiche zerlegt, einzeln betrachtet und dann mit Hilfe nur einer Disziplin gelöst werden konnten sondern nur durch verstärkte interdisziplinäre Zusammenarbeit. Sie deckten generelle Ähnlichkeiten, Überschneidungen und Übereinstimmungen in den unterschiedlichen Lösungsansätzen auf. Dies führte zur Suche nach einem gemeinsamen methodischen Ansatz. In der Folge wurde erkannt, dass im Verständnis des Verhaltens von Systemen der Schlüssel für die Lösung komplexer Problemstellungen liegt. Dieser Gedanke, der als Systemdenken bezeichnet wird, führte allmählich zu der Auffassung, dass es die Untersuchung des jeweiligen Systemverhaltens zulässt, die vielfältigen Herausforderungen bei der Lösung der anstehenden Probleme zu organisieren und zu meistern. So wird es möglich, unerwünschtes, schädliches und nachteiliges Verhalten von Systemen zu erkennen und im gewünschten Sinne zu verändern.

Zu den Erfahrungen in Politik und Wirtschaft, aber auch im persönlichen Bereich gehört, dass sich die Umwelt fortgesetzt verändert und die Geschwindigkeit, mit der dies erfolgt, in den letzten Jahrzehnten gestiegen ist. Dies ist mittlerweile schlichtweg selbstverständlich geworden. Die äußeren Umstände, in denen ein Unternehmen wirtschaftet, verändern sich ohne seine Mitwirkung ständig. Wenn Kunden, Lieferanten oder Wettbewerber ihre Verhaltensweise ändern, der Staat neue Gesetze erlässt, die vielfach ohne volkswirtschaftlichen Nutzen sind und oft nur die Leistungsfähigkeit von Unternehmen beeinträchtigen und Ressourcen verknappen, dann entsteht Handlungsdruck in der gegenwärtigen Situation. Zwar werden manchmal Abweichungen des gegenwärtigen Zustandes vom anvisierten Ziel verzögert wahrgenommen und die Dringlichkeit für Veränderungen wird nicht immer sofort erkannt oder zunächst auch verdrängt; aber das funktioniert nie über einen längeren Zeitraum. Denn erfolgreiche Unternehmen wissen, dass es unerlässlich ist, sich kontinuierlich an veränderte Situationen anzupassen.

Nicht nur das unternehmerische Umfeld verändert sich fortwährend, auch im privaten Bereich finden laufend Wechsel und Umgestaltungen statt, die Probleme erzeugen. Deshalb ist auch hier die Wahrnehmung für notwendige Wechsel unerlässlich, um Familien- und Beziehungssysteme funktionstüchtig zu halten. Man denke doch nur daran was sich alles in einer Familie ändert, wenn die Kinder den Windeln entwachsen sind, den Kindergarten besuchen, in die Grundschule und anschließend aufs Gymnasium gehen. Das Leben hat dadurch für die Eltern immer neue Herausforderungen parat. Sie müssen sich stets auf die veränderten, neuen Umstände einstellen: die Zielvorgaben verändern sich stetig, wenn gleich alles etwas langsamer abläuft als in der rauen Geschäftswelt. Aber auch die Berufswelt der Eltern wirkt auf das Familiensystem.

Wir werden laufend in verschiedenen Lebensbereichen mit unterschiedlichen Entscheidungssituationen, auf die wir reagieren müssen, konfrontiert. Dadurch werden unsere Managementfähigkeiten gefordert und wir werden Teil eines Prozesses in dem Informationen in Aktionen, Maßnahmen oder Handlungen umgesetzt werden. Daraus wird offenkundig, dass der Erfolg der Entscheidungen in erster Linie davon abhängt, welche Informationen ausgewählt werden und wie die Umsetzung ausgeführt wird. Systemisches Denken hilft uns dabei, weil
- die Komplexität in unserem Leben zunimmt,
- die gegenseitigen Abhängigkeiten größer werden,
- die Managementpraxis sich grundlegend ändert,
- globales Denken an Bedeutung gewinnt und
- die Lernfähigkeit als Wettbewerbsvorteil entscheidender wird.

*Man ist schneller weg vom Fenster als man denkt.
Falsche Konzepte, fehlende Weitsicht
und ängstliche Entscheidungen
sind meist die Ursachen!*

3. Was ist ein System?

Zuerst müssen wir die Konzeption des Systemgedankens verstehen, bevor wir uns auf den Weg machen, die Veränderungen in unseren Sichten zu begreifen, die auftreten, wenn wir Systeme in den Mittelpunkt unserer Betrachtungen und Entscheidungen stellen.

Ein System ist eine Anordnung von Komponenten, die voneinander abhängig sind und zusammenarbeiten, um eine bestimmte Aufgabe zu erfüllen oder ein vorgegebenes Ziel zu erreichen. Die Einzelteile kommunizieren miteinander und sind untereinander rückgekoppelt. Das bedeutet, dass jede Veränderung an einer Stelle im System zwangsläufig das ganze System verändert und somit auch Auswirkungen auf alle anderen Faktoren und Beteiligten im System hat. Das Wetter, Ökosysteme, Immunsysteme, neurale Netzwerke, lebende Zellen, der Blutkreislauf, Augen, Volkswirtschaften, Ministerialbürokratie, Wertschöpfungsketten, Produktionsbetriebe, Kraftwerke, Wettbewerb, Landesverteidigung, Banken, Versicherungen, Familien, Universitäten, Verkehrssysteme, Kommunikationssysteme, Haushaltsgeräte oder Uhren sind einige Beispiele für Systeme.

Jedes System kann eine Vielzahl charakteristischer Merkmale besitzen. Auch gehen die unterschiedlichen Eigenschaften ineinander über und lassen sich nicht immer voneinander trennen. So sind zum Beispiel anpassungsfähige (adaptive) Systeme zumeist auch fehlertolerant und selbstorganisierend. Auch können Systeme dynamisch sein und trotzdem ein verzögertes Verhalten aufweisen. Fast immer verhalten sich ihre Variablen im Zeitverlauf nicht linear. Diese Vielzahl verschiedener Eigenschaften macht es schwer, die Systemstruktur zu erkennen und ihr Verhalten daraus abzuleiten.

Entscheidungen in dynamischen, komplexen Systemen, deren Struktur man nicht kennt oder nicht berücksichtigt, führen häufig zu Fehlschlägen oder Enttäuschungen, wenn man versucht ihr Verhalten zum Besseren zu verändern. Wer das Problem nicht versteht, wird schwerlich Lösungen finden. Und wer das System zu wenig versteht, um ein einfaches Problem von einem komplexen zu unterscheiden, kommt kaum zu geeigneten Lösungen. Jedenfalls heißt Management, danach Ausschau zu halten, welches Problem gerade unter den Nägeln brennt und mit welchen Problemen in Zukunft zu rechnen ist. Und dann dafür zu sorgen, dass nicht alle möglichen, sondern nur erwünschte Zustände eintreten.

Als komplexe Systeme werden nichtlineare, stark vernetzte Strukturen bezeichnet. Alle Systeme, in denen Menschen wirken, fallen unter diesen Begriff. So weist die Managementstruktur eines Unternehmens alle Eigenschaften eines komplexen Systems auf. Ebenso sind Städte, Regierungen, Wirtschaftsprozesse und der internationale Handel komplexe Systeme. Sie alle haben viele unerwartete und wenig verstandene Eigentümlichkeiten. Nur wenn es gelingt, das Verhalten eines Systems, das durch diese Eigentümlichkeiten bestimmt wird, zu verstehen, kann man die Systemstruktur so verändern, dass sie die erwarteten Ergebnisse erzeugt. Denn die Struktur bestimmt das Verhalten des Systems.

Systeme bilden ein vielschichtiges und einheitliches Ganzes. Ihre Einzelteile stehen in genau definierten Beziehungen zueinander und sind miteinander vernetzt. Jedes Einzelteil hat eine für sich gesondert zu betrachtende Eigenschaft. Diese kann materiell wie in technischen Systemen oder in Wertschöpfungsketten aber auch immateriell wie in Rechtssystemen, Familien, Unternehmen oder Volkswirtschaften sein. Die Art, wie die Teile eines Systems zu einander in Beziehung stehen, bestimmt ihre Einflussmöglichkeiten auf das ganze System. Die Elemente, deren Einfluss auf das Systemverhalten entscheidend ist, nennt man Schlüsselvariable.

Die Einzelteile des Systems bilden seine Struktur. Das Systemverhalten wird durch die Wechselwirkungen seiner Einzelteile bestimmt. Ein System verändert sich oder es bricht zusammen, wenn einzelne Systemkomponenten verändert werden oder die ihnen zugewiesene Aufgabe nicht mehr erfüllen.

Jedes System, als Ganzes beobachtet, besitzt eine augenfällige Eigenschaft, die keines seiner Teile, gesondert betrachtet, aufweist. Seine konkreten Eigenschaften verliert ein System, wenn man es zerlegt.

Jedes System hat eine Bestimmung- auch wenn diese nur darin besteht sich am Leben und stabil zu halten. Jedes System hat eine untrügliche Grenze nach außen und weist ein zeitliches Entwicklungsverhalten auf, es verändert sich über die Zeitachse. Die Veränderung einzelner Komponenten eines Systems im Laufe der Zeit, das Systemverhalten, ist ein inhärentes Merkmal eines Systems. Kenntnisse des Systemverhaltens führen zu verantwortungsbewussten nachhaltigen Entscheidungen.

Es werden zwei Typen von Systemen unterschieden: offene oder geschlossene Systeme.

> *Offene Systeme*

Bezeichnend für offene Systeme ist die fortwährende Wechselwirkung mit ihrer Umwelt. Offene Systeme haben durchlässige Grenzen. Informationen und Anreize kommen aus der Umgebung in das System. Sie werden im System verarbeitet. Ebenso fließen Informationen und Anreize aus dem betreffenden System in andere Systeme. Es findet ein kontinuierlicher Austausch statt. Offene Systeme leben von den Wechselwirkungen zwischen ihren Komponenten und ihrer Umgebung.

Das heißt, ein offenes System wird von seiner Umgebung beeinflusst. So reagieren z. B. Finanzmärkte auf die Gewinnprognosen von Unternehmen, Verkehrsströme werden beeinträchtigt, wenn bestimmte Straßen wegen Bauarbeiten geschlossen werden.

Ein offenes System müssen wir sowohl nach innen als auch nach außen betrachten. Wir müssen unser Interesse auf die Beziehungen und Muster der Wechselwirkungen zwischen dem System und seiner Umgebung innerhalb seiner Grenzen richten. Aber ebenso müssen wir unser Augenmerk auf die Wechselwirkungen und gegenseitigen Einflüsse zwischen dem System und der Umgebung außerhalb seiner Grenzen richten. Hierzu einige Beispiele:

Ein See ist ein offenes System. Ein Fluss speist den See und Regen verändert den Wasserpegel. Fische schwimmen in den See und wieder heraus. Solchermaßen erhält der See Reize und Bewegungen von außen. Und überdies fließt Wasser aus dem See oder verdampft. Fische, die im See auf die Welt gekommen sind, schwimmen flussabwärts. Auf diese Weise erzeugt der See Reize und Anstöße in benachbarten Systemen. Trotzdem bleibt der See immer ein See. Seine Grenzen sind bekannt.

Aber die Grenzen halten keine Anreize und keine Eingriffe in benachbarte Systeme zurück. Es existiert ein freier Austausch.

Auch unser Körper ist ein offenes System. Wir nehmen Nahrung, Luft und Wasser aus der Umgebung auf –wir essen, atmen und trinken. Wir werden beeinflusst von unseren Erfahrungen, unseren Beziehungen und unserer Umgebung. Und wir beeinflussen durch unser Verhalten andere Systeme.

Auch eine Familie kann man als offenes System bezeichnen. Ihre Mitglieder stehen in einem Wechselverhältnis zueinander. Jedes Element (Vater, Mutter, Kinder) hat eine Beziehung zueinander und gleichzeitig zur Gesamtheit der Mitglieder der Familie. Außerdem hat jeder Angehörige der Familie noch Beziehungen zur Umgebung, zum Beispiel zur Nachbarschaft, Verwandtschaft, Schule oder Beruf

Unternehmen sind offene Systeme, denn sie agieren nicht autonom. Sie sind in vielfältiger Weise in die Systemumwelt eingebunden. Dadurch werden sie Zwängen und Bedingungen ausgesetzt, die im Regelfall durch das Unternehmen selbst als nicht immer veränderbar anzusehen sind. Sie haben verschiedene Organisationseinheiten, wie Einkauf, Forschung und Entwicklung, Marketing, Produktion, Controlling und Vertrieb, die sich bei ihrer Zusammenarbeit gegenseitig beeinflussen. Nicht zuletzt sind sie auch Beziehungssysteme, in denen die Zusammenarbeit der Belegschaft geregelt ist. Die Grenzen nach außen sind offen –zu Kunden, Lieferanten, Wettbewerbern, Behörden oder Anteilseignern. Unternehmen erhalten Anstöße von außen zum Beispiel durch Kundenwünsche, gesetzliche Vorschriften, Verhalten von Wettbewerbern oder den Einfluss von Wetterbedingungen auf den Vertrieb von Waren oder Dienstleistungen.

Bewegung und Veränderung sind für ein Unternehmen normal. Die gut funktionierende Wechselwirkung eines Unternehmens mit seiner Umgebung ist die Voraussetzung dafür, dass es sich bestmöglich an die politischen, wirtschaftlichen und gesellschaftlichen Bedingungen anpassen kann. Wenn Unternehmen nicht im Austausch mit ihrem Umfeld stehen, dann erhalten sie nicht die richtigen Informationen über die Zustände in ihrem Umfeld. Wenn sie nicht neue Signale, Geld oder neue Mitarbeiter von außen bekommen, dann fehlt ihnen die Möglichkeit notwendige Veränderungen zu vollziehen. Erst dann wissen sie warum, wie und wohin sie sich verändern müssen, weil sie dann erst die richtigen Fragen stellen können.

Unternehmen sind offene Systeme, welche grundsätzlich lebensfähig sind, sofern seine Elemente in einem ständigen Prozess gefördert werden und es die Fähigkeit besitzt, eigenständig und von anderen zu lernen. Lebensfähige Unternehmen zeichnen sich durch folgende Merkmale aus:
- Sie haben viele Teileelemente, die in einer engen Wechselwirkung zueinander stehen. Deshalb ist die Vielfalt zu fördern.
- Sie besitzen eine flexible Organisationsstruktur, die sich an der Effektivität und nicht an Machtstrukturen ausrichtet. Eindeutige Weisungssysteme werden zugunsten von Matrix- oder Projektstrukturen aufgegeben.
- Sie sind dynamisch, so dass sie auf veränderte Bedingungen flexibel reagieren können. Dies setzt voraus, dass möglichst alle Mitarbeiter solche Veränderungen registrieren und umgehend in ihrem eigenen Handeln berücksichtigen und umsetzen können.
- Sie sind offen im Umgang mit Kunden, Partnern, Konkurrenten und der Gesellschaft.
- Sie arbeiten mit einem leistungsfähigen Controllingsystem, das möglichst vielfältige Information erfasst, analysiert und zielgerecht aufbereitet.
- Sie haben Mitarbeiter und Teams, die sich im Rahmen der Unternehmensstrategie selbst organisieren können.

> *Geschlossene Systeme*

Hingegen hat ein geschlossenes System keinen Bezug zu seiner Umwelt. Es hat keinen Stoff-, Energie- oder Informationsaustausch mit der Umwelt. Es ist unabhängig von außerhalb des betreffenden Systems liegenden Einflüssen. Die Grenzen eines geschlossenen Systems sind äußerst starr –es gibt keine Einflüsse von außen und es beeinflusst auch nicht seine Umgebung. In der Regel überleben sie nicht auf unbestimmte Zeit. Ihre Betriebsmittel erschöpfen sich allmählich.

Ein klassisches Beispiel für ein geschlossenes System ist eine Armbanduhr. Als Gerät zur Messung oder Anzeige der Zeit, beobachtet sie sich nicht selbst, ob sie genau geht und korrigiert sich eventuell auch nicht eigenständig. Die Uhr teilt nichts mit ihrer Umgebung und wird auch von ihr nicht beeinflusst. Aber sobald ihre Batterie erschöpft ist oder ihre Feder keine Spannkraft mehr hat, bleibt sie stehen.

Ein Spaceshuttle im Weltall ist ebenfalls ein gutes Beispiel für ein abgeschlossenes System: Es werden normalerweise keine Umwelteinflüsse durchgelassen. Druck, Luftzusammensetzung und Temperatur bleiben im Spaceshuttle immer gleich Ein weiteres Beispiel für ein isoliertes System ist das gesamte Universum, da aus ihm auch nichts entweichen kann, bzw. etwas außerhalb davon eindringen kann.

Bildlich gesehen war die DDR auch ein geschlossenes System. Einflüsse von außen wurden abgewehrt. Störsender verhinderten das Eindringen von Nachrichten von draußen. Die Grenzen wurden durch Mauern und Sperrzäune undurchlässig. Niemand konnte unkontrolliert die DDR verlassen oder betreten. Es gab keinen freien Austausch von Informationen und Waren mit Ländern anderer Politik-, Wirtschafts- und Sozialstrukturen. Die DDR verkam ohne äußeren Wettbewerb – wirtschaftlich, sozial und emotional. In der Folge löschte sie sich selbst aus und hörte auf zu existieren. Ohne belebenden Austausch auf allen Gebieten der Wirtschaft-, Finanz-, Sozial- und Bildungspolitik mit seinen westlichen Nachbarn konnte die DDR, genauso wie die übrigen Länder des Ostblocks, nicht überleben.

Bei der Untersuchung von Systemen spielen Rückkopplungen eine wichtige Rolle (Abbildung 3-1). Rückkopplung heißt, ein Impuls oder Anreiz zeigt direkt oder in modifizierter Form im System eine Wirkung. Mit anderen Worten: Systeme scheinen „lebendig" zu sein. Die Veränderung in einem Teil des Systems verursachte eine Veränderung in einem anderen Teil des Systems. Es entwickelt sich in einer nicht alltäglichen und oft komplizierten Weise. Es wird gesteuert von seinen Elementen, die sich gegenseitig beeinflussen und sich unter Mithilfe von Rückkopplungen anpassen.

Weitreichende und übergeordnete Ziele laufen auf rückgekoppelte Systeme und Subsysteme mit unzähligen Komponenten hinaus. Und jede Komponente für sich kann wiederum Teil eines rückgekoppelten Systems mit davon abhängiger Zielsetzung sein. Man muss dann die Hierarchie der Rückkopplungsstrukturen verstehen, in denen die übergeordnete Interessenlage den Spielraum der dazugehörenden Subsysteme regelt.

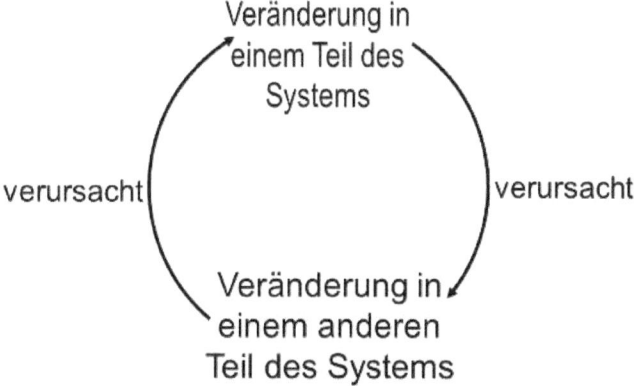

Abbildung 3-1: Rückkopplungskreislauf

Wenn das übergeordnete Ziel eine blühende Volkswirtschaft sein soll, dann müssen alle Subsysteme darauf hin ausgerichtet werden: wie die Gesetzgebung, das Steuersystem, die öffentliche Verwaltung, die Unternehmen, das Bildungswesen, die Verkehrs- und Kommunikationsinfrastruktur, Energiepolitik, Kunst und Kultur, Familien- und Frauenpolitik, Forschungspolitik, etc.

Ein erfülltes Leben –wie auch immer dieses nur subjektiv definierbare Ziel aussehen mag- erfordert die Optimierung mehrerer Subsysteme: Gesundheit, Ausbildung, geistige und seelische Widerstandskraft, persönliche Beziehungen, Erfolg im Beruf und im Privatleben und Stressbewältigung.

Systeme organisieren und erhalten sich durch ihre Strukturen. Struktur bezeichnet das Muster der Systemelemente und ihrer Beziehungsgeflechte, durch die ein System entsteht, funktioniert und seinen Bestand sichert. Hingegen wird eine strukturlose und nicht rückgekoppelte Zusammenstellung mehrerer Elemente auch als Ansammlung, Menge, Haufen oder Aggregat bezeichnet.

Ein System besteht demzufolge aus unterschiedlichen Teilen, die auf verschiedene Art und Weise miteinander verknüpft sind und die ein bestimmtes Ziel verfolgen. Diese Vernetzung muss jedoch keineswegs sichtbar sein, sondern wird oft nur durch ihre Wirkung offenkundig. Nur wenn man erkennt, wie alle Systemkomponenten miteinander verknüpft sind und wie sie sich gegenseitig beeinflussen, gelingt es, Systemdenken erfolgreich anzuwenden. Diese Kenntnis ist die Voraussetzung dafür, ein System zu verstehen, es verändern und gestalten zu können. Nur wenn wir lernen, die Strukturen wahrzunehmen, in denen wir uns bewegen und die uns umgeben, erlangen wir die Fähigkeit effektiv und konstruktiv mit ihnen zu arbeiten und sie so zu verändern, dass sie sich in Zukunft nach unseren Vorstellungen verhalten. Mit den Denkmodellen der Vergangenheit aber werden immer wieder die gleichen Fehler erzeugt, ohne an Zukunftsfähigkeit zu gewinnen.

Übergeordnete, stark vernetzte Systeme entstehen, wenn mehrere voneinander getrennte Systeme miteinander in Beziehung treten. Aus mehreren Menschen entsteht eine Gemeinschaft. Aus Pflanzen und Tieren bildet sich eine selbst regulierende Einheit von Lebewesen und Umwelt - ein Ökosystem. Aus vielen Produktionsbetrieben in einer Region formiert sich ein Ballungsraum und Staaten können sich zu einem Staatenbund zusammenschließen. Auch das Internet, ein offener Verbund von Computernetzwerken, der die Computer und die darauf ablaufenden Programme in die Lage versetzt, direkt miteinander zu kommunizieren, ist ein System.

Es gibt Systeme, dessen Komponenten man anfassen kann. Sie sind materiell, wie die Triebwerke eines Flugzeuges, Kraftfahrzeugmotoren und -getriebe, Produktionsanlagen, die Heizungsanlage in einem Wohnhaus oder die Versorgung einer Stadt mit Elektrizität oder Trinkwasser. Bei jeder Art von technischen Geräten handelt es sich um ein System, denn es erfüllt die Bedingungen der Rückkopplung. Sie sind aber im Gegensatz zu biologischen und sozialen Systemen in der Regel leichter zu durchschauen und zu verstehen. Denn meistens sind Konstruktionspläne vorhanden, aus denen ersichtlich ist, wie die Systemkomponenten aufeinander wirken. Und auch wenn sie aus vielen miteinander verbundenen Teilen bestehen und unzählige Verknüpfungen aufweisen, sind sie –vielfach mit Hilfe einer Betriebsanleitung- besser zu steuern als biologische oder soziale Systeme.

Systeme können auch immateriell sein, wie verwandtschaftliche, freundschaftliche oder wirtschaftliche Beziehungen, der Informationsfluss innerhalb eines Unternehmens, die Wirtschaftspolitik eines Landes oder

Kulturen. Solche sozialen Systeme sind biologischen Systemen ähnlich, die sich selbst reproduzieren und ihre innere Ordnung ohne äußere Steuerung eigenständig entwickeln und aufrechterhalten können. Sie weisen jedoch noch einige weitere kennzeichnende Merkmale auf: Sie sind unsichtbar, unterschwellig vernetzt, in hohem Maße rückgekoppelt, schwer zu durchschauen und deshalb auch schwer zu steuern und zu beeinflussen. Sie besitzen eine ausgeprägte Eigendynamik und einen starken Selbsterhaltungstrieb. Dies führt dazu, dass soziale Systeme schwer zu verändern oder gar zu beseitigen sind.

Zum Beispiel bleiben politische Parteien und Bewegungen, Wirtschafts- und Finanzsysteme oder staatliche Institutionen auch dann erhalten, wenn sie unter starken Druck stehen und unerwünschte Ergebnisse zeitigen. Staatsmonopole, verstaatliche Betriebe, politische Seilschaften zur Erhaltung von Machtstrukturen, Gewerkschaften, Arbeitgeberverbände, auf einzelne Parteien ausgerichtete Interessengruppen, Religionsgemeinschaften, Diktaturen, ineffektive und veraltete Verwaltungsstrukturen, engstirnige Bürokratien aber auch der deutsche Föderalismus, der die Entfaltung der Eigenkräfte der Bundesländer zu wenig fördert und mitunter bremst, fallen unter die oben genannte Betrachtung. Alle diese stark rückgekoppelten Strukturen beeinflussen das Befinden der Bevölkerung und den Erfolg einer Volkswirtschaft. Sie sind in ihrem Verhalten schwer zu verändern.

Warum lassen sich Veränderungen in der Politik so schwer durchsetzen? Nehmen wir an, dass eine Regierung stabil ist, alle Ministerien und Behörden erfolgreich zusammenarbeiten und das System funktioniert. Die Verknüpfungen zwischen den einzelnen Dienststellen halten das System „Regierung" stabil. Nun soll aber etwas geändert werden, um das Land leistungs- und damit wettbewerbsfähiger zu machen: die Energieversorgung, die Verkehrs- und digitale Infrastruktur, das Rentensystem, die Einwanderungspolitik, die Struktur der Streitkräfte, die Gesundheitsfürsorge, die Innovationspolitik, die Bildungspolitik, die Kulturpolitik, die Arbeitsmarktpolitik und Mindestlöhne sind nur einige Beispiele für den Veränderungsdruck unter dem die Regierung steht. Dies ist aber ohne die Beteiligung vieler Behörden, aber auch von Parteien, die die Regierung stützen, nicht machbar. Sie alle müssen an der Veränderung mitarbeiten und sind davon betroffen. Eine Veränderung wird also viele Teile des Regierungssystems oder der Bevölkerung beeinflussen. Sie werden sich möglicherweise den Veränderungen widersetzen, denn dies bedeutet, dass sie sich selbst ebenfalls ändern und Neues lernen müssten. Und Parteien müssten ihre lieb gewonnenen Ideologien in Frage stellen. Genau dies ist das Problem politischer Reformen. Denn jedes politische System ist äußerst komplex und besitzt einen systemimmanenten Widerstand gegen Veränderungen.

Auch auf Unternehmen wirken unterschiedliche Einflüsse aus der Umwelt. Das gewaltige Ausmaß an Veränderungen, Turbulenzen und Informationen setzt sie unter einen starken Veränderungsdruck. Für sie werden die Spielregeln immer härter. Deshalb müssen das Rüstzeug und die Fähigkeiten, Probleme zu lösen, effizienter und effektiver werden. Folglich besteht der einzige nachhaltige Wettbewerbsvorteil darin, schneller zu lernen als der Wettbewerb. Und Neues lernen bedeutet Veränderung.

Aber auch in Unternehmen, genauso wie in der Politik, sind Veränderungen immer schwierig. Denn sie verlangen von allen Mitarbeitern Umdenken, Anpassungen, Verhaltensänderungen, aktives Mitmachen und damit einfach mehr Entschlossenheit, als bliebe alles beim Alten. Niemand gibt gerne Gewohnheiten auf, die sich scheinbar bewährt haben. Dennoch verlangen die Umstände, dass sich ein Unternehmen wandelt. Starke Wettbewerber, veränderte Kundenwünsche oder eine Umstellung der Informations- oder Produktionstechnologie können die Gründe sein. Aber letztlich geht kein Weg an permanentem Wandel vorbei, wenn ein Unternehmen wettbewerbsfähig und somit überlebensfähig bleiben will. Das systemimmanente Beharrungsvermögen grundsätzlicher Neinsager kann am Ende oft nur durch entsprechende Dienstanweisungen oder durch Entlassungen der Bremser gebrochen werden. Hier haben erfolgreiche Unternehmen im Vergleich zur Politik günstigere Voraussetzungen für Umgestaltungen, weil sie unter einem wesentlich größeren Erfolgsdruck stehen. Sie müssen die Zukunft in die Hand nehmen und proaktiv und verantwortungsbewusst gestalten, um zu überleben.

Eine Pflanze besteht aus vielen unterschiedlichen miteinander vernetzten Teilen und ist daher ein System. Außerdem ist sie mehr als nur die Gesamtheit ihrer Teile, denn sie hat eine überragende Eigenschaft –sie lebt. Sie hat Struktur, eine Grenze nach außen und ein zeitliches Verhalten. Und es tritt eine Veränderung ein, wenn ein wesentlicher Teil der Pflanze entfernt wird.

Auch ein Mensch ist ein System. Er ist mehr als eine Anhäufung von Zellen, Knochen, Wasser und Gewebe. Innerhalb dieses Systems befördert der Blutkreislauf Sauerstoff, Nährstoffe, Hormone und Antikörper, die wiederum von anderen körpereigenen Systemen produziert werden und bringt Stoffwechselprodukte zu den Ausscheidungssystemen. Der Blutkreislauf seinerseits besteht aus Herz, Venen, Arterien und einer Fülle anderer unterstützender Elemente. Alle diese Systembestandteile beeinflussen sich gegenseitig, um ihre Wirkung innerhalb des größeren Systems, in diesem Fall unseres Körpers, zu entfalten. Das Immunsystem schützt den Körper ununterbrochen vor Krankheitserregern. In Grippezeiten hat es besonders viel zu tun. Erkältungen, Schnupfen und grippale Infekte haben in der nasskalten Jahreszeit Saison.

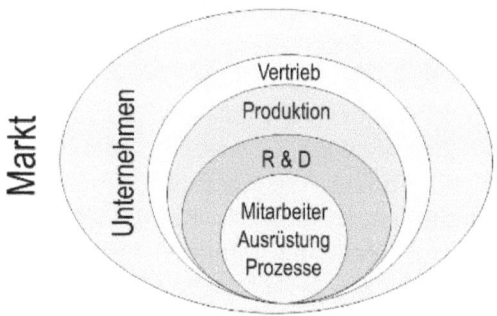

Abbildung 3-2: Systeme sind Knotenpunkte eines gigantischen Netzwerks.

Diese Beispiele weisen auf einen auffallenden Aspekt von Systemen hin: Wir können alle Systeme als Knotenpunkte betrachten, die in ein großes Netzwerk eingebettet sind, in dem alles miteinander vernetzt ist. Zum Beispiel ist (Abbildung 3-2) ein Unternehmen mit seinen ineinander greifenden F&E-, Produktions- und Vertriebssystem selbst ein System, das seinerseits mit noch größeren Systemen verflochten ist – mit der gesamten Industrie und seinen Absatzmärkten. Und ein Unternehmen ist wiederum mit einen noch größeren System vernetzt, der Volkswirtschaft. Je mehr wir unseren Blick in diese Richtung öffnen, desto mehr erkennen wir, dass alles –vom kleinsten subatomaren Teilchen bis zum Universum- miteinander verflochten ist.

Allerdings gibt es auch für von Menschen geschaffene, künstliche Systeme eine Grenze, innerhalb der sie noch erfolgreich gemanagt werden können. Alles über einer bestimmten Größe wird schwerfällig, ist schwer zu organisieren und neigt zu Fehlschlägen und Zusammenbruch. Deshalb ist es zweckmäßig ein zu großes System zur Bewältigung seiner Komplexität in neue kleinere funktionsfähigere Systeme umzustrukturieren und verschiedene, neue Kontrolebenen einzurichten. In einem Unternehmen kann eine Gruppe von wenigen Mitarbeitern als Team erfolgreich zusammenarbeite; aber ein Team von 100 Mitarbeitern ist schwerer zusteuern. Es muss daher in kleinere Einheiten aufgeteilt werden, um erfolgreich kommunizieren und kooperieren zu können. Denn in der Welt der Systeme bedeutet größer nicht immer besser oder erfolgreicher, sondern meistens schlechter. Jedes System hat demnach eine optimale Größe, in der es bestmöglich funktioniert. Und wenn es diese ohne weitere Anpassung über- oder unterschreitet, dann funktioniert es nicht mehr zufriedenstellend.

Auch Unternehmen werden, damit sie erfolgreich bleiben, während eines Wachstumsprozesses mehrfach in Subsysteme geringerer Komplexität zerteilt. Innerhalb dieser Subsysteme steigt die Vielschichtigkeit anschließend wieder durch eine erhöhte Kommunikationsdichte und der Teilungsprozess muss wiederholt werden. Denn in kleineren Einheiten kann die Komplexität besser beherrscht werden, weil hier der persönliche Kontakt leichter zustande kommt.

Auch technische Systeme erreichen ihre optimale Größe. Mit den Dimensionen des Airbus A380 ist die Größe von Flugzeugen ausgereizt. Bei einer weiteren Vergrößerung würden viele Bauteile so schwer, dass das Flugzeug unwirtschaftlich wird. Zudem könnte kaum ein Flughafen einem solchen Riesenflieger Platz bieten. Flugzeuge mit noch größerer Personenkapazität müssen daher ganz anders konstruiert werden. Die Megajets der Zukunft sind Nurflügler, die einen Paradigmenwechsel im Flugzeugbau darstellen. Sie haben weder Rumpf noch Fenster und bieten Platz für bis zu 1.000 Passagiere, die sich auf ein völlig neues Fluggefühl einstellen müssen: sehr viele Sitze in einer Reihe, starke Turbulenzen.

Nicht nur in sozioökonomischen und technischen Systemen sondern auch in der Natur gibt es Beispiele dafür, dass ein System über eine bestimmte Größe hinaus nicht mehr funktioniert. So können Bäume über eine bestimmte artspezifische Größe hinaus nicht mehr wachsen, weil ihr innerer osmotischer Druck nicht mehr in der Lage ist, die obersten Pflanzenteile mit Nährstoffen zu versorgen.

In Systemen zu denken ist deshalb so entscheidend für unser Verständnis der Wirklichkeit, weil wir in unserer Welt von Systemen umgeben sind. Wir leben in dem ausgedehnten komplexen System der Biosphäre, wir bauen Verkehrswege, Verwaltungsgebäude, Fabriken und Häuser. Wir arbeiten mit mechanischen, elektrischen und elektronischen Systemen, wie Autos, Fließbändern, Waschmaschinen, Computern und Telefonanlagen. Wir befinden uns in unserem Gesellschafts- und Wirtschaftssystem und bewegen uns in unseren Beziehungssystemen.

Wohin wir uns wenden, überall treffen wir auf Systeme. Wir erforschen die belebte und die unbelebte Natur mit ihren Molekülen, Zellen, Pflanzen und Tieren. Wir selbst bestehen aus vielen und unterschiedlichen Zellen, die wiederum zu Organen zusammengefügt sind und vom Nervensystem überwacht werden. Wir leben in Beziehungen und sind Teil einer Nachbarschaft, die sich mit anderen Nachbarschaften zu Stadtbezirken, Städten und Ländern zusammensetzt. Diese Systeme gehören zu noch größeren Systemen – Wirtschaftsräumen, Staatenbünden, Kontinenten.

Systemdenken betrachtet das gesamte System und seine Einzelteile sowie deren Beziehungen zueinander und deren Wirkungen aufeinander. Man schaut zuerst einmal ganz unvoreingenommen auf das Gesamtsystem. Dann untersucht man die Zusammengehörigkeit und die gegenseitige Beeinflussung der Systemkomponenten, um deren Funktion zu verstehen. So entsteht Systemdenken. Dabei ist die Struktur des Systems das Muster der Wechselbeziehungen zwischen den Komponenten des Systems. Man kann daher Voraussagen über seine Verhaltensweise ableiten, ohne die Teile im Detail zu kennen.

Ein System unterscheidet sich wesentlich von einer Menge und weist besondere Eigenschaften auf.
(1) Jede Komponente muss im System ohne Einschränkung zur Verfügung stehen und ihren Zweck optimal erfüllen können.
(2) Die Systemkomponenten müssen in einer spezifischen Art und Weise angeordnet sein, damit das System eine Struktur aufweist, mit der es den gewünschten Zweck erfüllen kann.

(3) Systeme verfolgen ein spezielles Ziel innerhalb größerer Systeme.

(4) Ein System hält sich durch die Wechselwirkung seiner Komponenten aufrecht. Ein System hat Rückkopplungen.

(5) Jedes System hat eine Grenze nach außen, die seine Identität kennzeichnet.

(6) Jedes System erfüllt einen bestimmten Zweck. Seine Dynamik zeigt sich in seinem zeitlichen Entwicklungsverhalten.

(7) Ein System verfügt über eine augenfällig ausgeprägte Eigenschaft, die seine einzelnen Komponenten nicht aufweisen. Deshalb verliert das System seine charakteristische Eigenschaft, wenn man es zerlegt. Ein System wird verändert, wenn man Elemente entfernt oder neue hinzufügt.

Genauer und ausführlicher können Systeme wie folgt beschrieben werden.

(1) Ein System besteht aus mehreren voneinander verschiedenen und unabhängigen Elementen. Sie müssen ohne Einschränkung ihre Wirkung im System entfalten können und dürfen nicht wahllos im System verstreut sein. Auch müssen sie bestimmte Beziehungen zueinander aufweisen und miteinander vernetzt sein.

Wenn man Bestandteile von irgendwo entfernen kann ohne die Funktionsweise des Ganzen zu beeinflussen, dann liegt eine Ansammlung vor und kein System.

Wenn man einen von mehreren Schraubenziehern aus einem Werkzeugkasten entfernt, dann enthält der Werkzeugkasten zwar weniger Schraubenzieher, aber die Beschaffenheit des Werkzeugkastens wurde nicht wesentlich verändert. Ein Werkzeugkasten ist daher kein System. Ähnlich verhält es sich, wenn man weitere Einzelteile zu einer Ansammlung hinzufügt ohne seinen Zweck zu verändern, es bleibt eine Ansammlung. So bleibt ein Werkzeugkasten auch dann ein Werkzeugkasten, wenn man einige Bohrer und Schraubenschlüssel dazu gibt. Man hat zwar jetzt eine neues Werkzeugsortiment, aber noch immer eine Ansammlung von Werkzeugen und kein System.

Eine Bibliothek ist eine Sammlung von Büchern. Auch wenn man sagt, dass ihr Bücherbestand systematisch katalogisiert ist, handelt es sich nicht um ein System. Denn werden Bücher aus dem Bestand verliehen, ändert dies grundsätzlich nichts an der Funktionsfähigkeit der Bibliothek.

In diesen Beispielen arbeiten die einzelnen Teile der Ansammlungen nicht miteinander zusammen; sie wirken nicht aufeinander ein oder und lösen auch kein Verhalten aus. In einem Werkzeugkasten, auf einem Gemüsestand, in einer Bibliothek, einem Warensortiment oder einer Briefmarkensammlung gibt es kein Wenn-dann-Verhalten. Sie alle leisten für sich betrachtet gar nichts.

Hingegen ist ein System eine Sammlung von Komponenten, die zusammenarbeiten, um eine Aufgabe durchführen zu können. Jedes System arbeitet dabei auf seine spezifische Weise: Das Wirtschaftssystem funktioniert über das Medium Geld, das Rechtssystem über Gesetze. Die Menschen als psychische und physische Systeme funktionieren über Bewusstsein und Homöostase. Sie erfüllt ihre Aufgabe durch das physiologische Streben nach Einhaltung eines Gleichgewichts, das für die Lebenserhaltung und Funktion eines Organismus oder eines Organs notwendig ist.

Auch Unternehmen sind Systeme. Sie haben verschiedene Organisationseinheiten, wie Einkauf, Forschung und Entwicklung, Marketing, Produktion, Controlling und Vertrieb. Nicht zuletzt sind sie auch Beziehungssysteme, in denen die Zusammenarbeit der Belegschaft festgelegt ist. Das gleiche gilt für Familien, in denen die Aufgaben der Eltern und Kinder und eventuell weiterer Verwandten geregelt sind.

Alle diese Beispiele führen uns zu einer faszinierenden Beobachtung über Systeme: Wir können Systeme als Knotenpunkte betrachten, die alle in ein gigantisches Geflecht eingebettet sind, in dem alles mit allem vernetzt ist. Auch können wir zwischen natürlichen und von Menschen geschaffenen Systemen unterscheiden. Natürliche Systeme –wie unser Körper, Gesellschaftssysteme, Ökosysteme, wie ein Regenwald oder die Savanne- haben eine ungeheure Anzahl von Komponenten, sind überaus komplex und unterliegen vielseitigen Wechselwirkungen. Sie haben im Grunde genommen eine unbegrenzte Anzahl von Verbindungen zu allen benachbarten Systemen. Zwar können von Menschen geschaffene Systeme –z.B. ein Lastkraftwagen, ein Wohnhaus, eine Produktionsanlage, die Trinkwasserversorgung- auch sehr komplex sein, aber diese Systeme sind nicht so nachhaltig verknüpft mit angrenzenden

Systemen. Ein Defekt an einem LKW oder bei der Trinkwasserversorgung hat bei weitem nicht so gravierende Auswirkungen auf seine weitere Umgebung wie wenn eine Spezies in einem Ökosystem ausstirbt –wenn z.B. die Fuchspopulation in einem Gebiet zu stark dezimiert wird und sich die Hasen dann vermehren solange bis ihre Nahrungsressourcen erschöpft sind.

Zusammenfassend dargestellt sind einige wesentliche Unterschiede zwischen einem System und einer Menge:

System	**Menge, Ansammlung, Haufen**
• Miteinander verbundene Komponenten, die als Ganzes funktionieren, nennt man System (PC, PKW, Fahrrad, Wertschöpfungsketten, Produktionsanlagen, Familie, Wirtschaftssystem, Arbeitsmarkt).	• Eine Sammlung von Einzelteilen (Werkzeugkasten, Kleiderschrank, Schafherde, Früchtekorb, Schotterhaufen, Bibliothek, Briefmarkensammlung) ist eine Menge.
• Ein System wird verändert, wenn man Komponenten entfernt oder hinzufügt. Wird ein System willkürlich geteilt, dann erhält man nicht kleinere Systeme, sondern es wird zerstört und funktioniert nicht mehr.	• Die wesentlichen Eigenschaften ändern sich nicht, auch wenn Komponenten hinzugefügt oder entfernt werden. Die Zusammensetzung ist variabel. Eine Menge lasst sich in kleinere Mengen ohne Wirkungsverlust teilen.
• Die Komponenten sind miteinander verbunden und wirken zusammen und aufeinander.	• Die Komponenten sind nicht miteinander verbunden und können unabhängig voneinander wirken.
• Ein System hat eine definierte Grenze, innerhalb der sich sein Verhalten entwickelt.	• Mengen und Ansammlungen müssen keine definierte Grenze aufweisen.
• Das Systemverhalten hängt von der Struktur ab. Die Struktur bestimmt das Verhalten. Wird die Struktur geändert, dann ändert sich auch das Verhalten des Systems.	• Anzahl und Größe der Komponenten sind nicht verhaltensrelevant.

Es reicht aber nicht, dass die einzelnen Teile eines Systems nur zur Verfügung stehen –einfach nur vorhanden sind.

(2) Die Systemkomponenten müssen in einer spezifischen Art und Weise angeordnet sein, damit das System eine Struktur aufweist, mit der es den gewünschten Zweck erfüllen kann. Die Art und Weise der Vernetzung der einzelnen Systemkomponenten zueinander muss nicht immer offensichtlich sein. Oftmals erkennen wir sie nur aufgrund ihrer Wirkung.

Die Bestandteile einer Ansammlung, die wahllos angeordnet sind, bilden kein System. Sie müssen auch nicht nach einer bestimmten Regel angeordnet sein. Zum Beispiel können sich in einem Früchtekorb die Birnen und Pflaumen unten, in der Mitte oder oben befinden, ohne dass sich das wesentlich auf diesen Früchtekorb auswirkt. Es ist auch nebensächlich in welcher Lade eines Werkzeugschranks, die verschiedenen Werkzeuge untergebracht sind. In beiden Fällen handelt es sich um Ansammlungen, weil sich die Teile nicht gegenseitig beeinflussen im Gegensatz zu einem System, wo dies der Fall ist.

Das inhärente Kennzeichen eines Systems aber ist seine Struktur. Struktur (von lateinisch struktura: Bauart, Aufbau, Gefüge) bezeichnet eine erkennbare Regelmäßigkeit oder Anordnung von Teilen eines Systems. Die Struktur ist die interne Wechselwirkung von Systemelementen und seine Abgrenzung nach außen hin. Die Struktur eines Systems organisiert den Weg seiner Informationen. Nur innerhalb genau definierter Strukturen können Beobachtungen erörtert und interpretiert werden. Die Struktur eines Systems bestimmt sein Verhalten und somit seine Leistung. Sie ist der Wille des Systems, sich auf eine bestimmte Art und Weise zu verhalten und auf ein Ziel auszurichten.

Das Verhalten eines Systems ist strukturabhängig. Erbringt ein System nicht die gewünschte Leistung, werden die erwarteten oder geplanten Ergebnisse nicht erreicht, dann muss seine Struktur verändert werden. Und je größer die erwartete Leistung von der tatsächlichen abweicht, desto deutlicher muss die Struktur umgewandelt werden. Das geschieht durch einen Prozess, der das System so verändert, dass es dann die gewünschte Leistung erbringt. Dieser Prozess ist das erforderliche Know-How und die Folge der zielgerichteten Maßnahmen, die für die Systemveränderung nötig sind.

*Abbildung 3-3:
Die Struktur eines Systems bestimmt sein Verhalten.*

Ein anschauliches Beispiel wie die Struktur eines Systems sein Verhalten erzeugt, ist die laufende Feder, die auf ihre ganz eigentümliche, einmalige Art Treppenstufen herabsteigt oder elastisch-federnd von einer Hand zur anderen springt. Die Ursache für dieses Verhalten liegt latent in der Struktur der Feder (Abbildung 3-3).

Die einzelnen Komponenten eines PKW müssen richtig angeordnet sein, damit er als System seinem Zweck entsprechen kann; damit er als gewünschte Leistung Personen und Güter transportieren kann. Das Getriebe muss sich zwischen Motor und Antriebsachse befinden und der Vergaser ist ein Bestandteil des Motors und nicht der Auspuffanlage.

Auch die Teile eines Fahrrads müssen so montiert sein, dass es gebrauchsfähig ist. Es hat eine Struktur, in der die Räder, die Lenkung, der Sattel und der Kettenantrieb auf dem Rahmen so montiert sind, dass man damit fahren kann.

Ein Unternehmen ist –stark vereinfacht- ein System, dessen Struktur die Aufgabenverteilung und Kommunikationsbeziehungen zwischen den verschiedenen Organisationseinheiten ordnet. Dabei regelt das „Subsystem" der Ablauforganisation die einzelnen Arbeitsfolgen nach zeitlichen oder räumlichen Aspekten. Wenn nun ein Unternehmen das geplante EBIT (engl. earnings before interest and taxes, „Gewinn vor Zinsen und Steuern"), nicht erwirtschaftet, dann bedeutet das aus dem Blickwinkel der Systemdynamik, dass seine Systemstruktur nicht das gewünschte Verhalten zeigt. Und deshalb sollte sie verändert werden. Allerdings ist bei Veränderungen, vor allem wenn diese grundsätzlicher Art sind, Vorsicht geboten. Die Systemstruktur darf durch Veränderungen nicht so gestört werden, dass sie sich noch weiter von der gewünschten Leistungsfähigkeit entfernt. Sonst kommt es zu unerwarteten Konsequenzen.

Die überwiegende Anzahl von Fehlleistungen in einem Unternehmen ist in inadäquaten Ablauforganisationen und Strukturen zu suchen und weniger im Fehlverhalten von Mitarbeitern. Wenn man davon ausgeht, dass alle Unternehmen einer Branche den gleichen Rahmenbedingungen ausgesetzt sind, dann fällt auf, dass manche Firmen erfolgreich sind und wachsen, während andere stagnieren oder sogar im Niedergang begriffen sind. Was sind die Ursachen? Wie und warum entstehen Schwankungen in Wertschöpfungsketten? Warum kommen in Forschungs- und Investitionsprojekten häufig Budget- und Terminüberschreitungen zustande? Welche Systemstrukturen erzeugen das unerwünschte Verhalten? Wenn dann die Strukturen verändert werden, um das unerwünschte Verhalten zu korrigieren, dann ändert sich auch das Verhalten des Systems des Unternehmens. Es erbringt dann andere Leistungen –und hoffentlich die gewünschten.

(3) Einzelne Systeme verfolgen ein spezielles Ziel innerhalb größerer Systeme.

Immer mehr erkennen wir, dass nichts losgelöst aus größeren Zusammenhängen stattfindet. Die meisten Ereignisse und Phänomene sind untereinander verbunden, verursacht und beeinflusst von einer enormen Anzahl anderer Teile eines weitläufigen komplexen Puzzles. Uns ist bewusst geworden, dass wir in einer kleinen Welt leben, in der alles mit allem vernetzt ist. Und wir beobachten, wie sich ein Umbruch anbahnt, in dem Wissenschaftler unterschiedlicher Disziplinen die strenge Architektur vielschichtiger, komplexer Strukturen herausfinden. Eine Kette beachtenswerter Erkenntnisse führte zu verblüffend einfachen und weit reichenden Gesetzen der Rückkopplung, die die Entwicklung und die Struktur aller komplexen Netzwerke bestimmen, in denen wir uns bewegen und die uns umgeben. Langsam beginnen wir die Bedeutung von Netzwerken, ihren Strukturen und ihrem Verhalten zu verstehen. Sie sind überall. Wir brauchen nur ein wachsames Auge für ihre Allgegenwart.

Der Zweck, die erwartete Leistung, eines Systems wird durch seine Struktur aber auch durch seine Grenzen definiert. Alle Systeme erfüllen einen besonderen, ganz konkreten Zweck innerhalb größerer Systeme, in die sie eingebettet sind. Denken Sie an die F&E-Abteilung in einem Unternehmen, an den Motor in einem PKW, an den Blutkreislauf in Ihrem Körper oder an Unternehmen in der Volkswirtschaft. Weil jedes System seinen ganz eignen Zweck erfüllt, bildet es eine eigenständige Einheit und hat eine besondere Art von Integrität, die es stabilisiert und zusammenhält. Mit anderen Worten, man kann nicht zwei oder mehrere Systeme mit einander verschmelzen, damit ein einziges, neues und größeres System entsteht. Genauso wenig ist es möglich ein System zu unterteilen, um ohne weiteres kleinere identische Systeme zu erzeugen.

Es leuchtet ein, dass man den Prozessor, die Festplatte und den Arbeitsspeichers eines PCs nicht teilen kann, um zwei kleinere PCs zu erhalten. Auch aus einer Luxuslimousine kann man nicht zwei Kleinwagen machen. Der Zusammenschluss zweier Unternehmen ist auch nicht nur die Addition von zwei Systemen. Es entsteht ein neues größeres, in dem die Geschäftsprozesse neu ausgerichtet und vereinheitlicht werden müssen. Geschieht dies nicht oder nur unvollständig, dann scheitert der Zusammenschluss, weil die ursprünglichen Systeme der beiden Unternehmen nicht hinreichend verändert wurden, um ein neues leistungsfähiges System zu schaffen.

(4) Ein System hält sich durch die Wechselwirkung seiner Komponenten aufrecht. Ein System hat Rückkopplungen.

Rückkopplung heißt, dass jede Veränderung an einer Stelle im System Auswirkungen auf das gesamte System hat, weil die meisten Systembeteiligten direkt oder indirekt miteinander vernetzt sind. Die daraus resultierende Veränderung weitet sich wiederum aus und wirkt auf den ursprünglichen Auslöser zurück. Derartige Rückkoppelungskreisläufe sind ein inhärentes Wesensmerkmal von Systemen.

Rückkoppelungen sind das Ergebnis unserer Handlungen. Es beeinflusst unsere weiteren Handlungen. Entscheidend ist, dass Rückkoppelung die Wiederkehr der Auswirkungen einer Handlung ist, die unabwendbar den nächsten Schritt beeinflussen. So kommt eine zweiseitige Verbindung zustande. Rückkoppelung ist ein Kreislauf und somit bedeutet Denken und Handeln im Hinblick auf Rückkoppelung ein „in Kreisen denken."

Wenn ein Zustand plötzlich anwächst, schnell abnimmt oder sich unbeeinflusst von Begebenheiten in seiner Umgebung innerhalb bestimmter Grenzen aufrecht hält, wirkt ein Regelmechanismus. Ein beobachtetes zeitabhängiges Verhalten wird durch einen bestimmten

Mechanismus verursacht. Dieser Mechanismus zeigt sich in einer kreisförmigen Rückkoppelungsschleife.

Rückkoppelungen verursachen eine Kettenreaktion von Ursache und Wirkung. Jede Handlung beeinflusst die nachfolgende. Ursache und Wirkung bewegen sich in Kreisläufen. Eine Ursache aus einem Blickwinkel wird zur Wirkung aus einem anderen. Die Ursache in der Gegenwart wird zum Auslöser der Wirkung in der Zukunft.

Dazu einige Beispiele:
Was passiert, wenn ihnen bewusst wird, dass Sie hungrig sind (Abbildung 3-4)? Sie empfinden ein unangenehmes Gefühl und besorgen sich etwas zum Essen. Sie essen und dadurch verringert sich ihr Hungergefühl. Sie essen weiter bis sie satt sind. Dann hören sie auf zu essen. Ihr Hungergefühl hat den Umfang der Mahlzeit beeinflusst und die aufgenommene Nahrungsmenge immer wieder ihren Hunger. Wir stellen uns diesen Vorgang als eine lineare Handlung vor. Aber wenn man es genauer betrachtet, erkennt man einen Kreislauf. Die Hungergefühle steuern Rückkoppelungskreisläufe innerhalb eines Systems des Körpers.

Abbildung 3-4: Zielführende, ausgleichende Rückkoppelung

Vermeintlich richtige Veränderungen von Systemstrukturen führen meistens zu unerwünschten Folgen, wie das Beispiel in Abbildung 3-5 zeigt. In einem Unternehmen werden die Umsatzziele nicht erreicht. Es entschließt sich zu einer aggressiven Kundenakquisition. Es werden weitreichende Zusagen hinsichtlich Preisnachlässen, Sonderwünschen, Qualität und Termintreue gemacht.

Abbildung 3-5: Unerwartete Folgen

Abbildung 3-6: Hohe Zusagen belasten den Kundendienst und führen in der Folge zum Verlust von Kunden.

Das wiederum führt zu einer starken Belastung des Kundendienstes, der den Anforderungen nicht immer gerecht werden kann (Abbildung 3-6). Mangelhafter Service und Lieferprobleme sind die unbeabsichtigten Folgen. Das zieht unzufriedene Kunden und einen weiterer Umsatzrückgang nach sich. Es entwickelt sich der Teufelskreis einer Abwärtsspirale, weil das Problem nicht erkannt wird. Es liegt nicht in der aggressiven Kundenakquisition, sondern in der Überforderung des Kundendienstes. Solange er nicht verstärkt wird, bleibt das Problem unbefriedigender Ergebnisse weiterhin bestehen.

Die Struktur eines Systems bestimmt sein Verhalten. Mit anderen Worten: die Leistungsfähigkeit eines Systems wird durch seine Wirkungsstruktur bestimmt, die die beobachteten Änderungen seines Zustandes auslöst. Diese Änderungen können zwei unterschiedliche Ursachen haben (Abbildung 3-7): Erstens können Einwirkungen von außen, aus der Umwelt, Zustandsänderungen auslösen und zweitens können Prozesse innerhalb des Systems selbst zu Zustandsänderungen führen. Hieraus wird eindeutig ersichtlich, dass die Wirkungsstruktur des Systems selbst die Zustandsänderungen und damit die Zustandsgrößen und das Systemverhalten bestimmt. Die Wirkungsstruktur bestimmt, wie äußere und innere Einflüsse weitergegeben werden.

Innerhalb der Systemgrenzen bestehen Rückkopplungsschleifen. Sie sind die wesentlichen Bausteine eines Systems. Sein dynamisches Verhalten entsteht innerhalb seiner Struktur. Jede Wechselwirkung zwischen den Komponenten, die für das untersuchte Systemverhalten maßgeblich ist, muss innerhalb der Systemgrenzen stattfinden.

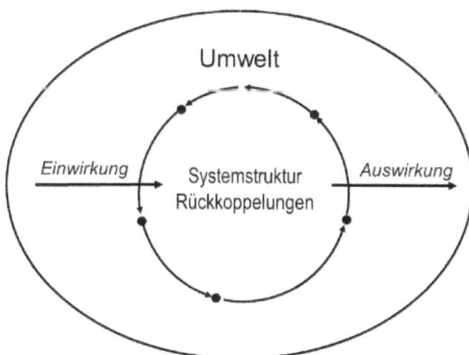

Abbildung 3-7: Die Wirkungsstruktur bestimmt das Verhalten auf äußere und innere Einflüsse.

Der Begriff der Rückkopplung stammt aus der elektrischen Schaltungstechnik. Inzwischen wird er aber, synonym auch das englische

Feedback, in einem größerem Zusammenhang zur Beschreibung von Vorgängen und Informationen verwendet, die sich auf ihre eigenen Ursachen oder Eingangsgrößen auswirken. Feedback ist ein alles beherrschendes und grundlegendes Kennzeichen von Verhaltensweisen, das genauso unsichtbar ist, wie die Luft, die uns umgibt und die wir atmen. Und vielfach wissen wir nichts über das Verhalten von Systemen, sondern wir beobachten und spüren nur seine Wirkung. Wir kennen nicht die Ursachen, sondern nehmen nur seine Wirkungen war –manchmal zu unser eigenen Überraschung.

Daher sind vor allem ihre Verknüpfungen und ihre wechselseitigen Wirkungen die Charaktermerkmale eines Systems und weniger die Anzahl und Größe der Komponenten. Solche Verknüpfungen können einfach verknüpft oder wechselseitig ineinander verschachtelt sein. Deshalb unterscheidet man zwischen einfachen und komplexen Systemen. Die Art und Weise wie sie aufeinander reagieren und voneinander abhängen, bestimmen das Systemverhalten. Wenn gleich das Verhalten einfacher Systeme leichter, eben einfacher, zu erfassen und zu verstehen ist, unterscheidet es sich nicht grundsätzlich von komplexen Systemen.

(5) Jedes System besitzt eine Grenze nach außen, die mehr oder weniger durchlässig ist.

Ganz allgemein kann man ein System als eine Sammlung von Elementen definieren, die von den Grenzen dieses Systems eingeschlossen sind. Die Grenze eines Systems stellt die imaginäre Linie dar, die alle Komponenten einschließt, die das Verhalten des Systems betreffen. Was für das Verhalten des Systems entscheidend ist, bestimmt seine Grenzen. Innerhalb der Systemgrenzen müssen alle Aspekte und wesentlichen Inhalte vorhanden sein, die notwendigerweise zur Dynamik des Problemverhaltens beitragen. Eine solche enge Grenze muss schon aus schierer Notwendigkeit gezogen werden: denn wenn man auf der Sicht besteht, dass alles mit allem vernetzt ist und die Systemgrenzen deshalb zu weit gezogen sind, werden immer mehr Variable und Effekte in die Systembeschreibung einbezogen. Dies führt dazu, dass man wie gelähmt daran gehindert wird, jemals eine Analyse abzuschließen. Zwar sind die Grenzen zu berücksichtigen, innerhalb derer das Systemverhalten betrachtet wird, aber trotzdem sollte man sich immer am Ende einer systemdynamischen Untersuchung fragen, ob die

Handlungsempfehlungen auch dann Bestand haben, wenn die Systemgrenzen erweitert werden.

Eine Systemgrenze kann materiell, wie etwa ein Zaun um ein Grundstück oder eine Produktionsanlage innerhalb eines Fabrikgebäudes oder immateriell sein, wie etwa die Zugehörigkeit zu einer bestimmten sozialen Gruppe, einer Familie, einem Unternehmen, einer Behörde oder einem Land. Systemgrenzen sind aus mehreren Gründen bedeutsam: Grenzen sichern oder bestimmen die Identität des Systems. Die Beziehungen eines Systems zu seiner Umgebung vollziehen sich hauptsächlich an den Systemgrenzen. Hier entscheidet sich, was in ein System hineinkommen bzw. herauskommen kann.

Nach welchen Kriterien sollen Systemgrenzen gezogen werden? Aus der Perspektive der System Dynamik sind das wichtigste Kriterium für eine richtig gezogene Systemgrenze geschlossene Rückkopplungsschleifen im System. Kurz gefasst, bedeutet Rückkopplung Übertragung und Erwiderung von Informationen. Die Betonung liegt auf Erwiderung, auf Rückleitung von Daten.

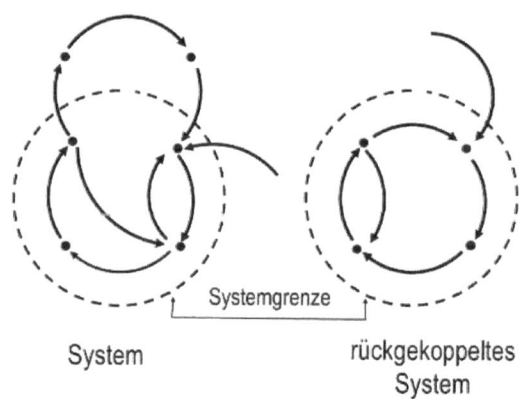

Abbildung 3-8: Systemrelevante Rückkopplungen müssen innerhalb der Systemgrenzen liegen.

Innerhalb eines Systems können keine Rückkopplungsschleifen von Elementen, die innerhalb der Grenzen liegen, zu Elementen, die sich außerhalb der Grenzen befinden, führen und dann wiederum eine Verbindung zurück innerhalb der Grenzen bilden. Die Abbildung 3-8 zeigt zwei verschiedene Systeme: ein rückgekoppeltes System und ein System, das sich zu einem Rückkopplungssystem entwickeln könnte, wenn die Grenzen des Systems erweitert würden.

Keine Systemgrenze kann jemals alle denkbaren Rückkopplungsschleifen umfassen. Aber dennoch muss für die Untersuchung eines Systems eine Systemgrenze gefunden werden, innerhalb derer sich das System relativ eigenständig verhält. Das bedeutet:

• Die Systemgrenze muss dort gezogen werden, wo eine Rückkopplung mit der Umgebung sehr viel schwächer ist, als die Rückkopplungen innerhalb des Systems sind. Zum Beispiel lässt sich eine Untersuchung des Energiebedarfs und -verbrauchs eines Wohnhauses durch die Fassade begrenzen. Eine Grenze, die durch den Gartenzaum definiert wird, wäre ungeeignet.

• Vorhandene Rückkopplungen aus der Umwelt dürfen das Verhalten des Systems nicht maßgeblich beeinflussen. Um zum Beispiel die Leistungsfähigkeit der Körperfunktionen eines Menschen zu untersuchen, kann er als eigenständiges Individuum betrachtet werden. Ist aber seine soziale Funktion von Interesse, muss es als Teil des Gesellschaftssystems angesehen werden. Oder wird die Leistungsfähigkeit eines Kraftfahrzeugs untersucht, kann es als ein von seiner Umgebung getrenntes System, das durch die Karosserie begrenzt wird, beschrieben werden. Wird aber die Leistungsfähigkeit eines Verkehrssystems untersucht, muss das Kraftfahrzeug als Teil eines übergeordneten Systems erfasst werden.

• Die Systemgrenze muss so gezogen werden, dass Umwelteinwirkungen auf das System nicht durch das System selbst ausgelöst werden. Und Rückkopplungen von Systemauswirkungen dürfen die Umwelteinwirkungen nicht verändern. Solche nicht beeinflussbaren Einwirkungen können auf der Unternehmensebene veränderte Gesetzgebung aber auch unvorhersehbare Klimaschwankungen, die die Rohstoffversorgung beeinträchtigen, sein.

In der System Dynamik greift man daher aus Gründen der Vereinfachung und der Veranschaulichung auf Modelle von Systemstrukturen zurück. Solche Modelle, (Feedbackdiagramme oder Stock-and-Flow-Diagramme) –wie in Kapitel 4 beschrieben- erlauben durch eine Struktur- und Verhaltensanalogie zur Wirklichkeit, diese in schematisierter, auf wesentliche Züge komprimierter und stark vereinfachter Darstellung, wiederzugeben.

Computerunterstütztes Modellieren von Systemen, hat das Ziel, ihre Struktur und Wirkungsmöglichkeiten wirklichkeitsgetreu nachzuahmen und neue Entscheidungsregel zu untersuchen. Spezielle Softwareprogramme wie Powersim™, Vensim™ oder iThink/Stella™ helfen die untersuchten Fragestellungen zu beantworten und das Systemverhalten zu simulieren. Wobei mit Simulation eine Nachbildung oder Darstellung des Verhaltens eines Systems gemeint ist. So lassen sich die Auswirkungen von Systemeingriffen untersuchen und Zukunftsszenarien in kurzer Zeit errechnen.

Beim Versuch die Situationen, Vorgänge und Bedingungen in einem System modellhaft zu gestalten, muss darüber entschieden werden, welche Elemente und Rückkopplungsschleifen in das Modell aufgenommen und welche nicht berücksichtigt werden sollen. Es muss darüber entschieden werden, wo die Systemgrenzen liegen. Dabei ist die Antwort auf die Frage, was mit dem Modell erreicht werden soll, die Grundlage für derartige Entscheidungen.

Die Auswahl der Elemente und Rückkopplungsschleifen hängt davon ab, welches Ziel mit dem Modell verfolgt werden soll (Abbildung 3-9).

Betrachten wir einen chemischen Prozess. Für den Produktionsleiter stellt der Prozess ein in sich abgeschlossenes, unabhängiges System dar. Prozessparameter, das richtige Verhältnis der Reaktionschemikalien, die Reinheit der Einsatzstoffe, Reaktionsdruck, Reaktionstemperatur und viele andere Variable beeinflussen sich gegenseitig und steuern zum Systemverhalten der Reaktionsführung bei. Für den Produktionsleiter muss das Modell des Produktionsprozesses keine Managementaufgaben einschließen.

Personalbeschaffung, Werbung und Vertriebsaufgaben, Umlaufvermögen sowie die Finanzierung der Produktionseinrichtungen haben keinen unmittelbaren Einfluss auf die Steuerung des chemischen Prozesses. Im Gegensatz dazu sind diese Aufgaben wichtige Elemente eines Modells für Entscheidungen auf der Managementebene. Für die Geschäftsführung eines Unternehmens der chemischen Industrie sind bei ihren Entscheidungen die Details der chemischen Reaktionsführung jedoch von untergeordneter Bedeutung.

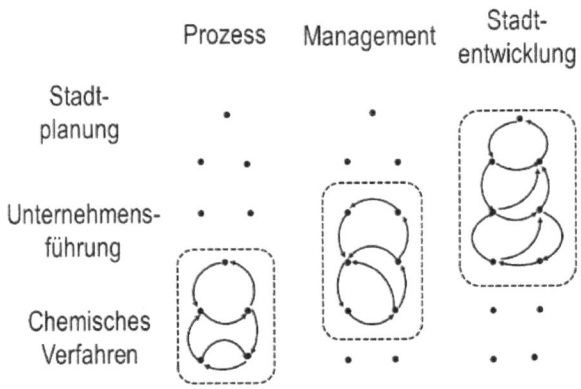

Abbildung 3-9: Drei unterschiedliche Systemgrenzen von drei voneinander abhängigen Systemen

Ein Modell für eine Stadtentwicklung wiederum muss Elemente berücksichtigen, die ein Managementmodell nicht beinhalten muss. Im Unterschied zur Stadtplanung, welche sich auf die baulich-räumliche Entwicklung bezieht, geht es bei der Stadtentwicklung um die Steuerung der Gesamtentwicklung der Stadt, die auch die gesellschaftliche, wirtschaftliche, kulturelle und ökologische Entwicklung beinhaltet. Im Wesentlichen spielen bei der Stadtentwicklung Fragen des Stadtumbaus, des Steueraufkommens, Ausbau der Infrastruktur, des demographischen Wandels, der Bevölkerungsstruktur, der Integration bestimmter Bevölkerungsgruppen, der Flächennutzung und –widmung, der Schaffung von Gewerbegebieten, der Ansiedlung neuer Unternehmen, der Globalisierung oder lokaler Nachhaltigkeitsstrategien, eine Rolle, die in einem Modell zur Optimierung von städtischen Strukturen berücksichtigt werden müssen.

Die Systemstruktur ist die Triebfeder für das dynamische Verhalten des Systems. Im Mittelpunkt des Interesses stehen die Wechselwirkungen innerhalb des Systems, die Wachstum, Bewegung und Veränderung verursachen. Jedes strukturierte Verhalten entsteht durch die logische Verknüpfung sich gegenseitig beeinflussender Bestandteile.

Sie liegen innerhalb der Grenze, durch die das System definiert wird und die es einschließt. Am Anfang der Gestaltung des Modells eines Systems sollte deshalb folgende Frage stehen: *„Wo liegt die Grenze, die die kleinste Anzahl von Komponenten umfasst, die das dynamische Verhalten bewirken, das untersucht wird?"* Dahinter steht der Leitsatz, dass das System von keinen Einflüssen, die außerhalb liegen, beeinflusst werden sollte, um sein Verhalten analysieren und verändern zu können. Dazu gibt es Ausnahmen: es gibt Faktoren, die das System von außen stören oder anregen und in der Folge Reaktionen innerhalb des Systems auslösen. Solche Faktoren können auf der Unternehmensebene der technologische Fortschritt, Aktionen des Wettbewerbs, Störungen in der Rohstoff- und Energieversorgung, veränderte Gesetzgebung aber auch unbeständige Wetterbedingungen und Klimaschwankungen sein. Auf nationaler Ebene kann es sich um weltpolitische Veränderungen, Währungsprobleme, verstärkter ausländischer Wettbewerb oder wie immer geartete Bedrohungen ausgelöst durch nationale Rückständigkeit handeln. Die Struktur eines Systems zwingt die Beziehungen innerhalb der Systemgrenzen so zu gestalten, dass das Verhalten des Systems den Interessen der vom System Betroffenen entspricht. Das gilt für alle Systeme. Familien, Unternehmen, Volkswirtschaften, Staaten. Länder, die ihre Grenzen nicht definieren und sichern können, verlieren ihre Identität.

Deshalb geht es nicht ohne Grenzen. Ein Staat, der die Kontrolle über seine Grenzen aufgibt, mag offen sein, wird aber kein Staat bleiben können. Der freie Austausch von Waren und Dienstleistungen ist zwar vorteilhaft, weil Freihandel den Wohlstand erhöht. Und die Freizügigkeit von Personen ist eine Errungenschaft innerhalb der Europäischen Union. Aber eine Politik der unkontrolliert offenen Grenzen ist kein vernünftiges Konzept, weil der ungebremste Zustrom von Flüchtlingen jedes Land ab einem bestimmten Zeitpunkt überfordert. Er kommt durch negative ausgleichende Rückkoppelungen zum Erliegen (*siehe: Grenzen des Wachstums*). Und wenn dieser Zeitpunkt nicht wahrgenommen wird, bricht das Sytem zusammen.

(6) Die Dynamik eines Systems zeigt sich in seinem zeitlichen Entwicklungsverhalten.

In Rückkoppelungskreisen (Feedbackdiagrammen) können Ursache-Wirkungsbeziehungen zwischen zwei Systemelementen erkannt werden. Eine Lostrennung von Ursache und Wirkung ist nicht mehr möglich, weil jede Wirkung direkt oder indirekt zur Ursache neuer Wirkungen wird. Rückkoppelungen erfordern deshalb eine zeitlich dynamische Betrachtungsweise, weil sie sich erst im Laufe der Zeit entfaltet.

Die Dynamik eines Systems ist gekennzeichnet durch sein zeitliches Verhalten. Statische Systeme zeigen ohne Einflüsse von außen sowohl auf der Makroebene als auch auf der Mikroebene keine Veränderungen (Beispiel: ruhendes Pendel). Dynamische Systeme sind auf der Mikroebene dauernden Veränderungen unterworfen, können aber zumindest zeitweise auf der Makroebene einen stationären Zustand einnehmen (Beispiele: chemische Gleichgewichtsreaktion, Ökosystem Wald). Ob ein System als statisch oder dynamisch betrachtet wird, hängt vom Zeitmaßstab und von der Zeitdauer der Beobachtung des Systems ab. Dies wird deutlich bei Systemen im Gleichgewicht, die aber um ihre Gleichgewichtslage schwanken: Ist der Beobachtungszeitraum zu kurz, kann nicht ermittelt werden, ob es sich um Schwankungen um einen Mittelwert handelt oder ob ein ansteigender oder absinkender Trend vorliegt (Beispiel: Klimaschwankungen seit Beginn der direkten Messungen). Wird ein sehr großer Maßstab gewählt, sind die Schwankungen gar nicht feststellbar; das System verhält sich scheinbar statisch.

Die Dynamik eines Systems führt uns zum Begriff der Systemdynamik. Sie ist eine von Jay W. Forrester Mitte der 1960er Jahre an der Sloan School of Management der MIT entwickelte Methodik zur ganzheitlichen Analyse und (Modell-)Simulation von komplexen und dynamischen Systemen. Anwendung findet sie insbesondere im sozioökonomischen Bereich. So können die Auswirkungen von Managemententscheidungen auf die Systemstruktur und das Systemverhalten, wie zum Beispiel den Unternehmenserfolg, mit geeigneter Software (zum Beispiel Powersim™ oder Vensim™) simuliert und Handlungsempfehlungen abgeleitet werden.

(7) Ein System verfügt über eine augenfällig ausgeprägte Eigenschaft, die seine einzelnen Komponenten nicht aufweisen. Deshalb verliert das System seine charakteristische Eigenschaft, wenn man es zerlegt. Ein System wird verändert, wenn man Elemente entfernt oder neue hinzufügt.

Ein System ist mehr als die Summe seiner Teile. Es besteht nicht einfach aus einer Ansammlung von Einzelteilen. Entscheidend für ein System ist, dass seine Einzelteile so organisiert sind, dass es über bestimmte Eigenschaften verfügt, um ein bestimmtes Ziel zu erreichen. Unter den Systemeigenschaften versteht man einen Satz von Eigenschaften, die für ein System charakteristisch sind. Sie ergeben sich zum einen aus den Eigenschaften der Elemente des Systems und zum anderen aus der Systemstruktur, also ihren Beziehungen untereinander.

Aus dieser Betrachtung erkennt man, dass ein System aus seinen Elementen, deren Verknüpfung und seiner Aufgabe oder seinem Zweck bestehen muss. Zum Beispiel können ein Fahrrad und ein Mensch einzeln betrachtet nicht die Leistung erbringen, zu der sie beide genommen fähig sind. Auch eine Produktionsanlage allein ist nicht in der Lage, Gewinne zu erwirtschaften. Dazu ist nur das „Unternehmenssystem" als übergeordnetes System in der Lage.

Die grundlegenden Eigenschaften eines Systems gehen verloren, wenn man es in seine Einzelteile zerlegt. Diese Eigenschaften werden erst dann erkennbar, wenn alle Einzelteile zusammen und gemeinsam daran arbeiten, den Zweck des Systems zu erfüllen, sein Ziel zu erreichen.

*Zukunftshoffnungen werden nur wahr,
wenn man daran arbeitet.*

4. Die Sprache des Systemdenkens
Feedbackstrukturen und Stock- und Flowdiagramme

Die Struktur von Familien, Unternehmen, internationalen Organisationen oder Volkswirtschaften ist sehr komplex. Und trotzdem müssen wir die Struktur des Systems erkennen, um sein Verhalten zu verstehen. Erst dann können wir Entscheidungsregeln für Veränderungen entwickeln.

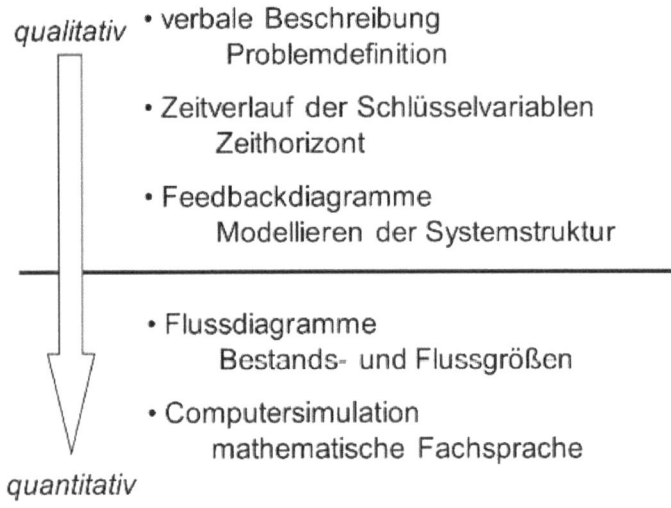

Abbildung 4-1: Systemische Darstellungsformen (nach Ossimitz)

Ein System und seine Struktur kann man aber nur dann verstehen und darüber diskutieren, wenn man geeignete Darstellungsmethoden hat. Jedoch bereits bei einfachen Systemen wird deutlich, dass die Sprache ein sehr umständliches und ungenaues Mittel ist, um Systeme zu beschreiben. In der Systemdynamik, einer Methodik zur ganzheitlichen Analyse und Simulation von komplexen und dynamischen Systemen, werden deshalb auch andere Abbildungs- und Darstellungsinstrumente als die Sprache eingesetzt, um Feedbackstrukturen erfassen und diskutieren zu können (Abbildung 4-1).

4.1 verbale Beschreibungen des Problems (Problemformulierung)

Eine verständliche Formulierung des Problems ist entscheidend für seine Lösung. Zu Beginn der Beschreibung eines Systems und seines Verhaltens stehen daher die Fragen:
- *Was ist das Problem?*
- *Warum und wie ist das Problem entstanden?*

Dabei ist die Fertigkeit in der systemischen Problemformulierung von einer zentralen Frage abhängig:

•Wie haben wir durch unser Denken, unsere Prozesse, unsere Verfahren und unsere Vorgehensweise zu der Situation, vor der wir jetzt stehen, beigetragen bzw. sie erzeugt?

Die Definition eines Problems aus dynamischer Sicht ist auch die Voraussetzung für die am besten geeignete Abgrenzung des Systems von seiner Umgebung.

Problemformulierungen könnten wie folgt lauten:

•Wir sind offenbar nicht in der Lage, den Umsatz zu steigern. Unsere gezielten Werbekampagnen bringen nur kurzfristige Verbesserungen, die gleich wieder verpuffen.

•Die Gewinne waren zwei Jahre stabil, sind aber im letzten halben Jahr gesunken.

•Die Produktivität ist vor einem Jahr rapide gestiegen, seitdem stagniert sie.

•Die Menge an Verunreinigungen in unserem Polymer HD1 hat im letzten Jahr kontinuierlich zugenommen. Heute ist sie doppelt so hoch wie vor 12 Monaten.

•Im Segment Grafikpapiere mussten wir in den letzten 3 Jahren einen kontinuierlichen Rückgang des Umsatzes von ursprünglich 10 Mio. Euro auf heute 8 Mio. Euro feststellen. Zwar scheint sich der negative Trend zu verlangsamen, aber ein weiterer Umsatzrückgang um 0,5 Mio. Euro im kommenden Geschäftsjahr ist wahrscheinlich.

•Kündigungen engagierter und leistungsstarker Mitarbeiter/Innen nahmen in den letzten vier Jahren zu.

•Der Krankenstand in der Nachtschicht hat in den letzten Monaten stark zugenommen.

Die Problemformulierungen führen uns zu den zentralen Größen, den Schlüsselvariablen, die das Problem verursachen. Sie sind für die Beschreibung des Problems wichtig und helfen, es zu erklären. Schlüsselvariable können von weit reichender Natur sein, wie zum Beispiel, dass die Kosten für das Gesundheitswesen außer Kontrolle geraten sind während andere Faktoren nur die eigene Organisation betreffen, wie zum Beispiel, dass wir zu viel Zeit für überflüssigen Papierkram verwenden oder unsere Lieferverzögerungen zu groß sind.

Um möglichst viele Schlüsselvariablen zu ermitteln, sollten folgende Fragen gestellt werden:
- *Wie würde dieses Problem aus der Perspektive des oberen Managements aussehen? Welche Faktoren wären von dieser Ebene aus sichtbar?*
- *Wie würde dieses Problem aus der Perspektive eines Schichtarbeiters oder eines Servicetechnikers aussehen? Welche Faktoren wären von dieser Ebene aus sichtbar?*
- *Wie würden Außenstehende, einschließlich Kunden oder Lieferanten, die Schlüsselfaktoren beurteilen?*
- *Sind Faktoren ersichtlich, die ich selbst oder das Team, dem ich angehöre, verursacht oder zu denen wir beigetragen haben?*

Zumeist entsteht aus diesen Fragen eine umfangreiche Liste aller Variablen, die für wichtig gehalten werden. Zu berücksichtigen sind nicht nur qualitative sondern auch quantitative Variablen. Einzubeziehen sind dabei nicht nur messbare Variable wie zum Beispiel Umsatz, Ergebnis, Reklamationsquoten oder Größe des Außendienstes sondern auch weniger nahe liegende Variable wie zum Beispiel Moral, Stress, Managementfähigkeiten oder Verpflichtungen gegenüber den Unternehmenszielen. Die Liste der Faktoren sollte dann auf die tatsächlich relevanten Variablen verdichtet werden. Es sollten die Variablen, die Gleiches oder Ähnliches ausdrücken zusammengefasst werden. Und der Fokus sollte auf den Variablen liegen, die die auffallendste Beziehung zur Problemstellung haben.

Besonderes Augenmerk sollte auf die Bezeichnung der Variablen gelegt werden. Es sollten Substantive und keine Verben verwendet werden: Produktionsmenge anstatt produzieren oder Absatzmenge anstatt verkaufen. Eine gut definierte Variable passt in Redewendungen wie „Die Anzahl von ……."‚ „Der Umfang der ……."‚ „Die Menge an ……." oder „Das Niveau von ……."‚. Ferner sind Sätze zu vermeiden: Es soll heißen „Kosten" und nicht Kosten steigen oder „Gewinn" und nicht Gewinn geht zurück. Neutrale oder positive Ausdrücke sind vorteilhaft: Motivation statt Frustration oder Gewinn statt Verlust.

Gut gewählte Variable passen in einem der folgenden Ausdrücke:
- *Der Bestand an Mitarbeitern …….*
- *Die Menge an Erfahrung …….*
- *Die Anzahl der ausgelieferten Produkte …….*
- *Der Gewinn …….*
- *Der Stress durch Fehler ….*
- *Die Termin- und Kostenüberschreitung….*

und man kann sagen:
- *steigt / nimmt zu / wird größer*
- *sinkt / nimmt ab / schrumpft / wird kleiner*

Wenden wir uns nun einem anschaulichen Beispiel aus einem Unternehmen zu, um die Problemformulierung zu erläutern.

Wenn irgendetwas bei ABCom, einem Logistikunternehmen, schief läuft und Stress entsteht, so steht sofort die Frage im Raum „Wer hat diesen Fehler zu vertreten?" Wenn Zahlenangaben fehlen, dann wird der Buchhalter beschuldigt. Wenn ABCom einen wichtigen Kunden verliert, dann ist es ein Problem des Vertriebs – „Sie haben mehr versprochen, als wir liefern können?" Wenn Fehler dieser Art auftreten, dann werden Vorwürfe zum selbstverständlichen Reflex. Selbst die Mitarbeiter, die aufrichtig daran interessiert sind, aus Fehlern zu lernen, erliegen der Versuchung nach Schuldigen zu suchen.

Ein Unternehmensberater, der die Gewinnsituation bei ABCom untersuchen sollte, stellte fest, dass im Falle von Schuldzuweisungen ein offener Gedankenaustausch zum Erliegen kam. Nachfragen fanden nicht statt. Und die Bereitschaft herauszufinden, wie das gesamte System in die Fehlerursache involviert ist, verschwindet. Interviews mit den Mitarbeitern hatten ein gemeinsames Thema: *Es ist vorteilhafter und sicherer, Fehler zu vertuschen und tatsächliche Bedenken zu verbergen als Fehler und deren mögliche Ursachen offen zu diskutieren.* Einige Mitarbeiter vermuteten, dass dieser Aspekt der Firmenkultur von ABCom dazu führt, dass erfolgsentscheidende Informationen, die zu einer verbesserten Firmenpolitik und erfolgreicheren Geschäftsabläufen führen könnten, verloren gehen. Wie auch immer, niemand hatte den Mut, zu versuchen die Situation zu verändern.

In der Zusammenarbeit mit der Unternehmensführung, ermutigte der Berater die Mitarbeiter, sich über ihre Verantwortung klar zu werden und sich auf ihre Aufgaben, ihre Rolle im Unternehmen, die Geschäftsabläufe, die notwendigen Standards und die zu erwartenden Betriebsergebnisse zu konzentrieren. Es wurden verschiedene Gruppen gebildet, um die Fortschritte in der neuen Unternehmenskultur zu überprüfen.

Soweit die Situation, die in Wirklichkeit nicht schriftlich vorliegt. Sie muss kurz zusammengefasst werden, um die Systemvariablen zu bestimmen. Die Mitarbeiter von ABCom entscheiden sich für die folgende Beschreibung der Situation:

Wenn Fehler auftreten und Stress entsteht, tendieren die Mitarbeiter von ABCom dazu, Vorwürfe dem vermeintlich dafür Verantwortlichen zu machen. Dadurch nimmt der Stress ab. Aber als Folge davon wird die Bereitschaft, Informationen zu teilen oder offen zu diskutieren, beeinträchtigt oder verschwindet ganz. Eine mehr grundsätzliche Lösung bestünde darin, Methoden und Abläufe zu entwickeln, die eine Verbesserung in den Geschäftsabläufen bewirken und die Verantwortlichkeiten klären.

Die daraus abgeleiteten Schlüsselvariablen lauten:
- *Stress durch Fehler,*
- *Vorwürfe an den vermeintlichen Verursacher,*
- *gemeinsamer Informationsstand und*
- *Qualität der Geschäftsabläufe.*

Man kann zur Überprüfung der Stimmigkeit der Variablen sagen:
- *Der Stress wird kleiner.*
- *Die Vorwürfe nehmen zu.*
- *Der gemeinsame Informationsstand nimmt ab.*
- *Die Qualität der Geschäftsabläufe sinkt.*

Somit haben wir den ersten Schritt Systeme zu beschreiben erfolgreich erledigt. Wenden wir uns dem zweiten Schritt zu.

4.2 Zeitverläufe der Schlüsselvariablen

Eine dynamische Problemdefinition erfordert auch eine Antwort auf die Fragen:
- *„Wie haben sich die Schlüsselvariablen in der Vergangenheit entwickelt?"* und
- *„Wie könnte der erhoffte oder befürchtete Zeitverlauf der Variablen aussehen?"*

Den Zeitverlauf der Schlüsselvariablen zu erkennen und darzustellen ist ein wichtiger erster Schritt zum Verständnis des aktuellen Zustands und des Verhaltens eines Systems. Eine Aussage über das vermeintlich zukünftige Verhalten des Systems zu machen, ist allerdings risikoreich. Das Risiko besteht darin, dass die Aussage falsch sein könnte. Es stimmt, dass jede beliebige Projektion in die Zukunft ungenau oder sogar falsch ist. Indem wir sie aber deutlich machen, können wir unsere Erwartungen testen und Widersprüche aufdecken, die sonst niemals offenkundig würden. Zum Beispiel, wirft eine Projektion auf unveränderte Zunahme der Produktivität bei gleichzeitiger Abnahme des Aufwandes für Weiterbildungsmaßnahmen die Frage auf „Wenn die Weiterbildung nicht unsere Wachstumstreiber ist, was dann?". In diesem Fall sollten im Zeitverlauf auch die Variablen Produktivität und Weiterbildungsbudget berücksichtigt werden.

Um die Dynamik des Systems einwandfrei zu erfassen, ist die richtige Wahl des Zeithorizonts hilfreich. Als Zeithorizont wird der Zeitraum abgrenzt, in dem das Problem untersucht werden soll. Für einen Wechsel in der Unternehmensstrategie kann der Zeithorizont mehrere Jahre umfassen, während für eine Werbekampagne einige Monate ausreichen können. Die Zeit allerdings sollte nicht als Schlüsselvariable berücksichtigt werden. Entscheidend ist, die tatsächlichen „Treiber" des Systemverhaltens zu erkennen. Zum Beispiel konnte man 1963 doppelt so viel Rechenleistung integrierter Schaltungen für einen Dollar kaufen wie 1962, 1964 erneut das Doppelte und 1965 wieder. Heute werden 18 Monate als Verdopplungszeitraum für allgemeine Rechnerleistung angesetzt. Dennoch wäre es falsch, eine Wechselwirkung zwischen der Zeit und der Rechenleistung als Ursache für die Dynamik der Veränderung zu berücksichtigen. Stattdessen sind zunehmende Aufwendungen für Investitionen und ein Anstieg positiver Effekte durch Weiterbildungsmaßnahmen und vermehrte Erfahrungen als die treibenden Kräfte in die Systembeschreibung einzubeziehen.

Beim Zeichnen von Zeitverlaufsgraphen, der graphischen Darstellung von Zeitverläufen, bewährt sich folgendes Vorgehen:

- Suchen Sie die Variable mit dem längsten Zyklus und dehnen Sie den zeitlichen Horizont so aus, dass mindestens zwei, besser drei oder mehr Zyklen betrachtet werden können. Wenn es 2 Jahre dauert, ein neues Produkt zu entwickeln, dann sollte der Betrachtungszeitraum mindestens 4 Jahre umfassen.
- Zeichnen Sie <u>alle</u> Schlüsselvariablen in <u>ein</u> Schaubild. Dadurch werden trotz unterschiedlicher Skalierung gegenseitige Beeinflussungen besser sichtbar.
- Manchmal wird man auf zusätzliche Variable beim Zeichnen der Zeitverlaufsgraphen oder später, wenn Feedbackdiagramme erstellt werden, aufmerksam.

Abbildung 4-2: Zeitverlauf von Schlüsselvariablen

Nun übertragen wir die Schlüsselvariablen aus unserem Beispiel des Logistikunternehmens ABCom in ein Diagramm, das den Verlauf aller Schlüsselvariablen wiedergibt. Daraus können wir uns bereits eine oberflächliche Vorstellung über die Zustände, die bei ABCom herrschen, machen. Wir sehen, dass mit zunehmenden Vorwürfen der Stress zwar kleiner wird, die Qualität der Geschäftsabläufe und des Informationsstandes der Mitarbeiter abnimmt. Auffallend ist die Bündelung von Abwärtstrends (Abbildung 4-2).

Nun fragen wir uns, wie wir die Systemstruktur erkennen können, die das unerwünschte Verhalten erzeugt. Die Antwort lautet: durch Nachbilden (simulieren) und Gestalten (modellieren) der Systemstruktur mit Hilfe eines Feedbackdiagramms oder eines Bestands- und Flussdiagramms.

4.3 Feedbackdiagramme (Rückkopplungsschleifen)

Feedbackdiagramme helfen uns, die dynamische und vernetzte Natur der Welt, die uns umgibt und in der wir uns befinden, besser zu verstehen. Denn Systemdenker arbeiten mit einer zentralen Prämisse: *Wenn man nicht weiß, wie bestimmte Ergebnisse erzielt werden bzw. wie eine bestimmte Situation entsteht, bereitet es große Schwierigkeiten, Veränderungen zu erzeugen, um Verbesserungen zu erreichen.* Ein Diagramm von Verstärkungs- und Ausgleichsprozessen (Feedbackdiagramme oder auch von Bestands- und Flussdiagrammen) ist dabei ein ausgezeichneter Ausgangspunkt für die Darstellung von Rückkopplungen, die das Systemverhalten verursachen, das man ändern will. Darüber hinaus helfen Feedback Diagramme, Probleme zu orten, bevor es tatsächlich zu einem Zusammenbruch kommt. Besonders wirkungsvoll sind Feedback Diagramme, wenn sie in einer Arbeitsgruppe erstellt werden. Das gemeinsame Verständnis, wie ein System wirken könnte, vermittelt ein umfassenderes Bild der Wirklichkeit und führt deshalb zum Teamlernen und wirksameren und nachhaltigeren Aktionsplänen.

Eine sehr einfache, aber gleichzeitig auch sehr leistungsfähige Darstellungsform von Systemen und den ihnen innewohnenden Rückkopplungsbeziehungen sind Wirkungsdiagramme. Sie werden auch als Rückkopplungsschleifen, Feedbackdiagramme oder Casual Loop Diagramms (CLD) bezeichnet. Mit ihrer Hilfe erhält man einen besseren Einblick in komplexe und dynamische Strukturen eines Systems. Man schafft so die Grundlage für die Modellierung und die Simulation von Prozessen in Politik und Wirtschaft aber auch im privaten Bereich. Man lernt außerdem, die Systemstruktur als erfolgsbestimmenden Eingriff zu verändern und nicht an den Zuständen „herumzudoktern".

Das Modellieren eines Feedbackdiagramms erfolgt in vier Schritten:
- Auswahl der Variablen,
- Konstruktion (Zeichnen) der Rückkopplungsschleifen,
- Bezeichnung der Richtung der Beeinflussung der Variablen
- und Bestimmung des Typs der Rückkoppelung (verstärkend oder ausgleichend).

Ein Wirkungsdiagramm enthält die wesentlichen Systemelemente, die Variablen, als Knoten und die Verknüpfungen als die Ursache-Wirkungs-Beziehung zwischen diesen als Pfeile. Die Pfeile verbinden nicht nur zwei Knoten, die Variablen oder Komponenten der Systemstruktur, sondern liefern auch Informationen über deren Beziehung zueinander. Dabei kann zwischen zwei unterschiedlichen ursächlichen Zusammenhängen unterschieden werden - positiv, verstärkend oder negativ, ausgleichend (Kapitel 5: Rückkoppelungen).

Variable sind typische neutrale Substantiva oder eventuell zum besseren Verständnis Sätze. Sie repräsentieren die Elemente einer Situation, die sich im Zeitverlauf verändern. Beispiele dafür sind produzierte Menge, Umsatz, Gewinn, Service- und Marketingbudget, Servicequalität, Forschungsaufwendungen, Lieferprobleme, Termindruck, Informationsstand, Stress, Geburtenrate, Todesfälle oder Krankenstand.

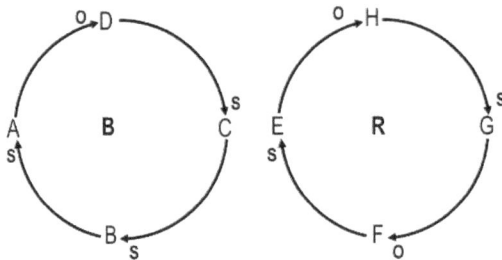

Abbildung 4-3: Feedbackdiagramme enthalten die wesentlichen Aussagen über eine Rückkopplung und über das Verhalten der Systemstruktur.

Verknüpfungen entsprechen einer ursächlichen Beziehung zwischen zwei Variablen (Abbildung 4-3). Eine Veränderung in einer Variablen führt zu einer Veränderung in einer zweiten Variablen. „o" und „s" bezeichnen die Richtung in welche die erste Variable die zweite Variable beeinflusst. Die Richtung kann entweder gleichgerichtet (s) oder entgegen gesetzt (o) sein. Die Bezeichnung der Struktur der Rückkopplung gibt auch Auskunft darüber, ob das Systemverhalten ausgleichend und zielsuchend (B) ist oder ob es Wachstum oder Zusammenbruch (R) fördert.

Die folgenden zwei einfachen Beispiele beschreiben die Aussagen eines Feedbackdiagramms näher (Abbildung 4-4):

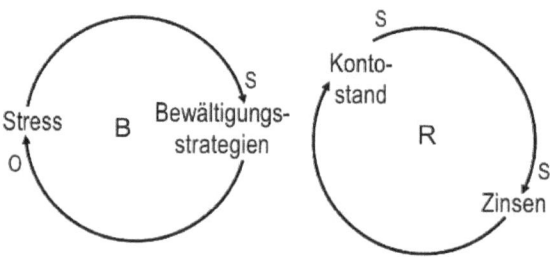

Abbildung 4-4: Feedbackdiagramme geben Auskunft über die Natur der Rückkoppelung (ausgleichend oder verstärkend).

Wenn das Stressniveau steigt, dann müssen wirkungsvollere Strategien zur Stressbewältigung eingesetzt werden –je größer der Stress desto größer der Aufwand zu seiner Bewältigung. Die beiden Variablen verändern sich in der gleichen Richtung. Derartige Beziehungen werden in einem Wirkungsdiagramm mit „s" (*same direction*) kenntlich gemacht. Mit Hilfe der Maßnahmen zur Bewältigung von Stress wird dann das Stressniveau kleiner. Der Stress nimmt ab. Die beiden Variablen verändern sich dann in entgegengesetzter Richtung. Denn je wirkungsvoller die Stressbewältigungsstrategien greifen, desto kleiner wird das Stressniveau. Solche gegenläufigen Beziehungen werden mit „o" (*opposite direction*) gekennzeichnet.

Auf die gleiche Art und Weise kann das Wirkungsdiagramm mit den Variablen Kontostand und Zinseinnahmen interpretiert werden. Je höher der Kontostand, desto größer sind die Zinseinnahmen. Die beiden Variablen verändern sich in die gleiche Richtung und ihre Beziehung wird mit „s" markiert. Durch die Zinseinnahmen nimmt der Kontostand zu. Auch hier verändern sich die beiden Variablen in die gleiche Richtung und werden daher mit „s" gekennzeichnet.

Wie helfen uns aber die „s" und „o" Wirkungsdiagramme zu interpretieren? Wirkungsdiagramme oder Feedbackschleifen sind geschlossene Kreislinien zwischen Variablen, die in einer wechselseitigen Ursache- und Wirkungsbeziehungen zueinander stehen. Die Zeichen „s" oder „o" zeigen, wie sich die Variablen gegenseitig beeinflussen. In diesem Sinn sind Feedbackdiagramme vereinfachte „Landkarten", die die Beziehungen von Ursache und Wirkung in einem System geschlossener Schleifen deutlich machen.

Jede Rückkopplungsschleife stellt entweder einen verstärkenden oder einen ausgleichenden Prozess dar. Diese zwei Prozesse sind die grundlegenden Bausteine jeder dynamischen Systemstruktur. Sie können in einer unbegrenzten Vielfalt zusammenwirken und dadurch die komplexen Systeme schaffen, in denen wir uns befinden und die um uns herum auftreten.

Die Abbildung 4-5 „Füllen eines Wasserglases" erläutert den Aufbau von Rückkopplungs- oder Feedbackdiagrammen. Sie sehen ein mit Anmerkungen versehenes Rückkopplungsdiagramm für das Füllen eines Wasserglases. Das Diagramm enthält Variable und Pfeile, die die Variablen verbinden und die kausalen Zusammenhänge beschreiben. Alle Pfeile sind mit einem Symbol versehen, entweder „s" oder „o", das folgendes bedeutet:
- Verläuft der ursächliche Zusammenhang von einer Variablen zu der anderen in die gleiche Richtung, dann wird diese Beziehung mit „s" (*same direction*) bezeichnet.
- Entsteht der ursächliche Zusammenhang von einer Variablen zu der anderen in entgegen gesetzter Richtung, dann wird diese Beziehung mit „o" (*opposite direction*) charakterisiert.

Diese Schreibweise wird in der Abbildung 4-5 „Füllen eines Wasserglases" veranschaulicht. Man beginnt mit der Variablen „Stellung des Wasserhahns" im oberen Teil des Diagramms. Wenn man den

Wasserhahn weiter öffnet, dann nimmt der „Wasserzufluss" zu. Deshalb wird der Pfeil von „Stellung des Wasserhahns" zu „Wasserzufluss" mit „s" charakterisiert. Wenn dem entsprechend der „Wasserzufluss" zunimmt, dann steigt auch der „aktuelle Füllstand" im Wasserglas. Deshalb wird der Pfeil, die Verbindung, zwischen den beiden Elementen „Wasserzufluss" und aktueller „Wasserstand" mit „s" gekennzeichnet. Die nächste Variable in der Kette der ursächlichen Zusammenhänge ist die „Lücke", die die Differenz zwischen dem „gewünschten Füllstand" und dem „aktuellen Füllstand" beschreibt. Aus dieser Definition folgt, dass ein Steigen des aktuellen Füllstandes" die „Lücke" verkleinert. Deshalb ist die Richtung der Beeinflussung zwischen diesen beiden Variablen mit „o" zu bezeichnen, weil sie entgegen gesetzt auftritt. Schließlich kehrt man an der Rückkopplungsschleife zurück zur Ausgangsposition „Stellung des Wasserhahns". Je größer die „Lücke" ist, umso mehr muss der Wasserhahn aufgedreht werden, um das Glas zu füllen. Deshalb verläuft der ursächliche Zusammenhang zwischen den beiden Variablen „Lücke" und „Stellung des Wasserhahns" in gleicher Richtung und der Pfeil muss mit „s" bezeichnet werden. In der Rückkopplungsschleife existiert noch eine zusätzliche Verbindung, und zwar zwischen „gewünschter Füllstand" und „Lücke". Die Abweichung des „gewünschten Wasserstandes" auf die „Lücke" verläuft in gleicher Richtung. Der Pfeil, die Verbindung der beiden Variablen, wird daher mit „s" gekennzeichnet.

In Ergänzung zu den Symbolen an jedem Pfeil, einem „s" oder einem „o", enthält die Rückkopplungsschleife auch noch eine weitere Beschreibung, die Auskunft darüber gibt, ob es sich um eine ausgleichende, negative oder eine verstärkende, positive Rückkopplung handelt. Eine ausgleichende, negative Rückkopplungsschleife liegt dann vor, wenn sie eine ungerade Anzahl ursächlicher Zusammenhänge, die in entgegen gesetzter Richtung wirken und die daher mit „o" gekennzeichnet werden müssen, aufweist. Eine solche Rückkopplungsschleife wird mit „B" (*balancing*) markiert. Im Gegensatz dazu beinhaltet eine verstärkende, positive Rückkopplungsschleife keine oder eine gerade Anzahl von entgegengesetzt wirkender ursächlicher Zusammenhänge, die mit „o" bezeichnet werden. Eine derartige Rückkopplungsschleife wird mit „R" (*reinforcing*) gekennzeichnet.

Aus der Summe der „o" und „s" ergibt sich daher die Art der Rückkopplung: positiv, verstärkend oder negativ ausgleichend. Dem entsprechend wird die Rückkopplungsschleife mit „R" oder „B" gekennzeichnet. Die Abbildung „Füllen eines Wasserglases" zeigt eine

Rückkopplungsschleife mit einer ungeraden Anzahl von „o". Es handelt sich daher um ein negatives, ausgleichendes, zielsuchendes Diagramm (B in Abbildung 4-5).

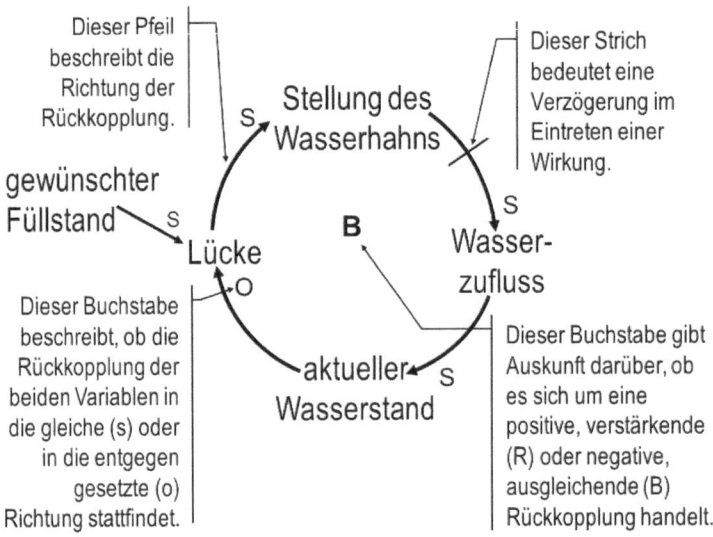

Abbildung 4-5: Aufbau eines Feedbackdiagramms am Beispiel des Füllens eines Wasserglases

Tritt die Wirkung auf eine Ursache mit einer zeitlichen Verzögerung ein, so wird dies wie im exemplarischen Feedbackdiagramm mit einem Strich durch den Pfeil, der die Richtung der Rückkopplung anzeigt, dargestellt. Verzögerungen müssen unbedingt wahrgenommen und im Feedbackdiagramm kenntlich gemacht werden. Denn sie führen dazu, dass sich eine Wirkung oder ein Gleichgewicht in einem System oft nur langsam einstellt. Verzögerungen können mit einem Sicherheitsventil verglichen werden, das sich nur langsam öffnet sobald Entscheidungsdruck aufgebaut wird oder sich abrupt öffnet, sobald der Entscheidungsdruck einen kritischen Wert annimmt. Ein Beispiel für derartige Situationen ist die Verzögerung zwischen Arbeitsüberlastung und Burnout: nach mehreren 60-Stunden-Wochen kann ein plötzlicher Zusammenbruch in Form eines Burnouts eintreten. Auch getroffene Entscheidungen führen nicht sofort zu einer Veränderung der Systemstruktur. Deshalb zeigen Arbeitsmarktreformen zur Reduzierung der Arbeitslosigkeit nicht sofort ihre Wirkung. Es dauert oft länger als erwartet.

Zielsuchende Prozesse werden immer durch eine negative, ausgleichende Rückkopplung ausgelöst. In einem Feedbackdiagramm muss daher das Ziel deutlich gemacht werden, das den Prozess antreibt. Zum Beispiel kann in B1 in Abbildung 4-6 die Frage auftauchen, warum eine Verbesserung der „Produktqualität" dazu führt, dass „Maßnahmen zur Verbesserung der Qualität" reduziert werden. Wird jedoch als Ziel die „erforderliche Produktqualität" in B2 definiert, dann wird offensichtlich, dass die „Qualitätslücke" tatsächlich die Maßnahmen zur Produktverbesserung antreibt. Und wenn die Qualitätslücke klein ist, dann können die Maßnahmen zur Qualitätsverbesserung heruntergefahren werden.

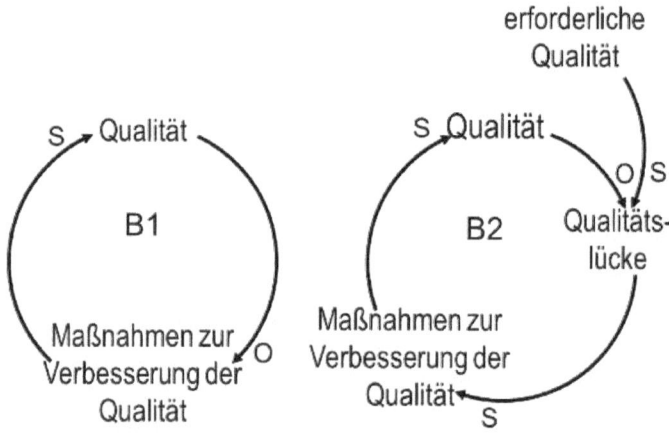

Abbildung 4-6: zielsuchende Prozesse weisen eine negative ausgleichende Rückkoppelung auf.

Ferner ist zwischen einem wahrgenommenen und einem tatsächlichen Zustand zu unterscheiden (Abbildung 4-7), wie zum Beispiel wahrgenommene versus aktuelle Qualität. Wahrnehmungen verändern sich oft langsamer als es der Wirklichkeit entspricht. Und wenn ein wahrgenommener Zustand nicht dem tatsächlichen aktuellen Zustand entspricht, kann das zu falschen Entscheidungen und unerwünschten Ergebnissen führen.

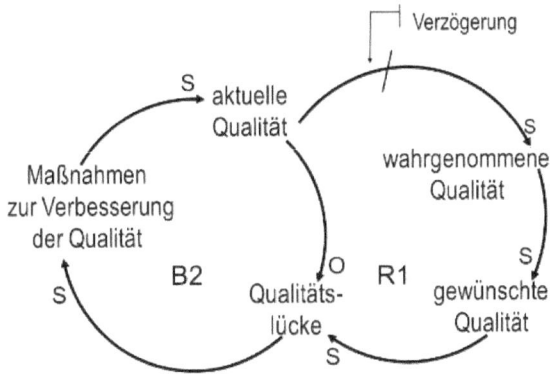

Abbildung 4-7: ein aktueller Zustand entspricht nicht immer dem wahrgenommenen Zustand.

Hat eine Variable mehrere Konsequenzen, sollten sie zusammengefasst werden. Zum Beispiel können „Stressbewältigungsstrategien" mehrere Bedeutungen haben, wie jemand sich in einer Stresssituation verhält: Bewegung, Meditation, Alkohol, Musik zur Entspannung. Jede Maßnahme hat in der Regel kurz- und langfristige Auswirkungen, die in einem Feedbackdiagramm kenntlich gemacht werden müssen. Der Übergang von kurzzeitigen zu langfristigen Konsequenzen sollte in größeren Schleifen dargestellt werden. In der Abbildung 4-8 „kurz- und langfristige Auswirkungen" zeigt die Schleife B1 das kurzzeitige Systemverhalten, wenn Stress mit Alkohol ausgeglichen werden soll. Jedoch macht die Schleife R2 auf die langfristigen Auswirkungen auf die Gesundheit aufmerksam bei dem Versuch Stress durch Konsum von Alkohol auszugleichen. Gesundheit und Leistungsfähigkeit werden beeinträchtigt.

Zusammenfassend kann man festhalten, dass Feedbackdiagrame die folgenden Informationen beinhalten:
- Variable (Komponenten des Systems),
- deren Verknüpfungen,
- die Richtung der Verknüpfungen (same oder opposite)
- Verzögerungen und
- den Typ des Feedbackdiagramms (ausgleichend oder verstärkend).

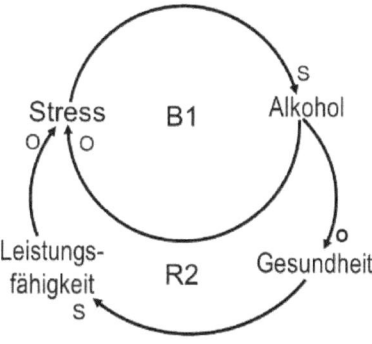

Abbildung 4-8: kurz- und langfristige Auswirkungen eines Systemeingriffs

Worin liegt nun der Nutzen der Feedbackdiagramme? Sie
- machen die Systemstruktur sichtbar,
- bringen Dynamik und Rückkoppelung ins Spiel,
- machen verborgene Annahmen und Vorstellungen offenkundig,
- erleichtern dadurch die Diskussion über Probleme und ihre Lösungen und
- erlauben Gedankenexperimente und den Test möglicher Annahmen.

Wichtig ist auch die Frage, welche Aussagen erwarten wir von einem Feedbackdiagramm.
- *Was soll die Hauptaussage des Diagramms sein?*
- *Welche Entscheidung soll das Diagramm unterstützen?*
- *Welche Variablen sollen hervorgehoben werden und welche nicht?*
- *Welche verfügbaren Informationen laufen dem Ziel einer klaren Aussage im Diagramm entgegen?*
- *Wie sollen die dazustellenden Variablen geordnet werden?*

Nachdem wir ein Feedbackdiagramm gezeichnet haben, das die Rückkoppelungen der Systemstruktur beschreibt, müssen wir sicherstellen, dass es richtig bezeichnet ist und die ausgleichenden und verstärkenden Rückkoppelungen dem Sachverhalt entsprechen.

Leider lässt sich die Wirklichkeit aber nicht so einfach darstellen. Hier sind meistens unübersichtliche und schwer zu durchschaubare komplexe Systemstrukturen mit einer Vielzahl von Rückkopplungsschleifen die Regel. Deshalb sind Wirkungsdiagramme mit einer Vielzahl von Rückkopplungsschleifen in der System Dynamik weit verbreitet. Sie erleichtern die Darstellung und Beschreibung von Systemstrukturen und geben einen Einblick in die Wirkungsbeziehungen und in die vorherrschenden Rückkopplungsschleifen, die das Verhalten des Systems bestimmen.

Wenden wir uns nun wieder dem Unternehmen ABCom Logistik zu. Wir haben bereits die Schlüsselvariablen und deren Zeitverlauf erkannt. Nun fehlt noch zur Darstellung des Systems ABCom und seines Strukturverhaltens das entsprechende Feedbackdiagramm.

Sehen wir uns nochmals die Schlüsselvariablen aus unserem Beispiel des Unternehmens ABCom Logistik an
- *Stress durch Fehler,*
- *Vorwürfe an Einzelne, an die vermeintlichen Verursacher der Fehler,*
- *gemeinsamer Informationsstand und*
- *Qualität der Geschäftsabläufe*

und überlegen uns welche Variablen durch eine Ursache-Wirkung-Beziehung einander beeinflussen. Demzufolge zeichnen wir das Feedbackdiagramm.

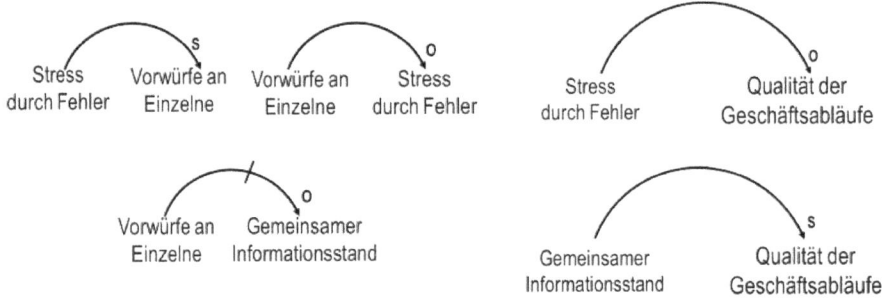

Abbildung 4-9: Verknüpfung von Schlüsselvariablen

„Stress durch Fehler" und „Vorwürfe an Einzelne" stehen in Beziehung (Abbildung 4-9). Wir müssen daher diese beiden Variablen mit einem Pfeil verbinden und mit einem „s" markieren, weil die Wirkung gleich gerichtet ist. Die „Vorwürfe an Einzelne" entlasten die Stresssituation, die Wirkung ist entgegen gesetzt und der Pfeil wird mit einem „o" versehen. Nun beeinflussen die „Vorwürfe an Einzelne" auch den „gemeinsamen Informationsstand" in entgegen gesetzter Wirkung, den je mehr „Vorwürfe an Einzelne" desto geringer wird der „gemeinsame Informationsstand".

Die Variable „Stress durch Fehler" hat auch einen in entgegengesetzte Richtung wirkenden Einfluss auf die „Qualität der Geschäftsabläufe". Sie wird umso schlechter, je mehr „Stress durch Fehler" entsteht. Und schließlich wirkt ein „gemeinsamer Informationsstand" auch auf die „Qualität der Geschäftsabläufe" und zwar in gleicher Richtung, denn je niedriger der „gemeinsame Informationsstand" ist desto ungünstiger ist die „Qualität der Geschäftsabläufe".

Nun verbinden wir die Variablen „Stress durch Fehler" und „Vorwürfe an Einzelne" in einer Schleife, markieren die Pfeile mit „s" bzw. „o" und kennzeichnen diese Rückkopplungsschleife mit B1, um deutlich zu machen, dass es sich um eine negative ausgleichende Rückkopplung handelt. Ebenso verbinden wir die Variablen „Stress durch Fehler" und „Qualität der Geschäftsabläufe" in einer weiteren Schleife, machen die Wirkungsrichtung durch „s" oder „o" deutlich und bezeichnen sie mit B2 zum Zeichen eines Ausgleichskreises. Schließlich verbinden wir die Variablen „Vorwürfe an Einzelne", „gemeinsamer Informationsstand" und „Qualität der Geschäftsabläufe" miteinander und erzeugen dadurch den Verstärkungskreis R3, der alle vier Variablen der Systemstruktur enthält (Abbildung 4-10).

Wie hilft uns nun das Feedbackdiagramm in Abbildung 4-10 zur Beurteilung der Situation weiter?

Wenn Fehler auftreten, ist zu oft die erste Reaktion die Suche nach dem Schuldigen, um ihn mit Vorwürfen zu überschütten. Dies geschieht häufig in der falschen Annahme, dass der Schuldige mit den Fehlern gleichgesetzt wird. Fehler erzeugen weniger Stress, wenn der vermeintliche Verursacher gefunden wird. Das Feedbackdiagramm zeigt, dass je größer der Stress durch Fehler ist, umso heftiger werden die Vorwürfe. Ursache und Wirkung laufen in die gleiche Richtung. Die Vorwürfe wirken entlastend. Sie haben eine entgegengesetzte Wirkung auf den Stress (B1). Vorwürfe wirken wie ein Ausgleich auf eine Stresssituation (negative Rückkoppelung).

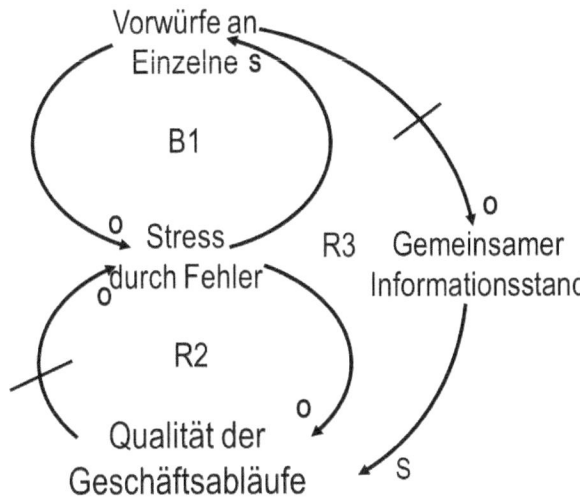

Abbildung 4-10: Vorwürfe verhindern Verbesserungen in den Geschäftsabläufen.

Jedoch ist die Ursache für Fehler nicht bei einzelnen zu suchen, sondern Fehler entstehen als Folge des Zusammenspiels von Einzelaktionen im betreffenden System, das nicht optimal arbeitet. Das Feedbackdiagramm macht deutlich, dass die Vorwürfe den gemeinsamen Informationsstand untergraben. Je mehr Vorwürfe erhoben werden umso geringer wird der gemeinsame Informationsstand. Die Ursache erzeugt eine entgegen gesetzte Wirkung. Und ein geringer gemeinsamer Informationsstand mindert die Qualität der Geschäftsabläufe. Diese beiden Variablen sind gleichgerichtet (R3 / positive, verstärkende Rückkoppelung). Die komplette Rückkoppelung R3 besteht aber aus mehreren Variablen, nämlich „Stress durch Fehler", „Vorwürfe an Einzelne", „gemeinsamer Informationsstand" und „Qualität der Geschäftsabläufe". Hier wird deutlich, dass es sich um eine verstärkende Rückkoppelung handelt, die das Problem noch verstärkt. Das Unternehmen ABCom befindet sich in einem Teufelskreis.

Anstatt sich auf die größeren Zusammenhänge zu konzentrieren, verschleiert die Suche nach dem Schuldigen die eigentlichen

Zusammenhänge im System, die die Fehler verursachen. Die Wahrscheinlichkeit für weitere Fehler steigt daher!

Die Darstellung des Systems (Abbildung 4-10) zeigt, dass das Problem in den Vorwürfen gegenüber vermeintlich Schuldigen besteht. Dadurch wird ein gemeinsamer Informationsstand nachteilig beeinträchtigt und eine Qualitätsverbesserung der Geschäftsabläufe behindert. Das Management der Unternehmung kann das Problem beseitigen, indem es bei auftretenden Fehlern Vorwürfe gegenüber Einzelnen unterbindet. Das Feedbackdiagramm weist so auf Lösungsmöglichkeiten für das Problem hin. Der Schwerpunkt der Betrachtung des Systems muss vom „Stress durch Fehler" auf die „Qualitätsverbesserung der Geschäftsabläufe" verlagert werden. Dies hat zur Folge, dass der „Stress durch Fehler" abnimmt, die „Vorwürfe an Einzelne" verschwinden und der „gemeinsame Informationsstand" zunimmt, was wiederum die „Qualität der Geschäftsabläufe" verbessert. Aus dem Teufelskreis R3 wird durch die Verlagerung des Schwerpunktes in der Betrachtung des Systems ein Tugendkreis.

Das Beispiel zeigt, wie Feedbackdiagramme (CLD) helfen, die Struktur, die das Verhalten des betreffenden Systems erzeugt, zu erklären. Die Rückkopplungsschleifen werden aufgrund von Hypothesen über die Ursachen und Wirkungen in einem System erstellt. Häufig reicht diese qualitative Untersuchung bereits aus, um genügend Erkenntnisse darüber zu gewinnen, wo erfolgreiche Eingriffspunkte für Veränderungen des Systems und somit für Problemlösungen liegen.

An dem Beispiel der ABCom wird offensichtlich, dass mit Hilfe eines Rückkopplungsdiagramms Systemstrukturen und deren Verhalten eindeutig erkennbar werden, um sie dann verändern zu können. Es fällt aber auch auf, dass die verschiedenen Variablen in diesem Beispiel nicht quantifizierbar sind. Es handelt sich um immaterielle Komponenten. Ein System kann aber auch aus materiellen, quantifizierbaren Variablen bestehen. Solche Variablen bestehen aus Mengen, die durch monitäre Größen wie zum Beispiel Euro oder Dollar oder physikalische Größen wie Liter, Volt, Gigawatt, °C, Monate oder Anzahl von Personen definiert werden. Deshalb brauchen wir für die Simulation des Systemverhaltens mithilfe Softwaremodellen eine differenziertere Darstellung von Systemstrukturen.

4.4 Bestands- und Flussgrößen (Stock and Flow)

- Feedbackdiagramme oder Kausalitätsdiagramme machen die Systemstruktur sichtbar,
- bringen Dynamik und Rückkoppelung ins Spiel,
- machen sonst üblicherweise verborgene Annahmen und Vorstellungen offenkundig,
- erlauben Gedankenexperimente und den Test möglicher Annahmen und
- erleichtern dadurch die Diskussion über Probleme und ihre Lösungen.

Aber die mentale Kapazität für die Informationsverarbeitung beträgt nicht mehr als 5 – 7 Variable. Daher lassen sich komplexe Strukturen nur mit der Unterstützung eines Computers genau analysieren und simulieren. Um das dynamische Systemverhalten mit Hilfe von Softwareprogrammen erfolgreich nachbilden (simulieren) und gestalten (modellieren) zu können, müssen Diagramme mit Bestands- und Flussgrößen (Bestands- und Flussdiagramme / Stock & Flow Diagramme) entwickelt werden. Was heißt das? Jedes dynamische Verhalten entsteht, wenn Bestandsgrößen durch Flussgrößen verändert werden.

Bestandsgrößen bezeichnen solche Begriffe, die zu einem bestimmten Zeitpunkt gemessen werden. Sie beschreiben Größen, wie zum Beispiel das Vermögen am Ende des Jahres, Eigenkapital, den Lagerbestand, den Kontostand, die Bevölkerung oder die Anzahl von Personen in einem Raum. Bestandsgrößen bilden den Wasserstand in einem Stausee oder in einer Badewanne, den Füllstand eines Treibstofftanks, die Staatsschulden, die Arbeitslosen, Kohlenstoffdioxid in der Atmosphäre, den Warenbestand in einem Kaufhaus, den Bestand von PKWs in einem Land aber auch Vorurteile und Gedächtnis ab. Bestand bedeutet keineswegs, dass eine bestimmte Größe „Bestand hat", dass sie unverändert bleibt. Im Gegenteil, in einem dynamischen System verändern sich normalerweise die Bestandsgrößen von einem Zeitpunkt zum anderen.

Bestandsgrößen sind eine Momentaufnahme einer Zeitreihe. Je näher die Beobachtungspunkte liegen, desto genauer können die Bestandsänderungen im Laufe der zeitlichen Entwicklungen erfasst werden. Allerdings kann eine unachtsame Wahl der Zeitpunkte auch ein irreführendes Bild, einen falschen Trend, ergeben (Abbildung 4-11).

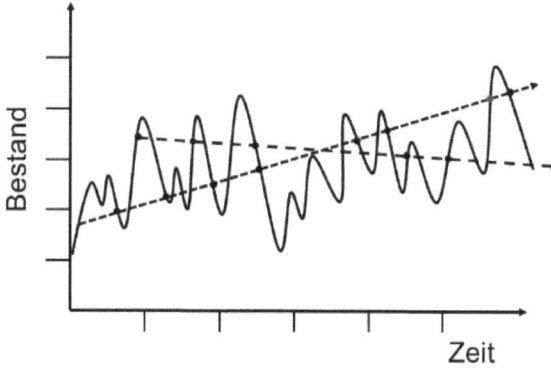

Abbildung 4-11: Momentaufnahmen der Zeitreihe einer Bestandsgröße

Flußgrößen dagegen bezeichnen Begriffe die nicht in einem bestimmten Zeitpunkt sondern pro Zeiteinheit (zum Beispiel pro Sekunde, Monat oder Jahr) gemessen werden, wie zum Beispiel Einkommen, Konsum, Bruttoinvestition, Abschreibung, Ertrag, Aufwand, Einnahmen, Ausgaben, Einzahlung, Auszahlung, Geburten, Todesfälle, Kommen und Gehen, Ein- und Auswanderung, Merken und Vergessen.

Die Betrachtungsweise *zu einem Zeitpunkt und in einem Zeitraum* führt zur Unterscheidung von Bestandsgrößen und Flussgrößen.

- Bestände lassen sich durch Substantiva beschreiben und Flüsse durch Verben.
- Bestände gehen im Gegensatz zu Flüssen nicht verloren, wenn die Zeit (rein hypothetisch) angehalten wird.
- Bestände signalisieren den Zustand des Systems.

Das dynamische Verhalten eines Systems wird entscheidend durch seine Bestandsgrößen bestimmt, weil sie
(1) ein Gedächtnis haben,
(2) den Zeitverlauf von Zu- und Abflüssen verändern,
(3) Zu- und Abflüsse entkoppeln und dadurch
(4) Verzögerungen erzeugen.

Im folgendem werden diese Eigenschaften erläutert.

(1) Bestands- oder Zustandsgrößen können nicht einfach versiegen, nur weil ein Zufluss bei gleichbleibenden Abfluss eingestellt wird. Wenn ein Unternehmen, zum Beispiel, alle Marketingaktivitäten einstellt, dauert es noch immer eine Zeit lang in der Aufträge von früheren Marketingkampagnen hereinkommen. Das bedeutet, dass Produktions- und Lieferkapazitäten weiterhin aufrecht zu erhalten sind, unabhängig davon, in welchem Umfang die Marketingaufwendungen verändert werden. Und denken Sie daran, wenn Sie es mit Bestandstands- und Flussstrukturen zu tun haben, dass sich Bestandsgrößen wie Elefanten verhalten: sie vergessen nichts, woran sie sich erinnern sollen.

Die charakteristische Trägheit, die Beständen innewohnt, wird oft unterschätzt. Bestandsgrößen reagieren langsam. Sie häufen vergangene Ereignisse an. Ihr Niveau kann nur über Zuflüsse und Abflüsse verändert werden. Ohne Änderungen dieser Größen verharrt das System in seinem ursprünglichen Zustand und wäre nicht dynamisch.

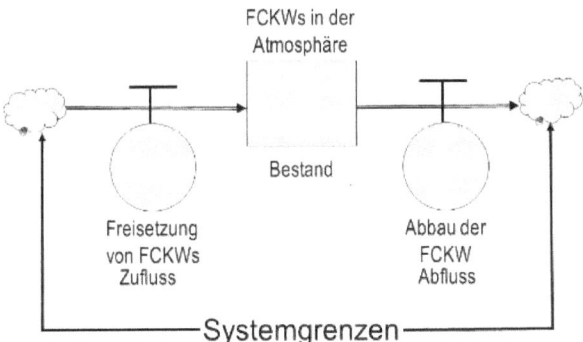

Abbildung 4-12: Systemdynamische Struktur der Anreicherung von FCKW in der Atmosphäre

Zum Beispiel gelangen Fluorkohlenwasserstoffe (FCKW), die bis zu ihrem Verbot als Kühlmittel in Kälteanlagen eingesetzt wurden, aufgrund ihrer chemischen Stabilität und ihrer großen Flüchtigkeit in die Atmosphäre und reagieren dort mit der Ozonschicht, die dadurch zerstört wird. Wegen ihrer Reaktionsträgheit verweilen sie dort auch noch über

Jahrzehnte obwohl sie nicht mehr produziert und eingesetzt werden (Abbildung 4-12).

Asbest wurde wegen seiner vielen praktischen Eigenschaften in so großen Mengen wie kaum ein anderer Werkstoff verwendet – bis er in Deutschland im Jahr 1993 verboten wurde, weil er krebserregend ist. Er kommt immer noch in unserer Umwelt vor. Die vielen langlebigen Asbestprodukte wie Bodenbeläge, Wärmedämmungen oder Dachplatten begegnen uns noch heute im Alltag und müssen in aufwendigen Sanierungen beseitigt werden.

Bestandsgrößen müssen aber nicht unbedingt greifbar sein. So sind auch Erinnerungen und Überzeugungen Bestandsgrößen, die unseren seelisch-geistigen Zustand charakterisieren. Unsere Überzeugungen beharren über lange Zeit und erzeugen Trägheit und Beständigkeit in unseren Einstellungen und Verhaltensweisen. Wenn jemand schlechte Erfahrungen mit einer Fluglinie gemacht hat und deshalb nicht mehr mit ihr fliegt, dann verfestigt sich die Überzeugung von der mangelnden Servicequalität, auch wenn sich diese tatsächlich verbessert hat.

(2) Bestände sind gegenwartsbezogene Größen, die den Zustand eines Systems bezeichnen. Sie sind Ansammlungen von Flussgrößen und können sich nur durch diese verändern. Flußgrößen sind zeitbezogene Zu- oder Abflüsse, die die Veränderung eines Bestandes pro Zeiteinheit zur Folge haben und dadurch die Dynamik eines Systems verursachen. Deshalb ist es wichtig, zwischen diesen beiden Größen zu unterscheiden. Bestandsgrößen, auch als Zustandsgrößen oder als Niveau bezeichnet, haben einen Anfangswert, der sich im Zeitverlauf durch Zu- oder Abflüsse ändern kann. Eine Bestandsgröße beschreibt, wie zu einem beliebigen Zeitpunkt „die Dinge im System gerade laufen". Bestände existieren überall und sind deshalb von zentraler Bedeutung. Sie nehmen zu oder werden kleiner und können sogar ganz verloren gehen- so wie eben das Leben spielt.

Ein Bestand ist ein Vorrat, eine Menge sowie eine Anhäufung von Material, geistig-seelischen Zuständen oder Informationen, die sich mit der Zeit verändert haben. Bestände können nur über Zu- oder Abflüsse verändert werden und haben einen genau definierten Wert zu jedem Zeitpunkt. Das können zum Beispiel der Kontostand eines Bankkontos, Bargeld in der Geldbörse, ein Lagerbestand, eine Anzahl von Kunden, das

Wasser in einem Stausee, Kohlenstoffdioxid in der Atmosphäre, Gäste in einem Hotel, Wasser in einer Badewanne, Benzin im Tank, die Mitarbeiter eines Unternehmens, ein Kundenstamm, Motivation, das Wissen und die Erfahrungen, die Bevölkerung in einem Land oder die Arbeitslosenzahl sein.

Bestandsgrößen kennzeichnen den Zustand eines Systems und liefern die Grundlage für Entscheidungen und Aktivitäten. So muss ein Pilot die Lage seines Flugzeuges kennen: die Position, Flugrichtung, Flughöhe und Treibstoffreserve. Ohne diese Kenntnisse würde der Pilot blind fliegen und wahrscheinlich sein Ziel nicht erreichen. Ebenso kann ein Unternehmen seine Produktion nicht planen ohne den Produktionsrückstand, den Bestand an Rohstoffen und die erforderliche Personalstärke zu kennen. Die Bilanz beschreibt den Finanzstatus eines Unternehmens, indem sie u.a. die Bestandgrößen Anlage- und Umlaufvermögen, Eigenkapital- und Fremdkapital, Verschuldungsgrad und Umlaufvermögen auflistet. Diese Bestandsgrößen beeinflussen Entscheidungen über neuen Schuldenaufnahme, Dividenden oder Kostenkontrolle.

(3) Selten sind die Zu- und Abflüsse im Gleichgewicht. Ein Blick in das Marktgeschehen soll dies erläutern: Hersteller produzieren oft ihre Waren nicht in dem Umfang in dem Verbraucher sie bestellen. Zwischen der produzierten Menge, dem Angebot und den Bestellungen, der Nachfrage, befindet sich ein Warenlager als Bestand, das das Ungleichgewicht ausgleicht (Abbildung 4-13).

Bestandsgrößen entkuppeln Zuflüsse von Abflüssen. Bestandsgrößen speichern dadurch die Differenz zwischen Zu- und Abflüssen und ermöglichen somit unterschiedliche Entscheidungsprozesse. Herrschen Gleichgewichtszustände, dann sind alle Zuflüsse zu einem Bestand und die gesamten Abflüsse aus dem Bestand gleich. Und das Niveau verändert sich demzufolge nicht. Jedoch unterscheiden sich Zu- und Abflüsse normalerweise immer voneinander, weil sie durchweg unterschiedlichen Entscheidungsprozessen unterliegen. Ungleichgewichte sind deshalb die Regel und nicht die Ausnahme. Denn jedesmal wenn zwei oder mehrere voneinander abhängige Aktivitäten von verschiedenen Entscheidungsträgern überwacht werden, unterliegen diese unterschiedlichen Ausgangssituationen und ungleichen Randbedingungen. Deshalb wird eine Bestandsgröße als Puffer gebraucht, um die Differenz zwischen Zu- und Abfluss zu speichern und auszugleichen. Da sich jedoch die Bestände verändern können, beeinflussen die Informationen über das Ausmaß des Puffers seine Zu- und Abflüsse. Oft, aber nicht immer, führen diese Rückmeldungen zu einem Gleichgewicht in den Bestandsgrößen. Es ist aber schwer vorherzusagen, ob und wie ein Gleichgewichtszustand eintritt, da jedes System von allen seinen Rückkoppelungen gleichzeitig beeinflusst wird. Um die Natur und Beständigkeit dieser Dynamik zu verstehen, werden oft Softwaremodelle eingesetzt.

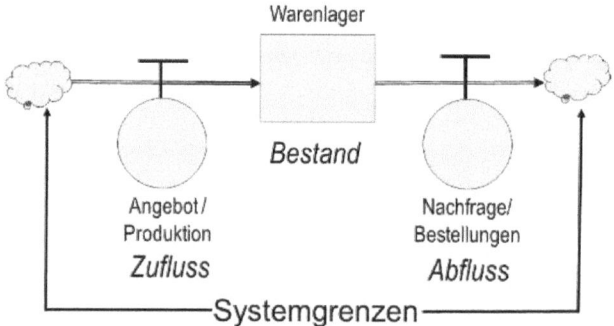

Abbildung 4-13: Bestände gleichen Unterschiede zwischen Zuflüssen und Abflüssen aus.

Ein Bestand ändert sich im Allgemeinen relativ langsam, weil Flüsse zum Fließen Zeit brauchen. Bestände verändern sich selbst dann ruhig und nicht sprunghaft, wenn sich ihre Zu- oder Abflüsse schlagartig ändern. Daher wirken Bestände in Systemen wie Puffer, Trägheiten, Sammelbecken oder Reservoirs. Sie füllen oder leeren sich immer dann, wenn ihre Zu- und Abflüsse zueinander nicht im Gleichgewicht stehen. Diese Puffereigenschaft von Beständen bewirkt das dynamische Verhaltensmuster eines Systems. Das Tempo der Veränderungen in einem System bestimmt das Tempo der Dynamik. Eine Volkswirtschaft kann nicht in wenigen Jahren einen großen Bestand an wettbewerbsfähigen Fabriken, einer dichten Verkehrsinfrastruktur bestehend aus Straßen, Autobahnen und Schienennetz, Kraftwerken und ein effizientes Bildungssystem aufbauen. Wälder können nicht innerhalb weniger Monate wachsen. Schadstoffe im Grundwasser können nur mit der Austauschgeschwindigkeit des Grundwassers wieder ausgeschwemmt werden, was Jahrzehnte oder Jahrhunderte dauern kann. Nach einer Investitionsentscheidung in eine neue Produktionsanlage, in der das Investitionsbudget der Bestand, die geplante €-Menge der Zufluss und die bezahlten Rechnungen für den Bau der Produktionsanlage der Abfluss sind, kann es mehrere Jahre dauern, bis die Anlage in Betrieb genommen werden kann.

Die Getreideproduktion hängt, abgesehen von kaum vorhersehbaren, natürlichen Wetterschwankungen und Schädlingsbefall, vom jährlichen Zyklus von Säen und Ernten ab. Der Bedarf an Getreide wiederum hängt von der Anzahl der Konsumenten ab. Ein eventuelles Ungleichgewicht zwischen jährlichem Anbau und regelmäßigem Bedarf wird in einem Getreidelager, einem Bestand an Getreide, ausgeglichen. Es werden Vorräte für die gesamte Wertschöpfungskette hindurch eingelagert –vom Acker zur Mühle, von dort zum Verarbeiter und schließlich zu den einzelnen Haushalten. Ohne einen Getreidebestand, der die Differenz zwischen Ernte und Verbrauch ausgleicht, wären Konsum und Produktion notwendigerweise immer gleich und die Verbraucher müssten zwischen den Ernteperioden auf Getreide verzichten und ihren Hunger anderweitig stillen. So empfahl Josef seinem Pharao in weiser Voraussicht, um ein Beispiel aus der Bibel zu nennen, während der sieben ertragreichen Erntejahre einen Getreidevorrat anzulegen, um für die sieben mageren Erntejahre, in denen der Verbrauch größer war als die Ernte, auf einen ausreichenden Lagerbestand zurückgreifen zu können.

(4) Verzögerungen von Systemänderungen finden nur in Bestandsgrößen statt. Ein Verzug ist ein Prozess dessen Abfluss hinter dem Zufluss zurückbleibt. Die zeitliche Differenz zwischen Zufluss- und Abfluss bewirkt die Veränderung einer Bestandsgröße. Trotz menschlicher Ungeduld bestehen oft nennenswerte zeitliche Verzögerungen zwischen Ursache und Wirkung. Solche Verzögerungen zu erkennen, ist ein wichtiger Schritt bei der Modellbildung von Systemen. Denn Verzögerungen verändern das Systemverhalten nachhaltig. Und je größer die Verzögerung zwischen Ursache und Wirkung ausfällt, desto wahrscheinlicher ist es, dass ihr Zusammenhang, ihre gegenseitige Abhängigkeit, nicht wahrgenommen wird.

Unser Körper kann auch als eine Zustandsgröße betrachtet werden. Zwischen ungesunder Ernährung und Alkoholmissbrauch besteht ein enger Zusammenhang, der aber erst oft mit jahrelanger Verzögerung zu Tage tritt. So werden die falsche Ernährung als Ursache und Krankheiten als Wirkung oft verdrängt und nicht rechtzeitig wahrgenommen mit verheerenden Folgen.

Zwischen dem Absenden eines Briefes und dem Eingang beim Empfänger besteht immer eine Zeitdifferenz. In der Zwischenzeit befindet er sich in einem Bestand von Briefen zur Verteilung. Auch E-mails häufen sich als (noch) nicht zugestellte Bestände in verschiedenen Servern zwischen Absender und Empfänger an.

Zwischen der Entscheidung, eine Produktionsanlage zu errichten und ihrer Fertigstellung liegt in der Regel eine zeitliche Verzögerung von mehreren Jahren. In der Zwischenzeit bestehen Bestände von Baumaschinen und -material und Bauarbeitern sowie Informationsbestände über den Fortgang des Bauprojektes.

Zeitliche Verzögerungen, die sich durch langsame Veränderungen in den Beständen ergeben, können in Systemen Probleme verursachen. Sie können aber auch Stabilität bewirken. Eine gut ausgebildete Bevölkerung vergisst ihr Wissen nicht schlagartig. Produktionserfahrungen in einem Unternehmen versiegen nicht plötzlich. Wärmespeicher geben die Wärme nur langsam ab. Die von Beständen verursachten Zeitverzögerungen ermöglichen es, mit dem Systemverhalten zu experimentieren und Maßnahmen zu korrigieren, die nicht sofort zum gewünschten Erfolg führen.

Wenden wir uns nun den Flussgrößen zu.
<u>Flussgrößen</u> sind die einzigen Variablen, die die Bestandsgrößen durch Zu- oder Abflüsse verändern. Eine Flussgröße verändert einen Bestand im Verlauf der Zeit. Es lässt sich eindeutig zwischen Zufluss (Bestandszunahme) und Abfluss (Bestandsabnahme) unterscheiden. Flussgrößen zum Beispiel sind die Produktion, die den Lagerbestand erhöht, Kundenaufträge, die den Lagerbestand abbauen, Einzahlungen und Abbuchungen auf ein Konto, Geburten, Neustellungen oder Entlassungen von Personal, Schuldentilgungen, Niederschläge und Verdunstung bei einen Stausee, Müllaufkommen. Alle diese Variablen

können pro Zeiteinheit (Jahre, Monate, Tage, Stunden, Minuten, etc.) gemessen werden.

Flussgrößen, Zu- und Abflüsse, erzeugen Bewegung in Beständen. Die zeitabhängige Veränderung von Beständen und Flüssen verursacht die Dynamik im betreffenden System. Man kann dies mit einer Badewanne anschaulich vergleichen. Wenn
- der Zufluss größer als der Abfluss ist, dann nimmt der Bestand zu,
- der Zufluss kleiner als der Abfluss ist, dann wird der Bestand reduziert und
- Zufluss und Abfluss gleich groß sind, dann bleibt der Bestand konstant und das System hat keine Dynamik; es verändert sich nicht.

Um eine Bestandsgröße von einer Flussgröße zu unterscheiden, hilft die Frage, was in dem System geschieht, wenn die Zeit still stehen und alle Aktivitäten eingefroren würden. Bestände, als Ansammlungen würden weiterhin gleichbleiben. Flussgrößen jedoch würden versiegen, weil sie Aktionen sind. Lagerbestände, Eigenkapital, Fremdkapital Kassenbestand, Schulden, Guthaben auf einem Bankkonto oder Teilnehmer an einer Veranstaltung kann man messen. Deshalb sind sie Bestandsgrößen. Sie bleiben weiterhin unverändert bestehen, auch wenn die Zeit stehen bleibt und Zu- und Abflüsse eingefroren würden. Im Gegensatz dazu würden zum Beispiel die Produktionsmenge pro Tag, Zinszahlungen pro Monat, gefahrene Kilometer pro Stunde oder monatliche Schuldentilgungen zum Erliegen kommen, weil sie zeitabhängige Flussgrößen und demnach Aktionen sind.

Stellen Sie sich in folgendem Gedankenexperiment vor, Sie könnten in einem Produktionsprozess alle Zu- und Abflüsse anhalten. Es würde nichts produziert und Kunden würden nicht beliefert. In diesem Fall würden Sie nur die verschiedenen Bestandsgrößen, die über das Produktionssystem verteilt sind, wahrnehmen und demzufolge den gegenwärtigen Gesamtzustand des Systems beobachten können: Mitarbeiter, Rohmaterial, Zwischenprodukte, Fertigprodukte oder Kassenbestände. Im Personalmanagement würden Sie nur den momentanen Personalbestand sehen und keine Veränderungen durch Neueinstellungen oder Entlassungen, wenn alle Aktivitäten eingefroren würden. Wenn keine Bewegungen auf ihrem Bankkonto stattfinden, dann würden sie nur den aktuellen Kontostand feststellen können. Alle diese Situationen beschreiben Bestände. Der Inhalt der einzelnen Bestände gibt Auskunft über den Zustand des Systems.

Tatsächlich aber sind Bestände und Flüsse nicht voneinander zu trennen. Bestände können nicht ohne Flüsse existieren. Beide sind notwendig, damit ein System seine Dynamik entwickeln kann. Die Betonung liegt auf *Dynamik*, denn für eine statische Fotografie der Wirklichkeit wären Bestände alleine ausreichend. Denn ohne Zu- und Abflüsse gibt es keine Bestandsveränderungen und die Dynamik des Systems bleibt aus. Um sich von einer Fotografie zu einem Film zu bewegen, braucht man Zu- und Abflüsse.

Bestands- und Flußkombinationen spielen eine entscheidende Rolle in unserem Leben. Besonders unsere Zufluss- und Abflussaktivitäten können uns vielfach von Zwängen befreien. Denn wir können sie vorausschauend zu einem günstigen Zeitpunkt in die Wege leiten und müssen nicht darauf warten bis wir unter Zwängen handeln müssen, die außerhalb unserer Kontrolle liegen. Könnten wir zum Beispiel keine Energiereserven in unserem Körper oder Lebensmittel im Küchenschrank speichern, wären wir ununterbrochen auf der Suche nach Nahrung. Hätten unsere Autos und Flugzeuge keine Treibstofftanks, dann wären wir gezwungen sie mit Hilfe von Sonnenlicht zu betreiben. Könnten wir kein Selbstvertrauen aufbauen, bräuchten wir einem kontinuierlichen Strom von Aufmunterungen, um die täglichen Enttäuschungen auszugleichen. Und gäbe es keine ausgleichenden Lagerbestände, um Angebot und Nachfrage zu entkoppeln, wären wir tatsächlich gezwungen in dem fragwürdigen Gleichgewichtszustand zu leben, von dem mitunter angenommen wird, dass er tatsächlich existiert.

Fast alle Entscheidungen, die in Unternehmen, in Institutionen, in der öffentlichen Verwaltung, in der Politik aber auch im persönlichen Bereich getroffen werden, dienen dazu, die Größen von Beständen so zu verändern, dass das System das gewünschte Verhalten zeigt. Wenn die Lebensmittelvorräte für die nächste Mahlzeit nicht reichen, dann gehen Sie vorher einkaufen. Wenn der Kontostand nicht mehr reicht, um nicht unbedingt lebensnotwendige Güter zu kaufen, dann sparen Sie. Wenn das Lager überquillt, werden die Preise gesenkt, damit der Absatz steigt und die Lagerbestände kleiner werden. Wenn die Tankanzeige „Reserve" signalisiert, dann fahren Sie zur nächsten Tankstelle. Bei Übermüdung ruhen Sie sich aus. Sinkende oder steigende strategische Erdgasreserven in einem Land erfordern entsprechende Korrekturmaßnahmen. Das Gleiche gilt für die Rohstoffvorräte eines Produktionsbetriebes.

Immer und überall werden irgendwelche Bestände beobachtet. Und wenn deren Zustand nicht annehmbar ist, dann wird entschieden, ob sie vergrößert oder verkleinert werden müssen. Solche Entscheidungen führen zum Erfolg oder erzeugen Probleme in den verschiedenen Systemen. Systemdenker sehen ihre Umgebung als eine Anhäufung von Beständen (oder Zuständen). Sie können die Bestandsgrößen beeinflussen, wenn sie die Zu- und Abflüsse im gewünschten Sinne verändern.

In einem Bestands- und Flussdiagramm gibt es noch eine weitere Größe: die <u>Converter</u>. Converter sind Konstante (Zinssatz, Geburtenrate, l/min, °C/sec) Die Wahl der Zeiteinheiten (zum Beispiel: Sekunden, Minuten, Stunden, Tage, Wochen, Jahre) ist willkürlich, muss aber mit dem betreffenden Diagramm vereinbar sein, mit dem ein System beschrieben wird.

Schließlich wird durch *Informations- oder Materialverbindungen* das System kontrolliert. Denn ohne Informations-oder Materialfeedback versagt die Kontrolle.

Wenden wir uns nun der Frage zu, wie sich Feedbackdiagramme von Bestands- und Flussdiagrammen unterscheiden?

Sowohl Rückkoppelungsdiagramme (Feedbackdiagramm, Causal Loop Diagram) als auch Bestands- und Flussdiagramme (Stock-and-Flow-Diagramme) sind brauchbare Hilfsmittel, um eine Systemstruktur und deren Verhalten zu erfassen und zu verstehen. Zwar geben beide Darstellungsformen Rückkoppelungen wieder, aber trotzdem besteht zwischen beiden ein grundlegender Unterschied.

Rückkoppelungsdiagramme (Feedbackdiagramme / CLD) sind hilfreich, um ein System verständlich darzustellen und über sein Verhalten kommunizieren zu können. Vor allem bewähren sie sich bei dem Versuch, Laien die Methoden des Systemdenkens und der Systemdynamik näher zu bringen. Denn Feedbackdiagramme sind leicht verständlich und als erster Schritt für die Analyse systemischer Probleme gut geeignet.

Bestands- und Flussdiagramme (Stock and Flow /SFD) erlauben dagegen einem genaueren Einblick in die Systemstruktur und ihr Verhalten. Denn in Bestands- und Flussdiagrammen sind im Gegensatz zu Rückkoppelungsdiagrammen (CLD) mehr Details ersichtlich. Auch wird in Bestands- und Flussdiagrammen (SFD) zwischen den verschiedenen

Komponenten eines Systems unterschieden. Der zwischen diesen beiden Darstellungsformen grundlegende Unterschied führt zu einem genaueren Verständnis des untersuchten Systems.

Betrachten wir die -leicht verständliche- positive, verstärkende Rückkoppelungsstruktur von Bevölkerung und Geburten (Abbildung 4-14). Weil Geburten einen Fluss (Rate der Zunahme der Bevölkerung) und die Bevölkerung einen Bestand darstellen, gibt das entsprechende Feedbackdiagramm das Systemverhalten nicht annähernd so genau wieder, wie das Bestands- und Flussdiagramm.

In diesem Rückkoppelungsdiagramm sind beide Variablen (Bevölkerung und Geburten) durch eine „s-Verknüpfung" verbunden. Das bedeutet, dass bei steigender Geburtenzahl die Bevölkerung wächst und steigende Bevölkerung zu mehr Geburten führt. Diese Darstellung ist jedoch ungenau. Wenn nämlich die Geburtenrate abnimmt, angenommen von 1.000 auf 900 Geburten pro Monat, dann nimmt die Bevölkerung in Folge nicht ab, sondern wächst trotzdem weiter, aber langsamer als zuvor. Daher ist die „s-Verknüpfung" von Geburten zu Bevölkerung nur dann richtig, wenn die Geburtenrate zunimmt, weil Geburten und Bevölkerung sich nicht in die gleiche Richtung bewegen, wenn die Geburtenrate kleiner wird.

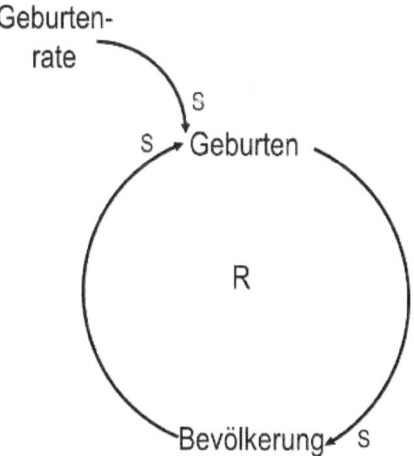

Abbildung 4-14: Feedbackdiagramm von Geburten und Bevölkerung

Wenden wir uns nun der Darstellung des „Geburten-Bevölkerung-Systems" in einem Bestands- und Flussdiagramm zu. Aber sehen wir uns zuerst den Aufbau eines Bestands- und Flussgrößendiagramms an (Abbildung 4-15). Es besteht aus: den Bestandsgrößen und den Flußgrößen, den Konvertern sowie den Informations- und Materialverbindungen.

Abbildung 4-15: Die Elemente eines Bestands- und Flussdiagramms

Im Gegensatz zu einem Rückkoppelungsdiagramm (Causal Loop Diagram / CLD) macht ein Bestands- und Flussdiagramm (Stock and Flow Diagramm / SFD) deutlich, dass Geburten ein Zufluss zur Bevölkerung sind und sie deshalb nur wachsen und nicht kleiner werden können, weil es keine negativen Geburtenraten gibt (Abbildung 4-16). Diese Unterscheidung zwischen Bestand (Bevölkerung) und Fluss (Geburten pro Zeiteinheit) gibt das dargestellte System wesentlich genauer wieder. Deshalb zwingen Bestand- und Flussdiagramme zu einen genaueren und detaillierteren Blick auf das System.

Der Vorteil von Bestands- und Flussdiagrammen besteht darin, dass die wichtigsten Details des Systems beschrieben werden müssen, wie die Maßeinheiten und die relative Größe aller Variablen. Der Nutzen besteht darin:

- ✓ Man muss gründlich darüber nachdenken, welche Maßeinheiten für jede einzelne Variable ausgewählt werden müssen.
- ✓ Die Beziehung der einzelnen Variablen zueinander muss untersucht werden, um feststellen zu können, ob die Maßeinheiten richtig gewählt wurden.
- ✓ Manchmal treten Variable zu Tage, die in einer ersten Näherung eventuell übersehen wurden, die aber notwendig sind, damit das Diagramm einen Sinn ergibt und kalkulierbar wird.

Alle diese Vorteile zusammen genommen führen zu einem gründlicheren Verständnis des Systems als es mit Feedbackdiagrammen allein nicht möglich ist.

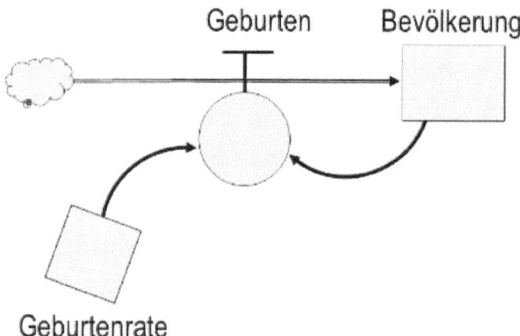

Abbildung 4-16: Bestands- und Flussdiagramm von Geburten und Bevölkerung

Bestands- und Flussdiagramme (Stock- and Flowdiagramme) ermöglichen den Einsatz von Computerprogrammen zur Modellierung und Simulation eines Systems. Denn solche Programme basieren auf Beständen und Flüssen als erforderliche „Sprache". Bestands- und Flussdiagramme erleichtern daher den Aufbau von Computermodellen für das betreffende System. Dazu kommt noch, dass die Details eines Bestands- und Flussdiagramm dazu beitragen, das System mit einer Genauigkeit zu beschreiben, die für ein Computermodell erforderlich ist. Derartige Modelle erlauben mit unterschiedlichen Entscheidungen zu experimentieren, zu untersuchen, wie sich die einzelnen Variablen im Zeitlauf dynamisch entwickeln und unerwartetes Verhalten zu entdecken.

Beschäftigen wir uns nochmal mit dem Bevölkerungsmodell, weil wir alle mit Geburten und Todesfällen vertraut sind. Am einfachsten beginnen wir mit der Bestandsgröße „Bevölkerung" und fügen dann die Flußgrößen „Geburten" und „Todesfälle" hinzu. Schließlich ergänzen wir das Modell um die Konverter (Geburten und Todesfälle pro Jahr), um die Flußgrößen näher zu definieren. Ein Bevölkerungsmodell mit diesen zwei Flußgrößen und einer Bestandsgröße ist in Abbildung 4-17 wiedergegeben.

Die Bestandsgröße stellt die Bevölkerungsgröße dar. Geburten und Todesfälle sind hier die einzigen Flußgrößen, womit deutlich wird, dass Ein- und Auswanderung in diesem Diagramm unberücksichtigt bleiben. Die Zu- und Abflüsse sind durch Linien erklärt, die die Materialflüsse in und aus den Bestand „Bevölkerung" bildlich darstellen. In der Abbildung 4-17 ist der Materialfluss „Menschen". Die Bestandsgröße „Bevölkerung" beschreibt den gegenwärtigen Stand des Systems und die Flußgrößen „Geburten" und „Todesfälle" zeigen die Veränderungen im Laufe der Zeit. Veränderungen der beiden Flußgrößen wirken langsam auf die Bestandsgröße „Bevölkerung", so dass sich diese nur allmählich verändert. Es dauert daher bis die beiden Flußgrößen eine auffallende Wirkung auf die Bestandsgröße „Bevölkerung" zeigen.

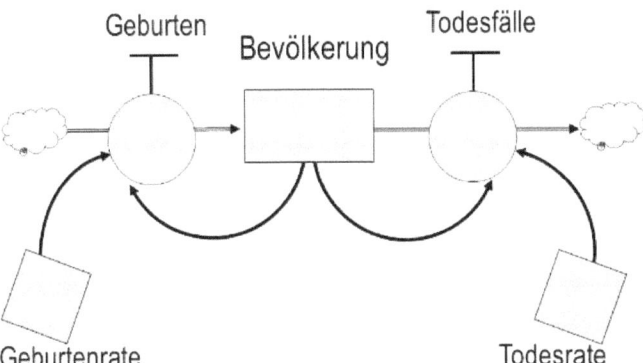

Abbildung 4-17: Bevölkerungsmodell mit Zuflüssen (Geburten) und Abflüssen (Todesfälle)

Feedbackdiagramme und vor allem aber Bestands- und Flussgrößendiagramme helfen die Struktur eines Systems sichtbar zu machen und die Ursache(n) von Problemen zu erkennen. Wenn wir als sehr einfaches Beispiel in einem Unternehmen zunehmende Lieferrückstände feststellen, dann müssen wir die wesentlichen Bestands- und Flussgrößen unseres Auftragssystems in einem Stock- and Flowdiagramm darstellen, um dem Problem auf die Spur zu kommen und Lösungen zu finden. Dabei beginnen wir mit der offensichtlichen Bestandsgröße „Lieferrückstände". Wenn wir uns nun fragen, wie die Lieferrückstände zustande kommen, erkennen wir als Flußgrößen „neue Aufträge", die die Lieferrückstände anwachsen lassen und „erledigte Aufträge", die die Lieferrückstände verkleinern (Abbildung 4-18).

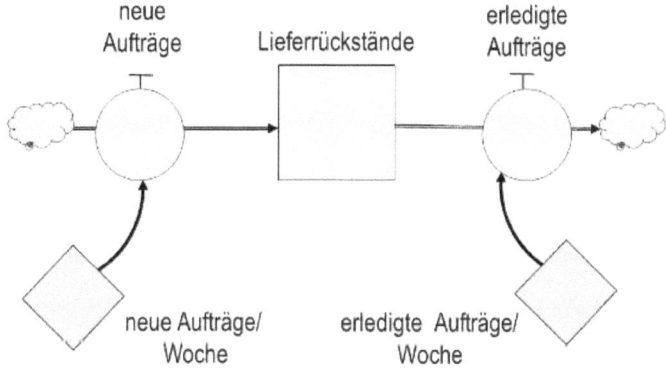

Abbildung 4-18: Lieferrückstände entstehen, wenn mehr neue Aufträge hereinkommen als erledigt werden können.

Dieses einfache Stock- and Flowdiagramm beschreibt den Sachverhalt zwar grundsätzlich. Es muss aber durch unsere Erfahrungen aus der Vergangenheit ergänzt werden. Bleiben zum Beispiel die Lieferrückstände hoch, werden unsere Kunden ungeduldig und drohen in Zukunft Aufträge an den Wettbewerb zu vergeben. Eine Möglichkeit darauf zu reagieren, wäre Großkunden bevorzugt zu beliefern. Dies würde zwar größere Umsatzeinbußen verhindern, die bestehenden Lieferrückstände aber nicht nachhaltig beseitigen und kleinere Kunden verärgern. Der Lösung des Problems kommen wir so nicht weiter. Indem wir nun das ursprüngliche Stock- and Flowdiagramm durch ein Feedbackdiagramm ergänzen, werden die Systemstruktur deutlich und Lösungsansätze offensichtlich (Abbildung 4-19).

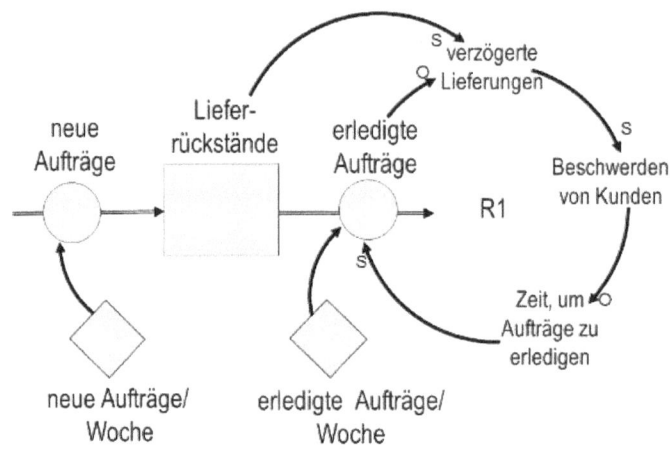

Abbildung 4-19: Auswirkungen von Lieferrückständen

Betrachten wir die Situation aus der Stock- and Flowperspektive, dann wird unverkennbar, dass es nur zwei Wege gibt, die Lieferrückstände zu beseitigen: die Auftragseingänge zu reduzieren oder mehr Aufträge auszuliefern. Daher müssen wir entweder unsere Marketingaktivitäten einschränken oder unsere Versand- und Produktionskapazitäten erhöhen. Das Stock- and Flowdiagramm beschreibt die Situation eindeutig und konzentriert unsere Aufmerksamkeit auf die beiden Flußgrößen.

Bekanntlich verändern sich Bestandsgrößen nur langsam oder verschwinden nicht gänzlich, sobald Zuflüsse reduziert oder angehalten und/oder Abflüsse verstärkt werden. Sollten wir daher unsere Marketingaktivitäten und Auftragsaquisition herabsetzen oder gar einstellen, um Lieferrückstände zu beseitigen, dann müssten wir trotzdem noch unsere Lieferkapazitäten weiterhin aufrecht halten, um noch bestehende Aufträge erfüllen zu können. Folglich läge eine angemessene Problemlösung nur darin, die Auftragsabwicklung zu verbessern sowie die Produktions- und Versandkapazitäten zu vergrößern. In welchem Umfang die Abläufe verbessert und die

Kapazitäten erhöht werden müssen, kann in einem erweiterten Stock- and Flowdiagramm untersucht werden, das um die Bestandsgrößen der Produktions- und Versandkapazitäten erweitert wird.

4.5 Software (mathematische Fachsprache)

Zum Modellieren und Simulieren von Strukturmodellen sind keine mathematischen Kenntnisse erforderlich, weil mit Powersim™, ithink/Stella™ und Vensim™ leistungsfähige Softwareprogramme zur Verfügung stehen. Sie bauen auf Bestands- und Flussgrößendiagrammen auf. Allerdings ist die Entwicklung von derartigen Diagrammen wesentlich schwieriger als der Einsatz von Softwareprogramme. Die Fähigkeit der Systemdenker eine Systemstruktur der Wirklichkeit entsprechend in einem Bestands- und Flussgrößendiagramm wiederzugeben, entscheidet über den Erfolg und Aussagekraft der Modellierungs- und Simulierungsversuche.

Ziel dieser Softwareprogramme ist es, die mit betrieblichen oder politischen Entscheidungsprozessen verbundene Komplexität im Sinne von Vernetzung und Veränderungen über die Zeitachse mit Hilfe von Simulationsmodellen augenfällig und verständlich zu machen. Solche Simulationslösungen bieten Entscheidern eine computergestützte Mikrowelt, in die Strategien unter Berücksichtigung von Unbestimmtheit und Risiko durchgespielt und die Auswirkungen von Entscheidungsalternativen besser abgeschätzt werden können.

Softwaremodelle bieten viele Vorteile.
- Die Kosten, die durch das Experimentieren an einem Simulationsmodell entstehen, sind erheblich niedriger als die Kosten, die bei Experimenten mit einem realen System entstehen.
- Die Simulation von Modellen ermöglicht es, zeitliche Abläufe zu raffen und dadurch Vorgänge, die in der Wirklichkeit oft Monate oder Jahre in Anspruch nehmen, mit Hilfe des Computers in Sekunden ablaufen zu lassen.
- Simulationsmodelle sind wesentlich einfacher manipulierbar als Realsysteme. Dadurch ist es zum Beispiel möglich Strategieänderungen in einem Computermodell zu testen und die zu erwartenden Konsequenzen für das Systemverhalten aufzuzeigen, bevor sie in einem realen System eingesetzt werden.

- Die Kosten von Fehlentscheidungen sind in realen Systemen sehr viel höher als bei der Arbeit mit Modellen. Fehlentscheidungen führen innerhalb eines Modellexperiments lediglich zu einer weiteren Überarbeitung und Simulation des Modells und verursachen nur die damit verbundenen Kosten.
- Durch den Einsatz formaler Modelle ist die Analyse einer großen Anzahl zulässiger Problemlösungen durchführbar. Hierdurch lassen sich Risiken, die mit unterschiedlichen Entscheidungen verbunden sind, im Voraus abschätzen. Dadurch wird es möglich, aus unterschiedlichen Entscheidungsalternativen die günstigsten auszuwählen.
- Die Folgen von Entscheidungen, die in einem realen Sytem getroffen werden, sind in der Regel irreversibel. Das bedeutet, dass in realen Systemen üblicherweise keine Tests alternativer Strategien möglich sind, da die Ausgangssituation nicht reproduzierbar ist und die Zeit in der Realität „weiterläuft".
- Die Arbeit mit Modellen –der gesamte Prozess der Entwicklung, Simulation und Analyse von Modellen- verstärkt in erheblichem Umfang die Einsichten in die Problemstrukturen und damit die Lernprozesse von Individuen und ganzen Organisationen. Dabei sind die während der Modellierung und Simulation gewonnenen Einsichten in die Problemstrukturen oft wichtiger als die eigentlichen Simulationsresultate.

In der Praxis setzt man Computermodelle ein, um
- den direkten Einfluss von Systemstrukturen auf Verhaltensmuster aufzuzeigen,
- zu testen, ob eine Struktur die Leistung reproduziert, die man in der Realität beobachtet hat,
- zu erforschen, wie ein Verhalten sich verändert, wenn man einzelne Variable der Struktur verändert,
- mögliche Eingriffsmöglichkeiten freizulegen, die sonst vielleicht unbemerkt bleiben und
- Teams besser mit dem Systemgedanken vertraut zu machen und ihnen die Möglichkeit zu geben, mit den Folgen ihres Denkens zu experimentieren.

*Man kann den Menschen
nicht ihre Überzeugungen nehmen.
Man muss sie dafür gewinnen,
sich für lohnende Ziele einzusetzen.
Antoine de Saint-Exupéry*

5. Rückkoppelungen

Mit dem Begriff der Zeit eng verbunden ist die trügerische Vorstellung einer gradlinigen Entwicklung von der Vergangenheit durch die Gegenwart in die Zukunft. Doch selbst die herkömmlichste Alltagserfahrung kennt das Phänomen des „circulus vitiosus", des Teufelskreises, in dem die Entwicklung der Ereignisse nicht gradlinig verläuft, sondern in dem eine Wirkung auf eine Ursache zurückwirkt.

Die jedem Sytem innewohnende Eigenschaft ist daher seine Rückkoppelung. Der Begriff stammt aus der elektrischen Schaltungstechnik. Inzwischen wird er aber, synonym auch das englische Feedback, in einem größerem Zusammenhang zur Beschreibung von Vorgängen verwendet, die sich auf ihre eigenen Ursachen oder Eingangsgrößen auswirken. Rückkoppelung ist eine inhärente Eigenschaft aller Systeme. Ohne sie kann kein System existieren. Rückkoppelungen begegnen uns überall. Ingenieure erkennen sie bei geschlossenen Kontrollsystemen (zum Beispiel: Füllstandsregler oder Thermostaten), Chemikern bei der Steuerung einer Produktionsanlage, Piloten bei der Flugzeugführung mit Hilfe von Autopiloten oder Logistikunternehmen bei der Lagerhaltung.

Im Geschäftsleben führt der Abgleich zwischen Auftragseingängen und Lagerbestand zu Produktionsentscheidungen, die das Unternehmen in die Lage versetzen, die Aufträge termingerecht auszuführen. Durch neue Aufträge wird diese Rückkoppelung erneut in Gang gesetzt. Eine Volkswirtschaft ist durchdrungen von Systemen, die rückgekoppelt einander beeinflussen: Steuer- und Abgabensysteme, Verkehrssysteme, Kommunikationssysteme, Bildungssystem, Altersversorgung, Gesundheitssystem und viele mehr. Und wenn jemand stolpert und zu stürzen droht, dann korrigiert er durch eine Rückkoppelung mit seinem Gleichgewichtssinn sein Gleichgewicht und verhindert so den drohenden Sturz. Ein Schüler mit schlechten Noten steigert seinen Lernaufwand, um seine Versetzung nicht zu gefährden und löst dadurch einen „Wenn-dann-

Prozess", eine Rückkoppelung, aus: wenn ich mehr lerne, dann bekomme ich bessere Noten und werde versetzt. All diese Betrachtungen klingen sehr theoretisch, suchen wir daher nach praktischen Anhaltspunkten und Beispielen.

Eine Uhr ist ein geschlossenes System. Das stimmt, wenn die genaue Zeitanzeige die Aufgabe der Uhr wäre. Eine Uhr - für sich betrachtet – hat nämlich kein Maß oder Bewusstsein dafür, ob sie die genaue Zeit anzeigt oder nicht. Aber als mechanisches System dessen Aufgabe darin besteht, lediglich die Unruh schwingen zu lassen, ist sie auch ein rückgekoppeltes System. Denn am richtigen Zeitpunkt jedes Zyklus löst die Hemmung erneut einen Energieimpuls aus, der die Unruh in Bewegung hält. Aus dieser ausgesprochen mechanischen Sicht erkennt man ein rückgekoppeltes System, in welchem die Unruh die Freigabe der Federkraft kontrolliert, die ihrerseits die Unruh antreibt.

Handelt es bei einer Uhr noch um ein gegenständliches physikalisches Phänomen, so kompliziert sich das Wesen der Rückbezüglichkeit, sobald es menschliche Belange betrifft und den Verhaltens- und Sozialwissenschaften zuzuschreiben ist. An diesem Punkt treten nämlich die ungleich schwieriger zu erfassenden psychologischen und gefühlsmäßigen Faktoren des menschlichen Beobachtens und Erlebens hinzu: Überzeugungen, Hoffnungen, Sorgen, Vorurteile und vor allem die felsenfesten Annahmen. Der grundlegende Unterschied zwischen physikalischen Systemen, wie Dampfmaschinen, Produktionsanlagen oder Haushaltsgeräten und Volkswirtschaften, Unternehmen und menschlichen Beziehungssystemen besteht in den Individuen, die sich mit ihren planmäßigen Entscheidungen gegenseitig beeinflussen. Und weil die Menschen denken, planen und auf ihren Plänen basierende Entscheidungen treffen, ist ihr Verhalten viel schwerer zu verstehen als die Wirkungsweise einer Dampfmaschine oder einer Uhr.

Rückkoppelungen sind ein alles beherrschender und grundlegender Aspekt von Systemverhalten und oft genauso unsichtbar wie die Luft, die wir atmen. Wir nehmen häufig nur die Folgen war, nicht aber die Rückkoppelung an sich. Wegen der engen Beziehung der Komponenten zueinander beeinflussen sie sich gegenseitig. Alle Entscheidungen verändern daher den gegenwärtigen Zustand eines Systems und fordern weitere Entscheidungen heraus. Dies wiederum führt zu einer neuen Situation, die dann erneut zu bewältigen ist (Abbildung 5-1).

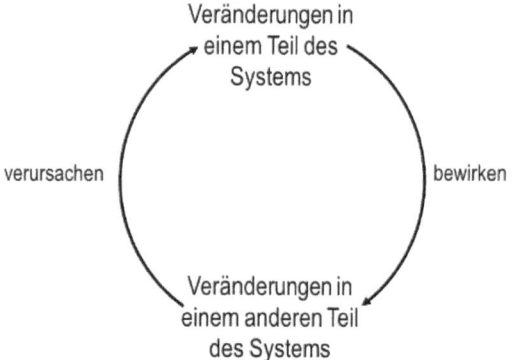

Abbildung 5-1: Rückkoppelungen sind das Wesentliche von Systemen.

Auch in der Natur ist Rückkoppelung zu beobachten und sogar lebenserhaltend. So wird zum Beispiel die Homöostase, der Vorgang, durch den ein Organismus in seinem Inneren die zum Leben erforderlichen konstanten Bedingungen aufrechterhält, durch biologische Regelkreise aufrechterhalten. Bei Lebewesen erfordert Homöostase den Aufwand von Energie zur Aufrechterhaltung eines Fließgleichgewichts. Obwohl die äußeren Umstände sich ständig ändern, sorgen die Mechanismen der Homöostase dafür, dass die Auswirkungen dieser Veränderungen auf den Organismus möglichst gering bleiben. Wenn das Gleichgewicht aber so gestört ist, dass die Homöostasemechanismen es nicht mehr einregulieren können, wird das Lebewesen krank oder es stirbt sogar.

Jedes System ist rückgekoppelt. Die Struktur der Rückkoppelung eines Systems bewirkt sein Verhalten. Ohne Feedback gibt es kein System. Fehlende Rückkoppelung ist wie ein Fußballspiel mit nur einer Mannschaft oder wenn ein Ringer gegen sich selbst kämpfen müsste. Die Komponenten eines Systems beeinflussen sich nicht nur gegenseitig sondern auch andere Systeme. Alles ist mit allem vernetzt. Rückkoppelung ist eine wesentliche Erscheinungsform komplexer Dynamik. Wenn zum Beispiel Verkäufer ihre Absatzziele nicht erreichen, kann dies in der fehlerhaften Qualität der Produkte liegen, aber vielleicht liegt es auch an der momentanen Wirtschaftssituation. Auch können die

Ursachen für Probleme im Verkaufsbereich, in der Produktion oder im Einkauf zu suchen sein.

Wegen der engen Beziehung der Komponenten zueinander beeinflussen sie sich gegenseitig. Alle Entscheidungen verändern daher den gegenwärtigen Zustand eines Systems und fordern weitere Entscheidungen heraus. Dies wiederum führt zu einer neuen Situation, die dann erneut bewältigt werden muss. Aus dieser Folge von Rückkoppelungen entsteht die Dynamik. Einer derartigen Dynamik begegnen wir bei fast allen unternehmerischen Entscheidungen. So erhöhen zum Beispiel Investitionen in die Produktionskapazität die Produktionsmenge und verbessern die Lieferfähigkeit.

Komplexe Systeme haben unzählige Rückkoppelungsschleifen, die sich gegenseitig beeinflussen. Die Wechselwirkung zwischen diesen Schleifen und die wechselnde Steuerungsrolle von einer Schleife auf die andere, prägen die Eigenschaften komplexer Systeme. Durch Rückkoppelungen in solchen Systemen führt eine Entscheidung zu einer Folge von Reaktionen, die den Zustand der übrigen Systeme in der Umgebung verändern und zu neuen Informationen führen, die ihrerseits zukünftige Entscheidungen auslösen. Derartige Rückkoppelungsstrukturen beeinflussen alle Entscheidungen, private wie politische, bewusste oder unbewusste.

Feedback ist die aus dem Angelsächsischen stammende Bezeichnung für Rückkoppelung. Man versteht darunter die Übermittlung und Rückführung von Informationen, Energie oder Material. Bei der Rückkoppelung handelt es sich um Prozesse, in denen Informationen, Energie oder Material verarbeitet werden sowie den diesen Prozessen zugrunde liegenden Beziehungsgeflechten zwischen den einzelnen Komponenten eines Systems. Untersucht werden die Ursachen (inputs), die einzelne Systemkomponenten innerhalb des Systems beeinflussen und warum es zu bestimmten Wirkungen oder Ergebnissen (outputs) kommt. Komplexe Verhaltensmuster entstehen für gewöhnlich durch die Rückkoppelung zwischen den Systemkomponenten und nicht durch die Komplexität der Komponenten an sich.

Systemdenken bedeutet, in Rückkoppelungen zu denken und nicht in gradlinigen Beziehungen. Was heißt das? Da alle Komponenten eines Systems direkt oder indirekt miteinander verbunden sind, schlägt eine Veränderung in einem Teil des Systems Wellen in allen anderen. Diese wiederum verändern sich und beeinflussen dadurch die Komponente, in der die Umgestaltung ursprünglich stattgefunden oder die die Veränderung ausgelöst hat. Nun reagiert diese ihrerseits wiederum auf diese neuerliche Wirkung, die sich im System gleichsam in einer Schleife fortpflanzt und nicht geradlinig wie in einer Einbahnstraße weiterläuft. Mit anderen Worten ist Feedback die Wirkung von Informationen oder Maßnahmen, die den nächsten Schritt beeinflussen. Rückkoppelung oder Feedback stellt eine Schleife dar. Unter den Regeln von Rückkoppelungen zu denken heißt, in Schleifen und nicht linear zu denken. In Abbildung 5-2 ist die grundlegende Struktur einer Rückkoppelungsschleife (Feedback Loop) dargestellt. Sie ist ein geschlossener Pfad, der der Reihe nach eine Entscheidung, die die Maßnahmen auslöst und kontrolliert, mit dem Zustand des Systems, den Informationen über diesen Zustand und letztlich eine Verknüpfung dieser Informationen mit dem Ausgangspunkt der Entscheidung verbindet. Dann kann die Rückkoppelung erneut ausgelöst werden, falls die ursprüngliche Entscheidung den Zustand des Systems nicht im gewünschten Sinn verändert hat.

Abbildung 5-2: Rückkoppelung heißt in Schleifen denken und handeln.

Obwohl unsere Erfahrungen auf Rückkoppelungen beruhen, denken wir oft linear. Stellen Sie sich doch einmal folgenden Versuch vor: Legen Sie eine Straßenkarte vor sich hin und fahren Sie mit Ihrem Zeigefinger auf der Autobahn von Köln nach Frankfurt. Damit haben Sie soeben eine Rückkoppelungsschleife veranschaulicht. Oder etwa nicht? Versuchen Sie es noch mal mit geschlossenen Augen. Es wird Ihnen nicht gelingen. Denn um Ihr Ziel zu erreichen, müssen sie Ihre Augen unaufhörlich mit

Informationen über die gegenwärtige Position Ihres Fingers auf der Straßenkarte versorgen. Sie machen laufend Anpassungen in Bruchteilen von Sekunden während sie Ihren Finger auf der Straßenkarte entlang der Autobahn zwischen Köln und Frankfurt bewegen. Ihre Augen messen regelmäßig Abweichungen und ihr Finger korrigiert sie aufgrund der Informationen, die er von den Augen erhält.

Auch die Kommunikation zwischen zwei Personen ist ein Rückkoppelungsprozess (Abbildung 5-3). Was geschieht dabei von einem Augenblick auf den anderen? Eine Person denkt darüber nach, was sie sagen will und sagt es. Die andere Person hört es, stellt sich unter dem Gesagten etwas vor und antwortet. Die erste Person wiederum äußert sich zu den Einlassungen der anderen. Der Output der ersten Person erfolgt durch ihre Sprache und Körperhaltung, ihr Input ist die gesamte Ausdrucksweise der anderen Person, die die erste Person wiederum mit ihren Augen und Ohren wahrnimmt. Der Output der ersten Person ist der Input für die andere, der wiederum deren Output beeinflusst – und so fliest das Gespräch. Die eine Person hört der anderen zu und antwortet dann.

Abbildung 5-3: Kommunikation entsteht durch Rückkoppelung.

Im Systemdenken bezieht sich der Begriff „Feedback" oder „Rückkoppelung" auf jeden wechselseitigen Einfluss. Die Rückkoppelung ist ein Grundsatz, nach dem jeder Einfluss sowohl Wirkung als auch Ursache ist. Nichts wird jemals in nur eine Richtung beeinflusst sondern stets wird rückgekoppelt. Wir erleben diese Rückkoppelung als Resultat von Handlungen, die dann die nächsten Schritte beeinflussen. Unter Feedback wird oft fälschlicherweise jede beliebige Wirkung verstanden. Der entscheidende Blickwinkel aber besteht darin, in einer Ursache die Wirkung einer bestimmten Handlung auf den nächsten Schritt zu erkennen.

Um die Auswirkungen von Handlungen, Veränderungen und Umgestaltungen in einem System zu verstehen und bei der Konzeption von Maßnahmen zu berücksichtigen, muss man zwei grundsätzlich ungleiche, unterschiedliche Wirkungsrichtungen berücksichtigen. Jede Umgestaltung, die selbststeuernd erfolgt oder die wir durch eine Aktion veranlassen, führt im System zu einer Rückkoppelung. Dabei können zwei miteinander verbundene Variable sich über eine positive, verstärkende oder über eine negative, stabilisierende Rückkoppelung beeinflussen.

Positive Rückkoppelungen sind selbstverstärkend und fördern Wachstum oder Zusammenbruch. Die Veränderung durchläuft das System kontinuierlich und erzeugt dabei eine Veränderung in die gleiche Richtung. In einem derartigen Verstärkungskreis ist eine Variable fortwährend auf sich selbst rückgekoppelt und verstärkt dadurch ihr eigenes Wachstum oder ihren Zusammenbruch. Mit anderen Worten: eine Veränderung baut sich selbst auf. Da es aber kein grenzenloses Wachstum gibt, muss es Grenzen geben. Diese Grenzen werden durch negative Rückkoppelungen verursacht. Sie sind selbststabilisierend, wirken Veränderungen entgegen und neutralisieren sie dadurch. Ausgleichsprozesse streben nach Stabilität. Sie versuchen die vorgegebenen Bedingungen einzuhalten. Sie sind unentbehrlich in selbst regulierenden und selbst korrigierenden Situationen. Alle Systeme, mögen sie noch so komplex sein, bestehen aus einem Netz von negativen und positiven Rückkoppelungen. Sie sind die Bausteine komplexen Verhaltens. Die Dynamik entsteht aus der gegenseitigen Beeinflussung dieser beiden Rückkoppelungen.

5.1 Negative, stabilisierende Rückkoppelung
Stabilität und Beständigkeit

Definitionsgemäß besteht ein System aus Elementen, die sich gegenseitig beeinflussen, um zusammen als Ganzes zu funktionieren. Die wesentliche Aussage lautet: *gegenseitig beeinflussen*. Wenn nämlich ein Element eine Wirkung auf den Rest des Systems hat und das System als Ganzes dieses betreffende Element beeinflusst, dann entsteht eine *kreisförmige* Beziehung oder eine Schleife, die wir Rückkoppelung nennen.

Zum Beispiel, bilden ein Fahrrad und Sie zusammen ein einfaches System, das aus zwei Teilen besteht. Gemeinsam erreichen beide etwas, das weder Sie alleine noch das Fahrrad unabhängig von Ihnen kann. Darüber hinaus, beeinflussen ihre Handlungen das Verhalten des Fahrrads und das Verhalten des Fahrrads seinerseits wirkt auf ihre Handlungen, wenn sie Fahrrad fahren. Interessant in diesem einfachen Systems sind die Maßnahmen, die Stabilität aus einer Situation heraus erzeugen, die normalerweise instabil ist. Wenn sie nämlich aufs Fahrrad steigen und nichts unternehmen, werden weder sie noch das Fahrrad lange aufrecht stehen bleiben. Und auch wenn sie aufs Fahrrad steigen und falsch in die momentane Situation eingreifen, werden sie letztlich im Straßengraben landen.

Was geschieht also, wenn sie Fahrrad fahren? Sie nehmen andauernd kleine Anpassungen vor, um Abweichungen vom Weg und vom Gleichgewichtszustand zu berichtigen. Wenn sich das Fahrrad in die eine Richtung neigt oder zu kippen droht, dann verlagern Sie ihr Gleichgewicht und das Fahrrad folgt in die andere Richtung. Wenn es dann zu weit in die andere Richtung geht, dann stoßen Sie es wieder zurück. Das wiederholt sich immer wieder und Sie halten dadurch das Fahrrad und sich im Gleichgewicht und auf Kurs. Zwar sieht es so aus, als würden Sie geradlinig fahren, aber tatsächlich treten laufend geringfügige Abweichungen auf und Sie müssen kleinere Korrekturen vornehmen, um den gewünschten Zustand immer wieder und wieder zu stabilisieren. Genau genommen fahren Sie daher nicht gradlinig, sondern *„zick zack"*. Leichter ist es dieses Muster zu erkennen, wenn Sie langsam fahren oder jemanden beobachten, der gerade Fahrrad fahren lernt. In beiden Fällen wird das „zick zack" etwas augenscheinlicher. Wenn Sie schneller und routinierter fahren, werden die Korrekturen glatter und weniger offensichtlich.

Wenn Sie unfall- und fehlerfrei Fahrrad fahren wollen, brauchen Sie Informationen über den Kurs, den Sie vorgegeben haben und den Gleichgewichtszustand, in dem Sie sich gerade befinden. Diese Informationen erhält ihr Gehirn von ihren Augen und dem

Gleichgewichtssinn in ihren Ohren (Abbildung 5-4). Ihre Muskeln reagieren auf die Informationen Ihres Gehirns und zwingen dann dem Fahrrad das richtige Verhalten auf. Ohne diesen kontinuierlichen Fluss von Informationen, wäre es schwer, wenn nicht unmöglich, fehler- und unfallfrei Fahrrad zu fahren. Ein derartiges Informationssystem lässt sich wie in Abbildung 5-5 als Schleife darstellen.

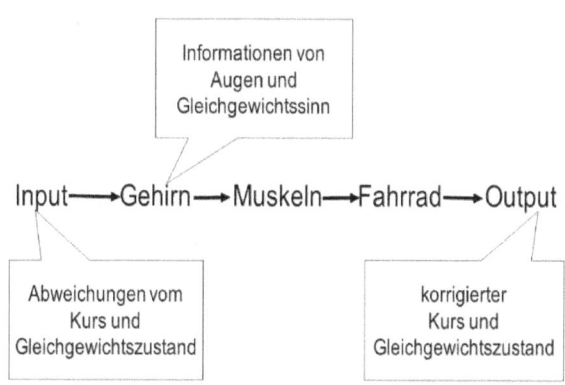

Abbildung 5-4: Fahrradfahren ist ein rückgekoppelter Vorgang.

Mit anderen Worten, ihr Gehirn informiert ihre Muskeln darüber, was zu tun ist, damit Sie sich und das Fahrrad im Gleichgewichtszustand befinden und der Kurs den Zielvorgaben entspricht. Ihre Muskeln stoßen dann das Fahrrad an und es antwortet, indem es sich in die erzwungene Richtung bewegt. Der „Input" ist die Information, die Sie veranlasst, Ihre Muskeln so zu bewegen, damit diese das Fahrrad ins Gleichgewicht drücken und es sich auf dem vorgegebenen Kurs fortbewegt. Der „Output" des Systems ist das gewünschte Verhalten von ihnen und dem Fahrrad. Aber nun entsteht eine neue Situation, die wiederum neue Informationen an ihr Gehirn weiterleitet. Deshalb muss das Diagramm in Abbildung 5-4 um die neue Verbindungslinie „neue Informationen" wie in Abbildung 5-5 ergänzt werden. Die Informationen über den Output des Systems ist die Rückmeldung an den Input des Systems. Derartige Rückmeldungen werden Rückkoppelung genannt und jede Darstellung eines Systems, wie das in Abbildung 5-5, wird als Rückkoppelungsschleife bezeichnet.

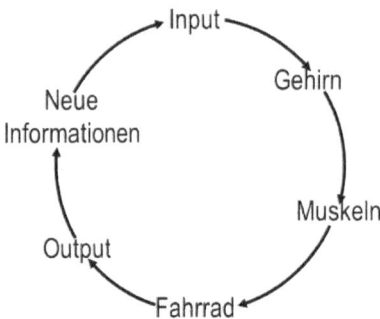

Abbildung 5-5: Rückkoppelung ist eine Schleife, in der der Input letztlich den Output erzeugt.

Erkennen Sie nun, wie diese Art der Rückkoppelung für Stabilität in einem System sorgt, das anderenfalls unstabil wäre? Ihr Gehirn erhält Informationen darüber in welchem Zustand sich das Fahrrad befindet und vergleicht diesen Zustand mit der Zielvorgabe –Gleichgewicht und Kurs. Besteht als Input eine Abweichung zwischen dem Soll- und dem Istzustand, entweder weil Sie sich falsch verhalten haben oder weil sich die Umgebung verändert hat, dann informiert ihr Gehirn Ihre Muskeln wie Sie reagieren sollen. Dadurch werden die Abweichungen behoben. Als Output sind Sie und das Fahrrad im Gleichgewicht und das Fahrrad bleibt weiterhin auf Kurs. Ein derartiges System stemmt sich gegen alle Änderungen, negiert Sie im Endeffekt und wird daher ein negatives Rückkoppelungssystem genannt.

Alle stabilen Systeme erhalten diese selbststabilisierende Fähigkeit von negativen Rückkoppelungen. In uns selbst und in unserem natürlichen und sozialen Umfeld existieren unzählige negativ rückgekoppelte Systeme. Im Verständnis der Wirkungsweise von negativen Rückkoppelungen liegt der Schlüssel für das Verständnis vieler Systeme.

Alle Systeme, mögen Sie noch so komplex sein, bestehen aus einem Netzwerk positiver und negativer Rückkoppelungen und die innewohnende Dynamik entsteht aus der Wechselwirkung dieser Beziehungen untereinander. Weil alle Systeme mit größeren Systemen verbunden sind, sind Sie nicht nur in sich rückgekoppelt sondern Sie können auch von anderen Systemen von außen beeinflusst werden oder umgekehrt auf diese einwirken. Mitunter erfolgen Feedback und Anpassungsprozesse so unmittelbar, dass sie von einem Beobachter bequem verfolgt werden können. In anderen Systemen wiederum kann viel Zeit vergehen, bis sie auf Rückkoppelung reagieren. Ein Beobachter kann in diesem Fall nur schwer erkennen, welches Verhalten den Rückkoppelungseffekt auslöste.

Ausgleichsprozesse, wie im Fahrradfahren beschrieben, streben nach Stabilität. Sie versuchen die vorgegebenen Bedingungen einzuhalten. Ausgleichsprozesse sind unentbehrlich in selbst regulierenden und selbst korrigierenden Situationen. Denn bekanntlich kann nichts für alle Zeit wachsen. Deshalb gibt es Grenzen des Wachstums. Diese Grenzen entstehen durch negative, ausgleichende, Rückkoppelung, die stabilisierend auf positive, selbst verstärkende, Rückkoppelungen wirken.

Ausgleichende oder negative Rückkoppelungen sind zielsuchend. Während positive Rückkoppelungsschleifen üblicherweise problematisch sind, tragen negative Feedbackschleifen zur Stabilisierung von Systemen bei. Sie arbeiten darauf hin, das System einem vorgegebenen Ziel anzupassen, das durch einen Gleichgewichtszustand definiert ist. Bei Abweichungen reagiert das System durch Anpassungen, um den gewünschten Zustand wieder zu erreichen. Man denke dabei zum Beispiel an die Lagerhaltung, die Gewinnsituation eines Unternehmens, die Zimmertemperatur, die Körpertemperatur oder den Füllstand eines Treibstofftanks.

In der Natur gibt es fast nur negative Rückkoppelungen, weil positive Rückkoppelungen langfristig im System zu Problemen führen. Die „Biokybernetische Regel 1" lautet deshalb: „Negative Rückkoppelungen müssen über positive Rückkoppelungen dominieren". Das System braucht für seine Stabilität mehr negative als positive Rückkoppelungen.

Negatives Feedback widersetzt sich Veränderungen. Es handelt sich um stabilisierende Prozesse, die nach Gleichgewicht und Ausgleich suchen. Immer wenn sich ein System zielgerichtet verhält, dann wirkt ein ausgleichender Rückkoppelungseffekt. Ein Ausgleichsprozess entsteht aus dem Unterschied zwischen einem Sollwert zu dem das System geführt werden soll und einem Istwert in dem es sich gerade befindet. Ausgleichende Rückkoppelungsprozesse bewegen ein System auf ein Ziel zu. Solange zwischen dem gegenwärtigen Zustand eines Systems und dem angestrebten Zustand eine Differenz besteht, bewegt der Ausgleichprozess das System in die gewünschte Richtung. Wenn der Sollwert erreicht ist, kommt der Prozess zum Erliegen. Er wird aber wieder in Gang gesetzt, wenn sich der Istwert verändert.

Ein zielgerichtetes, von ausgleichender Rückkoppelung gesteuertes System kann auf unterschiedliche Maßnahmen abhängig vom Umfeld auf verschiedenen Wegen seinen Sollwert erreichen, solange es ihn im Auge behält. Derartige Systeme haben zwar die Wahl der Mittel aber nicht des angestrebten und vorgegebenen Zustandes (Abbildung 5-6).

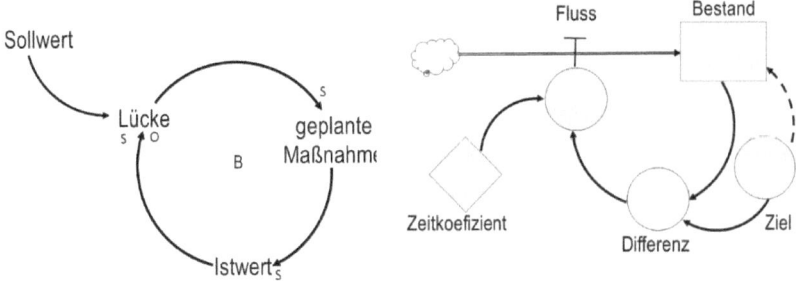

Abbildung 5-6: Struktur einer negativen Rückkoppelung, Rückkoppelungsdiagramm und Bestands- und Flussgrößendiagramm

Die vier wesentlichen bestimmenden Faktoren eines negativen Feedbacksystems zeigt die Abbildung 5-7: der angestrebte Zustand (Zielvorgabe), die Abweichung vom Ziel, die geplanten Maßnahmen und der aktuelle Zustand des Systems.

In der Rückkoppelungsschleife in der Abbildung 5-7 wird ein aktueller Zustand (Istwert) angenommen, der kleiner oder größer als der Sollwert ist. Die Pfeile zeigen, dass zwischen dem Sollwert der

Zielvorgabe und dem Istwert eine Differenz (Abweichung) besteht. Sie wird durch die geplanten Maßnahmen ausgeglichen. Die Abweichungen setzen Maßnahmen in Gang, die sich auf den Sollwert (Zielvorgabe) zubewegen. Im Zuge der Maßnahmen wird die Differenz zwischen Soll- und Istwert kleiner und die Maßnahmen werden stetig zurückgenommen. Wenn die Lücke zwischen Soll- und Istwert geschlossen ist, dann kommt der Ausgleichsprozess zum Stillstand.

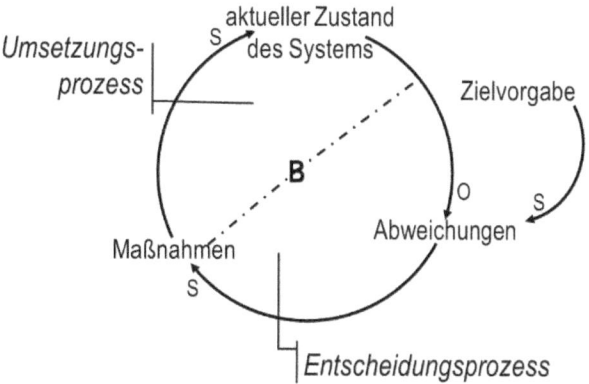

Abbildung 5-7: Entscheidungs- und Umsetzungsprozesse sind Teile einer negativen Rückkoppelung.

Der Unterschied zwischen negativer, ausgleichender und positiver verstärkender Rückkoppelung ist ausschließlich im Entscheidungssektor zu suchen: im Erfassen von Informationen, im Vergleichen von Abweichungen zwischen dem Ziel und dem gegenwärtigen Zustand und letztlich in der Entscheidungsfindung. Im Entscheidungssektor, der alle Maßnahmen kontrolliert, die im System stattfinden, wird festgelegt wie schnell der Systemzustand dem vorgegeben Ziel angepasst werden soll. Es kann sich dabei um bewusste Entscheidungen im persönlichen Bereich, in Unternehmen oder im Wirtschaftssystem handeln. Es können aber auch unbewusste Entscheidungen des vegetativen Nervensystems sein. Auch biologische und physikalische Prozesse werden durch ausgleichende Rückkoppelung gesteuert.

Das einfachste negativ rückgekoppelte System enthält ein Ziel und eine Abweichung im Entscheidungssektor. Das Ziel ist dabei die Richtschnur an der das System seine Maßnahmen ausrichtet. Die Abweichungen bestimmen Größenordnung und Richtung der

Korrekturmaßnahmen. Demgemäß muss ein System die Differenz zwischen Ist- und Sollwert genau messen können. Ungenaue Messungen lösen sinnlose Rückkoppelungsprozesse aus. Ein ungenau geeichter Temperaturfühler am Thermostat einer Heizungsanlage setzt den Brenner zum falschen Zeitpunkt in Gang. Auch kann ein ungenau erfasster Lagerbestand zu falschen Produktionsentscheidungen führen.

Zielgerichtete Systeme erreichen ihr Ziel nicht durch die Summe von Einzelmaßnahmen, sondern nur durch koordinierte Handlungen. Nur Maßnahmen, die dazu beitragen, ein Ziel zu erreichen machen Sinn.

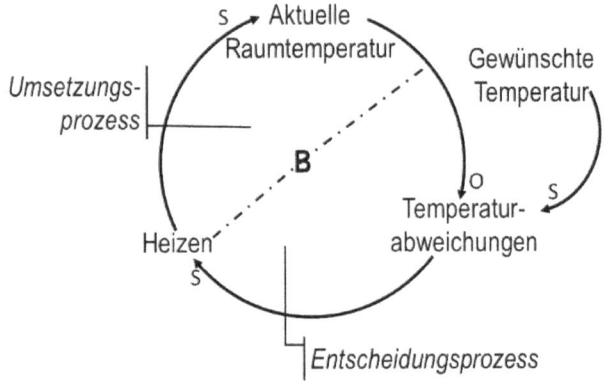

Abbildung 5-8: Ein Thermostat misst die Abweichungen der Raumtemperatur und regelt die Wärmezufuhr.

Die stabilisierende Wirkung ausgleichender Rückkoppelungen zeigt ein Thermostat zur Steuerung der Temperatur der Zentralheizung in einer Wohnung (Abbildung 5-8). Liegt die Raumtemperatur unter dem eingestellten Sollwert, wird die Heizung eingeschaltet; hat die Luft sich auf die gewünschte Temperatur erwärmt, schaltet der Thermostat die Heizung wieder ab. Die Raumlufttemperatur wird gemessen und so gut wie möglich auf den gewünschten Wert gebracht. Kleine Abweichungen ober- und unterhalb der Solltemperatur sind aber möglich. Auch gibt es eine zeitliche Verzögerung bis sich die Solltemperatur einstellt, weil die Luft die gewünschte Temperatur nicht sofort annimmt, sobald der Thermostat die Heizung einschaltet. Ob die Außentemperatur 0°C oder -20° C beträgt, im Raum ist es immer gleich warm. Dass bei -20° C mehr Heizöl und Energie verbraucht wird als bei 0° C wird meist nicht bemerkt.

Aber wenn bei großer Kälte ein Fenster offen steht, dann bricht das System zusammen. Die Heizung kann diese Störung nicht mehr ausgleichen und man friert.

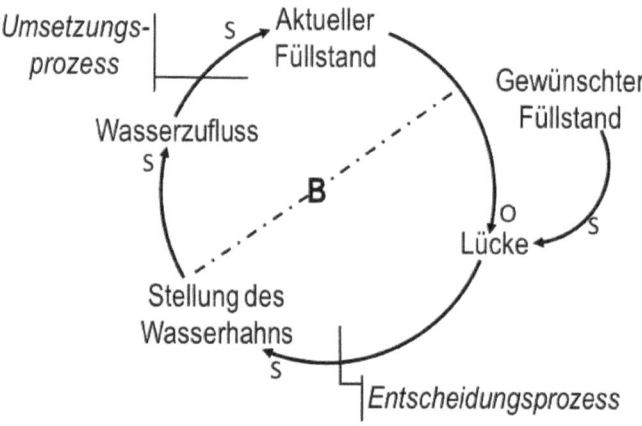

Abbildung 5-9: Das Füllen eines Wasserglases ist ein negativer Rückkoppelungsprozess.

Ein weit verbreitetes Beispiel anhand dessen negative Rückkoppelungen anschaulich erläutert werden können, befasst sich mit dem Füllen eines Wasserglases (Abbildung 5-9). Man stellt ein leeres Glas unter einen Wasserhahn und dreht ihn auf. Dann beobachtet man, wie sich das Glas mit Wasser füllt und wie der Wasserspiegel steigt. Man überwacht die Lücke zwischen dem aktuellen Füllstand und dem gewünschten Füllstand des Glases, dem Sollwert. Wenn der Sollwert fast erreicht ist, dann dreht man am Wasserhahn (Stellgröße), damit sich der Zufluss verringert. Wenn das Glas schließlich voll ist, schließt man ihn ganz. Der Mensch, der als „Regler" ein Wasserglas füllt, bewegt sich praktisch in einem „Wasserregulierungs"-System, das fünf Variablen umfasst: den gewünschten Füllgrad, den aktuellen Füllstand des Glases, die Lücke zwischen beiden, die Stellung des Wasserhahnes und den Wasserfluss. Diese Variablen sind in einer Schleife von Ursache-Wirkungs-Beziehungen angeordnet. Das ist ein so genannter Rückkoppelungs- oder Feedbackprozess, die Darstellung eine Rückkoppelungsschleife (Abbildung 5-9). Der Prozess läuft beständig weiter bis das Glas voll ist und der Wasserhahn dann geschlossen wird.

Das folgende Beispiel ist ebenfalls ein negativer Rückkoppelungsprozess, der das Autofahren beschreibt. Jeder Autofahrer ist in mehrere Feedbackkreise eingebunden. Der Entscheidungsssektor im Menschen ist sein Gehirn. Durch die visuelle Wahrnehmung stellt der Fahrer die Lage seines Fahrzeuges relativ zur Straße fest. Er korrigiert die Fahrtrichtung mechanisch mit dem Lenkrad, wenn das Auto von der Fahrbahn abzukommen droht und bringt es so in den gewünschten Fahrzustand. Ein anderer Feedbackkreis ist die Regelung der Geschwindigkeit. Um eine gewünschte Geschwindigkeit (Sollwert) zu erreichen, wird nach dem Start zuerst kräftig auf das Gaspedal gedrückt und dadurch beschleunigt. Bei Annäherung an den Sollwert wird der Fuß vom Gaspedal (Stellgröße) soweit zurückgenommen, bis ein Gleichgewicht herrscht zwischen der Stellung des Gaspedals und der Geschwindigkeit. Störungen, wie Steigungen oder Gefällestrecken, werden mit dem Gaspedal ausgeglichen. Der Fahrer tritt somit als Regler auf. Er liest die Geschwindigkeit am Tachometer ab, vergleicht sie im Kopf mit der gewünschten Sollgeschwindigkeit und reagiert bei Abweichungen mit dem Gaspedal. Der Sollwert der Geschwindigkeit wird auch von übergeordneten Kriterien wie Straßenzustand, Verkehrslage und vorherrschender Witterung geführt. Fehleinschätzungen dieser Prüfsteine, man könnte sie auch Variable nennen, führen zur Systemkatastrophe, zu einem Unfall.

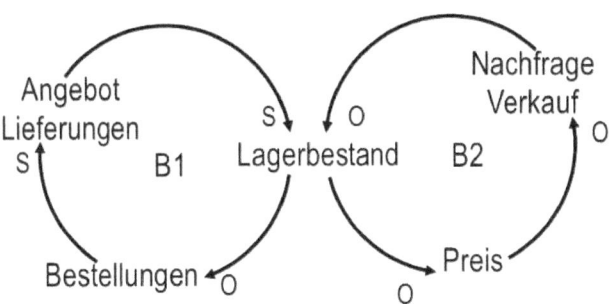

Abbildung 5-10: Das Gesetz von Angebot und Nachfrage folgt einer negativen, ausgleichenden Rückkoppelung

Das Feedbackdiagramm in Abbildung 5-10 beschreibt das Gesetz von „Angebot und Nachfrage". Es ist ein Beispiel für eine von vielen grundlegenden Beziehungen von Rückkoppelungen in der Volkswirtschaft. Wenn das Angebot größer als die Nachfrage ist, reduziert die Rückkoppelung die Nachfrage, in dem Produktionsaufträge (Bestellungen) reduziert oder gestrichen werden oder die Nachfrage wird durch Preiserniedrigungen erhöht oder beides bis Angebot und Nachfrage ausgeglichen sind. Und wenn die Nachfrage größer als das Angebot ist, dann verringert die Rückkoppelung durch Preiserhöhungen oder durch Steigerung der Nachfrage durch neue Lieferaufträge oder beides bis Angebot und Nachfrage wieder im Gleichgewicht sind. Der Leiter des Warenhauses ist die Steuerungsgröße im Entscheidungsprozess, der die Maßnahmen im Durchführungsprozess umsetzt.

Ein ähnliches Paar von Rückkoppelungsschleifen trägt dazu bei, die Stabilität sozialer Organisationen zu gewährleisten. Viele soziale Gruppierungen, wie zum Beispiel eine Pfadfindergruppe, eine Studentenvereinigung, Sportvereine, Umwelt- und Naturschutzvereine, Heimat- und Schützenvereine, Förder- und Trägervereine für Jugendstätten, Kindergärten und Bürgerhäuser, Kulturvereine oder Hobbyvereine von Kleingärtnern, Tierzüchtern, Kegelbrüdern oder Philatelisten brauchen eine Mindestzahl von Mitgliedern, um ihre Aufgaben erfüllen können. Diese Mindestzahl ist die Sollgröße des Systems (Abbildung 5-11).

Jede soziale Gruppierung muss daher immer wieder neue Mitglieder rekrutieren als Ersatz für diejenigen, die sterben, wegziehen, andere Interessen finden oder nur gelangweilt sind und aussteigen. Wenn sich genügend neue Mitglieder bewerben und eintreten, um diejenigen zu ersetzen, die den Verein verlassen, dann gibt es kein Problem hinsichtlich der Mitgliederzahl. Wenn aber mehr Mitglieder austreten als eintreten, dann wird der Verein kleiner und die verbliebenen Mitglieder beginnen, sich Sorgen zu machen. Sie werden für eine Mitgliedschaft werben, werden die Eintrittsbedingungen erleichtern oder werden öffentlich Leute ansprechen, um sie für einen Vereinseintritt zu gewinnen. Auch werden sie versuchen ihren Verein attraktiver zu machen. Andererseits werden die Vereinsmitglieder sich bemühen, herauszufinden warum langjährige Mitglieder den Verein verlassen haben, um die „Verlustquote" zu verkleinern. Wenn eine oder die meisten dieser Bemühungen zum Erfolg führen, wird die Mitgliederzahl wieder zunehmen bis sie über das erforderliche Minimum ansteigt. Dann können die Akquisitionsbemühungen wird herabgesetzt werden. Das Ergebnis ist ein negativer Rückkoppelungsprozess, der die Zahl langjähriger Mitglieder, die den Verein verlassen durch neue Mitglieder, die in den Verein eintreten, ausgleicht.

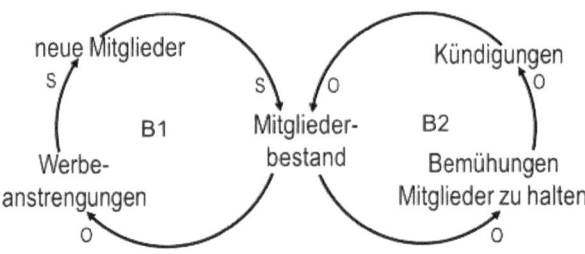

Abbildung 5-11: Soziale Gruppierungen brauchen eine Mindestzahl von Mitgliedern, um ihre Aufgaben erfüllen zu können.

Bislang haben wir Systeme betrachtet, die auf eine exakte Zielvorgabe ausgerichtet sind. Ein Thermostat zielt darauf, die eingestellte Temperatur konstant zu halten. Ein Verein ist darauf bedacht, den Bestand seiner Mitglieder auf einem bestimmten Niveau zu halten, das ausreicht, seinen festgelegten Aufgaben gerecht zu werden. Systeme können aber auch darauf ausgerichtet sein, einem beweglichen Ziel zu folgen. Man nennt sie „Tracking Systems". Das System erhält Informationen darüber, wie weit es von der gewünschten Position entfernt ist und richtet seine Rückkoppelung danach aus, die Differenz zwischen gewünschter und tatsächlicher Position zu verringern. Für ein System spielt es daher keine Rolle, ob die Lücke im System selbst liegt oder in einer externen Zielvorgabe. Es stellt eine Differenz zwischen Sollwert und Istzustand fest und versucht sie zu beheben. Dazu einige Beispiele:

Man kann Energie sparen, wenn man den Thermostat für die Regulierung der Heizung in der Nacht um einige Celsius-Grade herunter- und in der Früh wieder hochstellt. Die negative Rückkoppelung im Heizungssystem bewirkt, dass es jeder Änderung des Thermostats folgt: die Temperatur wird während der Nacht reduziert und tagsüber wieder erhöht. Die Zielvorgabe erfolgt von außen.

Unternehmen sind ebenfalls Zielvorgaben von außen ausgesetzt. In der Planwirtschaft ist das die Regel. Aber auch in der Marktwirtschaft greift die politische Führung in Unternehmensplanung durch Vorgaben ein. Beispiele hierzu sind der Mindestlohn, die Frauenquote in Aufsichtsräten oder die Energiewende.

Manche Bergdörfer sind so von Felsenriesen umgeben, dass monatelang kein Sonnenstrahl zu ihnen dringt. In Norwegen und Italien beenden große Spiegel das Schattendasein in den Weilern Rjukan und Viganella. Die sogenannten Heliostaten folgen dem Lauf der Sonne und reflektieren ihre Strahlung in die sonst schattigen Dörfer.

Am DB-Zukunftsbahnhof Berlin Südkreuz ist eine bewegliche Solaranlage installiert, die dem Sonnenlauf automatisch folgt. Dadurch erhöht sich die Energieausbeute im Vergleich zu einer starren Anlage um 30 Prozent.

Tracking Systeme sind in der Natur und in sozialen Systemen weit verbreitet. Eine Sonnenblume verfolgt die Sonne auf ihrem Weg über den Himmel so wie ein Sonnenenergiekollektor oder eine Fledermaus jagt einen Käfer mit der Genauigkeit einer Lenkwaffe. Politiker lernen schnell Änderungen in der öffentlichen Meinung wahrzunehmen, um wieder gewählt zu werden. Unternehmen orientieren sich am technischen Fortschritt oder geänderten Kaufverhalten, um erfolgreich zu bleiben und um zu überleben. Mit anderen Worten, Tracking Systeme entstehen überall dort, wo Systeme sich an einem beweglichen und nicht an einem stationären Ziel ausrichten müssen

Negativ rückgekoppelte Variable halten ein System im Gleichgewicht. Es hält eine Menge äußerer Eingriffe aus, ohne Schaden zu nehmen. Solche Pufferungen sind aber in natürlichen Systemen zumeist nur eingeschränkt erzielbar. Denn die Rückkoppelungen verbrauchen Material und Energie. Dies führt dazu, dass sie bei der Erschöpfung einer Ressource versagen. Dies lässt sich an einem Brunnen, der aus dem Boden Wasser holt, erklären. Entnimmt man einem Brunnen Wasser, dann strömt aus der Umgebung Grundwasser nach. Der Wasserstand im Brunnen erscheint stabil zu sein und schwer aus dem Gleichgewicht zu bringen. Deshalb kann man sich zu der Annahme verleiten lassen, dass es sich bei der Variablen –in diesem Falle dem Brunnenwasserstand- um eine Ressource handelt, die unerschöpflich ist. Irgendwann aber wird das Grundwasser verbraucht sein. Dann wird kein Wasser mehr nachströmen. Ist diese einmal Situation eingetreten, dann wird der Brunnen versiegen. Das System ist auf lange Zeit oder vielleicht für immer beschädigt.

Viele uns umgebende Systeme werden durch selbstkorrigierende Rückkoppelung stabil gehalten. Alles scheint im Lot zu sein. Doch wenn eine bestimmte Grenze über- oder unterschritten wird, bricht das System plötzlich und unerwartet zusammen. Dies tritt ein, wenn nur eine einzige bestimmte Messgröße beachtet wurde und nicht alle im System wirkenden. Auch negativ rückgekoppelte soziale Systeme, wie das Umlageverfahren zur Altersversorgung, Arbeitslosenversicherung und Krankenversicherung oder das Steueraufkommen, können nach einer Phase der Stabilität zusammenbrechen. Lange Zeit scheint alles gleich bleibend stabil zu sein, weil die Veränderung des Systemdurchsatzes, wie bei der Heizenergie oder der Grundwasserentnahme, nicht beobachtet wird. Wenn das System sich dann aus seiner strapazierfähigen Position bewegt, weil die Leistung der Rückkoppelung nicht mehr ausreicht, dann ist die Bestürzung groß. Es tritt ein Zustand ein, der sich mit dem erschöpften Brunnen oder der überforderten Heizung vergleichen lässt. Aber anstatt die Struktur der Sozialsysteme oder des Steuersystems zu verändern, wird an einigen Variablen solange „herumgedoktert" bis die erneut eingestellte Leistung der Rückkoppelung wieder nicht ausreicht.

In allen Systemen in denen Menschen und Maschinen zusammenwirken, übernimmt der Mensch die Kontrolle über das System. Zum Beispiel erhält beim Fahrradfahren der Fahrer und nicht das Fahrrad die Informationen, die verarbeitet werden müssen, um den vorgegebenen Kurs zu halten. Das gleiche Prinzip trifft sowohl auf Autos, Boote, Flugzeuge, Rollerskates, Surf Boards, etc. als auch auf andere Systeme, bei denen „Koordination" erforderlich ist, zu; das gilt auch, wenn sie einen Nagel einschlagen, Tennis spielen, mit der Gabel essen oder Ihren Namen schreiben.

Die Tabelle 5-1 zeigt eine kleine Auswahl charakteristischer negativer Rückkoppelungen. Einige Systeme sind sehr komplex, da sie sie sich mehren Subsystemen zusammensetzen, aber alle erfüllen die Kriterien zielsuchender, stabilisierender, negativer Feedbacksysteme. Obwohl überall Veränderungen stattfinden, ist das Ergebnis von Erneuerungen und Umgestaltungen keineswegs chaotisch. Dies liegt in der Fähigkeit der Systeme mit Hilfe von negativen Rückkoppelungen den Veränderungen gewachsen zu sein. Die Überlebensfähigkeit von allen natürlichen und sozialen Systemen entsteht durch negative Rückkoppelungen.

Dies sind nur einige wenige Beispiele wie negative Rückkoppelungen Stabilität in den unterschiedlichen Systemen sicherstellen. Obwohl wir laufend Veränderungen ausgesetzt sind, führen sie nicht ins Chaos. Der Grund dafür liegt in der Fähigkeit der Systeme Veränderungen mit Hilfe negativer Rückkoppelungen zu kontrollieren.

Tabelle 5-1: negative, ausgleichend rückgekoppelte Systeme

Mechanische Systeme	• Thermostat • Autopilot im Flugzeug • Tempomat im PKW • Niveauregel im Wassertank
Mensch-Maschine Systeme	• PKW • Radfahren • Hammer, Axt • Fließbandarbeit • Alle nicht automatischen Wergzeuge
Biologische Systeme	• Körpertemperatur • Durst- und Hungerkontrolle • Blutdruck • Atmung • Schmerz
Ökologische Systeme	• Gleichgewicht von Nahrung und Population • Umwelt
Soziale Systeme	• Unternehmen • Angebot und Nachfrage • Verkehrssysteme • Öffentliche Meinung • Freie Presse • Einkommenssteuer • Unabhängige Gerichtsbarkeit • Mitgliedschaft in Vereinen

Negative Rückkoppelungen sind weit verbreitet. Aber die Systeme, die von ihnen gesteuert werden, können verschieden sein. Wenden wir uns daher unterschiedlichen Mustern von selbststabilisierenden Systemen zu.

Aktive Systeme: Ein Kennzeichen von selbststabilisierenden Systemen ist, dass sie aktiv auf Veränderungen reagieren. Sie verharren nicht still und vernachlässigen den Druck, dem sie ausgesetzt sind. Die Antwort auf Veränderungen verbraucht aber Energie.

Viele Systeme erhalten ihre Energie aus verschiedenen Quellen und manche können Energie sogar zeitweise speichern. Zum Beispiel erhalten lebende Systeme, ihre Energie von der Sonne und aus der Nahrung und können sie für später speichern. Auch „Energiesysteme" sind fähig, Energie zu speichern. Denken Sie dabei an eine Batterie oder einen Flüssiggastank.

Fast alle lebenden Systeme sind auch in einem weiteren Sinn aktiv. Sie funktionieren und verbrauchen Energie, ohne auf Veränderungen reagieren zu müssen. Sie müssen immer aktiv bleiben. Wenn sie alle ihre Aktivitäten einstellen würden, würden sie sterben. Wenn Sie schlafen, ist es vergleichsweise so als wenn ein Motor im Leerlauf liefe und nicht als ob er abgestellt worden wäre. Ihr Herz schlägt weiter, sie atmen, Ihr Magen verdaut weiter Ihre Mahlzeiten, Ihre Muskeln bewegen sich, Ihre Zellen erfüllen weiterhin ihre komplexen Aufgaben und Ihr Gehirn arbeitet weiter. Allgemein gilt: je komplexer ein System ist umso mehr Energie verbraucht es nur um sich am Leben zu erhalten und umso aktiver regt es Veränderungen in seiner Umgebung an.

Vergleichen sie einmal ein isoliert lebendes Bergbauernvolk mit einer modernen Volkswirtschaft. In ersterem richtet sich jedes Mitglied weitgehend unbeeinflusst von seiner Umgebung an seinen eigenen Bedürfnissen aus, während letztere mit ihren Unternehmen, Banken, Universitäten, Behörden, Institutionen, Verkehrswegen, etc. ein komplexes System darstellt, in dem sich fast alles gegenseitig beeinflusst. Oder vergleichen sie eine nationale Regierung mit einem Tennisclub. Sie werden feststellen, dass je komplexer ein System ist umso größer wird der erforderliche Energieaufwand zur Informationsverarbeitung und Selbsterhaltung. Auch kann ein Tennisklub seine Aktivitäten eine Zeit lang einstellen und später wieder aufnehmen während eine Volkswirtschaft immer in Bewegung bleiben muss.

Systembeschränkungen: Umfang und Art von Veränderungen, auf die ein aktives System reagieren kann, sind beschränkt. Systeme brechen zusammen, wenn sie über längere Zeit starken Beanspruchungen ausgesetzt werden und ihre Reserven erschöpft sind. Zum Beispiel speichern Sie Energie in ihrem Körper und verbrauchen Sie nach und nach. Wenn Sie sich in der Kälte aufhalten, verbrauchen Sie diese Energie, um ihre Körpertemperatur von 36° C aufrecht zu halten.

Aber wenn sie sich zu lang in der Kälte aufhalten, dann erschöpfen sich die vorhandenen Energiereserven und sie können ihre Körpertemperatur nicht mehr kontrollieren. In der Folge werden sie bewusstlos und sterben, wenn sie nicht schnell genug ins Warme gebracht werden. Auch hält sich ihre Körpertemperatur bei 36° C, wenn es in ihrer Umgebung sehr heiß wird. Das gelingt aber nur über einen begrenzten Zeitraum. Wenn diese Grenze überschritten wird, versagt die Kontrolle der Körpertemperatur und sie erleiden einen Hitzschlag.

Viele Systeme, die von negativen Rückkoppelungen gesteuert werden, reagieren wie diese Beispiele. Sie verhalten sich unter unterschiedlichen Bedingungen stabil, brechen aber oft unerwartet zusammen, wenn sie ihre Belastungsgrenzen überschreiten. Deshalb ist es unerlässlich diese Grenzen zu kennen, um unangenehme Überraschungen zu vermeiden.

Ungenaue Zielfixierung: Die negativen Rückkoppelungen in selbststabilisierenden Systemen verhindern nicht unbedingt Veränderungen. Das System reagiert auf Abweichungen, behält aber dabei die Kontrolle über sein Verhalten. Dies führt zu einem Systemverhalten, das man „*flattern*" nennen könnte. Dabei verlässt das System kurzfristig das vorgegebene Ziel, bewegt sich dann aber wieder dahin zurück, entfernt sich wieder von der Zielvorgabe, kehrt wieder zur Zielvorgabe zurück, usw. Manchmal ist das „Flattern" viel zu geringfügig um wahrgenommen zu werden. Andererseits gibt es Fälle bei denen das „Flattern" so auffällig ist, dass es bemerkt werden kann. Tritt ein derartiges zyklisches oder „zick-zack"-Verhalten auf, steckt sicher eine negative Rückkoppelung dahinter.

Ungenaue Zielfixierungen sind notwendigerweise nicht nachteilig. Oft sind sie robuster, verhalten sich kostengünstiger und können sich besser auf größere Veränderungen in ihrem Umfeld einstellen als genauer arbeitende Systeme. Zum Beispiel kann ein ganz gewöhnlicher Thermostat die Temperatur in einem Haus innerhalb von +/- 2° C konstant halten und kostet ca. 35 €. Im Gegensatz dazu kostet ein Thermostat, der die Temperatur in einem speziellen Laboratorium exakt auf einen bestimmten Wert einstellen kann, einige 10.000 €.

Reaktionszeit: Jede negative Rückkoppelung braucht eine gewisse Mindestzeit bis sie das Systemverhalten beeinflusst. Sie ist die Dauer, die notwendig ist, um die gesamte Rückkoppelungsschleife zu durchlaufen. Zum Beispiel ist die Reaktionszeit für einfache Schmerzreflexe, wie Verbrennungen an einer heißen Herdplatte oder Verletzungen durch

Stiche mit einer spitzen Nadel, sehr kurz. Es dauert nur einige wenige zehntel Sekunden, um den Schmerz zu registrieren, die Information an die Muskeln weiter zu leiten und die Muskeln dazu zu bewegen, der Ursache des Schmerzes zu entkommen.

In komplizierteren und weniger dringlichen Situationen –wie zum Beispiel beim Verhalten im Verkehr, wenn Informationen bewusst und nicht intuitiv verarbeitet werden müssen- ist die Reaktionszeit länger als bei der Verarbeitung von Reflexen. Manche Systeme, vor allem elektronische, haben sehr kurze Reaktionszeiten, andere aber merklich lange. Der Durchlauf einer Rückkoppelungsschleife im System Thermostat/Heizung, zum Beispiel, dauert recht lange, weil sich die Temperatur der Umgebungsluft nur langsam verändert und der Thermostat dementsprechend der Heizungsanlage seine Informationen nur schleppend mitteilt. Soziale Systeme tendieren zu langen Reaktionszeiten. Ein Unternehmen braucht oft Wochen oder Monate, um sich auf ein verändertes Kaufverhalten seiner Kunden einzustellen. Es vergehen oft Monate oder sogar Jahre bis die politische Führung eines Landes auf veränderte innen- oder außenpolitische Situationen reagiert.

Läuft eine Veränderung in einem Systems so schnell ab, dass die Reaktionszeit nicht ausreicht um auf diese Veränderung zu reagieren, dann wird es beschädigt. Deshalb ist es wichtig, die Reaktionszeit auf Veränderungen zu kennen, um einen Zusammenbruch des Systems zu vermeiden. Aber wie stellt man die Reaktionszeit fest? Sie ist die Frequenz mit der die Rückkoppelung das System durchläuft- das kleinste Zeitintervall innerhalb dessen ein System noch reagieren kann.

Erwartung oder Vorahnung: Ein System kann auch mit Problemen fertig werden, indem es auf Warnungen reagiert. In vielen Situationen kann es sich aber keine Verzögerungen selbst bei kurzen Reaktionszeiten leisten. Wenn das Problem eine Stechmücke ist, können Sie es vernachlässigen bis Sie merken, dass Sie gestochen werden und erst dann müssen Sie reagieren und die Mücke verjagen. Wenn das Problem aber ein Tiger ist, dann müssen Sie reagieren bevor er ihnen zu nahe kommt, denn auch die kürzeste Reaktionszeit wird Ihnen nicht helfen, sich zu retten.

Systeme können Probleme wie die oben genannten bewältigen, indem sie auf Warnungen ansprechen, bevor ein spezielles Problem auftritt. Bevor sie ein Tiger angreift, sehen sie ihn, hören oder riechen ihn und Sie können dann noch davon laufen oder sich verstecken. Das ist eine negative Rückkoppelung, bei der die Reaktionszeit noch immer entscheidend ist. Jedoch stützt sich hier die Feedbackschleife auf die Warnung und weniger auf das Problem.

Die Fähigkeit, Gefahren vorherzusehen, stärkt die Sicherheit und Überlebensfähigkeit sozialer Systeme. Wenn ein Staat wartet bis er angegriffen wird noch bevor er seine Verteidigungskräfte mobilisieren kann, dann befindet er sich in einer ausweglosen Situation. Wenn er jedoch kontinuierlich Informationen über andere Länder sammelt und dabei feststellen muss, dass er möglicherweise angegriffen wird, dann kann er sich darauf einstellen und aufrüsten. Wenn ein Bauer zu lange wartet um seine Ernte einzubringen und es zu früh zu regnen beginnt, dann erleidet er Ernteverluste. Das kann er jedoch vermeiden, wenn er sich nach den Wettervorhersagen richtet. Wenn sich Unternehmen, die Rechenschieber herstellten nicht rechtzeitig auf die Produktion von Taschenrechnern, ein Trend, der sich schon lange abzeichnete, verlegt haben, dann sind sie vom Markt verschwunden.

Etliche Systeme weisen unzulängliche Reaktionszeiten auf. Dies entsteht dann, wenn sich ihre negativen Rückkoppelungen auf die Probleme und anstatt auf die Warnung vor diesen Problemen beziehen. Dies trifft vor allem auf politische Systeme bei Eingriffen in ökonomischen und ökologischen Vorgänge zu. Die Unfähigkeit der politischen Führung auf Warnungen und Prognosen rechtzeitig zu reagieren, ist oft die ernsteste und gefährlichste Verhaltensweise, der eine Gesellschaft ausgesetzt ist.

Unerwartetes Verhalten: Negative Rückkoppelungen legen oft ein Verhalten an den Tag, das den allgemeinen Erwartungen und Absichten, die mit den Systemänderungen beabsichtigt werden, widerspricht. Wenn zum Beispiel Wolfsrudel dezimiert werden, um Rotwild und Rehe zu schützen, dann vermehren sie sich unkontrolliert und die Weideflächen werden knapp mit der Folge, dass die schwächsten Tiere verhungern.

Das Muster bei unerwarteten Systemverhalten ist immer dasselbe. Die offensichtliche Lösung eines Problems führt nicht zum erwarteten Erfolg, weil eine negative Rückkoppelung den Eingriff in das System nicht nur rückgängig macht sondern die Situation vielfach nachteilig beeinträchtigt. Wenn die augenscheinliche Lösung nicht zum Erfolg führt, dann lohnt es sich, die negative Rückkoppelung zu finden, die die Schwierigkeiten verursacht und nach einem Ausweg zu suchen. Wie sieht aber der Ausweg aus? Soll eine Situation, die von einer negativen Rückkoppelung kontrolliert wird, verändert werden, dann gelingt dies am wirkungsvollsten, wenn das betreffende System verändert und nicht „mit Gewalt" versucht wird, gegen die negative Rückkoppelung zu arbeiten.

Dazu muss man das System genau beschreiben können, um herauszufinden wie es sich verhält und wie Probleme entstehen. Der Lösungsansatz ist daher im System und nicht bei den Problemen zu suchen.

5.2 Positive, verstärkende Rückkoppelung
Veränderung, Wachstum, Zusammenbruch

Beständigkeit und Stabilität werden von negativen Rückkoppelungen erreicht. Aber wie entstehen dann Veränderungen und Wachstum oder sogar Zusammenbrüche? Manchmal treten Veränderungen ein, wenn eine negative Rückkoppelung zusammen bricht, zum Beispiel, wenn ein Mensch einen Herzinfarkt erleidet oder wenn ein Unternehmen oder eine Volkswirtschaft instabil werden und auseinanderbrechen. Veränderungen können aber auch aus der Rückkoppelung selbst entstehen, wenn sie versucht, sich an die veränderten Gegebenheiten im Umfeld des Systems anzupassen. Wandel entsteht dann auch durch besondere Ereignisse zum Beispiel durch Veränderung des Erbgutes (Mutationen), einen Lottogewinn, ein Erdbeben oder einen Vulkanausbruch. Aber der wesentliche Teil von Veränderungen in unserem Umfeld geschieht durch eine völlig andere Art von Rückkoppelungen: positiven, verstärkenden Rückkoppelungen.

Rückkoppelung entsteht, wenn eine Veränderung in einem Teil eines Systems sich auf den Rest des Systems auswirkt und letztlich wiederum die Ausgangsvariable beeinflusst. *Negative* Rückkoppelungen *negieren* Veränderungen. Das System entkräftet dabei Veränderungen an seinen Variablen. Das heißt, im System passt eine negative Rückkoppelung das Systemverhalten an das vorgegebene Ziel an. Aber was geschieht, wenn sich eine Rückkoppelung entgegengesetzt verhält und jede Veränderung weitere Veränderungen erzeugt bis das System zusammenbricht? Dieses Verhalten wird als *positive* Rückkoppelung bezeichnet, weil es jede Veränderung im System verstärkt oder *aufaddiert* wird.

Positive Rückkopplungen sind selbstverstärkend. Ein Impuls wird immer wieder verstärkt und verursacht immer größere Änderungen im System; d.h. je mehr die Verstärkung sich breit macht, desto mehr gewinnt das System an Fahrt (Abbildung 5-12). Das ist anhand einiger

Beispiele leicht einzusehen. Je mehr Menschen sich erkälten, desto häufiger werden andere angesteckt. Je größer ein Bankguthaben und je höher der Zinsfuß ist, desto schneller wächst der Kontostand. Je größer die Bodenerosion ist, desto weniger Vegetation kann der Boden halten, desto weniger Wurzeln und Blätter dämpfen den Regen und umso mehr Boden erodiert. Je mehr Kinder geboren werden, desto mehr Menschen werden erwachsen und bekommen ihrerseits wieder Kinder. Der Schnellballeffekt beschreibt recht augenscheinlich wie sich neue Ideen oder Verhaltensweisen im Zuge einer positiven Rückkopplung entwickeln und aufschaukeln. Wenn ein Schnellball einen Schneehang hinunter rollt, nimmt er dabei weiteren Schnee auf und wird dadurch schwerer und größer. Das wiederum hat zur Folge, dass er weiter wächst.

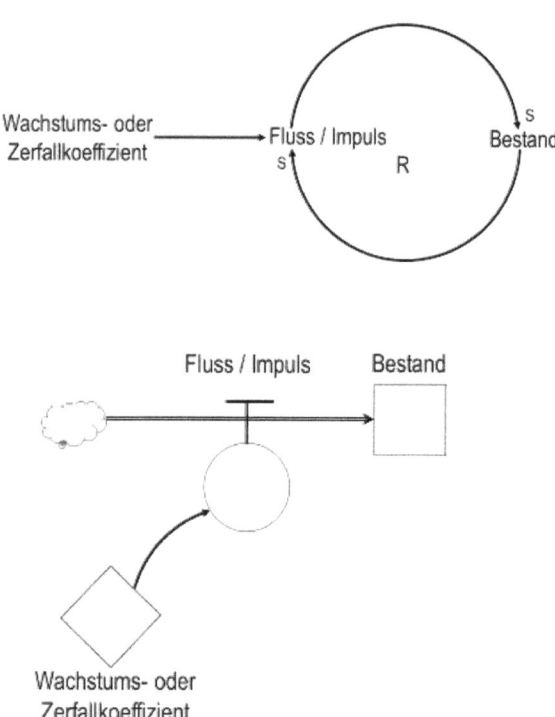

Abbildung 5-12: exemplarische Struktur einer positiven Rückkoppelung, Rückkoppelungsdiagramm und Bestands- und Flussgrößendiagramm

Teufelskreis oder Tugendkreis sind Synonyme für verstärkende Rückkopplungen. In einem Teufelskreis führt die schlechtere Leistung einer Komponente in einer Ursache-Wirkungsbeziehung zu einer weiteren Zuspitzung der Situation. Umgekehrt lösen in einem Tugendkreis vorteilhafte Veränderungen weitere Verbesserungen aus. Bösartigkeit oder nutzbringendes Verhalten eines Systems mit verstärkenden Rückkopplungen hängen davon ab, ob die Variablen der Rückkopplungsschleife sich gegenseitig nachteilig beeinträchtigen oder voranbringen.

Gutmütige Verstärkungskreise (Tugendkreise) begegnen wir
- im Pygmalion-Effekt, wenn die (vorweggenommene) positive Einschätzung eines Schülers (etwa „der Schüler ist hochbegabt") durch einen Lehrer sich im späteren Verlauf bestätigt,
- bei einer Ernährungs- und Sportroutine, die anfänglich nur kleine Verbesserungen zeigt, aber mit der Zeit zunehmende Leistungssteigerungen mit sich bringt,
- wenn der Preis für Unterhaltungselektronik und Computerhardware stetig abnimmt,
- wenn die Wirtschaft zunehmende Erträge verzeichnet oder
- wenn die Lebenserwartung durch den technischen und medizinischen Fortschritt zunimmt.

Bösartige Verstärkungskreise (Teufelskreise) erkennen wir
- in wachsender Inflation und Staatsverschuldung,
- beim Wettrüsten und bei Preiskämpfen,
- in Öl- und anderen Versorgungskrisen oder
- in der abnehmenden Moral, der Ghettobildung und bei zunehmender Verwahrlosung.

Die inflationäre Lohn-Preis-Spirale (Abb. 5-13) stellt ein klassisches –hier stark vereinfacht wiedergegebenes- Beispiel für einen Teufelskreis dar.
Arbeitnehmer, beunruhigt über die hohen Lebenshaltungskosten, fordern höhere Löhne. Unternehmer erhöhen daraufhin die Preise für ihre Produkte, um die gestiegenen Lohnkosten auszugleichen. Die Arbeitnehmer registrieren, dass die Preise für Waren des täglichen Lebens wieder gestiegen sind und fordern nochmals höhere Löhne, um den erneuten Preisanstieg zu aufzuwiegen und ihren Lebensstandard zu halten. Diese erneute Lohnforderung schließt den Rückkopplungskreis.

Abbildung 5-13 weist auf eine Wachstumsspirale hin. Jede Variable zeigt das gleiche qualitative Verhalten. Innerhalb des Systems erzeugt der Anstieg einer Variablen den Zuwachs der anderen drei. Dies wiederum führt sorgt für das Wachstum der ersten Variablen und so fort. Alle vier Variablen verstärken sich gegenseitig und tendieren zu unbegrenztem Wachstum.

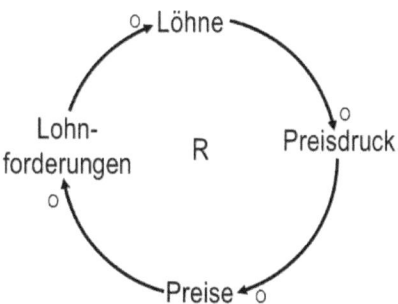

Abbildung 5-13: Die Lohn-Preis-Spirale ist eine positive Rückkoppelung.

Verstärkende Rückkopplungen treiben sprunghaftes Wachstum oder Zusammenbruch von Systemen an. Ein System mit unkontrollierter positiver Rückkopplung zerstört sich letztlich selbst. Dies ist der Grund dafür, warum es so wenig ausschließlich verstärkend rückgekoppelte Systeme gibt. Denn in der Regel werden sie von zumindest einer zielsuchenden, ausgleichenden Rückkopplung ausgebremst. So kommt eine Epidemie zum Stillstand, wenn es nicht genügend ansteckungsbereite Personen gibt oder weil starke Medikamente erneute Ansteckungen verhindern. Um die Bodenerosion einschränken werden Dämme errichtet und Gräser, Sträucher und Bäume gepflanzt.

Ein verstärkendes Feedback kann aber auch einen sich beschleunigenden Schaden bewirken. Es entsteht ein Prozess, bei dem sich kleine Verminderungen selbst zu immer größeren Behinderungen aufschaukeln. So kann auch erklärt werden, warum zum Beispiel Schonung zu mehr Schmerzen führt: Wer schmerzen hat, nimmt Schonhaltungen ein. Außerdem verspannt die Muskulatur, was zu einer schlechteren Durchblutung führt. Das erzeugt neue Schmerzen, Schonhaltungen und weitere Einschränkungen der Beweglichkeit, was letztlich zu noch mehr Schmerzen führt (Abbildung 5-14).

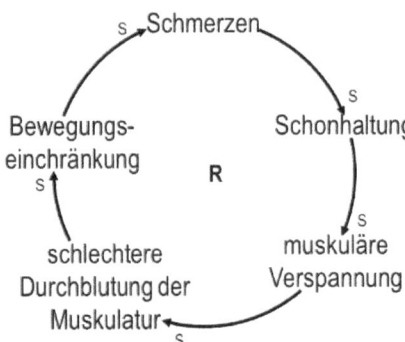

Abbildung 5-14: Schonung führt zu mehr Schmerzen

Systemstrukturen mit verstärkenden Rückkopplungen kennen keine vorgegebenen Ziele und führen deshalb zu exponentiellen Abweichungen von labilen Gleichgewichtszuständen. Die Ursache exponentiellen Wachstums ist jedoch nicht nur in der eigentlichen Systemstruktur sondern auch in zahlreichen variablen Faktoren in der Rückkopplungsschleife zu suchen. Sie werden vielfach von anderen Rückkopplungsschleifen der Systemstruktur gelenkt und kontrolliert. Ändern sich diese Faktoren, dann kann eine positive Rückkopplung in ihren regenerativen Eigenschaften erschöpft und an die Grenze zwischen positiven und negativen Rückkopplungen gebracht werden. Wenn die Schleife dann in den Bereich negativer Rückkopplung gedrängt wird, so führt dies aufgrund des Korrekturmechanismus zu einem –mitunter auch exponentiellen– Zusammenbruch des Systems gegenüber der ursprünglichen Ausgangssituation. So bestimmt die Wechselwirkung positiver und negativer Rückkoppelungsprozesse vielfach das Verhalten sozioökonomischer Systeme. Wenn zum Beispiel das dynamische und komplexe Verhalten derartiger Systeme vom Gesetzgeber nicht verstanden und erfasst wird, bewirken Regierungsprogramme zur Reduzierung der Arbeitslosigkeit, zur Förderung des Wirtschaftswachstums, zur Sicherung der Sozialsysteme und zur Stärkung der Staatsfinanzen oft genau das Gegenteil dessen, was beabsichtigt ist. Die nachteiligen Veränderungen sind die Folge der

Verlagerung positiver Rückkopplungen hinzu Strukturen, die ihr Ziel verfehlen, weil sie sich auf ein neues Gleichgewicht auf weniger erfolgreichem Niveau einstellen. Alle positiv rückgekoppelten Strukturen, die die Grenzen ihres Wachstums erreicht haben, zeigen dieses Verhalten. Was kann man dagegen unternehmen? Es müssen die Wachstumsgrenzen beseitigt und keinesfalls darf versucht werden, das Wachstum anzutreiben. Das bedeutet einen Paradigmenwechsel für die politische Führung eines Landes. Denn wenn die falsche Rückkopplung in Gang gesetzt wird, zeigt das System nicht die erwartete Wirkung. Zumeist verschlimmert sich die Situation!

Verstärkend rückgekoppelte Systeme laufen ohne Eingriffe in ihr Verhalten aus dem Ruder, sie verändern sich exponentiell und brechen schließlich zusammen. Allerdings gibt es Systeme, in denen Wachstum erwiesenermaßen gewünscht ist. Dies trifft auf Volkswirtschaften und Unternehmen zu. Stagnierendes Wachstum kann hier nur wieder angekurbelt werden, indem man die Wachstumsgrenzen beseitigt; zum Beispiel auf nationaler Ebene durch Entbürokratisierung, Steuersenkungen, Stärkung der Verkehrsinfrastruktur oder Forschungsförderung und auf Betriebsebene durch die Beschäftigung hochqualifizierter Mitarbeiter, Rationalisierungsprogramme, Steigerung der Produktivität, Qualitätsverbesserungen oder strategische Kooperationen.

In ökologischen Systemen, die zerstörerisches Wachstum aufweisen, sind allerdings andere Maßnahmen als die Beseitigung der Wachstumsgrenzen gefragt. Hier muss die verstärkende Rückkopplung, die das Wachstum antreibt, reduziert oder ausgeschaltet und nicht eine ausgleichende Rückkopplung gestärkt werden. Die Reduzierung des Bevölkerungswachstums ist zum Beispiel der richtige Ansatz, um die Probleme der Überbevölkerung zu lösen. Da dies jedoch nur sehr langsam zum Erfolg führt, muss durch ausgleichende Rückkopplungen wie zum Beispiel durch Bildung, bessere Ergiebigkeit der Landwirtschaft oder technologischen Fortschritt Zeit gewonnen werden, um das System den wachsenden Anforderungen anzupassen.

Besonders kritisch ist das Verhalten von Systemen, die von immer schneller agierenden verstärkenden Rückkopplungen gesteuert werden. Sie werden chaotisch. Dieses turbulente und unberechenbare aber immer noch zwangsläufig auf Wachstum ausgerichtete Verhalten entsteht, wenn sich ein System immer schneller und schneller verändert ohne dass ausgleichende Rückkopplungen adäquat darauf reagieren können. Ein eindrucksvolles Beispiel dafür ist die positive Rückkopplung, die das Wettrüsten zwischen der USA und der Sowjetunion in der Zeit des Kalten Krieges beherrschte. Vier Jahrzehnte haben beide Großmächte die Weltpolitik in einem sich selbst verstärkenden Prozess des Wettrüstens entscheidend beeinflusst. Rüsteten die USA auf, dann fühlte sich die Sowjetunion bedroht und konnte sich dieser Herausforderung nur dadurch entziehen, in dem sie selbst aufrüstete. Dies empfanden die USA wieder als Bedrohung durch die Sowjetunion und rüsteten weiter auf. Aus eigener Sicht erreichte jede Seite kurzfristig ihr Ziel. Letzten Endes aber hatte das Wettrüsten die gegenteilige Wirkung, nämlich eine ständig wachsende Bedrohung. Das Bestreben der USA und der Sowjetunion mehr und gefährlichere Waffen als die Gegenseite zu bekommen, hatte einen von beiden Großmächten unerwünschten Nebeneffekt. Die wirtschaftlichen und technologischen Anstrengungen waren für beide Großmächte kaum zu bewältigen. Das schwächte einerseits die amerikanische Wirtschaft entscheidend und trug andererseits zum Zusammenbruch der Sowjetunion bei.

Damit kein Krieg ausbricht, wenn zwei Staaten auf Konfrontationskurs liegen, sind in der Politik eine Reihe von negativen, ausgleichenden Rückkopplungen eingerichtet worden, die Feindseligkeiten abbauen. Bei Streitigkeiten kann zum Beispiel die UNO als Vermittler angerufen werden, die dann vertrauensbildende Maßnahmen vorschlägt. So konnte auch der Teufelskreis des Wettrüstens schließlich durch eine gegenseitige Rüstungskontrolle beendet werden (siehe Systemarchetypen: 9.6 Eskalation).

Exponentielles Wachstum ist charakteristisch für die meisten Systeme, deren Verhalten durch verstärkende Rückkopplung gesteuert wird. Der Zuwachs der Weltbevölkerung, technischer Fortschritt, Nahrungsmittelproduktion, Industrialisierung, Drogenmissbrauch, Umweltverschmutzung, steigende Kontostände und der Verbrauch nicht erneuerbarer Bodenschätze zeigen exponentielles Wachstum. Die Auswirkungen des Wachstums erscheinen anfänglich klein, steigen dann aber im Verlauf der Entwicklung sprunghaft an.

Die Erzählung von dem Gehilfen eines Buchhändlers veranschaulicht aufschlussreich schlagartig ansteigendes exponentielles Wachstum. Ein Gehilfe bot einem Buchhändler an, zwei Jahre lang unter der Bedingung zu arbeiten, dass sein Anfangsgehalt von einem Euro im ersten Monat sich monatlich verdoppelt. Der Buchhändler, begeistert von dem Gedanken, eine billige Arbeitskraft einzustellen, stimmte dem Gehaltsvorschlag des Gehilfen zu. Im fünften Monat verdiente der Gehilfe bereits 16 Euro, im zehnten 512 Euro, im fünfzehnten 16.384 Euro und Monate später musste der Buchhändler seinen Laden verkaufen, um dem Gehilfen seinen Lohn ausbezahlen zu können.

Positive Rückkopplung stärkt ein System. Sie liegt vor, wenn sich eine Variable so beeinflusst, dass ihr Anstieg gleichzeitig zu weiterem Wachstum des Systems führt. Prozesse mit positiver, verstärkender Rückkopplung erzeugen daher ihr eigenes Wachstum. Es führt in der Regel zu exponentiellem Wachstum, das für die positive Veränderung eines Systems mitunter riskant sein kann. So kann zum Beispiel stetiger Machtzuwachs zu Machtmissbrauch führen, unkontrollierter technischer Fortschritt zur Zerstörung der Umwelt, hemmungsloses Wachstum eines Unternehmens zu Monopolbildung oder krankhaftes Zellwachstum zu Krebs.

Nach diesem Muster kann auch -sehr vereinfacht beschrieben- eine Volkswirtschaft wachsen. Landwirtschaftliche Betriebe, Kohlezechen, Fabriken und Unternehmen erzeugen durch ihre Wertschöpfungen Erträge. Anstatt das erwirtschaftete Vermögen vollständig zu verbrauchen, wird es zum Teil investiert, um die bestehenden Unternehmungen größer und leistungsfähiger zu machen und neue zu bauen. Dadurch entsteht weiteres Vermögen, das wiederum investiert wird. Die zusätzlichen Investitionen bringen größere Erträge und vermehren den Wohlstand. Auch hier arbeiten positive Rückkoppelungen und verstärken die Zuwächse im Wohlstand. Dem Wachstum werden allerdings oft Grenzen gesetzt durch Eingriffe in positive Rückkoppelungen, wie zum Beispiel durch Planwirtschaft oder durch die Verschlechterung der Investitionsbedingungen seitens der Politik. Solche Maßnahmen führen in der Regel zu einer schleichenden Deindustrialisierung und fallenden Wohlstand.

Die Anhäufung von Wissen, der technische Fortschritt, entsteht durch eine positive Rückkoppelung, die erheblich die Entwicklung der Menschheit beeinflusst hat. In prähistorischen Zeiten wurden Erkenntnisse nur sehr langsam angesammelt. Ein einzelner Mensch lernte aus unmittelbarer Erfahrung oder von anderen Stammesmitgliedern. In seinem kurzen Leben entwickelte er Erfahrungen, die er seinen Nachkommen weitergeben wollte, zum Beispiel wie man eine Steinaxt schärft oder wie man landwirtschaftliche Erträge steigert. Die Möglichkeit, den Dingen, die sein Überleben sicherstellten, auf den Grund zu gehen, hatte er aber nicht. Wenn er starb, starb mit ihm alles, was er erfahren hatte. Wenn sachkundige und erfahrene Menschen starben, bevor sie ihr Wissen weitergeben konnten, dann gingen die Informationen verloren und die nächste Generation wusste weniger als ihre Eltern, wie sie ihr Leben bewerkstelligen sollten. Lief aber alles zufriedenstellend, dann wurden die Erfahrungen von den Vorfahren auf die Nachfahren übertragen. Normalerweise nahm der Erfahrungs- und Wissensumfang jedoch nicht zu, weil überholte Erkenntnisse durch neue ersetzt wurden. Im Laufe vieler tausend Jahre überwog dann aber doch der Kenntnisgewinn die Kenntnisverluste, dessen ungeachtet nur in äußerst geringen Umfang.

Dennoch häuften die Menschen allmählich mehr Erfahrungen und Erkenntnisse an, die ihnen ein besseres Leben ermöglichten. Erfindungen wie man Feuer macht, Einsichten in leistungsfähigere Anbaumethoden und astronomische Kenntnisse schützen sie effektiver vor den Gefahren, die sie aus ihrer Umwelt bedrohten und sorgten für eine verbesserte Versorgung mit Lebensmitteln. Die Menschen lebten länger und vergleichsweise entspannter und hatten mehr Zeit, Neues zu lernen und ihr Wissen anderen zu vermitteln. Sie konservierten es in Malereien und Skulpturen in den Hütten und Höhlen, in denen sie lebten und in Erzählungen und Liedern.

Trotzdem nahm bis zur Erfindung der Schrift vor ca. 5.000 Jahren der Erfahrungsschatz weiterhin nur sehr langsam zu. Endlich wurde den Menschen möglich, ihr Wissen für die nachfolgenden Generationen zu erfassen und zu speichern ohne es mündlich weitergeben zu müssen. Der Nutzeffekt war ungeheuer. Informationen gingen nicht mehr zwangsläufig verloren, wenn jemand starb. Es war auch nicht mehr erforderlich Wissen direkt zu vermitteln. Erkenntnisse und Entdeckungen mussten auch nicht mehr künstlerisch in Zeichnungen festgehalten werden. Mit Hilfe der Schrift wurden Wissen und Erfahrungen für jeden zugänglich, der lesen konnte.

Die Schrift beschleunigte den Prozess Wissen anzuhäufen außerordentlich (Abbildung 5-15). Und die Entwicklung neuer Fähigkeiten insbesondere auf dem Gebiet der Arithmetik und Geometrie beschleunigten die Entwicklung weiter. Der Zuwachs an Wissen und Erfahrungen hatte eine effizientere Produktion von Nahrungsmitteln und eine allgemeine Verbesserung des Gesundheitszustandes der Bevölkerung zur Folge. Dies wiederum führte dazu, dass es sich immer mehr Menschen leisten konnten, dem Wissens- und Erfahrungsgewinn nachzugehen. Allerdings mussten Schriftstücke handschriftlich kopiert werden, um sie zugänglich zu machen. Dies war immerhin ein langsamer, mühsamer und aufwendiger Vorgang, der der schnellen Verbreitung von Erkenntnissen im Wege stand.

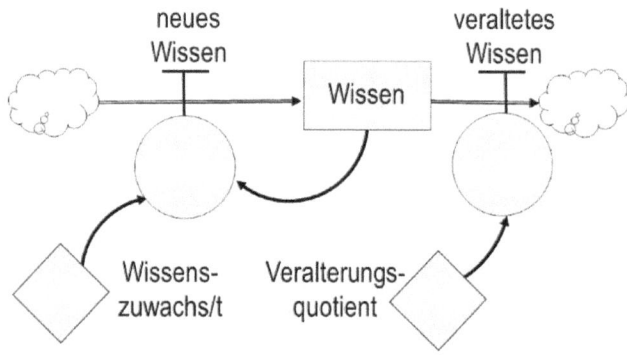

Abbildung 5-15: Wissen erzeugt Wissen.

Dies änderte sich grundlegend als im 15ten Jahrhundert Johann Gutenberg in Mainz den modernen Buchdruck mit beweglichen Metalllettern und der Druckerpresse erfand. Dies revolutionierte ab dem Jahr 1450 die herkömmlichen Methoden der Buchproduktion und löste in Europa eine Medienrevolution aus. Es konnten gleich mehrere Kopien eines Buches hergestellt werden und Wissen wurde dadurch schneller zugänglich.

Durch alle diese Entwicklungen wurden Erkenntnisse und Erfahrungen kontinuierlich immer schneller zusammengetragen. Anfangs verlief der Prozess sehr, sehr langsam. Dann nahm das Tempo der Entwicklung allmählich zu. Und mit der Erfindung der Drucktechnik und dem Einsatz moderner wissenschaftlicher Methoden kam es de facto zu einer Wissensexplosion. Dabei wurde offensichtlich, dass die Suche nach neuen Erkenntnissen durch bereits vorhandenes Wissen erleichtert wird.

Diese positive Rückkoppelung stößt an ihre Grenzen, weil es durch die Fülle von Informationen immer schwieriger wird, die Informationen zu finden, die wir brauchen. Zum Glück aber beherrschen wir mit Hilfe moderner Computer diese Informationsflut. Sie können unsere Kenntnisse organisieren und unterstützen uns dadurch das Wissen, das für die Lösung bestimmter Probleme erforderlich ist, schneller wieder aufzufinden als wir es aus Büchern oder Zeitschriften könnten. Da

Computer ebenfalls ein Ergebnis unseres enormen Wissens- und Erfahrungsschatzes sind, haben wir es mit zusätzlichen Ausweitung einer positiven Rückkoppelung zu tun. Auch kommt der Abfluss von Wissen, das Vergessen, in der digitalen Revolution fast zum Stillstand. Wodurch die Bestandgröße „Wissen" immer weiter zunimmt – ein charakteristisches Merkmal einer positiven Rückkoppelung.

Nicht alle positiven Rückkoppelungen entwickeln sich so vorteilhaft wie die Entstehung einer Wissensgesellschaft. Es gibt auch weniger erstrebenswerte positive Rückkoppelungen. Dazu gehört der positive Feedbackprozess, der den Missbrauch politischer Macht beschreibt, unter dem Gesellschaften seit Menschengedenken leiden. Eine positive Rückkoppelung, die einen schädlichen Machtzuwachs beschreibt, wirkt wie folgt: Wenn ein Einzelner oder eine Gruppe Einfluss in einer Gesellschaft durch Wohlstand, Gewalt, Glaubensbekenntnisse, politische Schachzüge oder andere Möglichkeiten gewinnt, dann eröffnen sich ihnen Handlungsfähigkeiten, um anderen Menschen zu schaden, sie zu beeinträchtigen oder ihnen zu helfen. Verständlicherweise werden diese anderen Menschen zu Mitläufern und stellen diejenigen zufrieden, die über Macht und Einfluss verfügen, um Nachteile zu vermeiden und in den Genuss finanzieller Vorteile zu kommen. Dadurch verhelfen sie den Inhabern von Schlüsselpositionen einer Gesellschaft zu weiteren Machtzuwächsen. Im Ergebnis werden immer mehr Menschen zu Mitläufern und verstärken folglich die Machtposition der Einflussreichen. Wenn die Gesellschaft dann nichts unternimmt, diesem Prozess Einhalt zu gebieten, dann wird sie letztendlich von den Machtinhabern beherrscht und kontrolliert. Dies ist im Laufe der Geschichte geschehen, wenn Tyrannen und Diktatoren die Kontrolle über eine Gesellschaft an sich reißen. Die eingängigsten Beispiele aus dem 20sten Jahrhundert sind Hitler in Deutschland, Stalin in Russland und Moa in China.

Aus schmerzhaften Erfahrungen haben Zivilgesellschaften gelernt Machtfülle zu unterbinden. Weil sich Missbrauch von Macht aber schnell entwickeln kann, versucht jede Gesellschaft über entsprechende Strukturen und Kontrollen diese positive Rückkoppelung zu unterbinden: durch Gewaltenteilung (unabhängige Exekutive, Legislative und Rechtsprechung), freie Wahlen und zivile Kontrolle des Militärs.

Die vorliegenden Beispiele zeigen in welchem Umfang wir von positiven Rückkoppelungen beeinflusst werden: Zunahme von Wissen und Erfahrung, von Wohlstand, von Wettbewerbsfähigkeit und von

Lebensqualität sind die größten Kräfte, die unser modernes Leben beeinflussen. Wohlstand und Wissen tragen maßgeblich zur Entwicklung von Machtpotentialen bei. Fachkenntnisse in Chemie, Biochemie, Physik und Ingenieurtechnik ermöglichen es manchen Gesellschaften Macht über andere auszuüben: bessere Wettbewerbsfähigkeit, stärkere Finanzkraft, bessere Waffen und sogar wirkungsvollere Methoden, um Meinungen zu beeinflussen. Die Zunahme von Macht, Wohlstand, wissenschaftlicher Kenntnisse und Bevölkerung bringt einen noch nie da gewesenen Zustand schneller und ununterbrochener Veränderungen mit sich. Deshalb ist eine der grundlegenden Herausforderungen unserer Zeit, Wege zu finden, diese sich beschleunigenden Veränderungen in Griff zu bekommen.

Positive Rückkoppelungen können auch unser tägliches Leben beeinträchtigen: Feuer, Gerüchte, Kettenbriefe oder Epidemien sind das Ergebnis positiver Rückkoppelungen genauso wie chemische oder nukleare Kettenreaktionen. Ihnen allen ist ihr explosiver Charakter gemeinsam –eine kleine Initialzündung kann sehr schnell zu einer Situation führen, die schwer in den Griff zu bekommen ist. Positive Rückkoppelungen müssen daher sowohl in der Natur als auch in Gesellschaftssystemen unter strenger Kontrolle gehalten werden.

„Negative Rückkoppelungen" negieren Veränderungen und erzeugen Stabilität. „Positive Rückkoppelungen" verstärken Veränderungen. Ein Qualitätsmerkmal nach „gut" oder „schlecht" oder eine Beurteilung nach „Kritik" oder „Lob" ist damit nicht verbunden, auch wenn dieser Fehler oft begangen wird. Ob eine Rückkoppelung als positiv oder negativ beurteilt wird, hängt ausschließlich davon ab, wie sie auf Veränderungen in einem System wirken.

5.3 Selbsterfüllende Prophezeiungen

Eine selbsterfüllende Prophezeiung kann unser eigenes Verhalten, aber auch das unserer Mitmenschen, beeinflussen. Unsere Erwartungen tragen dazu bei, dass ein bestimmtes Ereignis oder Ergebnis auch wirklich eintritt. Solche sich selbst erfüllende Prophezeiungen können als Sonderfall von positiven, sich selbst verstärkenden Feedback-Prozessen betrachtet werden. Man spricht auch von Feedforward. Es handelt sich dabei um die wirklichkeitserzeugende Macht von Befürchtungen,

Erwartungen, Annahmen oder Überzeugungen über zukünftige Geschehnisse, die nur deswegen tatsächlich eintreten, weil ihr Eintreten fest angenommen oder erwartet wird. Selbsterfüllende Prophezeiungen scheinen die Grundgesetze von Ursache und Wirkung auszuhebeln: die Zukunft und nicht die Vergangenheit bestimmt die Gegenwart. Eine noch nicht eingetretene zukünftige Ursache löst eine Wirkung in der Gegenwart aus. Die Prophezeiung eines Ereignisses führt zum Ereignis der Prophezeiung. Die Zukunft ist in die Gegenwart rückgekoppelt.

Das klassische Beispiel einer sich selbst erfüllenden Prophezeiung ist der Mythos von Ödipus. Die delphische Pythia hatte prophezeit, dass Ödipus seinen Vater töten und seine Mutter heiraten werde. Was immer die Eltern und auch Ödipus selbst aus Fassungslosigkeit über die für sie richtige Weissagung des Orakels zu seiner Vermeidung unternahmen, führte zu dessen Erfüllung.

Selbsterfüllende Prophezeiungen kommen aber auch heutzutage noch vor. Am Aktienmarkt sind sie keine Seltenheit. Wenn Mutmaßungen in Umlauf kommen, dass der Kurs einer bestimmten Aktie steigen wird, obwohl dafür kein Grund zu dieser Annahme besteht, verleiten allein diese Vermutungen zum Kauf. Der Kurs der Aktie beginnt zu steigen, weitere Käufer stürzen sich auf den Trend und lösen damit eine selbstverstärkende Rückkopplung aus. Wenn jedoch die ersten Käufer, die vermutlich das Gerücht des steigenden Kurses in die Welt gesetzt haben, ihre Aktien verkaufen, um Gewinn abzuschöpfen, lösen sie ein Ende des Kursanstieges, eine selbstkorrigierende Rückkopplung, aus. Der Kurs der Aktie erreicht wieder ein angemessenes Niveau zum Nachteil derjenigen, die dem Trend erlegen sind und ihre Aktien nicht rechtzeitig abgestoßen haben.

Im März 1979 berichteten die kalifornischen Zeitungen mit sensationellen Berichten über eine bevorstehende Benzinverknappung. Daraufhin stürmten alle Autofahrer die Tankstellen, um ihre Benzintanks zu füllen. Dieses Vollfüllen von 12 Millionen Benzintanks erschöpfte die Reserven und bewirkte die vorhergesagte Knappheit. Das Bestreben möglichst voll zu tanken, statt wie bisher erst bei fast leerem Tank aufzufüllen, verursachte lange Warteschlangen und stundenlange Wartezeiten und erhöhte die Panik. Als sich die Aufregung legte, stellte sich heraus, dass die Benzinzuteilung kaum vermindert worden war.

Hier versagte das herkömmliche Ursachendenken. Die Knappheit wäre nie eingetreten, hätten die Medien sie nicht vorausgesagt. Mit anderen Worten: ein noch nicht eingetretenes, also zukünftiges Ereignis löste eine Wirkung in der Gegenwart (den Sturm auf die Tankstellen) aus, die dann ihrerseits erst das vorhergesagte Ereignis Wirklichkeit werden ließ. In diesem Sinn determinierte also die Zukunft –und nicht die Vergangenheit- die Gegenwart. Die Lösung erschafft das Problem. Die Prophezeiung des Ereignisses führt zum Ereignis der Prophezeiung.

Was immer unternommen wird, eine Wirkung zu vermeiden, führt zu deren Erfüllung. Eben dies ist das Wesen jeder selbsterfüllenden Prophezeiung. Gerüchte von der bevorstehenden Verknappung einer für viele Menschen im täglichen Leben dringend benötigten Ware, wie zum Beispiel Benzin, Heizöl oder bestimmte Lebensmittel, führen zu panikartigen Käufen großer Mengen, die über Nacht den Versorgungsengpass herbeiführen –und zwar auch dann, wenn dem Gerücht jede Grundlage fehlt. Es genügt, dass eine hinreichend große Zahl von Menschen es für bare Münze nimmt.

Auch der Pygmalion-Effekt fällt unter die Kategorie selbsterfüllender Prophezeiungen. Als Pygmalion-Effekt (nach der mythologischen Figur Pygmalion) wird bezeichnet, wenn die (vorweggenommene) positive Einschätzung eines Schülers (etwa „der Schüler ist hochbegabt") durch einen Lehrer sich im späteren Verlauf bestätigt. Dieses wird dadurch ermöglicht, dass der Lehrer seine Erwartungen in subtiler Weise den Schülern übermittelt, zum Beispiel durch persönliche Zuwendung, durch Häufigkeit und Stärke von Lob oder Tadel oder durch hohe Leistungsanforderungen.

Der Zynismus lässt sich ebenfalls in die Kategorie selbsterfüllender Prophezeiungen einordnen. Zyniker sehen nur die Schattenseiten der menschlichen Existenz. Tragischerweise wirkt diese Wahrnehmungsverzerrung wie eine selbsterfüllende Prophezeiung. Denn wer ohnehin keine Verbesserung der Verhältnisse erwartet, wird auch nichts unternehmen, dass sie sich zum Besseren ändern werden. Dadurch wird die ursprüngliche, zynische Annahme bestätigt. Der Teufelskreis entwickelt seine Wirkung.

Häufig ist die Prophezeiung die eigentliche Ursache für die prophezeite Wirkung. Damit soll aber nicht der Eindruck erweckt werden, dass es sich bei den wirklichkeitsschaffenden Prophezeiungen um lineare Zusammenhänge zwischen Ursache und Wirkung und nicht um Rückkopplungen, zirkuläre Wechselbeziehungen, handelt.

5.4 positive Rückkopplungen in Politik und Wirtschaft

In der Politik und im Wirtschaftsleben begegnet man hauptsächlich negativen, ausgleichenden Rückkopplungen. Herkömmliche Wirtschaftstheorien basieren vielfach auf der Annahme kleiner werdender Gewinne. Sehr vereinfacht beschrieben, erzeugt wirtschaftliches Handeln negative, ausgleichende Rückkopplungen, die zu einem überschaubaren Gleichgewicht von Preisen und Marktanteilen führen. Diese Rückkopplungen laufen darauf hinaus, das wirtschaftliche Gleichgewicht zu stabilisieren, weil jede größere Veränderung Maßnahmen auslöst, die sie selbst hervorruft. So begünstigten die hohen Ölpreise der 1970iger Jahre Schritte zur Verminderung des Ölverbrauchs und zu verstärkter Erschließung neuer Ölreserven, was einem wesentlichen Rückgang der Preise in den 1980iger Jahren führte. Entsprechend der herkömmlichen Theorie kennzeichnet ein Gleichgewicht das bestmögliche Ergebnis unter den gegebenen Umständen: den effizientesten Einsatz und die optimale Verteilung von Ressourcen.

Ein derart einleuchtendes Bild entspricht mehrfach nicht der Wirklichkeit. Im Wirtschaftsleben befinden sich Systeme nicht im Gleichgewicht und die auf das System einwirkenden Kräfte heben sich nicht gegenseitig auf. Und so wirken in vielen Wirtschaftsbereichen keine ausgleichenden Kräfte. Stattdessen vergrößern nicht selten verstärkende Rückkopplungen die Wirkung kleiner Veränderungen.

Rückkopplungsdiagramme, die solche Wirkungen beschreiben, stimmen mit herkömmlichen Beobachtungen nicht überein. Rückläufige Gewinne deuten auf einen einzigen Gleichgewichtszustand im System, während verstärkende Rückkopplungen auf mehrere mögliche Gleichgewichtszustände hinweisen. Das kann dazu führen, dass aus den unterschiedlichen Alternativen nicht immer die beste Lösung zum Tragen kommt. Aber dasjenige System, das davon profitiert, hat Wettbewerbsvorteile: steigende Gewinne. Entscheidet sich ein System für einen speziellen Weg, dann wird diese Wahl festgezurrt ohne

Rücksicht darauf, dass andere ursprüngliche Alternativen vorteilhafter wären. So kommt es, dass ein Produkt, ein Unternehmen oder ein Land im Wettbewerb erfolgreicher ist und somit von verstärkenden Rückkopplungen profitiert. Es hält dann in der Regel seinen Vorsprung und baut ihn meistens sogar aus. Allerdings können verlässliche Voraussagen über das weitere Verhalten derartiger Systeme nicht gemacht werden.

Bereits seit den 1980er Jahren wurden Strukturen mit verstärkender Rückkopplung in Wirtschaftssystemen als Triebfeder für steigende Gewinne untersucht (Arthur, 1990). Die Theorie der verstärkenden Rückkopplung in Wirtschaftssystemen hat Parallelen zu nichtlinearen physikalischen Systemen und sie ist geeignet, die Wirtschaft moderner Hochtechnologien besser verstehen zu lernen. Hierzu ein Beispiel für steigende Gewinne als Folge verstärkender Rückkopplung.

Den Markt für Videorekorder beherrschen anfänglich zwei Systemen, die preisgleich waren und mit einander im Wettbewerb standen: VHS und Betamax. Beide Systeme erzielten im Zuge ihrer Markteinführung steigende Gewinne durch wachsende Marktanteile. Sie wurden etwa zur gleichen Zeit erstmals angeboten und hatten annähernd gleiche Marktanteile. Größere Marktanteile des einen Systems hielten sich nicht lange und wurden vom anderen System schnell wieder ausgeglichen. Der Markt für Videorekorder war –so betrachtet- anfangs instabil. Äußere Einflüsse, ein Bisschen Glück und geschickte Marketingstrategien kippten aber die Wettbewerbsposition schließlich zu Gunsten von VHS. Dieses System erzielte letztlich so viele Vorteile im Markt, dass es praktisch marktbeherrschend wurde. Und das obwohl man beim Markteintritt der beiden Systeme nicht vorhersagen konnte, welche der beiden möglichen Gleichgewichtszustände letztlich die Oberhand gewinnen würde. Sollte dann auch noch die Meinung der Fachleute stimmen, dass Betamax VHS technisch überlegen war, dann bedeutet dies, dass der Wettbewerb nicht zum besten Ergebnis führte. Das hat mit Pfadabhängigkeit zu tun.

Pfadabhängigkeit ist ein analytisches Konzept, das Prozessmodelle beschreibt, deren zeitlicher Verlauf strukturell einem Pfad ähnelt. Wie bei einem Pfad gibt es dort Anfänge und Kreuzungen, an denen mehrere Alternativen oder Wege zur Auswahl stehen. Anschließend, nach Auswahl einer solchen Alternative, folgt eine stabile Phase, in der die Entwicklung durch positive Feedback-Effekte auf dem eingeschlagenen Weg gehalten wird. Während an den Kreuzungspunkten kleine Störungen einen großen Effekt haben können, bewirken sie in der darauf folgenden stabilen Phase kaum mehr eine Richtungsabweichung. Ein späteres Umschwenken auf eine der am Kreuzungspunkt noch mühelos erreichbaren Alternativen wird in der stabilen Phase nach der Entscheidung zunehmend aufwendiger, da Rückkopplungseffekte Hindernisse aufbauen. So wird an einem Pfad unter Umständen selbst dann festgehalten, wenn sich später herausstellt, dass eine andere Alternative überlegen gewesen wäre, wie das Beispiel VHS versus Betamax zeigt.

Pfadabhängige Prozesse verhalten sich an den Kreuzungspunkten nicht deterministisch, sondern chaotisch. Eine kleine Störung führt über positive Rückkopplung zu einem ganz anderen Ausgang. Da andererseits der Übergang in eine stabile Phase unabhängig von der Qualität der getroffenen Entscheidung stattfindet, sind pfadabhängige Prozesse nicht selbstkorrigierend, sondern im Gegenteil oft dazu prädestiniert, Fehler zu verfestigen.

Traditionell konzentrieren sich die Wirtschaftswissenschaften eher auf das Auffinden von Gleichgewichtspunkten. Diese ergeben sich zum Beispiel in der neoklassischen Theorie durch das Wechselspiel von Angebot und Nachfrage. Ihre Sichtweise führt zu einem Modell der Wirtschaft, das vorhersagbar und effizient ist. Jeder Schritt, der das System vom Gleichgewicht wegführt, löst negative Feedback-Effekte aus, die das System in den Gleichgewichtszustand zurückdrängen. Das Gleichgewicht kann dabei als die beste und effizienteste Verteilung der Ressourcen unter den gegebenen Umständen beschrieben werden. Aber in den 1980er Jahren sah sich die Negative-Feedback-Tradition wachsender Kritik ausgesetzt. Namhafte Wirtschaftswissenschaftler wandten sich Prozessen zu, bei denen im Gegenteil positive Feedback-Effekte dazu führten, Entwicklungen auf eher zufällig ausgewählten Pfaden voranzutreiben. Selbstverstärkende Momente bewirkten, dass jeder Schritt in der anfangs eingeschlagenen Richtung unangemessen durch neue Vorteile belohnt wurde, so dass sich die Richtung unabhängig von ihrer Qualität zunehmend verfestigte.

Pfadabhängige Prozesse und Entwicklungen neigen dazu, Fehler zu verfestigen. Sie führen nach einem anfänglichen Kreuzungspunkt zu einer stabilen Phase, in der Störungen nur noch zu kleinen Variationen des gewählten Pfades führen, weil Alternativen nicht mehr wahrgenommen werden oder weil keine Ressourcen oder Kompetenzen bereitstehen, mit deren Hilfe andere als die bekannten Anforderungen bewältigt werden können (sog. Kompetenzfalle).

Das führt zu der wichtigen Frage, wie ein sich als ungünstig erweisender Pfad wieder verlassen werden kann. Im Allgemeinen bedarf es einer genügend großen Erschütterung des eingeschlagenen Pfades, um einen neuen Kreuzungspunkt zu eröffnen. Diese Erschütterung kann verschiedene Ursachen haben. Wettbewerb und Lerneffekte spielen vor allem in der Wirtschaft eine Rolle, während in der Politik eher gegenläufige Prozesse Pfade nachhaltig stören und Entwicklungen revidieren können. Erschütterungen können aber auch durch äußere Ursachen, etwa Naturkatastrophen oder die Insolvenz eines Staates ausgelöst werden.

Lerneffekte spielen oft eine große Rolle bei der Korrektur von Pfaden. So wurde etwa FCKW (Fluorkohlenwasserstoffe) durch das Montreal-Protokoll 1987 in vielen Ländern verboten, nachdem seine negativen Auswirkungen auf die Ozonschicht der Erdatmosphäre bekannt geworden waren. Damit wurde in der Industrie ein neuer Kreuzungspunkt für Entwicklung von neuen Kühlchemikalien gesetzt. Auch das Umschwenken auf erneuerbare Energien erfolgt heute durch Lerneffekte aufgrund neuer Erkenntnisse über die klimaerwärmende Wirkung fossiler Brennstoffe.

Bei Institutionen –vor allem bei Volkswirtschaften (Staaten)- sind dagegen Wettbewerb und Lerneffekte gering. Hier bedarf es oft gegenläufiger Prozesse, um weit reichende Reformen in Gang zu setzen. Mit gegenläufigen Prozessen sind zeitlich parallel ablaufende Entwicklungen außerhalb der Institutionen gemeint, die der pfadabhängigen Entwicklung der Institutionen Hindernisse in den Weg setzen. Es könnte sich dabei etwa um eine allmählich anwachsende Unzufriedenheit in der Bevölkerung handeln, die sich aufstaut und schließlich entlädt, wenn ein bestimmter Schwellenwert überschritten wird, wenn zum Beispiel die Arbeitslosigkeit einen bestimmten Prozentsatz übersteigt oder Staatsinsolvenz droht.

Technische Neuentwicklungen boten den ersten fruchtbaren Boden, auf dem die Pfadabhängigkeit in der Wirtschaft studiert wurde. Komplexe Technik, die eine weite Verbreitung findet, wie etwa der PC, das Internet oder Unterhaltungselektronik, neigen zur Pfadabhängigkeit. Als selbstverstärkende Momente ergeben sich hier auf der Entwicklerseite hohe Vorleistungen, die dem Erfinder einen großen Anfangsvorteil im Wettbewerb um Standards bescheren. Experten und erste gesammelte Lernerfahrungen drängen ebenfalls dazu, die Entwicklung in der anfangs eingeschlagenen Richtung weiter zu führen. Auf der Nutzerseite gibt es Investitionen in Anschlusstechnologien, Geräte und entsprechende Ausbildungsmaßnahmen, die Koordination erfordern und dazu verleiten, den Siegerstandard schnellstmöglich zu ermitteln. Dabei kommt es nicht zu einem fairen Wettbewerb konkurrierender Alternativen. Die Entscheidung wird vorschnell getroffen und der Selbstverstärkungsmechanismus führt nicht zu mehr Qualität, sondern zu einer lock-in-Situation, d.h. zum Einfrieren eines möglicherweise wenig funktionalen Standards und von Nutzergewohnheiten, an denen dann alle Weiterentwicklungen andocken müssen.

Ein Beispiel ist die QWERTZ-Tastaturbelegung. Damit Schreibmaschinen reibungslos funktionierten, mussten oft verwendete Buchstaben weit auseinanderliegen. Dabei ergab die Erfahrung den Ausschlag, die erprobte Tastaturbelegung ohne weitere Prüfung vom Schreibmaschinenzeitalter in das Computerzeitalter als Standard zu übernehmen. Sie war ursprünglich vom Erfinder der Schreibmaschine gewählt worden, um mechanische Mängel der Schreibmaschine auszugleichen, die es bei der Computertastatur nicht mehr gab. Sinnvoll wäre deswegen eine ergonomische Ausrichtung gewesen, die auch vorgeschlagen wurde, sich aber nicht durchsetzte. Lock-ins werden immer wieder durch technische Innovationen in Frage gestellt. Die QWERTZ-Anordnung hält sich aber dennoch zäh, wie man an den Tastaturen von Smartphones sehen kann.

Die Entwicklung von Standorten ist ein eher traditionelles Beispiel für Pfadabhängigkeit. Heute können durch eine leistungsfähige Kommunikations- und Transportinfrastruktur räumliche Distanzen leichter überbrückt werden, so dass ein spezieller Standort an Bedeutung verloren hat. Trotzdem entstehen auch heute noch Zentren für Wissensbereiche oder Industriezweige, wie etwa Bangalore in Indien oder das Konzept der Chemieparks in Deutschland, in denen die erste Aufwärtsbewegung wie ein Magnet Experten, Finanzdienstleister und sonstige Infrastruktur anzieht, so dass sich der Prozess schon bald verselbstständigt und der Standort auch ohne weitere direkte Einwirkung aufblüht.

1993 erhielt Douglass North den Wirtschaftsnobelpreis für seine Arbeit über wirtschaftlichen und institutionellen Wandel. Norths Ausgangspunkt war die Beobachtung, dass sich das wirtschaftliche Wachstum länderspezifisch sehr verschieden entwickelt. Er gelangte zu der Aussage, dass Wirtschaftswachstum pfadabhängig ist, da die Motivation der Akteure in der Wirtschaft von der institutionellen Infrastruktur eines Landes abhängt und diese sich pfadabhängig entwickelt. Die unterschiedlichen Arbeitslosenquoten der großen Industrieländer in der EU (Deutschland, Großbritannien, Frankreich und Italien) sind ein eindrucksvolles Beispiel für die Pfadabhängigkeit von Wirtschafts- und Sozialsystemen. Durch den deutschen Länderfinanzausgleich oder die Subventionspolitik der EU werden wirtschaftspolitische Pfadabhängigkeiten ohne Aussicht auf Verbesserung festgezurrt.

Pfadabhängigkeit entsteht, wenn positive Rückkoppelungen ein System beherrschen. Überwiegen positive Rückkoppelungen in Wachstumsprozessen, nimmt die Wirkung von Pfadabhängigkeit bei der Entwicklung von Unternehmen, Industrien und Wirtschaftsräumen erheblich zu. Die gesamten Entscheidungsprozesse sind von der bewährten Technologie geprägt. Die Pfadabhängigkeit entwickelt sich aber dann zu einer Existenzgefährdung, wenn sich Veränderungen im eigenen Markt entwickeln und mit dem Entstehen neuer Technologien Paradigmenwechsel nicht wahrgenommen werden. So wollte die Pferdekutschenindustrie nicht wahrhaben, dass Autos sie nicht mehr notwendig machen werden. In der Fotoindustrie hatten Unternehmen, die die Zeichen der digitalen Photographie nicht erkannten, Probleme zu überleben.

Positive Rückkoppelungen sind die Triebfeder für das Wachstum von Unternehmen. Die folgenden Beispiele zeigen zwar einige „Wachstumstreiber", berücksichtigen aber nicht ausdrücklich den Wettbewerb um Kunden, Personal-, Rohstoff- und Finanzressourcen, in dem sich jedes Unternehmen in seinem speziellen Markt befindet. Auch werden negative Rückkoppelungen, die das Wachstum beeinträchtigen können, nicht in die Überlegungen einbezogen.

- *Bekanntheitsgrad von Produkten*

Wie nehmen potentielle Kunden die Produkte eines Unternehmens wahr? Grundsätzlich durch vier Kanäle: Anzeigen, Direktvertrieb, Mundpropaganda und Werbung in Rundfunk und Fernsehen. Jeder dieser

Kanäle erzeugt positive Rückkoppelungen. Wenn Gewinne und mit ihnen Unternehmen wachsen, wird auch das Werbebudget größer. Größere Werbebudgets wirken auf vielfache Art und Weise: Mehr potentielle Kunden werden auf das Produkt aufmerksam und kaufen es und erfolgreiche Werbung steigert den Marktanteil. Gleichermaßen wird das Vertriebsbudget größer, wenn der Umsatz wächst. Je größer eine erfahrene und qualifizierte Vertriebsmannschaft ist, umso mehr Kundenansprachen kommen zustande, wodurch wiederum die Nachfrage und der Marktanteil wachsen.

- *Entwicklungskosten*

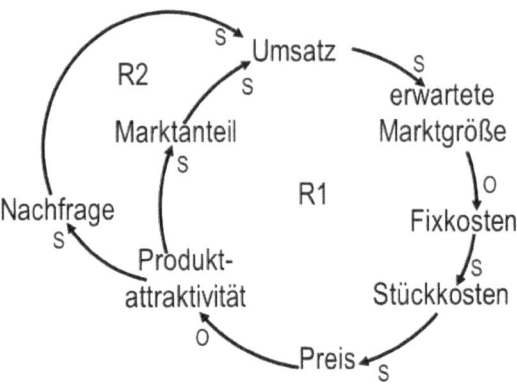

Abbildung 5-16: Über ein vergrößertes Volumen verteilte Fixkosten führen zu niedrigeren Preisen und zu weiteren Umsatzsteigerungen

Viele Produkte und Dienstleistungen erfordern umfangreiche Vorleistungen in der Entwicklung und erhöhen dadurch ihre Attraktivität und Akzeptanz. Je größer die voraussichtliche Lebensdauer des Produktes oder der Dienstleistung ist, desto niedriger sind die Fixkosten und desto niedriger kann der Verkaufspreis angesetzt werden, zu dem noch die geplanten Gewinne erwirtschaftet werden können (Abbildung 5-16). Niedrigere Preise kurbeln die Nachfrage an (R2 in Abbildung 5-16), erhöhen den Umsatz und reduzieren die Fixkosten (R1 in Abbildung 5-16).

Je größer die Vorleistungen sind, desto stärker wirkt die positive Rückkoppelung. In technologie- und wissensintensiven Industrien, wie zum Beispiel im Automobilbau, in der Flugzeugindustrie, in der chemischen Industrie, in der pharmazeutischen Industrie oder in der Halbleiterindustrie, fallen nahezu alle Kosten vor dem Produktionsstart an.

Die Weltwirtschaft wird zunehmend von den wissensbasierten Industrien angetrieben. Deshalb fallen die Vorleistungen in die Entwicklung und in die Bereitstellung der Produktionskapazitäten zum Großteil auf die Produktionskosten. Weil dadurch das Marktgeschehen von positiven, verstärkenden Rückkoppelungen dominiert wird, lassen sich die traditionellen „Daumenregeln" für die Preisgestaltung nicht mehr anwenden.

Dies lässt sich wie folgt erklären: Das größte Risiko bei Innovationsvorhaben sind nicht die erforderlichen Entwicklungskosten und die erheblichen Bereitstellungskosten für die Produktion neuer Produkte, sondern die potentiellen Einnahmen, welche mit dem neuen Produkt erzielbar sind. Die Fixkosten in Abbildung 5-16 hängen von der erwarteten Marktgröße ab. Wenn diese Rückkoppelungsschleife die Dynamik des Systems dominiert, können sich die Erwartungen von der Marktgröße und dem gesamten Lieferumfang über die ganze Lebensspanne des Produktes zu einer selbsterfüllenden Prophezeiung entwickeln.

Stellen Sie sich zwei Unternehmen mit gleicher Kostenstruktur vor, die ein identisches Produkt zur gleichen Zeit in den Markt bringen. Die eine der beiden Firmen erwartet, die Hälfte des Marktes beliefern zu können, schätzt das Marktpotential vorsichtig ein und plant die Preise zu reduzieren, wenn der Umsatz größer wird. Das andere Unternehmen erwartet, den Markt zu dominieren und nimmt an, dass niedrige Preise die Nachfrage erhöhen werden. Die aggressive Firma setzt ihre Preise niedriger an als die konservative und nimmt anfänglich eventuell auch Verluste in Kauf. In Folge erlangt das aggressive Unternehmen den größeren Marktanteil und versetzt sich in die Lage, die Preise noch weiter zu senken, während sich der Umsatz des konservativen Unternehmens ernüchternd entwickelt. Die Erwartungen beider Firmen erfüllen sich und ihre mentalen Modelle werden bestärkt. Das aggressive Unternehmen lernt, dass niedrige Preise, selbst wenn sie in der Einführungsphase Verluste verursachen, zu Marktdominanz und überdurchschnittlichen Gewinnen führen während die Manager der konservativen Firma lernen, sich noch vorsichtiger bei der Umsatzplanung zu verhalten. Ein klassisches Beispiel einer selbsterfüllenden Prophezeiung.

- *Forschung und Entwicklung neuer Produkte*

Die Entwicklung komplett neuer Produkte ist für viele Unternehmen ein wesentlicher Wachstumsimpuls (Abbildung 5-17). Je ertragreicher ein Unternehmen ist, umso anhaltender und effektiver kann es neue Produkte entwickeln. Neue Produkte schaffen neue Nachfrage, verbessern die Gewinnsituation und ermöglichen weitere Investitionen in die Entwicklung (R1 in Abbildung 5-17). Höhere Preise und Gewinne verhelfen zur Entwicklung weiterer neuer Produkte und ermöglichen einen zusätzlichen Wettbewerbsvorsprung (R2 in Abbildung 5-17).

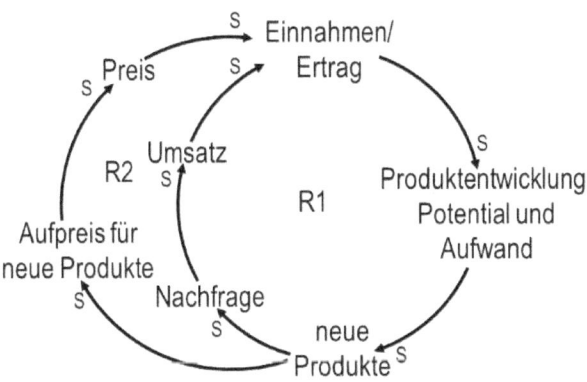

Abbildung 5-17: Neue Produkte schaffen neue Nachfrage und stärken das Entwicklungsbudget.

Die Stärke der beiden Rückkoppelungsschleifen hängt auch von der Fähigkeit eines Unternehmens ab, seine neuartigen und innovativen Produkte vor Nachahmungen durch Wettbewerber zu schützen. Patentschutz ist dabei eine naheliegende Vorgehensweise. Wirksamer jedoch ist es, die Wettbewerber darin zu schwächen, dieselben Rückkoppelungen anzuwenden. Dies gelingt dadurch, nicht nur für die neu entwickelten Produkte einen Aufpreis zu verlangen, sondern die verbesserten Margen neuer Produkte zur Preisreduzierung älterer Produkte zu nutzen.

- *Die Gesetze des Spiels („The Rules of the Game")*

Je größer und erfolgreicher ein Unternehmen oder eine Organisation (zum Beispiel Gewerkschaften, Glaubensgemeinschaften, oder Nicht-Regierungsorganisationen) ist, umso leichter können sie die politischen und institutionellen Rahmenbedingen, innerhalb derer sie tätig sind, beeinflussen. Große Organisationen können Regeln zu ihrem Vorteil beeinflussen und dadurch erfolgreicher- und einflussreicher werden (Abbildung 5-18). Die Rückkoppelungsschleife verfestigt diese „goldenen Regel", die sich in mannigfachen Formen äußert. Mit Hilfe von Parteienspenden und Lobbyarbeit können große Firmen, ihre Verbände und Organisationen die Gesetzgebung und die Politik beeinflussen, um in den Genuss von Steuervorteilen, Subventionen, Begünstigungen für ihren Markt und Preisgarantien zu kommen.

Abbildung 5-18: Geschäftserfolg und Macht erzeugen über eine positive Rückkoppelung günstige Rahmenbedingungen.

In Ländern ohne traditionelle demokratische Strukturen erzeugt die Rückkoppelungsschleife selbsterhaltende Oligarchien, die mit einer eng verknüpften Elite einen Großteil der Volkswirtschaft kontrollieren, während der überwiegende Teil der Bevölkerung ausgelaugt wird und verarmt (zum Beispiel die Philippinen unter Marco, Indonesien unter Suharto, viele afrikanische Länder). Die Eliten verfestigen ihre Kontrolle, indem sie das Militär und den Geheimdienst unterstützen und modernste hochtechnologische Waffen sowie technische Dienstleistungen von industriell entwickelten Ländern kaufen, um die unruhige Bevölkerung unter Kontrolle zu halten.

- *Loyalität und Qualifikation der Mitarbeiter/Innen*

Die Fähigkeit eines Unternehmens überlegene Produkte und Dienstleistung anbieten zu können, hängt von der Leistungsbereitschaft, der Erfahrung und dem Ausbildungsstand seiner Mitarbeiter/Innen ab. Je profitabler eine Firma ist, umso höhere Gehälter und Zusatzleistungen kann sie zahlen, um die besten und intelligentesten Köpfe einzustellen und zu halten (R1 in Abbildung 5-19).Und je schneller ein Unternehmen wächst, umso sicherer sind die Arbeitsplätze und umso größer sind die Aufstiegschancen (R2 in Abbildung 5-19).

Abbildung 5-19: Profitables Wachstum hilft qualifiziertes Personal einzustellen und zu halten.

Schnell wachsende und profitable Firmen nutzen die Dynamik der Rückkoppelungsschleife R1 um Anteilsbezugsrechte (Stock Options) als Teil der Vergütungen. Mitarbeiter/Innen deren Entlohnung teilweise an den Gewinn oder an Bezugsrechte geknüpft ist, sind engagierter und einsatzbereiter als das Personal mit erfolgsunabhängiger Bezahlung. Bezugsrechte, Sonderzahlungen und Gewinnbeteiligungen ermöglichen es den betreffenden Unternehmen qualifizierte Mitarbeiter/Innen zu einen niedrigen Grundgehalt einzustellen und die freiwerdenden Ressourcen in anderen das Wachstum antreibenden Rückkoppelungen, wie zum Beispiel Produktentwicklung, Produktdifferenzierung und Akquisition einzusetzen.

Die Rückkoppelungen in Abbildung 5-19 sind extrem nichtlinear. Der Aufbau einer engagierten, hochqualifizierten und loyalen Belegschaft dauert viele Jahre, jedoch kann ein Unternehmen dieses Potential schnell zerstören. Wenn das Wachstum zum Stillstand kommt oder die Firma kleiner wird, schwinden die Chancen für den beruflichen Aufstieg. Die besten und fähigsten Mitarbeiter/Innen sind die ersten, die das Unternehmen verlassen. Denn sie haben die besten Aussichten in anderen Firmen eingestellt zu werden. Der Weggang von überdurchschnittlich qualifiziertem Personal höhlt die Fähigkeiten der Firma, attraktive und wettbewerbsfähige Produkte und Dienstleistungen anbieten zu können, aus und die Rückkoppelungen R1 und R2 in Abbildung 5-18 entwickeln sich zu einem Teufelskreis. Unternehmen, deren Gehaltsstruktur verstärkt auf Bezugsrechten beruht sind besonders anfällig für die Folgen von Gewinnrückgängen. Wenn sich die Wachstumsaussichten eintrüben und die Ertragskraft fällt, dann werden die Anteilsbezugsrechte der Belegschaft wertlos. Die Betroffenen fordern dann ein höheres Grundgehalt. Folgt das Unternehmen diesem Ersuchen nicht, dann verliert es qualifizierte Mitarbeiter/Innen, die beim nächsten Aufschwung fehlen.

5.5 Verzögerungen: Die versteckten Störenfriede

Kennen Sie diese Situation? Sie stehen unter der Dusche. Das Wasser ist zu kalt. Sie drehen den Wasserhahn in Richtung warm. Aber es passiert nichts. Sie drehen weiter und plötzlich wird das Wasser zu heiß. Nun drehen Sie den Wasserhahn wieder zurück in Richtung kalt und das Wasser wird langsam kälter. Sie drehen den Wasserhahn einige Male hin und her bis das Wasser angenehm warm wird.

Warum gelang es Ihnen nicht sofort, die richtige Wassertemperatur einzustellen? Es lag daran, dass sich die gewünschte Wassertemperatur nach dem Drehen des Wasserhahns nicht sofort einstellte, weil zwischen Aktion und Ergebnis eine Verzögerung stattfand, die Sie nicht berücksichtigt haben.

Nicht alle Wirkungen erfolgen unmittelbar auf eine Ursache. Manchmal werden die Folgen einer Aktion oder Entscheidung erst nach Tagen, Monaten oder sogar nach Jahren offenkundig, weil Verzögerungen im Spiel sind. Viele Entscheidungen führen erst nach Jahren zu Ergebnissen und werden dann oft nicht in Verbindung mit früheren Handlungen gebracht. Oft ist die Beziehung zwischen einer Ursache und einer Wirkung „verdunkelt", wenn beide zeitlich weitgehend getrennt sind. Daher ist es vielfach nicht einfach, das Verhalten eines Systems zu verstehen, wenn die Rückkoppelung nicht offensichtlich ist, weil Ursache und Wirkung zeitlich sehr weit auseinander liegen. Die Verzögerungen werden dann nicht in den richtigen Zusammenhang gebracht und auch nicht erkannt.

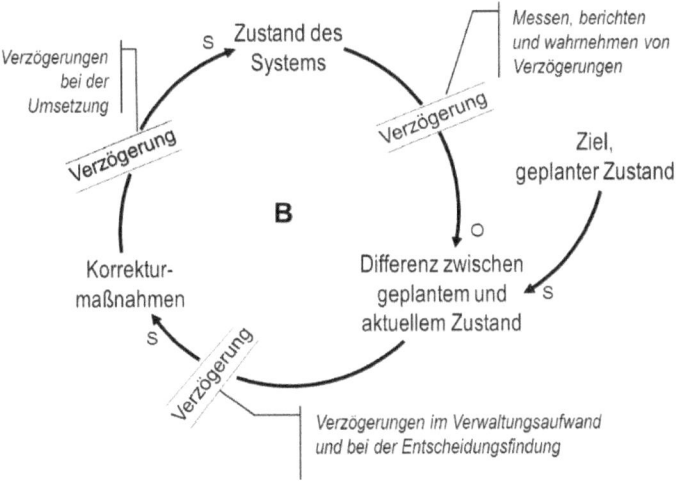

Abbildung 5-20: Verzögerungen im Analyse- und Umsetzungsprozess

In vielen Systemstrukturen spielen Verzögerungen eine unsichtbare, aber wichtige Rolle. Verzögerungen sind weder vorteilhaft noch schädlich. Ob sie Schwierigkeiten erzeugen, hängt davon ab, wie wir mit ihnen umgehen. Wenn wir zu lange brauchen, die Probleme in der Struktur einer Rückkoppelung zu erkennen, Ergebnisse zu erfassen und zu entscheiden, wie wir darauf reagieren sollen und schließlich die Lösungsvorschläge umsetzen, dann gefährden wir den Erfolg der Maßnahmen. Es dauert eben, Informationen zu sammeln und weiterzuleiten, Entscheidungen zu treffen und den Zustand eines Systems durch die getroffenen Entscheidungen zu verändern (Abbildung 5-20).

Eine Verzögerung ist ein Prozess, in dem die Leistungsabgabe (Output) hinter der Material- oder Informationseingabe (Input) hinterherhinkt. Deshalb muss ein System dazu fähig sein, die Differenz zwischen diesen beiden Mengen auszugleichen. Dies gelingt nur durch eine Bestandsgröße, einen Puffer (Abbildung 5-21). Betrachten wir als Beispiel das „System Post". Der Input in die Verzögerung ist die Menge der aufgegebenen Briefe. Der Output sind die im Verhältnis zum Input verteilten Briefe. Und wo befinden sich die Briefe zwischenzeitlich? Sie liegen in einem Bestand von Briefen, die sich im Transit innerhalb des „Systems Post" befinden (Abbildung 5-21).

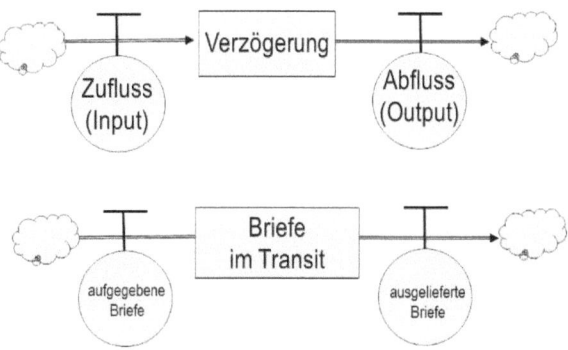

Abbildung 5-21: Die Differenz zwischen Zufluss und Abfluss ist eine Verzögerung, die in einem Bestand ausgeglichen wird.

Die in Abbildung 5-21 gezeigte Verzögerung stellt eine Materialverzögerung da, weil sie einen Materialfluss, die Briefe, im Verzögerungsprozess erfasst. Andere Beispiele von Materialverzögerung können wir in Wertschöpfungsketten (supply chain), im Hoch- und Tiefbau, in der Produktentwicklung, beobachten. In allen Fällen handelt es sich um physikalische Größen, die sich durch den Prozess bewegen. Es sind Verzögerungen eines Stoffflusses. Im Gegensatz dazu stehen Informationsverzögerungen, die Verzögerungen in der Informationsübermittlung darstellen. Aus ihnen kann ein spezielles Risiko erwachsen. Eine verspätete Information kann rechtzeitiges Handeln verhindern oder zu Fehlinterpretationen führen. So ist auf Märkten mit geringer Preistransparenz das Risiko verzögerter Informationen besonders hoch. Das gilt zum Beispiel für Logistikmärkte und

Investitionsgütermärkte. Aber auch auf vielen Endverbrauchermärkten, insbesondere für immaterielle Wirtschaftsgüter, wie Telekommunikationsleistungen oder Beförderungsleistungen verschleiern die Anbieter durch komplizierte Preismodelle die Preistransparenz.

Zuflüsse und Abflüsse hängen meistens unmittelbar zusammen. Der eine existiert dann nicht ohne den anderen. Information kann nur durch Materie übertragen werden und jede Materie enthält Mitteilungen, die als Informationen gehandhabt werden. In Abbildung 5-21 sind der Materialfluss die Briefe und der Informationsfluss ist die Anschrift auf dem Briefumschlag. In einer Heizungsanlage ist der Wasserstrom der Materialfluss und die Information über die Temperatur des Wasserstroms der Informationsfluss.

Verzögerungen werden häufig von Engpässen, die die Leistungsfähigkeit eines Systems begrenzen, beherrscht. Sie können nach Schragenheim und Dettmer im Markt, bei den Ressourcen, in der Verfügbarkeit von Material, bei Lieferanten und Kunden, in der Beschaffung von Finanzmitteln, in Inkompetenz und fehlendem Wissen oder in der Unternehmensstrategie liegen und beispielhaft wie folgt wirken:
- Es besteht nicht genügend Nachfrage für ein Produkt oder eine Dienstleistung.
- Die Ressourcen sind knapp. Es gibt nicht ausreichend Mitarbeiter, Ausrüstungen oder Produktionsanlagen, um die Nachfrage nach Produkten oder Dienstleistungen zu erfüllen.
- Es fehlt das erforderliche Material in der erforderlichen Menge oder Qualität, um die Nachfrage nach Produkten oder Dienstleistungen zu erfüllen.
- Die Lieferzeiten für Rohstoffe oder Informationen sind zu lang und/oder die Lieferanten sind unzuverlässig.
- Es fehlen ausreichende liquide Mittel, um einen Auftrag zu erledigen.
- Die Informationen oder die Kenntnisse zur Verbesserung der Leistung des Unternehmens sind im System nicht vorhanden. Die Mitarbeiter haben nicht die nötigen Fachkenntnisse, um die Aufträge auf einem wettbewerbsfähigen Niveau zu erledigen.
- Gesetze, Vorschriften oder Geschäftspraktiken behindern das Ziel des Systems.

Die meisten dieser Engpässe und als Folge davon Verzögerungen in Geschäftsabläufen oder in politischen Entscheidungen können schließlich auch auf tiefere Ursachen in den Denkmustern, mentalen Modellen oder Visionen und Paradigmen der Entscheidungsträger zurückgeführt werden. Das macht das Management von Beschränkungen schwierig. Gefordert ist daher, die eigenen Denkmuster in Frage zu stellen und zu überwinden.

*Die Wirklichkeit ist das Resultat unseres Handelns.
Ist sie auch das Resultat unserer Absichten?*
Friedrich August von Hayek

6. Verständnisebenen: vom Ereignis zur Vision

Wie entstehen Systeme? Sie entstehen aus ihrer Struktur. Nur mit Hilfe ihrer Struktur können Systeme wahrgenommen werden. Seine Struktur und somit sein Feedbackverhalten ist charakteristisch für ein bestimmtes System wie ein Fingerabdruck für einen Menschen oder ein Reifenprofil für einen Reifen. Aber was bedeutet Struktur wirklich?

Struktur kommt aus dem lateinischen structura, und bedeutet: Zusammenfügung, Ordnung, Bau. Allgemein bedeutet Struktur die Anordnung der Teile eines Ganzen zueinander, der gegliederte Aufbau, die innere Gliederung. Mit Struktur bezeichnet man ein relativ dauerhaftes Gefüge von Zusammenhängen, das aufgrund von Regeln, Normen und Vereinbarungen entsteht. Eine Struktur ist ein Bauplan, nach dem die Systemkomponenten zu einander in Wechselbeziehung stehen – die Organisationsform des Systems. Strukturen sind unsichtbar, weil sie definitionsgemäß die Wechselbeziehung der einzelnen Systemteile deutlich machen und nicht die Systemteile als solche. Allerdings gibt es Methoden, Systemstrukturen darzustellen. Denn über Systemstrukturen kann man nur diskutieren und sie verändern, wenn man geeignete Darstellungsformen hat. Dies erfolgt u.a. mit Hilfe von Feedbackdiagrammen oder Stock-and-Flow-Darstellungen.

Warum ist es so wichtig die Struktur eines Systems zu begreifen? Weil die Systemstruktur die Ursache aller Ereignisse und Entwicklungen ist, die in der Welt um uns herum stattfinden. Erst die Kenntnis einer Struktur ermöglicht es, sie zu verändern. Einen Weg bietet das Eisbergmodell, Bedeutung und Entstehen von Strukturen zu verstehen, – die Ereignisse / Muster(Trend) / Struktur Pyramide. Das Eisberg-Modell des Bewusstseins geht auf den Begründer der Psychoanalyse Sigmund Freud (1856 -1939) zurück und ist Teil seiner allgemeinen Theorie der Persönlichkeit. Das menschliche Bewusstsein ist danach gut zu verstehen, wenn man es mit einem im Meer treibenden Eisberg vergleicht. Er macht deutlich, dass zwischenmenschliche Verständigung nur zu einem kleinen Teil aus sicht- und hörbaren, zu einem großen Teil jedoch aus verborgenen Anteilen besteht -ähnlich einem Eisberg, von dem nur die Spitze über Wasser zu sehen ist, der weitaus größere Teil aber unter der Wasseroberfläche liegt.

Das Eisbergmodell ist eine perfekte Metapher. Sie erklärt, wie das Systemverhalten außerhalb unserer unmittelbaren Beobachtung unterhalb der Wasseroberfläche entsteht. Die eingeschränkte Wahrnehmung begrenzt unsere Fähigkeit, Fortschritte zu erzielen, unser Potential auszuschöpfen und unsere Ziele zu erreichen. Sobald wir aber unter die Wasseroberfläche blicken, dadurch unsere Wahrnehmungsfähigkeit erweitern und die dem Systemverhalten zugrunde liegende Struktur durchschauen, können wir wirksamere Maßnahmen ergreifen, um sie zu verändern, damit sie die gewünschten Ergebnisse erbringt.

Mit Hilfe des Systemdenkens suchen und untersuchen wir versteckte Strukturen. Wenn wir uns in einem System aber nur an der Oberfläche bewegen, dort Daten sammeln und unsere Entscheidungen an der Spitze des Eisbergs orientieren, dann werden wir immer wieder Probleme und Schwierigkeiten erzeugen und keine anhaltenden Lösungen finden.

Systemische Strukturen sind häufig unsichtbar bis jemand darauf aufmerksam macht. Strukturen in Systemen sind nicht zwangsläufig bewusst gebaut. Sie setzen sich aus bewussten und unbewussten Entscheidungen zusammen, die im Laufe der Zeit getroffen werden. Im Geschäftsleben entstehen sie durch die Zusammenarbeit von Menschen, seien es Mitarbeiter, Betriebsräte, Kunden, Lieferanten oder Anteilseigner des Unternehmens. Auch einer Wertschöpfungskette (Supply-Chain-Management), einem Produktionsverfahren oder Finanzierungsmodellen liegt eine Struktur zugrunde. Je tiefer die Struktur liegt, desto schwerer ist sie zu erkennen. Wie bei einem Eisberg, bei dem 9/10 der Masse unter der Wasserlinie liegen. Aber eben diese 90 Prozent verursachen das Verhalten an der Spitze des Eisbergs.

Der Eisberg ist der am häufigsten gebrauchte bildliche Ausdruck, um Systemdenken zu erklären. Wenn wir das Eisbergmodell auf Situationen oder Zustände anwenden, dann entsprechen unsere Beobachtungen auf der Spitze den Ereignissen, die wir gerade wahrnehmen oder von denen wir hören. Es kann sich dabei um lokale Ereignisse, wie Brände oder Produktionsstörungen in Kraftwerken oder aber auch um überregionale Ereignisse, wie Naturkatastrophen in Asien, Terroranschläge in USA oder Ölkatastrophen in Alaska, im Golf von Mexiko, an den spanischen oder französischen Atlantikküsten handeln. Wenn wir uns unter die Wasserlinie bewegen, dann erkennen wir Verhaltensmuster von Ereignissen, die immer wieder in Erscheinung treten, wie z.B. Ölkatastrophen, Betriebsstörungen in Produktionsanlagen oder häufig auftretende

Reklamationen. Sobald wir Verhaltensmuster identifizieren können, wissen wir, dass ein Ereignis nicht nur einmal auftritt. Wie die unterschiedlichen Ebenen eines Eisbergs so erzeugen die tiefer liegenden Strukturen eines Systems die Verhaltensmustern oder Trends, die diesen zugrunde liegen.

Am tiefen Grund des Eisbergs befinden sich unsere mentalen Modelle, unsere Werte, Erfahrungen, Vorurteile, ungeschriebenen Gesetze, Normen und Wünsche, die die Strukturen erzeugt haben und weiterhin stützen und die die Verhaltensmuster verursachen. Im Wesentlichen kommt es darauf an, zu verstehen, dass die nachhaltigsten Wirkungen bei der Lösung eines Problems in der Veränderung der Systemstruktur bestehen. Dann ändern sich die Ereignisse an der Spitze des Eisbergs in die gewünschte Richtung.

Mit Hilfe des Systemdenkens decken wir verborgene Strukturen, die ein Problem verursachen, auf und untersuchen sie. Der effizientes Weg, die Bedeutung von Strukturen für das Geschehen um uns herum zu erläutern und zu verstehen, ist das Eisbergmodell, das im Folgenden detailliert beschrieben wird.

6.1 Ereignisse
Was geschieht gerade?

Ohne systemische Sichten reißen Ereignisse unsere Aufmerksamkeit an sich. Wir haben die Wahl, sie entweder nicht zu beachten und sie zu übersehen oder darauf zu reagieren. Das Leben wird so zu einer Serie von Krisen. Die Wahrnehmung von Ereignissen ist auf die Spitze des Eisbergs gerichtet: Es brennt in der Nachbarschaft. Ein Projekt gleitet aus dem Ruder und überschreitet die Kosten- und Zeitvorgaben. Wir stolpern, fallen und schürfen die Knie auf. Wir erkälten uns. Ein Kunde beanstandet die Qualität der Lieferung. Der Lagerbestand reicht nicht aus, um die eingegangenen Aufträge auszuliefern. In einem viele Jahre einwandfrei ablaufenden Produktionsprozess kommt es unerwartet zu schwerwiegenden Störfällen. Der Krankenstand in der Nachschicht ist höher als in der Tagschicht.

Täglich begegnen wir unzähligen Ereignissen, die sich als Probleme herausstellen, die wir lösen müssen. Jedoch sind unsere Lösungen oft nur von kurzer Dauer und die Symptome treten wieder auf als anscheinend neues Problem, wenn wir auf der Ebene von Ereignissen verharren (Abbildung 6-1).

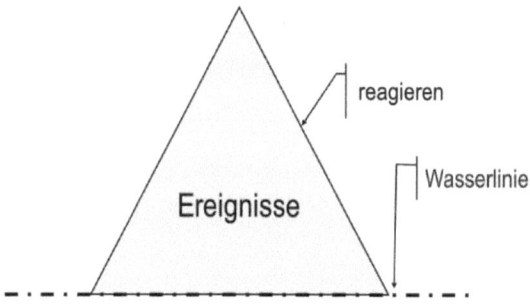

Abbildung 6-1: Probleme können nicht nachhaltig beseitigt werden, wenn man nur auf Ereignisse reagiert.

Wir neigen dazu, unsere Aufmerksamkeit auf einzelne Ereignisse zu richten, anstatt über deren Ursachen nachzudenken und zu überlegen, wie sie sich in größere Zusammenhänge einfügen lassen. Wenn etwas Unerwartetes auf der Ereignisebene geschieht, dann erfordert dies meistens eine umgehende Antwort auf die Frage, wie das Problem schnellstens gelöst werden kann. Dies überrascht nicht: in unseren evolutionären Entwicklung, war die Fähigkeit, unmittelbar auf Ereignisse reagieren zu können, überlebensnotwendig. Diese Fähigkeit war eigentlich alles, was die Menschen ursprünglich brauchten, um ihren Fortbestand zu sichern als sie noch in kleinen Sippschaften als Jäger und Sammler lebten. Heute sieht die Welt jedoch anders aus. In unserer modernen Welt komplexer sozialer Systeme liegen die größten Gefahren für unser Überleben oder für unsere Gesundheit oft nicht auf der Hand und sind viel schwerer zu erkennen aber trotzdem nicht weniger bedrohlich.

Es wirkt wie Scheuklappen, wenn man seine Aufmerksamkeit ausschließlich auf Ereignisse richtet. In diesem Fall können wir auf jedes neue Ereignis nur reagieren anstatt zu planen und ihm zuvor zu kommen, um es zu verhindern. Dazu kommt noch, dass Lösungen, die auf der Ereignisebene basieren meist kurzlebig sind. Noch wesentlicher, diese Lösungen verändern die Systemstruktur nicht, die diese Ereignisse verursacht und darum werden sie immer wieder auftreten.

Wenn ein Gebäude brennt, wird erwartet, dass die Feuerwehr sofort das Feuer löscht. Dies ist der notwendige und lebenswichtige Einsatz. Wenn dies jedoch die einzige Aktion ist, die unternommen wird, dann ist sie unzulänglich aus dem Blickwinkel des Denkens in Systemstrukturen. Warum? Weil diese Vorgehensweise zwar das unmittelbare Problem gelöst hat und das Feuer gelöscht ist, aber nicht die zugrunde liegende Struktur veränderte, die zum Ausbruch des Feuers geführt hat. Gemeint sind damit eventuell das Fehlen von Sprinkleranlagen, unzureichende Bauvorschriften oder Feuer verhinderndes Baumaterial.

Wenn der Lagerbestand nicht ausreicht, um Aufträge termingemäß zu erledigen, werden kurzfristig wirkende Maßnahmen ergriffen: Es werden zusätzliche Produktionsschichten zum Wochenende eingerichtet oder es werden Terminverzögerungen mit dem Kunden vereinbart. Derartige Entscheidungen reichen aber nicht aus, um das Problem nachhaltig zu lösen. Es ist daher damit zu rechnen, dass es immer wieder auftritt.

Stellen wir uns vor, der Umsatz eines Unternehmens betrug 80 Millionen € im letzten Quartal, aber das Umsatzziel waren 100 Millionen €. Das Problem ist nun ein Umatzdefizit von 20%. Nun werden verschiedene Alternativen zur Lösung des Problems betrachtet: Preisermäßigungen, um die Nachfrage und den Marktanteil zu erhöhen, Aufstocken der Vertriebsmannschaft, personelle Veränderungen in der Vertriebsleitung oder Erhöhung des Werbebudgets. Schließlich entscheidet man sich für eine Preisreduzierung als die anscheinend beste Lösung, setzt sie um und hofft auf bessere Umsatzergebnisse. Und tatsächlich stellen wir fest, dass der Umsatz zunimmt: Problem gelöst – oder es scheint zumindest so. Aber das System reagiert auf die Lösung: die Wettbewerber reduzieren ebenfalls ihre Preise und der Umsatz geht erneut zurück. Die Lösung von gestern wird das Problem von heute.

Die Ausrichtung an Ereignissen führt zu einer ereignisorientierten Problemlösung (Abbildung 6-2). Wir bewerten einen Sachverhalt und vergleichen ihn mit unseren Zielen. Wir definieren dann das Problem als die Lücke zwischen der geplanten Situation und der wahrgenommenen. Dementsprechend entscheiden wir und hoffen auf ein nachhaltiges Ergebnis. Aber so einfach ist es nicht, weil das Problem bei der Orientierung an Ereignissen immer wieder zurückkehrt. Entscheidungen auf der Ereignisebene, die gerade für die nächste Krise reichen, sind auf Dauer keine Lösungen.

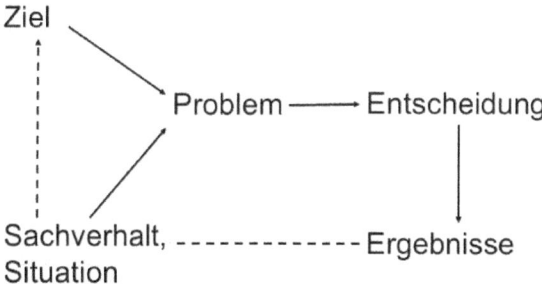

Abbildung 6-2: Ereignisorientierte Problemlösungen verändern die Systemstruktur nicht.

Gelingt es jedoch, die schwer zu fassende Struktur, die das unerwünschte Verhalten zeigt und das Problem verursacht, zu verstehen, dann eröffnen sich wirkungsvollere Eingriffsmöglichkeiten. Der nächste Schritt ist daher der Übergang von der Betrachtung von Ereignissen auf die Ebene von Zeitverläufen, Mustern und Trends. So kommen wir dem Verständnis der Systemstruktur näher.

6.2 Muster, Trends, Zeitverläufe, Verhaltensmuster
Welche Zeitverläufe entwickeln sich gerade?

Während wir Ereignisse wie Schnappschüsse beobachten, verhilft uns die Untersuchung von Mustern, Trends und Zeitverläufen, in denen bestimmte Ereignisse im Laufe der Zeit periodisch auftreten, zu grundlegenderen Erkenntnissen über die Systemstruktur, die diese Erscheinungsformen erzeugen. Muster sind Trends, in denen bestimmte Ergebnisse oder Ereignisse im Laufe der Zeit immer wieder auftreten und regelmäßig wiederkehren.

Die System Dynamik beschäftigt sich damit, wie sich ein System im Verlauf der Zeit verhält. Das Erkennen und kritische Betrachten von Verhaltensmustern -oft als Zeitverlauf bezeichnet- ist ein entscheidender Schritt bei Untersuchung eines Systems und seines Verhaltens. Eine entscheidende Maßnahme um ein Problem zu lösen besteht darin, das Verhaltensmuster des zugrunde liegenden Systems zu identifizieren und zu untersuchen. Das Verhaltensmuster wirkt wie ein „Detektor der Systemstruktur".

Sobald wir erkennen, dass bestimmte Ereignisse als Folge von Trends und Mustern entstehen (Abbildung 6-3), haben wir zwar die Wahl noch immer zu reagieren, wir können aber auch vorausschauen und planen. Dies ist zweifellos eine Verbesserung als ausschließlich zu reagieren, besonders dann, wenn die Zukunft aus der Vergangenheit abgeleitet werden kann.

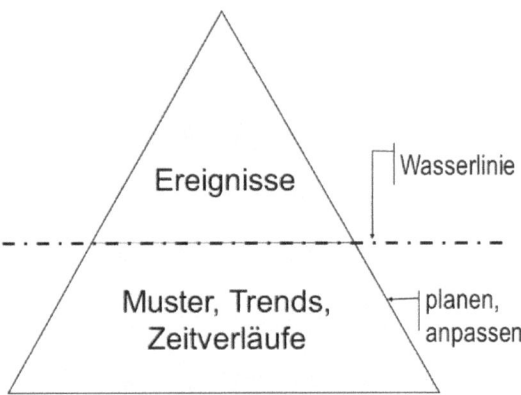

Abbildung 6-3: Ereignisse entstehen als Folge von Trends und Mustern.

Die Systemdynamik beschäftigt damit, wie sich eine Variable des Systems im Zeitverlauf verhält. Eine entscheidende Maßnahme, um ein Problem zu lösen besteht darin, das Verhaltensmuster des zugrunde liegenden Systems zu identifizieren und zu untersuchen. Das Verhaltensmuster wirkt wie ein „Signal von der Systemstruktur". Sobald wir ein Muster erkennen, liegt die Vermutung nahe, dass eine bestimmte Systemstruktur diese Muster oder diesen Trend erzeugt. Wir fragen uns daher: *Was geschieht? Was läuft da gerade? Warum verhält sich das System in der beobachteten Weise? Warum reagiert es anders als wir erwarten?*

Der Zeitverlauf seiner Variablen gibt Auskunft über die Dynamik eines Systems. Aus der Perspektive der Systemdynamik sind alle Systeme dynamisch: sie besitzen Faktoren (Variable, Komponenten), die sich in ihrem Verlauf mit der Zeit verändern. Dieses Verhalten kann in Kurven dargestellt werden, die den Zeitverlauf der Veränderung beschreiben. Geleistete Arbeitsstunden, Umsatz- und Gewinnzuwächse, Häufigkeit von Beanstandungen der Produktqualität, wachsende familiäre Probleme, Schwankungen der Arbeitslosenquote, Rückgang von Steuereinnahmen, steigende Sozialabgaben, Rückgang des Krankenstandes, Passagieraufkommen im Bahn- und Flugverkehr, Budgetüberschreitungen bei Investitionen, Ausweitung des bürokratischen Zeitaufwandes, Alkoholismus, Drogenkonsum, Verbrauch nichterneuerbarer Ressourcen, Leistungssteigerungen in der Produktion oder Qualitätsverbesserungen sind Beispiele für dynamisches Verhalten von Systemen.

Auch Systeme, die anscheinend stabil sind, sind vor einen längeren Zeithorizont betrachtet, durchaus unbeständig. Sie zeigen Veränderungen im Zeitverlauf. Ein Stern, zum Beispiel, existiert über Milliarden von Jahren, in dem er seinen Wasserstoff kontinuierlich verbrennt und explodiert dann in wenigen Sekunden als Supernova. Die Rohölförderung nimmt stetig zu bis sie ein Maximum erreicht und dann abnimmt. Der Aktienmarkt floriert über Jahre hinweg und bricht dann in wenigen Tagen zusammen. Die Nachfrage eines Produktes kann über Monate hindurch kaum befriedigt werden und plötzlich wird es innerhalb kurzer Zeit zu einem Ladenhüter.

Alle Systeme zeigen ein zeitliches Entwicklungsverhalten Die Entwicklung wird nur dann korrekt wahrgenommen, wenn man einen passenden Zeitrahmen für die Beobachtung wählt. Das Systemverhalten hängt aber auch mit dem Ziel zusammen, auf welches ein System ausgerichtet ist. Biologische Systeme (Lebewesen) sind zum Beispiel. auf Selbsterhaltung ausgerichtet (Homöostase), Produktionssysteme auf die Erzielung eines bestimmten Güterausstoßes, Unternehmen auf Gewinn, Wachstum und Nachhaltigkeit, Transportsysteme auf einen bestimmten Warendurchsatz, Steuersysteme auf die Abschöpfung von Finanzmitteln, um Staatsaufgaben zu bewältigen, Sozialsysteme, um einen sozialen Mindeststandard der Bevölkerung zu sichern, Familiensysteme auf die Erziehung der Kinder.

Ein Zeitverlaufsdiagramm (engl. timing diagram) zeigt eine bestimmte Sicht auf die dynamischen Aspekte des Systems. Der Zeitverlauf in Verbindung mit der Betrachtung des Zeithorizonts ist die Periode, in der sich ein Problem, eine Situation oder ein Zustand in der Vergangenheit entwickelt haben oder sich in Zukunft entfalten könnten. Der Zeitverlauf gibt Auskunft über das Verhalten von Systemvariablen in der Vergangenheit. Durch Extrapolation, dem Blick in die Ferne, versucht man mögliche Entwicklungen in der Zukunft annähernd zu erfassen. Dabei ist der gewählte Zeithorizont sowohl für das Verständnis der Entwicklung in der Vergangenheit als für Entscheidungen in der Zukunft von Bedeutung. Ein zu kurz gewählter Zeithorizont vermittelt andere Einsichten und kann zu falschen Entscheidungen führen.

Im Umgang mit der Zeit beschäftigen Menschen daher vor allem diese Fragen: *Was ist geschehen? Wie werden sich bestimmte Situationen weiterentwickeln? Wie kann man die Zukunft am günstigsten gestalten? Warum hat sich eine Leistung mit der Zeit auf eine bestimmte Art entwickelt? Worauf steuert die Leistung unter den gegenwärtigen Verhältnissen in der Zukunft zu? Wie kann die Zukunft zum Besseren verändert werden? Was wird in Zukunft sein?*

Diese Fragen spielen bei der Strategieplanung in Unternehmen, in der Politik aber auch im privaten Bereich eine wichtige Rolle. Dabei interessiert vor allem die Entwicklung in der Zeit, zum Beispiel die Betrachtung von Umsatz- und Produktionsziffern, des Cashflows, der Wettbewerbsdynamik, der Steuereinnahmen, Arbeitslosenzahlen, Krankheitskosten, die Entwicklung von Hypothekenzinsen und Einkommenszuwächsen.

Räumliche Anordnungen, wie es zum Beispiel in einem Zimmer aussieht, wie ein Haus gebaut ist, wie ein Automobil konstruiert ist oder wie eine Produktionsanlage funktioniert, können hingegen anders gehandhabt werden. Sie stehen gewöhnlich zu jedem Zeitpunkt zur wirklichen Betrachtung zur Verfügung. Die Konstruktionspläne geben hinreichend Auskunft. Die Zukunft hingegen, wie sich eine Situation in der Zeit entwickeln wird, lässt sich nicht mit Sicherheit vorhersagen. Man kann allenfalls versuchen, möglichst genau zu prognostizieren, was mit hoher Wahrscheinlichkeit eintreten könnte. Die konkrete Entwicklung der Geschehnisse in der Zukunft kann man aber nicht vorhersagen. Deshalb sind auch alle Prognosen unsicher und ungenau, wenn gleich versucht wird, den Eindruck zu erwecken, dass das prognostizierte Ereignis so wie vorhergesagt eintreten wird.

Das Verhalten eines Systems in der Gegenwart beruht auf Informationen deren Ursprung in der Vergangenheit zu suchen ist. Eine früher festgelegte Vorgehensweise schließt daher andere aus und bestimmt dadurch das Ergebnis. Es ist abhängig vom eingeschlagenen Weg der Durchführung. Alle Handlungen sind daher nicht mehr umkehrbar –sie sind irreversibel. Die Zeit lässt sich nicht zurückspulen, um zu beobachten, welche Alternativen es noch gegeben hätte.

Man stelle sich eine Kiste vor: in der einen Hälfte der Kiste befinden sich Äpfel, in der anderen Hälfte liegen Orangen. Wenn man die Kiste nun schließt und kräftig durchschüttelt, dann werden danach Äpfel und Orangen völlig durcheinander vermischt in der Kiste liegen. Es wird jedem klar sein, dass sich die Äpfel und Orangen nicht „von selbst" wieder so anordnen werden, wie vorher (Zweiter Hauptsatz der Thermodynamik). Genauso wenig wird sich ein Gemisch aus Stickstoffgas und Sauerstoffgas wieder von selbst entmischen. Ebenso kann das Endprodukt einer chemischen Reaktion nicht wieder in seine Ausgangsstoffe überführt werden. Gleichermaßen lassen sich Fehlkonstruktionen nicht rückgängig machen, ohne das System zu zerlegen und neu aufzubauen. Der Erfolg von Investitionen und von Forschungs- und Entwicklungsprojekten hängt von zurückliegenden Entscheidungen ab. Und auch „Learning by Doing" ist vergangenheitsdeterminiert.

Bei irreversiblen Vorgängen ist im Gegensatz zu reversiblen die Zeit ein zusätzlicher einflussreicher Faktor. So dauert zwar die Herstellung von Konsumgütern oft nur wenige Stunden oder Tage, aber deren später eventuell erforderliche Entsorgung oft wesentlich länger. Auch die Wiederverwertung von Elektronikschrott oder Kunststoffverpackungen ist zeitlich noch überschaubar. Kritisch wird es hingegen in der Nuklearindustrie. Hier sind Produktion- und Entsorgungszeiten völlig entkoppelt: Während des über 40 Jahre andauernden Wettrüstens zwischen der Sowjetunion und den USA wurden 250 t waffenfähigen $Plutonium^{239}$ erzeugt. Die Halbwertszeit des $Plutoniums^{239}$ beträgt aber 24.000 Jahre. Solche unerwünschten Langzeitwirkungen, wie sie der Plutoniumkreislauf oder die Beschädigung der Ozonschicht durch Kohlenstoffdioxid (CO_2) oder Distickstoffmonoxid (Lachgas / N_2O) aufgrund ihrer Entwicklungsgeschichte zeigen, lassen sich nicht mehr rückgängig machen. Und wie sagt Aristoteles? Ein kleiner Fehler am Anfang ist ein großer am Ende. Die unerwünschten Nebenwirkungen können nicht rückgängig gemacht sondern nur durch eine Veränderung des Systems, das sie erzeugt, in Zukunft begrenzt oder behoben werden.

Die Zeit läuft immer nur in eine Richtung ab. Zeitverläufe sind nicht umkehrbar. Einige Beispiele aus dem täglichen Leben sollen dies erläutern: Ein Tintentropfen löst sich in Wasser immer weiter auf, bis sich eine gleichmäßige Färbung ergeben hat. Er wird „nie" wieder eine kompakte Form annehmen. Beim Kontakt eines warmen Körpers mit einem kühlen Körper erwärmt sich stets der kühlere, und der wärmere kühlt ab. Mechanische Energie kann vollständig in Wärme umgewandelt werden, umgekehrt aber nicht. Insbesondere kann Reibung eine Bewegung zum Stillstand bringen, aber nicht ein stehendes Fahrzeug in Bewegung versetzen. Wenn eine Kerze brennt entstehen im Wesentlichen Wasserdampf und Kohlenstoffdioxid, aber aus diesen beiden Substanzen, die stets in unserer Atemluft vorhanden sind, bildet sich niemals eine Kerze.

Ebenso irreversibel ist die menschliche Geschichte. Der Weg vom Sammler und Jäger über den Bauern und Hirten zur industriellen Zivilisation ist nicht rückgängig zu machen. Es gibt irreversible Folgen des Wirkens von Religionsstiftern, Philosophen, Staatsmännern, Eroberern, Erfindern, Hochsprachschöpfern, Dichtern, Kaufleuten, Unternehmern, Ärzten, Missionaren, Ingenieuren, Chemikern, Physikern, Städte-, Straßen- und Hafenbauern, von Politikern und Juristen, die menschliches Zusammenleben ordneten und Institutionen schufen. Die Auswirkungen ihres Handelns sind nicht rückholbar. Kommende Generationen können daher nicht anders, als da weiterzumachen, wo die vorangegangenen aufgehört haben. Sie können etwas aufgeben, modifizieren, fortentwickeln oder neue Erkenntnisse einbringen, aber den Ausgangspunkt können sie nicht umkehren. Selbst im privaten Leben ist nichts reversibel. Man mag einen Entschluss rückgängig machen, zum Beispiel eine Heirat durch eine Scheidung oder einen Immobilienerwerb durch Verkauf, aber man kehrt nie an den ursprünglichen Punkt der früheren Entscheidung zurück. Ein gesagtes Wort oder ein abgeschlossenes Vorhaben sind wie ein abgeschossener Pfeil: nicht rückholbar!

Vor allem Versuche, getroffene Entscheidungen im persönlichen Bereich, wie z. B. Trennungen, Scheidungen, Kündigungen, rückgängig zu machen, scheitern. Die Systemstruktur, die zum „Schiffbruch" führte, müsste nachhaltig geändert werden, um einen erneuten Misserfolg zu vermeiden. Aber Änderungen im persönlichen Bereich kommen nur sehr langsam voran und lassen sich schwerlich beschleunigen. „Auch das Gras wächst nicht schneller, wenn man daran zieht."

Es fällt uns schwer, Zeitabläufe zu erfassen. Vor allem dann, wenn diese nicht linear sind. Für sehr kurzfristige Prognosen ist die lineare Extrapolation eine geeignete Strategie. Sie versagt jedoch, wenn die Prognosezeiträume länger werden. Besonders schwierig sind Prognosen, wenn sich ein System nicht gleichförmig verhält, sondern sich schnell und unerwartet ändert. Weil die Beschäftigung mit zeitlichen Verläufen auffallend schwieriger ist als die mit räumlichen Gegebenheiten, versuchen wir laufend, „Zeit" in „Raum" zu übersetzen Wir entwerfen Schaubilder von zeitlichen Abläufen, wir stellen sie im Raum dar und versuchen so eine Vorstellung von der Besonderheit des jeweiligen Zeitverlaufs der verschiedenen Strukturvariablen zu gewinnen. Dadurch versuchen wir das Verhaltensmuster zu identifizieren, das von denjenigen Veränderlichen im System ausgelöst wird, die das Verhalten entscheidend beeinflussen.

Obwohl alle Systeme viele unterschiedliche Zeitverläufe ihrer verschiedenen Variablen, vielfach auch gleichzeitig, aufweisen können, ist die Anzahl der Möglichkeiten von Zeitverläufen doch begrenzt. Im Folgenden werden die verschiedenen Arten von einfachen Zeitverläufen dargestellt, die im wirklichen Leben häufig vorkommen. Zwar kann man auch komplizierte, schwer verständliche, Zeitverläufe beobachten. Aber sie setzen sich fast immer aus leichter erklärbaren einfachen zusammen. Dabei handelt es sich um lineare, exponentielle, oszillierende oder s-förmige Zeitverläufe der Schlüsselvariablen eines Systems.

6.2.1 Lineare Zeitverläufe

Eine lineare Beziehung zwischen zwei Variablen in einem System kann in einem Diagramm als gerade Linie dargestellt werden. Es handelt sich dabei um ein konstantes Verhältnis zwischen diesen beiden Variablen.

Wenn man den Wasserhahn über einer Badewanne aufdreht und fünf Liter Wasser pro Minute einlaufen lässt, dann laufen in zwei Minuten zehn Liter und in zehn Minuten fünfzig Liter ein. Wenn man dann den Abfluss öffnet und in einer Minute vier Liter Wasser aus der Badewanne auslaufen, dann laufen in zwei Minuten acht Liter aus und in zehn Minuten vierzig Liter. Wenn man jedoch den Wasserzufluss auf vier Liter begrenzt und den Abfluss bei vier Litern belässt, dann befindet sich das System im Gleichgewicht.

Dieses Beispiel lässt sich in einer Gruppe von linearen Zeitverläufen darstellen (Abbildung 6-4). Sie umfasst lineares Wachstum (Anstieg), linearen Verfall (Rückgang) oder beschreibt einen Gleichgewichtszustand. In Anbetracht der Einfachheit derartiger Zeitverläufe, die das unmittelbare Erfassen und Begreifen von Zusammenhängen, Vorgängen oder Sachverhalten sehr zu erleichtern scheinen, muss aber der systemische Blickwinkel unbedingt berücksichtigt werden. Er ist im Allgemeinen auf einen längeren Zeithorizont ausgerichtet. Das ist der Grund, warum die Wahrnehmung von Verzögerungen und Feedback-Prozessen so wichtig ist. Bei der Betrachtung über einen zu kurzen Zeitraum sieht man sie oft nicht. Sie haben in diesem Betrachtungsraum wenige Konsequenzen. (Wie der Mann, der mit einem Fallschirm aus einem Flugzeug aus 3000 m abspringt und dessen Fallschirm sich nicht öffnet. Bei 1000m sagt er: "Gott sei Dank, bisher ist noch nichts passiert.") Wird der Beobachtungszeitraum verlängert, dann kommen Rückkopplungen und Verzögerungen wieder in unseren Blickpunkt.

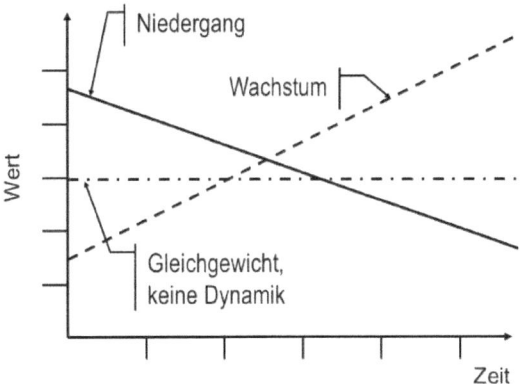

Abbildung 6-4: Lineare Zeitverläufe

Wer nicht im Umgang mit Systemen und deren Verhalten geschult ist, nimmt gern an, dass sich die Variablen der meisten Systemstrukturen im Zeitverlauf geradlinig verhalten und dabei wachsen, sich im Gleichgewicht befinden oder zusammenbrechen. Tatsächlich jedoch sind lineares Wachstum, linearer Zusammenbruch oder Gleichgewichtszustände die Ausnahme. Vielmehr sind nichtlineare Beziehungen zwischen den einzelnen Variablen eines Systems in der Praxis die Regel. Ursache und Wirkung erzeugen keinen proportionalen Effekt. In solchen Beziehungen lassen sich Ursache und Wirkung nur in Kurven oder unregelmäßigen Linien und nicht mit geraden Linien darstellen.

Nicht lineare Zeitverläufe, für die die Rückkopplung ein inhärentes Merkmal ist, sind die Regel. Völlig lineare Zeitverläufe kennen aber keine Rückkopplungen. Ihnen fehlt daher das entscheidende Merkmal, durch das Systeme dargestellt werden. Dem zu Folge beschreiben lineare Zeitverläufe keine Systeme, denn die Definition lautet: ohne Rückkopplung gibt es keine Systeme (no feedback, no system). Es ist jedoch nicht immer auszuschließen, dass Sachverhalte, die linear erscheinen, tatsächlich aber exponentiell sind. In einem solchen Falle wurde der Zeithorizont zu kurz gewählt, um das exponentielle Verhalten zu beobachten. Ein eindrucksvolles Beispiel dafür ist die Faltung eines Blatt Papiers, dessen Zunahme der Dicke bei den ersten 20 Faltungen als weitgehend linear verlaufend beobachtet und erst danach als exponentiell erkannt wird.

Man muss schon sehr lange nachdenken, bis einem eine Situation einfällt, die einen durchweg linearen Zeitverlauf darstellt. Wenn man den Wasserhahn über einer Badewanne aufdreht und das Wasser zeitlich unbegrenzt laufen lässt, ohne Rücksicht darauf zu nehmen, ob die Wanne überläuft und das ganze Haus überschwemmt wird, dann kann man einen linearen Zeitverlauf ohne Rückkopplung beobachten. Ebenso bei einem Unternehmen, das ohne Rücksicht auf die Nachfrage seine volle Produktionskapazität ausfährt.

Ein stabiles System, das einer Zielvorgabe zustrebt, ergibt sich jedoch nur dann, wenn die Beschränkungen der negativen Rückkopplung rechtzeitig, d.h. ohne zeitliche Verzögerung, zu wirken beginnen. Daher ist ein sich im Gleichgewichtszustand bewegender Zeitverlauf ein Verhalten, das nur selten auftritt. Dabei herrscht ein völliger Ausgleich ohne jeglichen Veränderungsdruck auf alle Variablen. Jedenfalls bedeutet das aus systemdynamischer Sicht, dass die veränderlichen Größen ihren gewünschten Wert gleichzeitig erreicht haben. Diese Konstellation ist höchst unwahrscheinliche.

In der System Dynamik gilt aber für ein auffälliges und ungewöhnliches Problemverhalten, dass es sich um ein System handelt, im dem sich seine Variablen nicht im Gleichgewicht befinden. Ihre Zeitverläufe erfassen Strukturen, die dynamisch sind und sich daher nicht im Gleichgewicht befinden. Es überwiegen die folgenden Grundstrukturen:

- exponentielles Wachstum oder Zusammenbruch, deren Ursache positive Rückkopplungen sind,
- zielsuchende Zeitverläufe, verursacht von negativen Rückkopplungen und
- oszillierende Zeitverläufe, die durch negativer Rückkoppelungen mit einem Zeitverzug entstehen.

Komplexere Systemverhalten wie s-förmige Zeitverläufe, s-förmige Trends, die über das vorgegebene Ziel hinausschießen oder das Versagen (Zusammenbruch) einer Struktur entstehen aus nichtlinearen Wechselwirkungen der genannten Grundstrukturen.

7.2.2 Exponentielle Zeitverläufe

Von exponentiellem Wachstum spricht man, wenn ein Bestand um einen festen Prozentsatz pro Zeit wächst (Abbildung 6-5). Der feste Prozentsatz wird als Wachstumsrate bezeichnet. Ungestörtes exponentielles Zeitverhalten hat die bemerkenswerte Eigenart, dass die Zeit, in der sich die betreffende Variable verdoppelt, konstant ist: die Veränderliche verdoppelt sich in einer bestimmten Zeitspanne. Dabei spielt die Größe des Bestandes keine Rolle. Es dauert genauso lange um von einer Einheit auf zwei zu wachsen wie von einer Million auf zwei Millionen. Diese Eigenschaft ist die unmittelbare Wirkung der positiven Rückkopplung: die Nettozuwachsrate hängt von der Bestandsgröße, der betreffenden Variablen, ab. Eine positive Rückkopplung bewirkt nicht zwangsläufig Wachstum. Sie kann auch einen selbst verstärkenden Zerfall bewirken. Man spricht dann von Halbwertszeiten, in der sich eine exponentiell abnehmende Bestandsgröße halbiert hat.

Ein durch eine positive Rückkopplung verursachter Zeitverlauf muss nicht zwangsläufig fließend verlaufen. Er kann auch durch wechselnde Veränderungsraten teilweise gestört werden. Aber in allen Fällen dominiert die exponentielle Entwicklung.

Exponentielle Zeitverläufe finden wir zum Beispiel bei Sparguthaben, die durch Zinsen steigen, Bevölkerungswachstum, Kettenbriefen, Kettenreaktionen, Belohnungen, die zur Verstärkung eines gewünschten Verhaltens führen, gegenseitiges Vertrauen, das zu größerem Vertrauen führt oder Wissen, das neue Erkenntnisse erzeugt.

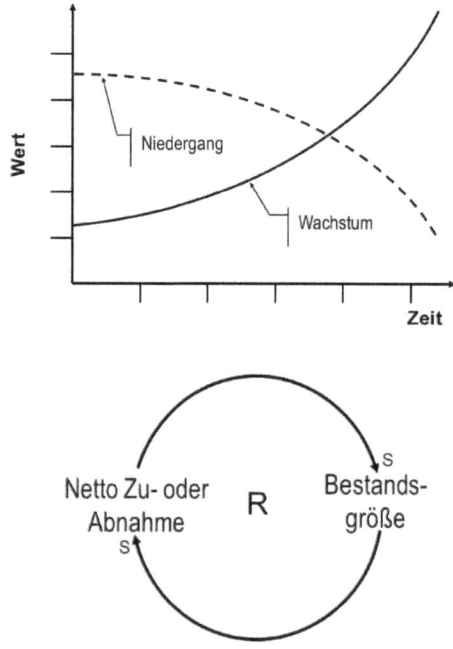

Abbildung 6-5: Ein exponentieller Zeitverlauf zeigt auf eine exponentielle Zu- oder Abnahme einer Bestandsgröße.

Exponentielle Zeitverläufe werden durch eine Systemstruktur mit positiven Rückkopplungen ausgelöst. Hierzu zwei Beispiele

Bei Entlassungen nimmt das Vertrauen der Mitarbeiter in die Unternehmensführung ab (R1 in Abbildung 6-6). Je stärker der Vertrauensverlust ist, desto größer werden die Sorgen der Mitarbeiter. Größere Sorgen führen zu weniger Leistung. Und dies wiederum hat mehr Entlassungen zur Folge. Das Feedbackdiagramm kann auch als Wachstumsprozess gelesen werden. Je größer das Vertrauen der Mitarbeiter desto höher ist deren Leistung. Dies führt zu weniger oder keinen Entlassungen und stärkt das Vertrauen der Mitarbeiter.

Als Folge hoher Kundenzufriedenheit steigt der Umsatz (R2 in Abbildung 6-6). Das Betriebsergebnis nimmt zu und die

Ausstattung von Kundendienst und Versand wird besser. Dadurch wird die Lieferzeit kürzer und die Kundenzufriedenheit höher. Dieses Feedbackdiagramm kann auch als Teufelskreis („Circulus vitiosus") interpretiert werden. In diesem Fall führt Kundenunzufriedenheit zu Ergebniseinbußen. Es fehlen dann die Mittel zur besseren Ausstattung und Versand, die Lieferzeiten werden länger und die Kunden werden unzufriedener.

An beiden Feedbackdiagrammen wird ersichtlich, dass die Darstellung einer exponentiellen Veränderung in Feedbackkreisen für Wachstum oder Zerfall identisch ist.

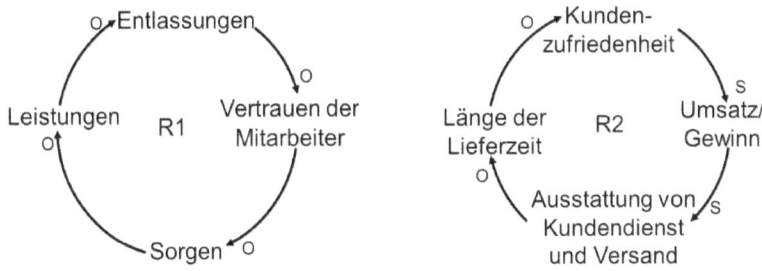

Abbildung 6-6: Positive Rückkoppelungen erzeugen exponentielle Zeitverläufe.

Exponentielle Zeitverläufe weisen auf exponentielles Wachstum oder den exponentiellen Zusammenbruch eines Systems hin. Besonders exponentielles Wachstum ist weit verbreitet. Es hat zwei typische Eigenschaften, auf die man aufmerksam achten sollte. Zum einem kann sich exponentielles Wachstum sehr schnell entwickeln. Das lässt sich bei Aktiencrash oder bei Lawinen beobachten. Zum anderen bleibt es oft lange unbemerkt; es verhält sich heimtückisch. Das klingt zwar sehr abstrakt. Die folgenden Beispiele aber zeigen, was gemeint ist. Sie zeigen die erst langsame und dann explosionsartige Entwicklung exponentiellen Wachstums.

Wenn man in einem Gedankenexperiment ein einen Millimeter dickes Blatt Papier wiederholt in der Hälfte faltet, dann verdoppelt es mit jeder Faltung seine Stärke. Nach fünf oder sechs Faltungen ist das Papier noch nicht besonders dick. Aber wie dick wäre es nach weiteren 39 Faltungen? Das Papier wäre nach 39 Faltungen annähernd 390.000 km dick. Das ist ungefähr die mittlere Entfernung des Mondes von der Erde, die 384.403 km beträgt. Auffallend ist die Form der graphischen Darstellung, die zeigt, dass der explosionsartige Zuwachs der Papierstärke erst gegen das Ende der Entwicklung wahrgenommen wird. Für weite Strecken der Entwicklung ist das Wachstum nur schwer von der horizontalen Achse zu unterscheiden. Jedoch führen dann die wenigen letzten Faltungen zur beobachteten enormen Steigerung des Wachstums (Abbildung 6-7).

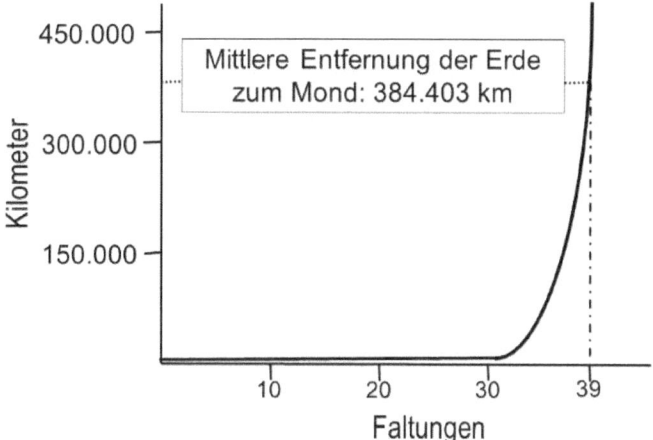

Abbildung 6-7: Der exponentielle Zuwachs wird erst mit dem Fortschreiten der Entwicklung wahrgenommen.

Dieses Verhalten wird an Hand des Feedbackdiagramms in Abbildung 6-8 leichter verstanden. R1 ist die beherrschende Rückkopplungsschleife. Bei einer konstanten Anzahl von Faltungen pro Zeiteinheit wird das Ausmaß des gefalteten Papiers umso größer, je stärker zusätzliche Faltungen ins Gewicht fallen. Wenn die Anzahl der Faltungen zunimmt, wächst die Stärke des gefalteten Papiers exponentiell. Soweit die theoretische Betrachtung der Situation.

Die Wirklichkeit sieht es aber anders aus (Abbildung 6-8). In der Praxis ist es kaum möglich ein Stück Papier mehr als ca. 10mal zu falten. An diesem Punkt wird das Ausmaß des gefalteten Papiers so groß, dass es sich nicht mehr falten lässt. Aber wie kann man dieses Verhalten deuten? Die Erklärung lautet: veränderter Einfluss. Anfänglich wurde das Ausmaß des gefalteten Papiers ausschließlich durch die positive, verstärkende Rückkopplung (R2) bestimmt. Bei bis zu ca. zehn Faltungen wurde das Papier zwar dicker, aber nicht augenfällig steifer. Aber mit zunehmender Abmessung des gefalteten Papiers erhöhte sich der Widerstand gegenüber weiteren Faltungen, es wurde immer steifer. Schließlich wurde es trotz verstärkter Anstrengungen unmöglich, das Papier weiter zu falten. Der negative Ausgleichskreis (B2) wurde entscheidend für das Systemverhalten, die Grenze des Wachstums wurde erreicht. Es wurde durch die negative Rückkopplung zum Stillstand gebracht (siehe 9.3: Grenzen des Wachstums).

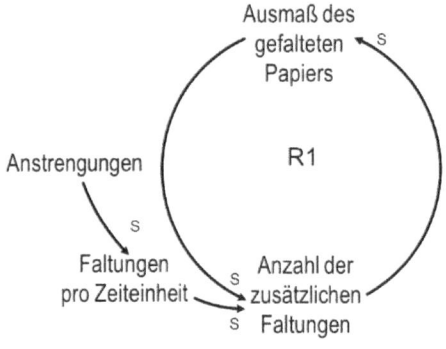

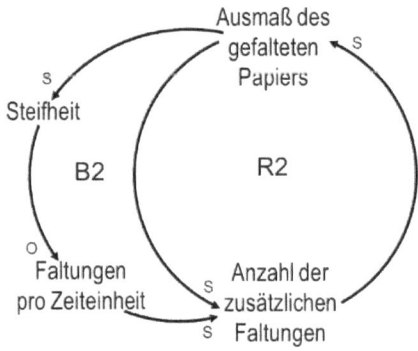

Abbildung 6-8: Ein veränderter Einfluss kann das exponentielle Wachstum begrenzen.

Mit folgender Preisfrage kann man seine Zuhörer aus der Fassung bringen: Eine Seerose wächst in einem Teich und verdoppelt die Fläche, die sie bedeckt, von einem Tag auf den anderen. Nach dreißig Tagen ist der gesamte Teich zugewachsen. Nach wie vielen Tagen bedeckt die Seerose die Hälfte des Gewässers? Die meisten Menschen antworten:

nach 15 Tagen. Diese Antwort ist leider falsch. Die richtige Antwort lautet: nach 29 Tagen. Denn wenn der ganze Teich nach dreißig Tagen mit Seerosenblättern bedeckt ist und die Seerose ihr Wachstum täglich verdoppelt, dann ist der Teich einen Tag bevor er zugewachsen ist nur zur Hälfte bedeckt.

Unser Gehirn kann fortgesetztes exponentielles Wachstum nur schwer erfassen. Insbesondere unterschätzen wir drastisch, wie groß die Zahlen am Ende werden können. Dazu gibt es eine alte Anekdote über einen Gelehrten, der einem indischen Maharadscha ein wertvolles Schachspiel schenkte. Erfreut über das Geschenk, bot der Maharadscha dem Weisen an, ihm einen Wunsch zu erfüllen. Und dieser wollte kein Geld, keine schönen Gewänder und auch keine Juwelen sondern nur ein wenig Reis. Und zwar so viel wie man einem Schachbrett zuordnen könne. *„Legt ein Reiskorn auf das erste Feld des Spielfelds, zwei auf das zweite, vier auf das dritte, und so weiter und so fort, sodass auf jedem Feld doppelt so viele Reiskörner liegen wie auf dem vorausgehenden."* Die Unfähigkeit mit Verdoppelungen umzugehen, macht deutlich, was der Maharadscha übersah. 63 Verdoppelungen ergeben eine fantastisch hohe Zahl, selbst wenn die Ausgangszahl 1 ist. Wäre die Bitte des Gelehrten erfüllt worden, dann hätte er 2^{64-1} Reiskörner erhalten müssen – beziehungsweise mehr als 18 Trillionen Stück. Ein Reishaufen dieser Größe hätte den Mount Everest überragt.

Nach 32 Feldern war die Zahl der Reiskörner auf ungefähr acht Milliarden angewachsen. Diese noch überschaubare Zahl –sie entspricht dem Ertrag eines großen Reisfeldes- weckte im Maharadscha noch keinen Argwohn. Auf der zweiten Hälfte des Schachbretts musste er allerdings in ernste Bedrängnis geraten. Hier geht es um Billionen, Billiarden und Trillionen, Größen, die unser Begriffsvermögen übersteigern. Ebenso wenig können wir uns verstellen, wie rasch solche Zahlen zustande kommen, wenn sich exponentielles Wachstum fortsetzt.

Der Gelehrte hatte also ein Geschenk erbeten, das mehr als großzügig war. Interessant ist hierbei nicht so sehr die listige Haltung des Gelehrten. Aufschlussreicher ist das Verhalten des Maharadschas. Er war offensichtlich nicht in der Lage, die signifikanten Merkmale einer bestimmten Entwicklung einwandfrei zu verstehen. Der „explosive" Verlauf einer exponentiellen Zunahme blieb ihm verschlossen. Solche Maharadschas lauern überall an vielen Ecken!

6.3.2 zielsuchende Zeitverläufe

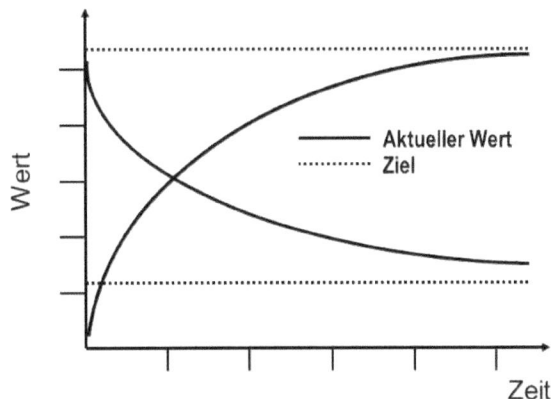

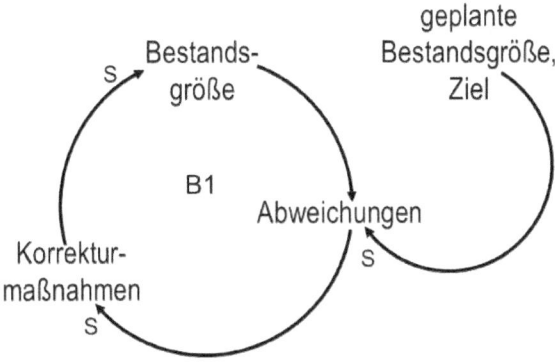

Abbildung 6-9: Zielsuchende Zeitverläufe gleichen Bestandsabweichungen aus.

Eine weitere charakteristische Gruppe von Zeitverläufen ist zielsuchendes Verhalten. Es wird von negativen Rückkopplungen verursacht. Sie bringen die Bestandsgrößen des Systems auf das vorgegebene, geplante Ziel und wirken Störungen, die das System vom Ziel abbringen, entgegen. Dabei wird der Zustand des Systems kontinuierlich mit dem Ziel verglichen. Bei Abweichungen zwischen dem geplanten und gegenwärtigen Zustand werden Korrekturmaßnahmen eingeleitet, die ihn dem Ziel, dem geplanten Zustand, näher bringen (Abbildung 6-9).

Alle lebenden Organismen und sozioökonomischen Systeme zeigen dieses Verhalten. Es steht in einem gewissen Bezug zu exponentiellen Zeitverläufen. Der Unterschied zwischen beiden besteht darin, dass zielsuchende Zeitverläufe ein Ziel haben, wie in der Abbildung 6-9 ersichtlich, während exponentielle Zeitverläufe über jedes Ziel hinausschießen, gegen Null tendieren oder negative Werte (zum Beispiel Verluste, Reklamationen, Krankheiten, Beziehungsstörungen, Zusammenbrüche) aufweisen können.

Hierzu ein Beispiel (Abbildung 9-10): In einem Unternehmen werden die jährlichen Kostenbudgets genehmigt. Sobald die tatsächlichen Kosten die Budgetziele aber zu überschreiten drohen, erfahren die Führungskräfte den Druck auf ihr Budget und beginnen ihre Budgets anstatt ihr Unternehmen zu managen. Sie begegnen dem Druck mit unterschiedlichen Maßnahmen: Entlassungen, Kurzarbeit, Videokonferenzen anstelle von Dienstreisen, Kürzungen der Aufwendungen für Weiterbildungsmaßnahmen, Sparmaßnahmen bei Geschäftsessen, etc. Zur Erleichterung des Managements, verbessern sich die Quartalsergebnisse durch die Sparmaßnahmen nachhaltig. Ob sie aber dauerhaft wirken, kann fraglich sein.

In zielsuchenden Zeitverläufen liegt eine negative oder kompensierende Rückkopplung vor. Es werden durch die Rückkopplung Abweichungen von Sollwerten des Systems korrigiert. Zielsuchenden Zeitverläufen begegnen wir immer wieder. So können der Temperaturverlauf von Klimaanlagen, die automatische Geschwindigkeitskontrolle in PKWs, die eigene Körpertemperatur, alle lebenserhaltenden Funktionen, Wundheilung, Angebot und Nachfrage, der Lagerbestand, Managementtechniken, Vermarktung von Produkten, Personalführung und –entwicklung in Form von zielsuchenden Zeitverläufen dargestellt werden. Allerdings werden bei einer Betrachtung über einen längeren Zeitraum zielsuchende Zeitverläufe oszillierend. Denn sobald ein Ziel erreicht wird, bleibt der Wert nicht stabil, sondern pendelt um den Wert der Zielvorgabe. Er oszilliert. Bei konstanter Beibehaltung des Wertes der Zielvorgabe würde sich das System im Gleichgewicht befinden und seine Dynamik verlieren. Eine derartige Situation ist aber sehr unwahrscheinlich.

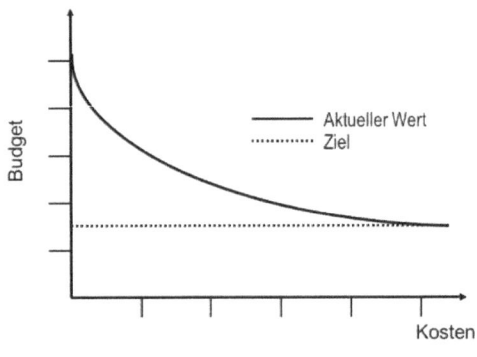

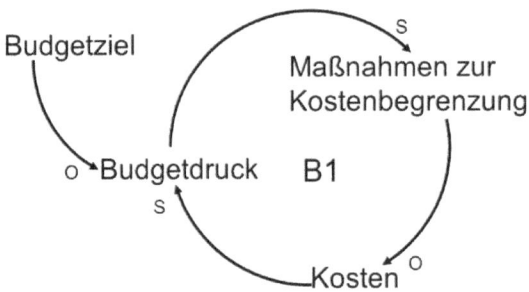

Abbildung 6-10: Zielsuchende Zeitverläufe werden von einer negativen Rückkoppelung beherrscht.

6.2.4 Oszillierende Zeitverläufe

In Systemen, vor allem in biologischen und sozioökonomischen, kann es oft zu Verzögerungen in der Informationsübermittlung kommen. Ergriffene Maßnahmen wirken erst später. Ursache und Wirkung sind zeitlich voneinander getrennt. Der Zeitverlauf der Schlüsselvariablen zeigt in derartigen Situationen Schwingungen, auch als Oszillationen bezeichnet. Der Grund dafür sind Wirkungen, die erst mit Verspätung das Systemverhalten verändern. Es treten Verzögerungen auf. Sie sind inhärent in fast allen Systemen. Verzögerungen sind weder erfreulich noch schädlich. Sie sind die versteckten Störenfriede, mit denen man immer rechnen und die man wahrnehmen muss, um sich darauf einstellen zu können.

Verzögerungen sind die Ursache für Schwingungen im Zeitverlauf. Das Systemverhalten oszilliert. Oszillierende Systeme haben eine wesentliche Eigenschaft gemeinsam: die Periodizität. Der Zustand eines Systems ändert sich so, dass sich ein vorgegebenes Muster in regelmäßigen Zeitintervallen wiederholt. Eine oszilierende Schwingung entsteht durch zeitlich sich wiederholende Änderungen einer oder mehrerer Systemkomponenten um einen Mittelwert. Dabei handelt es sich um eine wiederholte Hin- und Herbewegung mit Durchgang durch die Gleichgewichtslage (auch neutrale Position genannt). Eine einzelne Bewegung von einer Extremposition zur anderen (Amplitude) und zurück mit zweimaligem Durchgang durch die neutrale Position bezeichnet man als Zyklus.

Wegen der oft unvermeidlichen Verzögerungen, die bei vielen Entscheidungen auftreten, ist Oszillation eines der am häufigsten anzutreffenden veränderlichen Verhaltensmuster von Systemen. Sie ist das typische Kennzeichen einer negativen Feedbackstruktur, in der die Information für eine zielsuchende Aktion verzögert ist. In diesem Fall basiert die Kontrollaktion nicht auf dem gegenwärtigen Zustand des Systems sondern auf einer zurück liegenden Situation oder einem Wert aus der Vergangenheit. Denn legt man überholte Informationen zugrunde um sich einem Ziel zu nähern, dann ist sehr wahrscheinlich, dass das System sein Ziel verfehlt oder darüber hinaus schießt. Spezifische Strukturmerkmale eines Systems, wie die Dauer oder der Zustand einer Verzögerung, entscheiden dann darüber, ob die daraus resultierende Oszillation mit der Zeit abgeschwächt wird, eine anhaltende Frequenz und Amplitude erreicht oder ob die Amplitude größer wird.

Oszillationen können durch mehrere unterschiedliche Verhalten in ihrem Verlauf aufweisen. Dem entsprechend existieren verschiedene graphische Darstellungen: ungedämpft, gedämpft, sich unkontrolliert oder explosionsartig entwickelnd sowie völlig ungeordnet (chaotisch).

6.2.4.1 Ungedämpfte Schwingungen

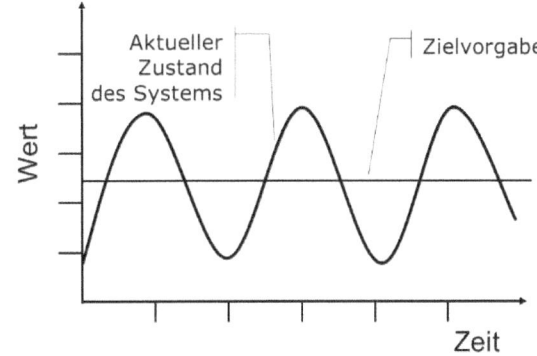

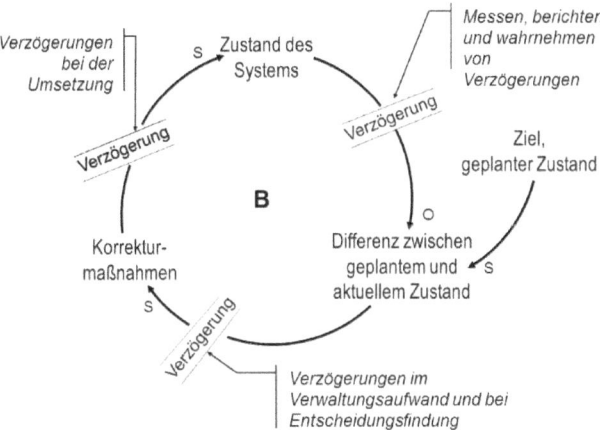

Abbildung 6-11: Verzögerungen in zielsuchenden Zeitverläufen bewirken Oszillation.

Ungedämpfte Schwingungen weisen in gleichen zeitlichen Abständen in beliebiger Anzahl wiederkehrende gleich bleibende Höchststände (Spitzenwerte) auf. Sie zeigen eine Periodizität von eins, d.h. die Amplitude jeder Schwingung bleibt immer gleich (Abbildung 6-11). Die Ursache für gedämpfte Oszillation ist ein Ausgleichsprozess mit merklichen Verzögerungen, die zu Anpassungsschwierigkeiten an die Zielvorgabe führen. Dabei vergleicht das System seinen aktuellen

Zustand mit einer Zielvorgabe und unternimmt Korrekturmaßnahmen, um Differenzen zu beseitigen. Immer wenn eine Variable (Bestandsgröße) einer negativen Rückkopplung in ihrer Wirkung auf eine Ursache verzögert reagiert, oszilliert das Systemverhalten. Die Verzögerungen können verschiedene Ursachen haben: Eine Differenz zwischen dem tatsächlichen und geplanten Zustand eines Systems muss zuallererst einmal wahrgenommen und darüber berichtet werden. Wahrnehmung und Berichterstattung erfolgen nicht immer zeitgleich, sondern mit Verzögerungen. Dann dauert es oft seine Zeit, bis darüber entschieden wird, ob und welche Korrekturmaßnahmen ergriffen werden sollen, um das System auf den gewünschten Zustand zubringen. Und auch bei der Umsetzung der beschlossenen Maßnahmen kommt es zu Verzögerungen.

In einem ungedämpft oszillierenden System allerdings schießen die Korrekturmaßnahmen regelmäßig über das Ziel hinaus, verändern ihre Richtung und verfehlen dann die Zielvorgabe wieder. Dieser Vorgang wiederholt sich fortwährend und regelmäßig. Das Über-das-Ziel-hinausschießen entsteht durch eine gleichmäßige Verzögerung der negativen Rückkopplung an zumindest einer Stelle im System. Die Verzögerung führt zu Korrekturmaßnahmen, die dann noch wirken, obwohl der Zustand des Systems die Zielvorgabe bereits erreicht hat. Die Korrekturmaßnahmen schießen dann über die Zielvorgabe hinaus und zwingen das System zu einer verstärkten Anpassung und lösen dabei erneute Korrekturmaßnahmen in die entgegengesetzte Richtung aus.

Vor allem in sozialen Systemen führen Eingriffe häufig nicht sofort zu entsprechenden Ergebnissen. Es kommt zu Verzögerungen. Dadurch entstehen Oszillationen im Zeitverlauf, die in einem beliebigen Teil der negativen Rückkopplung stattfinden können. Sie können viele Ursachen haben, wie am Beispiel einer Lagerhaltung erläutert wird (Abbildung 6-12). Das Berichtswesen über den Lagerbestand erfolgt nicht zeitnah sondern verspätet. Erforderliche Korrekturmaßnahmen erfolgen dann zu spät, weil die Zielabweichungen nicht rechtzeitig erkannt und Entscheidungen nicht schnell genug getroffen wurden. Und schließlich wirken die Aktionen nicht sofort. So z.B. braucht es im Unternehmen seine Zeit, den Lagerbestand zu erfassen und darüber zu berichten. Das Management kann erst nach reiflicher Überlegung -und auch nicht sofort- die entsprechende Produktionsentscheidung treffen, um den Lagerbestand an die Zielvorgabe anzupassen. Das erforderliche Rohmaterial lässt sich außerdem nicht von heute auf morgen beschaffen. Die eventuell zusätzlich benötigten Mitarbeiter und andere Ressourcen stehen nicht sofort zur Verfügung. Alle diese Verzögerungen an den unterschiedlichen Entscheidungspunkten der Rückkopplung verursachen die Schwankungen (Oszillationen) im Lagerbestand.

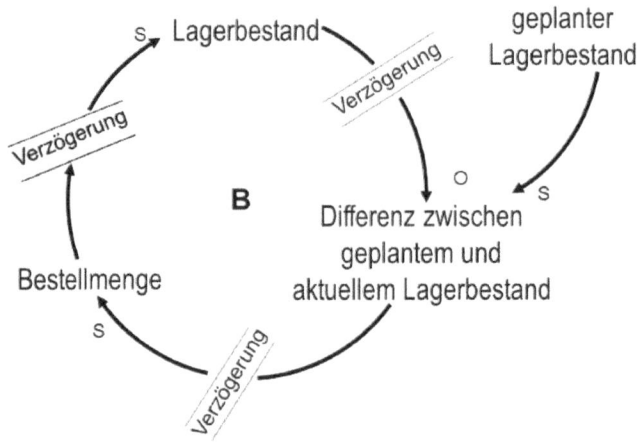

Abbildung 6-12: Es kommt zu Verzögerungen, wenn Systemeingriffe nicht unmittelbar zu den gewünschten Ergebnissen führen.

6.2.4.2 Gedämpfte Schwingungen

Eine weitere ausgeprägte Eigenschaft von Schwingungen ist Dämpfung (Abbildung 6-13). Im Gegensatz zu ungedämpften Schwingungen nimmt bei einer gedämpften Schwingung die Amplitude ab und wird in jedem Zyklus kleiner im Vergleich zum vorangegangenen. Gedämpfte Schwingungen zeigen Systeme deren Verhalten von Ermüdung oder Irversibilität (Dissipation oder Verlust) bestimmt wird. Dies trifft auf sozioökonomische Systeme zu, wenn Fakten und deren Kenntnisse verzögert zu Maßnahmen führen oder vorenthalten werden oder wenn in physikalischen Prozessen Reibungsverluste auftreten.

Im Geschäftsleben können gedämpft oszillierende Zeitverläufe häufig beobachtet werden. Die Amplitude der Schwingung nimmt zwar ab, bleibt aber weiter bestehen, weil das System laufend auf Informationen oder andere Maßnahmen reagiert. So sind kurzfristige Geschäftszyklen in ihrem Zeitverlauf gedämpft. Das gedämpfte Systemverhalten wird durch mehrere negative Rückkopplungen ausgelöst, wenn zum Beispiel Unternehmen ihre Produktion dem Lagerbestand von Rohmaterialen und Fertigprodukten angleichen. Die einzelnen negativen Rückkopplungen oszillieren, weil die Anpassungen verzögert erfolgen, speziell durch veränderte Nachfrage und Schwankungen in der Personalbeschaffung und im Rohstoffeinkauf.

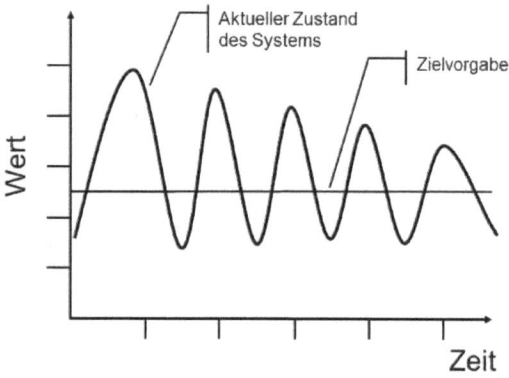

Abbildung 6-13: Gedämpfte Schwingungen entstehen, wenn Fakten und deren Kenntnisse verzögert zu Maßnahmen führen.

Weitere Beispiele dafür sind in der Natur die Regelung der Pupillenöffnung in Abhängigkeit von der Helligkeit oder die Wirkung von Medikamenten zur Dämpfung überschießender Immunreaktionen und in der Wirtschaft die Regelung von Angebot und Nachfrage oder der Verbrauch von Rohstoffen, die nicht mehr zurück gewonnen werden können.

6.2.4.3 explodierend oszillierende und chaotische Zeitverläufe

Ein unkontrolliert sich entwickelndes Oszillationsverhalten wächst entweder so lange bis es zur Ruhe kommt und in einen gedämpften Zustand übergeht oder es wächst so lange bis das System zerfällt. Deshalb kommt unkontrolliertes Schwingungsverhalten in Wirklichkeit kaum vor, und wenn, dann hält es meist nicht sehr lange an (Abbildung 6-14).

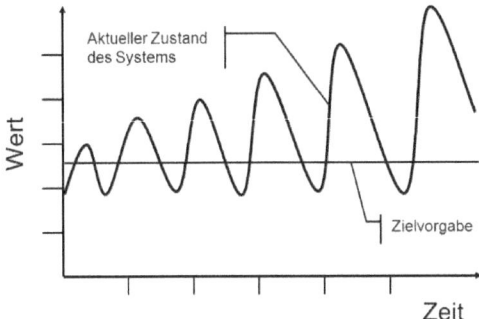

Abbildung 6-14: Unkontrollierte Oszillation führt zur Zerstörung des Systems.

Völlig ungeordnetes, chaotisches Verhalten zeigt einen Zeitverlauf, der sich unregelmäßig entwickelt und auch keinen regelmäßig wiederkehrenden sondern einen in hohem Maße unbegrenzten unendlichen Zyklus aufweist. Man kennt derartige Zeitverläufe aus der Wetter- und Klimabeobachtung (Abbildung 6-15).

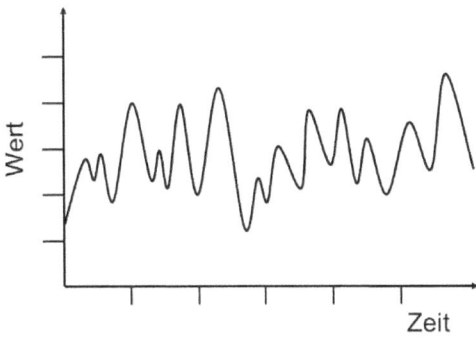

Abbildung 6-15: Chaotisch oszillierende Zeitverläufe können bei Wetter- und Klimaschwankungen beobachtet werden.

6.2.5 s-förmige Zeitverläufe

Nichts wächst oder nimmt für immer ab. Letzten Endes bringen eine oder mehrere Beschränkungen die wachsende oder nachlassende Dynamik zum Erliegen. Daraus resultiert eine weitere Grundform von Zeitverläufen, die s-förmig gestaltet ist (Abbildung 6-16). Eine sorgfältige Betrachtung eines s-förmigen Zeitverlaufs zeigt, dass es sich dabei um eine Verbindung von zwei unterschiedlichen Trends handelt: exponentielles Wachstum und zielsuchendes Verhalten. Genauer, im Falle von s-förmigem Wachstum gibt exponentielles Wachstum einen zielsuchenden Prozess in dem Maße nach wie das System die Grenzen seiner Leistungsfähigkeit erreicht.

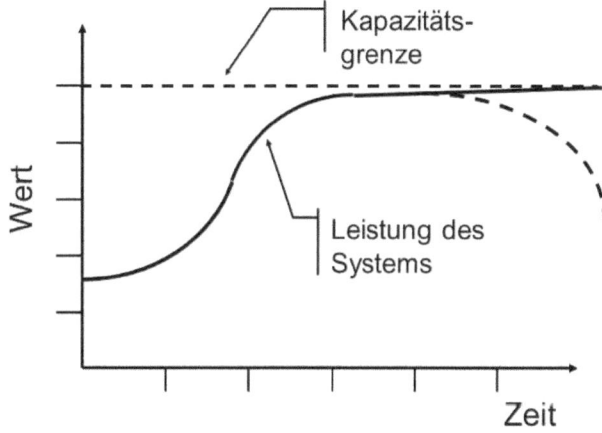

Abbildung 6-16: in Systemen mit s-förmig verlaufenden Zeitverhalten wird eine positive Rückkoppelung durch eine negative ausgebremst.

Dies lässt sich anschaulich am Beispiel (Abbildung 6-17) eines Unternehmens erläutern, das versucht die Leistung seiner Mitarbeiter durch Fördermaßnahmen zu steigern. Je besser diese Maßnahmen wirken umso effektiver wird die Leistung der Mitarbeiter (R in Abbildung 6-17). Die gesteigerte Leistung der Mitarbeiter führt dann auch zu einer höheren Erwartungshaltung der Mitarbeiter (B in Abbildung 6-17) und die Anzahl der geleisteten Arbeitsstunden nimmt zu. Dadurch nehmen die Leistungsreserven der Mitarbeiter ab. Sobald die Grenze der

Leistungsreserven erreicht wird, ist eine weitere Steigerung der Gesamtleistung aller Mitarbeiter nicht mehr möglich. Wird jedoch die Leistungsreserve durch eine erhöhte Erwartungshaltung der Vorgesetzten überschritten, dann kann die Leistungsfähigkeit des Systems insgesamt abnehmen, weil aufgrund von Arbeitsüberlastung Krankmeldungen zunehmen oder Mitarbeiter kündigen.

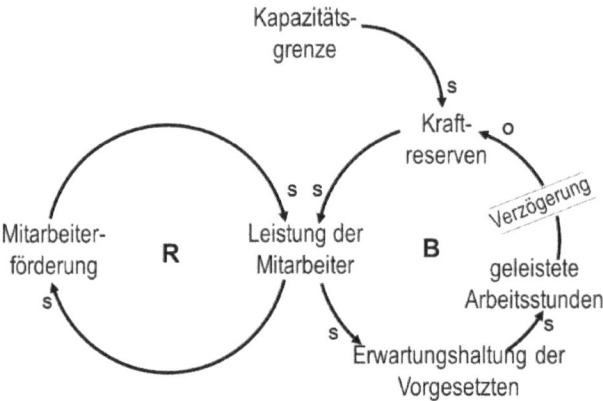

Abbildung 6-17: Leistung (Wachstum) lässt sich nicht beliebig steigern.

Entscheidend für s-förmiges Zeitverhalten eines Systems ist eine nichtlineare Wechselwirkung zwischen der positiven und der negativen Rückkopplung. Zunächst ist die Leistungsfähigkeit des Systems bei weitem noch nicht erschöpft, die Grenzen des Wachstums oder Verfalls sind noch lange nicht erreicht und die positive Rückkopplung überwiegt. Die Leistung des Systems wächst oder fällt exponentiell und es nähert sich der Grenze seiner Leistungsfähigkeit. Unmittelbar an der Grenze des Wachstums wird das Gewicht der negativen Rückkopplung immer größer bis sie die Dynamik des Systems beherrscht. Am Wendepunkt des s-förmigen Zeitverlaufs verändert das System sein Verhalten. Wachstum oder Verfall nehmen ab und die Verlangsamung überwiegt. Der Wendepunkt markiert den Wechsel von positiver zu negativer Rückkopplung. Wachstum wird immer mit seinen Grenzen konfrontiert, wie das Wachstum von Pflanzen, die Markteinführung neuer Produkte, die Akzeptanz neuer Technologien oder die Fähigkeit, sich neues Wissen anzueignen.

Ein System erzeugt nur dann s-förmiges Wachstum oder s-förmigen Verfall, wenn zwei entscheidende Voraussetzungen erfüllt sind. Zum einen darf die negative, das Wachstum oder den Verfall abbremsende Rückkoppelung keine Verzögerungen einschließen. Trifft dies zu, dann schießt das Systemverhalten über das Ziel hinaus und oszilliert. Zweitens muss die Kapazitätsgrenze, die Leistungsfähigkeit, des Systems konstant sein. Sie kann nicht ohne Umbau des Systems verändert werden, anderenfalls verbraucht es seine Ressourcen und fördert seinen Untergang so wie eine Kolonie von Hefebakterien, die bei der Fermentation von Zucker zu Wein letztlich den Zucker aufbraucht und so die Vergärung zum Stillstand bringt.

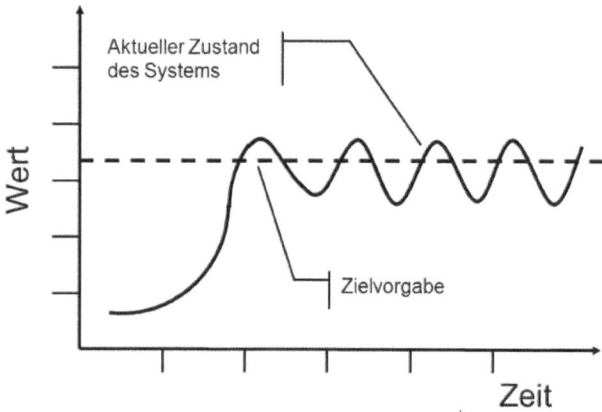

Abbildung 6-18: An der Grenze seiner Leistungsfähigkeit oszilliert ein System.

Wenn ein System in seiner Leistungsfähigkeit über das Ziel hinausschießt, aber das Leistungsvermögen des Systems nicht vollständig zerstört ist, dann tendiert das System nahe am Niveau seiner Leistungsfähigkeit zu oszillieren (Abbildung 6-18). Falls jedoch die Leistungsfähigkeit ganz geschädigt ist, dann bricht das System vollkommen zusammen. Überschreitet ein System die Grenzen seines Aufnahmevermögens, dann kann es auch vorkommen, dass die Systemkomponenten einen entgegengesetzten s-förmigen Zeitverlauf bilden. Genauso wie ein üblicher s-förmiger Zeitverlauf ist auch ein entgegen gesetzter Zeitverlauf eine Anordnung von zwei Zeitverläufen: exponentieller Zerfall und selbstverstärkender spiralenförmiger Rückgang.

6.2.6 *Zeithorizont*

Gesellschaften, die weder schreiben noch lesen können, vermögen nur wenige Jahre zurückzudenken. Alle Erfahrungen aus der Vergangenheit fallen unter den Begriff „damals". Der Blick in die Zukunft, die Fähigkeit zu planen, wird mit „demnächst" oder „nachfolgend" erfasst. Auch mit Hinweisen auf kommende Jahreszeiten, Festtage oder das Älterwerden von Familienangehörigen wird die Zukunft beschrieben. Mit der Einführung der Uhr und eines Kalenders als Zeitmessung wurde es aber möglich, einen Zeithorizont von der Vergangenheit in die Gegenwart zu erfassen und in die Zukunft zu planen. Denn jedes System und vor allem komplexe Systeme haben einen bestimmten Zeithorizont, innerhalb dessen sich einigermaßen verlässliche Aussagen über ihre Entwicklung machen lassen. Nur die richtige Wahl des Zeithorizonts führt zu einer genauen Analyse des Systemverhaltens in der Vergangenheit und erlaubt nachhaltig wirkende Entscheidungen für die Zukunft zu treffen. Denn vor allem komplexe Systeme antworten auf langfristig angesetzte Entscheidungen vielfach anders und oft entgegensetzt zu kurzfristig getroffenen Maßnahmen. Dieser durch äußere oder biologische Gegebenheiten bestimmte (deterministische) Zeithorizont ist nicht in allen Systemen gleich sondern von System zu System unterschiedlich.

Systeme, die stabil erscheinen, können sich durchaus über einen längeren Zeitraum betrachtet, als unbeständig erweisen. Sie verändern sich im Laufe der Zeit. Diese Entwicklung wird nur dann wahrgenommen, wenn man einen passenden Zeitrahmen für die Beobachtung wählt. Er kann einige Stunden umfassen, wenn man mit einem biologischen Problem beschäftigt ist, zum Beispiel mit der Ausscheidung und dem Abbau von Insulin im menschlichen Körper oder auch mehrere Jahre, wenn man zum Beispiel den Lebenszyklus von Konsumgütern oder die Entwicklung des Aktienmarktes untersucht. Manchmal ist es auch zweckmäßig, eine Zeitachse zu wählen, die sich über mehrere Jahrzehnte erstreckt, wenn man zum Beispiel die Entstehung von Arbeitslosigkeit erforscht oder Klimaschwankungen analysiert. Die Zeitskalen der internen Differenziertheit des Klimasystems reichen von Stunden für das Wetter, über Monate für Oberflächenströmungen der Ozeane bis hin zu Jahrhunderten und Jahrtausenden für ozeanische Tiefenströmungen und Landeisgebiete. Die Wahl des Zeithorizontes dient hier zur Untersuchung des Systemverhaltens in der Vergangenheit.

Die Vorhersage kurzfristiger zukünftiger Zielrichtungen ist aber nahezu unmöglich. Umsatzzahlen oder die kurzzeitige Entwicklung einzelner Aktienkurse sind schwer vorherzusagen Hingegen kann der langfristige Trend einer Entwicklung verlässlicher abgeschätzt werden. Von Bedeutung ist dies vor allem, wenn man sich einen Überblick über die zukünftige Tendenz makroökonomischer, demographischer, politischer Konstellationen verschaffen will. Regierungen und Unternehmensleitungen, die von derartigen Entwicklungen nicht nur Notiz nehmen, sondern ihre Strategie auch darauf hin ausrichten, werden langfristig erfolgreich sein.

Die Festlegung des Zeithorizontes ist eine grundlegende Vorgehensweise, um ein dynamisches Problem übersichtlich abzustecken und es zeigt sich in der graphischen Darstellung der Systemvariablen. Die folgenden Beispiele sollen verdeutlichen, wie man sich mit Hilfe der richtigen Wahl des Zeithorizonts einen verlässlichen Überblick über eine Systemstruktur und deren zukünftigem Verhalten verschaffen kann.

Angenommen uns beschäftigen Probleme im Zusammenhang mit der Produktion, dem Verbrauch und den Kosten von Erdöl. Wenn wir für die Fördermenge einen Zeithorizont , der von 1990 bis 2015 reicht, betrachten dann müssen wir politische Konstellationen, Öl- und Gasembargos, Importe, Exporte, verschiedene internationale Bereiche, etc. berücksichtigen. Wenn wir aber stattdessen den zeitlichen Rahmen von 1860 bis 2015 festlegen, rücken völlig unterschiedliche Erkenntnisse in unseren Blickpunkt. Innerhalb einer derart langen Zeitspanne, würden Embargos als nicht mehr als winzige Störungen, als verschwindend kleine Unregelmäßigkeiten im Langfristmuster erkennbar. Folglich wird die Aufmerksamkeit des Betrachters auf andere langfristig wirkende Größen der Produktion und des Verbrauchs von Erdöl, wie Exploration, Verbrauchstrends und Kosten gelenkt. Außerdem kann die Entwicklung von Vorräten, Produktion und Verbrauch über einen längeren Zeitraum graphisch überzeugender dargestellt werden, als wenn man sich mit kurzfristigen Veränderungen befasst.

Ein weiteres Beispiel für die Bedeutung des Zeithorizonts ist die Planung des Treibstoffverbrauchs von Luftfahrtunternehmen. Er stellt mit rund 17,0 bis 19,0 Prozent der betrieblichen Aufwendungen einen erheblichen Kostenfaktor da. Starke Veränderungen der Treibstoffpreise können somit das operative Ergebnis beträchtlich beeinflussen. Deswegen betreiben Luftfahrtunternehmen eine Treibstoffpreissicherung vielfach mit einem Zeithorizont von bis zu 30 Monaten, um Risiken, die durch Schwankungen der Treibstoffpreise entstehen könnten, zu verringern.

Speziell bei Rohstoffen muss beachtet werden, dass Preisveränderungen kurz-, mittel- und langfristig auftreten können. Z.B. wurden im Jahre 1900 weltweit 6.800 Tonnen Aluminium hergestellt, im Jahr 2009 waren es bereits 27 Millionen Tonnen. Trotz dieses enormen Anstiegs des Weltverbrauchs sind die Preise von 1900 bis 2009 kontinuierlich um ca. 70 Prozent gefallen, wenn gleich zwischendurch immer wieder Preisanstiege stattfanden. Die Verringerung der Preise ist die Folge gestiegener Produktivität und vermehrten Wettbewerbs, da die Nachfrage nach Aluminiumprodukten stetig zugenommen hat.

Für die Gestaltung der Zukunft kann man unter dem Zeithorizont den Rahmen verstehen, in dem bei jeder Handlung die Wahl des Ziels und die zu dessen Erreichung zur Verfügung stehenden Mittel ins Verhältnis zu einander gesetzt werden. Erstellt man Pläne für die nächsten 10 Jahre, kommen ganz andere mögliche Ziele ins Blickfeld und dadurch andere Mittel zur deren Realisierung als bei Plänen, die einen Zeitraum von vier Jahren oder nur einem Quartal in Betracht ziehen. Gleichzeitig bleiben mögliche Auswirkungen von Maßnahmen, die zur Verwirklichung kurzfristiger Ziele eingesetzt werden, hinter dem jeweiligen Zeithorizont verborgen. Zwischen kurzfristigen Reagieren und langfristigen Handeln liegt eine Vielzahl von Möglichkeiten. Der Zeithorizont kann daher ein Fenster zur Nachhaltigkeit öffnen.

In der Politik und der Unternehmensführung glaubt man nach wie vor weitgehend an den Wert von Prognosen, sofern nur genügend Daten und Informationen vorliegen. Wir erleben heute eine wahre Sintflut von Informationen. Zugleich erkennen wir jedoch, dass damit nicht notwendigerweise auch unser Wissen zugenommen hat. Statt sich auf das System selbst und sein Verhalten zu konzentrieren, macht man Vorhersagen, die auf den viel zu umfangreichen und oft verwirrenden Informationen beruhen, zu Entscheidungsgrundlagen. Das hat zumeist katastrophale Auswirkungen, weil nicht weit genug in die Zukunft gedacht wird.

Politiker sollten demnach weiter denken, klüger handeln, den Zeithorizont für Entscheidungen erweitern. Durchschnittlich alle vier Jahre müssen sich Politiker in Deutschland einer Wiederwahl stellen. Dieser beschränkte Zeithorizont diktiert zu einem wesentlichen Teil das politische Geschehen. Das verhindert eine kontinuierliche Entwicklung der Gesellschaft, führt nur selten zu Verbesserungen der Systemstrukturen und hemmt die Verwirklichung von Visionen, die dringend notwendig sind, um eine Stadt, eine Region und ein Land weiterzubringen. Mit dem Blick auf Wählerstimmen wird eine Politik mit kurzem Zeithorizont betrieben anstatt sich langfristig tragfähigen Problemlösungen zu widmen. Oft genug orientiert die politische Führung ihr Handeln an Umfrageergebnissen, die in einem Land, das permanent in Vorwahlzeiten lebt, eine fatale Wirkung entfalten: der Zeithorizont schrumpft beängstigend.

Zur Lösung der vielen anstehenden Probleme in der Politik bedarf es aber eines viel längerfristigen Zeithorizonts als vier bis fünf Jahre, um daraus resultierende gesetzgeberische Maßnahmen zu entwickeln und Entscheidungen zu treffen. Vielleicht könnte die Landwirtschaft im Hinblick auf längere Zeithorizonte für die politische oder unternehmerische Strategieplanung als Vorbild dienen. Ein Bauer wird nie auf die Idee kommen, seinen Erfolg am Quartalabschluss zu messen. Mit diesem Zeithorizont würde er weder Getreide säen noch Jungvieh aufziehen. Erfolgreich ist ein Bauer, der nach einer Generation noch gleich fruchtbare Böden hat wie zur Übernahme des Hofes und der in dieser Zeit neben der Erhaltung und Erneuerung seines Betriebes für seine Familie ein ausreichendes Einkommen erzielt.

Den Sinn den Japaner für langfristige Planungen und Entwicklungen haben, kann die folgende Anekdote gut veranschaulichen. Als sich ein japanisches Unternehmen um eine Zusammenarbeit an der Entwicklung des Yosemite National Parks in Kalifornien bewarb, berücksichtigte es das durchschnittliche Alter der Riesenmammutbäume (Redwood Tree) und reichte verständlicherweise einen Geschäftsplan über 250 Jahre ein. Die Reaktion der Parkverwaltung war dann in etwa: "Na so was! Da bekommen wir ja tausend Quartalsberichte!"

Noch anschaulicher für die Wahl des richtigen Zeithorizonts für nachhaltige Entscheidungen ist der Fall eines Ackerbauern: Der Bauer benötigt pro Jahr 1.500 kg Getreide zur Ernährung seiner Familie. Gerade so viel erntet er jedes Jahr. Da jedoch 10% der Ernte als Saatgut für das nächste Jahr gebraucht werden, muss die Familie faktisch mit 1.350 kg auskommen. Um diesen Konflikt ohne Unterstützung von außen zu bewältigen, ist es erforderlich, für einen Vegetationszyklus mit noch weniger Getreide, nämlich mit nur 1.200 kg, auszukommen, um für das nächste Jahr dann die doppelte Saatgutmenge zu haben, mit der sich die

Mangelsituation bei sonst genügenden Ressourcen an Ackerfläche und Zeit fortgesetzt in einen Expansionsprozess umwandeln lässt.

Auch die Diplomatie der Volksrepublik China zur Wiedervereinigung mit Taiwan ist langfristig über mehrere Generationen angelegt. Sie wird wahrscheinlich dann stattfinden, wenn sich die beiden Volkswirtschaften politisch und wirtschaftlich angenähert haben.

6.2.7 Logik

Zum Abschluss der Betrachtungen über Zeitverläufe und Zeithorizonte noch eine Anmerkung zur Logik. Mit ihr erfassen wir den widerspruchsfreien Teil unserer Wirklichkeit und klammern aber den widersprüchlichen aus. Logik beachtet nicht die Zeitdimension. Sie ist zeitlos und entsteht aus Wenn-dann-Aussagen, die als Ursache und Wirkung erklärt werden. Zum Beispiel friert Wasser bei 0°C zu Eis und Eis schmilzt bei 0°C zu Wasser. *Wenn* also Wasser die Temperatur von 0° C erreicht, *dann* friert es. Es ändert seinen Aggregatszustand von flüssig zu fest. Das bedeutet, eine Temperatur von 0° C bringt Wasser zum Frieren oder Eis zum Tauen. Und wenn die Temperatur von 0° C nicht erreicht wird, dann friert Wasser eben nicht und Eis wird nicht flüssig. Die Zeit spielt hier keine Rolle. Trotzdem nutzt systemisches Denken die Logik, geht aber über sie hinaus, indem es zwei wesentliche, der Logik fehlende Dimensionen hinzufügt: die Zeit sowie die Selbstbezüglichkeit (Feedback).

6.2.8 Zusammenfassung

Aus einem bereits erkannten zeitlichen Entwicklungsmuster kann man Rückschlüsse auf die Systemstruktur ziehen. Denn die Feedbackstruktur eines Systems erzeugt sein Verhaltensmuster. Dabei begegnen wir einer kleinen Gruppe von nur vier grundlegenden Verhaltensmustern oder Erscheinungsformen von Zeitverläufen der Schlüsselvariablen eines Systems: lineares Zeitverläufe, exponentielles Wachstum oder Verfall, zielsuchend oder oszillierend. Jede dieser Erscheinungsformen entsteht durch eine ihr zugrunde liegende spezielle Feedbackstruktur. Ein positiver Feedbackprozess verursacht exponentielles Wachstum oder Verfall, ein zielsuchendes Verhalten hat seine Ursache in einem negativen Feedbackprozess und Oszillation wird von einem negativen Feedbackprozess mit Verzögerungen erzeugt. Komplexere Verhaltensmuster wie s-förmiges Wachstum, ein an seiner Kapazitätsgrenze befindliches System und der Zusammenbruch eines Systems resultieren aus einer nichtlinearen Wechselwirkung dieser drei elementaren Feedbackstrukturen.

Aus dem Verhalten eines Systems, dem Zeitverlauf der Schlüsselvariablen, können wir seine Feedbackstruktur erfassen. Immer wenn wir ein charakteristisches Verhaltensmuster erkennen, wissen wir welche Feedbackstruktur im betreffenden Beobachtungszeitraum vorherrscht. Sehen wir z.B., dass die untersuchte Variable im Zeitverlauf regelmäßig oszilliert, dann bedeutet das, dass zumindest ein negativer Feedbackprozess mit einer ausgeprägten Verzögerung vorliegt. Der Zeitverlauf führt uns zur vorherrschenden Systemstruktur und lenkt unsere Aufmerksamkeit auf die Verzögerungen, die diesem negativen Feedbackprozess beherrschen. Zwar ist diese Vorgehensweise eine bewährte Hilfe den vorherrschenden Feedbackprozess zu erfassen und zu verstehen aber es muss immer berücksichtigt werden, dass das untersuchte System im Laufe seiner Veränderung noch weitere Feedbackprozesse beinhalten kann, die erst später wirksam werden.

6.3 Strukturen
Was verursacht die beobachteten Trends?

Strukturen, die einem nicht bewusst sind, halten einen gefangen! Immer wenn man einem Trend, ein Ereignismuster oder den Zeitverlauf von Schlüsselvariablen eines Systems beobachten kann, kommt man der Systemstruktur näher, die diesen Trend antreibt. Solche Trends sind zum Beispiel Umsatzrückgänge in den letzten Quartalen, Budgetüberschreitungen in den letzten Jahren, der Krankenstand in den Wintermonaten der vergangenen Jahre, die Reklamationsquote in den zurückliegenden Monaten, starke Personalfluktuationen seit einigen Jahren oder steigende Produktionsengpässe seit mehreren Jahren. Die Entwicklung dieser Ereignisse kann jeweils in den unterschiedlichen Zeitverläufen erfasst werden. Und diese wiederum geben Hinweise auf die Struktur des Systems

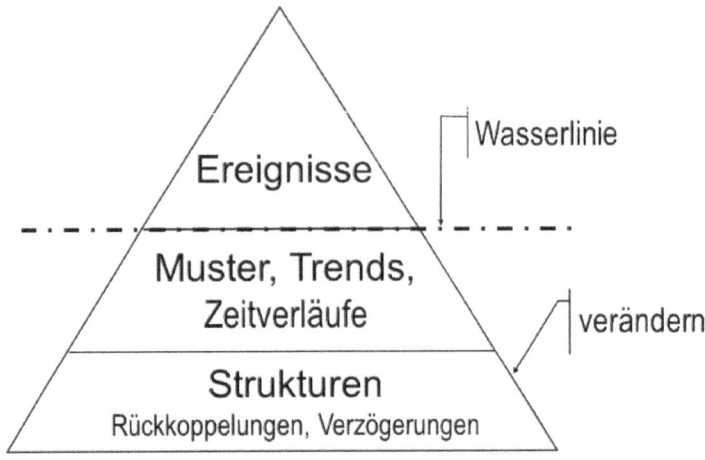

Abbildung 6-19: Ein Systemverhalten kann nur durch den Umbau der Systemstruktur verändert werden.

Worin liegt der Vorteil, wenn man Trends anstelle von einzelnen Ereignissen wahrnimmt? Das Aufdecken von Trends hilft, ein nahe liegendes Ereignis im Zusammenhang mit anderen ähnlichen Ereignissen zu sehen. Dabei wird der Brennpunkt des Interesses einem einzelnen Ereignis entzogen und das Interesse auf eine Folge zusammenhängender gleicher Ereignisse und ihrer Entstehung gerichtet. Um schließlich Ereignisse vorauszusehen und letztlich einen Trend zu verändern muss die Wahrnehmung nochmals verlagert werden: nämlich auf die Ebene der Struktur (Abbildung 6-19). Die Struktur von Systemen besteht aus den Systemgrenzen, der Rückkopplung, Verzögerungen, Zustands- und Flussgrößen sowie eventuellen Zielen, Istzuständen, Unterschiede zwischen Zielen und Istzuständen und Maßnahmen, die diese Unterschiede beseitigen.

So führt uns die Sprache des Systemdenkens weiter zum Grund des „Eisberges". Sie verbindet die beobachteten Muster mit der Struktur, die diese erzeugt. Wie entstehen Muster und Trends? Aus der Systemsicht sehen wir sie als Ergebnis einer zugrunde liegenden Struktur. Manche Strukturen sind leicht zu erkennen, wie zum Beispiel physikalische Gesetze, Maschinen, Schiffe, Motoren, Moleküle, Rechtsordnung, Berichtswesen oder Verträge. Manche Strukturen wiederum liegen viel tiefer unter der Oberfläche und sind nicht sofort erkennbar. Es handelt sich bei u. a. um Familien, Lagerhaltung, Unternehmen, Steuersysteme, Krankenhäuser, Währungssysteme, Wertschöpfungsketten oder Regierungssysteme.

Sobald wir die Struktur eines Systems begreifen, können wir Trends und Muster besser vorhersehen, weil wir die Ursachen ihrer Entstehung kennen. Wir können dann neue Systemstrukturen entwickeln oder bestehende im gewünschten Sinn verändern. Wenn wir die Leistung eines Systems verbessern wollen, dann verspricht eine Veränderung oder eine Neugestaltung seiner Struktur eine viel nachhaltigere Wirkung auf die Leistungsfähigkeit eines Systems als die kurzfristige Behebung einer Krise. Und Diskussionen, die auf die Systemstruktur fokussiert sind, öffnen mehr Chancen Neues zu lernen.

Fragen wie *„warum tritt dieser Trend auf?"*, *„warum wurden die Ziele verfehlt?"* oder *„was verursacht diese Ereignisse?"* führen zu der den Ereignissen und Trends zugrunde liegenden Struktur. Auf der Strukturebene zu denken, bedeutet ursächliche Zusammenhänge für auftretende Probleme zu erkennen. Denn die Struktur bestimmt das Verhalten eines Systems. In der Strukturebene liegt der Schlüssel für nachhaltige und wirksame Problemlösungen wie das folgende Beispiel zeigt.

In einem Unternehmen wurden die Umsatz- und Ergebnisziele in einer Produktgruppe nicht erreicht. Der zuständige Bereichsleiter ruft eine Besprechung ein, um die Ursachen für die verfehlten Ziele zu finden. *Was ist passiert? Welche Maßnahmen wurden ergriffen? Welche Anstrengungen wurden unternommen, um die Ziele zu erreichen?* Waren einige der Fragen, die reihum diskutiert wurden. Einer nach dem anderen gab eine endlose Aufzählung von Erklärungen für die Gründe der Planabweichungen. Alle konzentrierten sich auf Begründungen für die Schritte, die unternommen wurden, um die Umsatz- und Ergebnisziele zu erreichen. Aber am Ende der Diskussion versanken die Ursachen für die enttäuschenden Ergebnisse noch immer im Nebel. Das lag daran, weil die entscheidende Frage nicht gestellt wurde: *Warum haben wir unsere Ziele nicht erreicht?* Die wirksame Frage „warum" zwingt dazu, tief schürfender zu denken und zu den Ursachen des Problems vorzudringen, nach Erklärungen für das Verhalten verschiedener Variablen im Zeitverlauf und den zugrunde liegenden Strukturen zu suchen.

Hier ist jedoch Umsicht angebracht. Wenn die Frage „warum?" nicht mit Bedacht gestellt wird, kann sie durchaus eine abwehrende Haltung auslösen, weil Personen versuchen, ihre Antwort zu rechtfertigen anstatt sich konstruktiv zu verhalten. Zum Beispiel können die Fragen *„Warum kannst Du mir nicht genau sagen, was Du denkst?"* oder *„Warum verhältst Du dich in der Weise und nicht anders?"* jemanden dazu veranlassen, eine bestimmte Position zu verteidigen oder zurück liegende Entscheidungen zu rechtfertigen anstatt sich für neue Entwicklungsmöglichkeiten zu öffnen. Wenn hingegen eine Warum-Frage aus ernsthafter Wissbegierde gestellt wird, wie *„Ich wüsste gern, warum sich das ereignet hat?"*, dann fördert eine offene Frage hilfreiche Einsichten in die Problemstellung.

Maßnahmen und Problemlösungen, die auf der Strukturebene ergriffen werden, verändern das Verhalten des Systems in die gewünschte Richtung. Das veränderte System verhält sich in Zukunft anders als ursprünglich. Das bedeutet aber nicht, dass Entscheidungen ausschließlich auf der Strukturebene gefällt werden müssen. Die Konzeption der drei Wahrnehmungsebenen ist relativ und nicht absolut. Denn die Wirksamkeit das zukünftige Verhalten eines Systems zu verändern, nimmt zwar zu, sobald wir uns für unsere Entscheidungen von der Ereignisebene über die Trendebene zur Strukturebene bewegen. Aber in bestimmten Situationen haben wir keine andere Wahl als die Problemlösung auf der Ereignisebene anzugehen –zum Beispiel, wenn plötzlich Störungen in der Produktion auftreten. Sie müssen unmittelbar auf der Ereignisebene behoben werden. Das reicht aber nicht, um Störfälle in Zukunft zu verhindern. Es muss der gesamte Produktionsablauf überprüft und auf eventuelle Schwachstellen anhand der Konstruktionspläne untersucht werden. Nachforschungen auf der Strukturebene müssen einsetzen und Verbesserungsvorschläge zur Verhinderung von Störfällen unmittelbar umgesetzt werden. Fragen, die den Störfall auf der Strukturebene untersuchen, könnten lauten: *„Warum ist es zu diesem Störfall gekommen?" „Entspricht die Produktionsanlage dem Stand der Technik?" „Könnten Materialermüdungen den Störfall verursacht haben?" „Sind die Inspektionsintervalle eventuell zu lang?" „Sind die Mitarbeiter ausreichend geschult?"*

Einen noch besseren Einblick in Systeme bekommen wir, wenn wir zwei zusätzliche Verständnisebenen dem *Ereignis/Zeitverlauf/Struktur* - Modell hinzufügen. Es sind dies *mentale Modelle* und *Visionen*. Mit diesen zwei zusätzlichen Ebenen erweitern wir unser Verständnis von Systemen.

6.4 Mentale Modelle

Welche Annahmen verfestigen die vorhandenen Strukturen?

In der Systemdynamik, beinhaltet das mentale Modell unsere Auffassungen über das Ursache-Wirkungs-Netzwerk, das ein Systemverhalten beschreibt, die Systemgrenze innerhalb der die wesentlichen Variablen eingeschlossen sind und den als zwingend erachteten Zeithorizont.

Ferner wird die Beurteilung des Systemverhaltens maßgeblich von unseren mentalen Modellen beeinflusst. Sie sind persönliche tief verwurzelte Denkmodelle, die das Verständnis eines Sachverhalts formen, mit deren Hilfe wir planen und entscheiden, vorausblicken und erläutern. Sie helfen uns beim Denken. Menschen handeln nach den von ihnen entwickelten mentalen Modellen und bevorzugen Informationen, die die eigene Sichtweise unterstützen (Abbildung 6-20).

Bei Problemlösungen auf den beiden Wahrnehmungsebenen Trends und Strukturen werden Entscheidungsträger nachhaltig auch von ihren mentalen Modellen beeinflusst. Mentale Modelle sind Überzeugungen, Annahmen und Erklärungsmuster, die wir ungeprüft und zumeist kritiklos von den eigenen Sichten, anderen Personen, Sachverhalten und unserem Umfeld haben. Sie sind persönliche Sichten und Denkmodelle, die das Verständnis für einen Sachverhalt prägen, mit deren Hilfe wir wahrnehmen, planen und entscheiden. Mentale Modelle entwickeln sich zu Tatsachen, wenn sie ungeprüft übernommen werden.

Mentale Modelle sind zumeist unbewusst. Trotzdem haben sie starke Auswirkungen auf unsere Wahrnehmung und unser Verhalten. Erfahrungsgemäß ist ein mentales Modell immer nur ein Ausschnitt, ein verkleinertes Abbild eines Teils der Wirklichkeit. Es integriert Vorwissen, Fakten und Zusammenhänge zu einem Bild, das mit einem Ausschnitt der realen oder denkbaren Welt nur mehr oder weniger gut übereinstimmt. Entscheidungen, die unter dem Einfluss mentaler Modelle getroffen werden, basieren selten auf der umfassenden Beurteilung eines Sachverhalts.

Mentale Modelle weisen einige nachteilige Besonderheiten auf. Mentale Modelle beeinflussen unser Handeln und unsere Effektivität nachhaltig, weil sie auf unseren Verstand wie ein Filter wirken. Sie vernebeln, das was wir hören und sehen. Dies belegen viele Studien über Zeugenaussagen, die den denselben Vorfall oder dasselbe Verbrechen ganz unterschiedlich beschreiben. Mentale Modelle täuschen Tatsachen vor. Wir betrachten unsere Sichten als unumstößliche Wahrheit, so als ob es keine anderen erdenklichen Betrachtungsweisen gäbe. Dabei vergessen wir, dass sie nur unsere eigene, ganz persönliche Wahrnehmung der Wirklichkeit sind.

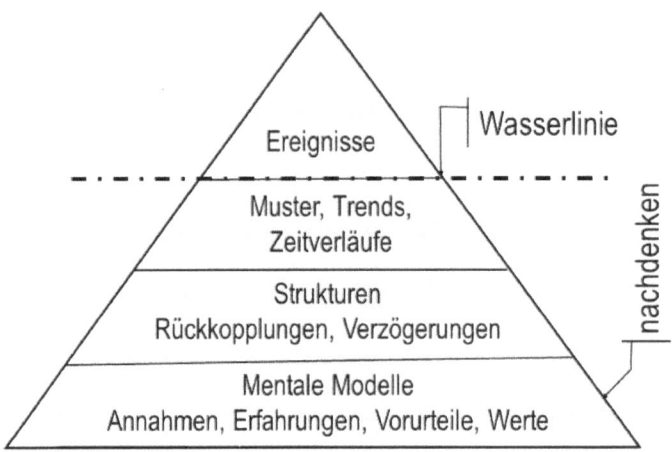

Abbildung 6-20: Ein vertieftes Verständnis der Systemstruktur erhält man durch die Betrachtung der ihr zugrunde liegenden mentalen Modelle.

Nicht alles ist so, wie wir es beobachten. Weil unsere mentalen Modelle oft nicht der Wahrheit entsprechen, sind sie mit Fehlern behaftet und unvollständig. In diesem Fall laufen wir bei Entscheidungen Gefahr, wieder Fehler zu erzeugen und in unerwünschte Schwierigkeiten zu laufen. Die Inflexibilität nimmt im Zeitverlauf zu, da die selbstverstärkenden Effekte mentaler Modelle ein Abrücken immer unwahrscheinlicher werden lassen.

Und leider erkennen wir mentale Modelle anderer leichter als unsere eigenen. Ganz besonders dann, wenn sie erheblich von unseren abweichen. Wir betrachten ihre als fehlerhaft. Und halten unsere Sichten solange aufrecht, bis wir durch Tatsachen vom Gegenteil überzeugt werden.

Wie entstehen unsere mentalen Modelle? Sie entstehen durch Vermutungen, Verdrängung, Entstellung, Ausblendung, Konstruktion, Verallgemeinerung und Ideologien.

Verdrängung ist ein Abwehrmechanismus, mit dem Vorstellungen, die im Konflikt mit anderen Vorstellungen stehen, ins Unbewusste abgedrängt werden. Der Betreffende setzt sich nicht mit dem anstehenden Problem auseinander. Zum Beispiel unterdrückt jemand bei politischem Druck, bei vorherrschender öffentlicher Meinung oder bei Sichten zu bestimmten Sachverhalten in einem Unternehmen, seine Gegenargumente aus Angst vor Nachteilen.

Bei der *Ausblendung* wird die eigene Wahrnehmung selektiert entsprechend unseren Stimmungen, Interessen, Vorstellungen und Ansprüchen. In einem Unternehmen wachsen Umsatz und Ergebnis und führen zu einer Situation der Wachstums- oder Expansionsbeschleunigung. Dann verlangsamt sich das Wachstum, scheinbar aus unerfindlichen Gründen und kommt schließlich zum Stillstand. Die Unternehmensführung blendet die neue Situation aus und beruhigt sich auf ihre Weise mit Beurteilungen wie *„Warum sollten wir uns den Kopf über nicht existierende Probleme zerbrechen?" „Wir werden wieder wachsen." „Gewiss, es gibt ein paar Probleme"* und trifft keine oder ungeeignete Entscheidungen anstatt die Ursache der Wachstumsbegrenzung zu beseitigen.

In der Politik ist Ausblendung weit verbreitet. Alle heutigen Belastungen –die hohe Steuern, die Gefahr der Verarmung weiter Bevölkerungskreise, der demographische Wandel, die Bildungsmisere, die Lage am Arbeitsmarkt, unzureichend qualifizierte Zuwanderer, die Unsicherheit der Energieversorgung, die Finanzmärkte, das Wirtschaftswachstum und die Anforderungen an den Sozialstaat- wurden seit Jahrzehnten vorhergesagt. Sie waren in ihren Auswirkungen lange erkennbar. Die Politik und in ihrem Gefolge Gewerkschaften und Kirchen der Wirklichkeit durch falsche Ideologien oder unsinnige Überzeugungen entrückt, waren bisher aber unfähig auf langsam voranschreitende Veränderungen zu reagieren. Dabei haben sie bislang versäumt, Strukturen zu schaffen, die Deutschland dauerhaft und umfassend zukunftsfähig machen. Die seit Jahrzehnten bestehenden Herausforderungen wurden ausgeblendet oder überhaupt nicht wahrgenommen.

Bei der *Konstruktion* als mentales Modell sehen wir etwas, das gar nicht existiert. Die Konstruktion erzeugt in uns eine Beobachtung der Wirklichkeit, die so nur eingeschränkt besteht. Die Konstruktion als mentales Modell ist von bereits vorhandenem Wissen abhängig, was zur Folge hat, dass sich mentale Modelle von Nichtfachkundigen und Spezialisten in gleichartigen Gegenstandsbereichen deutlich unterscheiden.

Bei *Verzerrung oder Entstellung* wandeln wir unsere Erfahrung ab und überhöhen bestimmte Teile des Wahrgenommenen und schwächen andere ab. Misstrauen ist ein gutes Beispiel dafür, wie hinderlich Verzerrung wirken kann. Ein misstrauischer Mensch kann alle möglichen, ungefährlichen Begebenheiten in bedenkliche und beunruhigende Möglichkeiten entstellen, die Grund zum seinem Misstrauen sein könnten.

Bei *Verallgemeinerung* erzeugen wir unsere eigenen mentalen Modelle, in dem wir selektive Erfahrungen auf Gruppen, Situationen oder Strukturen übertragen. In Kombination mit Vorurteilen sind Verallgemeinerungen eine besonders unerfreuliche Mischung.

Ideologien sind die Gesamtheit der von einer Bewegung, einer Gesellschaftsgruppe, einer politischen Partei oder einer Kultur hervorgebrachten Denksysteme, Wertungen und geistigen Grundeinstellungen. Sie sind ein System von Vorstellungen, das explizit oder implizit Anspruch auf eine absolut beweisbare Wahrheit erhebt. Ideologie heißt, einen Standpunkt allen anderen vorziehen und auf diesem Standpunkt zu verharren. Der Ideologe sieht die Welt von einem einzigen Standpunkt aus und kann sie dementsprechend erklären und versuchen, sie in seinem Sinne zu verändern. Ideologie ist die kollektive Art und Weise verschiedener Menschen, die sich auf ähnliche Ausdrücke und Werte verständigt haben, um die Welt zu deuten und zu verändern. Ideologien sind künstlich geschaffene Ideensysteme, vielfach ohne Bezug zur praktischen Wirklichkeit, und deshalb sind sie zerstörerisch.

So war einerseits die ideologische Grundlage der DDR ein "sozialistischer Staat". Die harte Realität dieses Staates war oft, dass die Einzelnen keine Stimme und kein Mitspracherecht hatten, keine demokratischen Strukturen existierten und auch materiell der Wohlstand lange nicht so groß war wie im Westen Deutschlands.

„Wir sind eine Familie.", „Wir setzen uns bedingungslos ein." Solche Grundsätze formen die Leitlinien mancher Unternehmen. Und auch ihre Führungskräfte kehren im Gespräch mit den Mitarbeitern oft das gemeinschaftliche WIR heraus, als ob Anteilseigner, Unternehmensführung und Mitarbeiter gleichartige Interessen hätten. Hingegen wäre es besser, die unterschiedlichen Interessenlagen darzustellen und danach zu handeln. Denn wenn Umsätze und Erträge sinken und die Unternehmensleitung im Extremfall Mitarbeiter entlassen muss, dann wirkt das kollektive WIR wie eine ideologische Illusion, die sich schnell verflüchtigt und das gegenseitige Vertrauen untergräbt, wenn dunkle Wolken im Geschäftsklima aufziehen.

Mentale Modelle sind meistens in selbstverstärkende, sich immer wieder erneuernde Strukturen eingelagert. Gerüchteküchen, Klischees, Panikkäufe, Beziehungen zwischen Vorgesetzten und Mitarbeitern, verschiedenen Organisationseinheiten in Unternehmen, gesellschaftlichen Gruppierungen, Eltern und Kindern sind einige Beispiele dafür, dass mentale Modelle zu bestimmten Verhaltensweisen führen, die Ergebnisse erzeugen, die unsere Anschauungen verstärken. Daher nimmt die Inflexibilität im Zeitverlauf zu, da die selbstverstärkenden Effekte ein Verlassen eines gewohnten Entscheidungsverhaltens, das eine Veränderung unseres mentalen Modells bedeuten würde, immer unwahrscheinlicher werden lassen.

Das Feedbackdiagramm (Abbildung 6-21) beschreibt die selbstverstärkende Natur mentaler Modelle. Sie beeinflussen die Auswahl der Daten, auf die wir unsere Aufmerksamkeit richten. Diesen Daten messen wir eine Bedeutung zu und entwickeln daraus unsere Erklärungsversuche. Schließlich ziehen wir daraus unsere Schlussfolgerungen und handeln ihnen entsprechend. In der Folge werden unsere mentalen Modelle, unsere Anschauungen über die Richtigkeit eines Sachverhalts, immer starrer und fester. Sie bilden dadurch einen immer kleiner werdenden Teil der Wirklichkeit ab.

Die selbstverstärkende Natur mentaler Modelle wirkt wie ein Gefängnis (Abbildung 6-21). Wie kommt es so weit? Unsere Fähigkeit, Schlüsse zu ziehen, ist ein lebenswichtiges Verhalten, das uns in die Lage versetzt, schnell bei unvorhergesehenen Ereignissen und effizient in Routinesituationen zu handeln. Wir unterstellen dabei, dass wir alle die Wirklichkeit genauso wahrnehmen wie wir selbst. Bei Meinungsverschiedenheiten verteidigen wir unsere Sichten und Entscheidungen. Dabei nehmen wir an, dass wir die gleichen Daten ausgewählt haben und ihnen auch die gleiche Bedeutung zumessen wie andere Personen, die von der gleichen Situation betroffen sind. Vielfach testen wir unsere Schlussfolgerungen nicht, sondern nehmen an, dass sie richtig und unumstößlich sind. Dabei verdrängen wir, dass unsere Annahmen und Anschauungen persönlicher Natur sind und einer objektiven Prüfung vielfach nicht standhalten.

Abbildung 6-21: Mentale Modelle können in die Irre führen.

Mentale beeinflussen unsere Handlungen, diese wiederum erzeugen Ergebnisse und diese wiederum bekräftigen unsere Anschauungen. Im Extremfall ist es befriedigender im Einklang mit den eigenen Anschauungen zu stehen als bessere Ergebnisse zu erzielen, auch wenn sie sich von den eigenen Ansichten unterscheiden. „Ich sagte es doch so"-Situationen sind gute Beispiele für Ereignisse, die unsere Ansichten bestätigen. Eine derartige Struktur wird als „Verteidigungsroutine" bezeichnet. Die Struktur beschreibt eine abwehrende Haltung, weil sie eine beständige Überzeugung und konstantes Verhalten verteidigt und daher zur Gewohnheit wird. Sie hat drei Bestandteile: Anschauungen, Handlungen und Ergebnisse. Wenn eine Verteidigungsroutine vorbehaltlos bestehen bleibt, führt sie dazu, dass unsere eigenen Befähigungen für systemisches Denken und für Lernen im Team eingeschränkt werden.

So kommt es dazu, dass unsere Fähigkeit, die Ergebnisse zu erreichen, die wir definitiv wollen, durch ungeprüft übernommene mentale Modelle beeinträchtigt wird, weil wir annehmen,
- unsere Ansichten entsprechen der Wirklichkeit,
- diese Wirklichkeit ist erkennbar augenscheinlich,
- unsere Ansichten basieren auf vorurteilslosen Daten und
- die Daten, die wir unseren Entscheidungen zu Grunde legen, sind die unbeeinflusst wesentlichen Daten.

Deshalb ist es für nachhaltige Entscheidungen erheblich, den Zusammenhang zwischen Systemdenken und mentalen Modellen zu begreifen. Denn nur so werden die eigene Lernfähigkeit und die einer Organisation bestmöglich entwickelt. Daher müssen mentale Modelle als wichtige Größe der Systemstruktur bei der Systemanalyse berücksichtigt werden. Dies kann auf zweierlei Weise erfolgen:
- als Variable, die zeigt in welchem Ausmaß an dem betreffenden mentalen Modell festgehalten wird oder
- in einem Feedbackdiagramm als Wolke über dem Pfeil, der die Richtung der Rückkopplung beschreibt. Die Wolke weist auf den Gedankengang hin, der hinter der Handlung und Verknüpfung steht, die der Pfeil darstellt.

Hierzu ein Beispiel (Abbildung 6-22): Ein Unternehmen beklagt Umsatzeinbußen und entschließt sich seinen Kundenstamm zu erweitern und seine Akquisitionsbemühungen auf neue Kunden zu konzentrieren. Da unter allen Umständen –„koste es was es wolle"- neue Kunden gewonnen werden sollen, machen die Vertriebsverantwortlichen besondere Zugeständnisse bei der Preisgestaltung, bei Sonderwünschen und Lieferbedingungen. Das führt zur verstärkten Belastung des Kundendienstes und hat Liefer- und Qualitätsprobleme zur Folge. Das spricht sich herum und vermehrt bleiben neue Aufträge aus. Die Bemühungen neue Kunden zu gewinnen werden daher verstärkt, um die Umsatzziele doch noch zu erreichen. So erzeugt die selbstverstärkende Natur der mentalen Modelle die „Abwärtsspirale" und das Unternehmen entfernt sich immer weiter von seinen Umsatzzielen.

Nun fragt man nach den Ursachen des Problems. Denn deren Kenntnisse helfen, Maßnahmen zu entwickeln, die verhindern, dass es immer wieder auftritt. Welche mentalen Modelle und Annahmen sind die treibende Kraft der mangelnden Leistung des Unternehmens? Es scheint, dass mehr Aufmerksamkeit der Akquisition neuer Kunden gewidmet wird als der Pflege des alten Kundenstamms? Diese Strategie beseitigt aber nicht die Umsatzprobleme. Das Feedbackdiagramm mit den dem Systemverhalten zu Grunde liegenden mentalen Modellen zeigt, dass eine Lösung darin besteht, keinen Sonderwünschen zu entsprechen, keine Rabatte einzuräumen und keine besonderen Lieferbedingungen zuzusagen und sich vermehrt den alten Kunden zuzuwenden. Eine weitere Lösung wäre, die Belastung des Kundendienstes zu reduzieren und das Servicepersonal zu vergrößern.

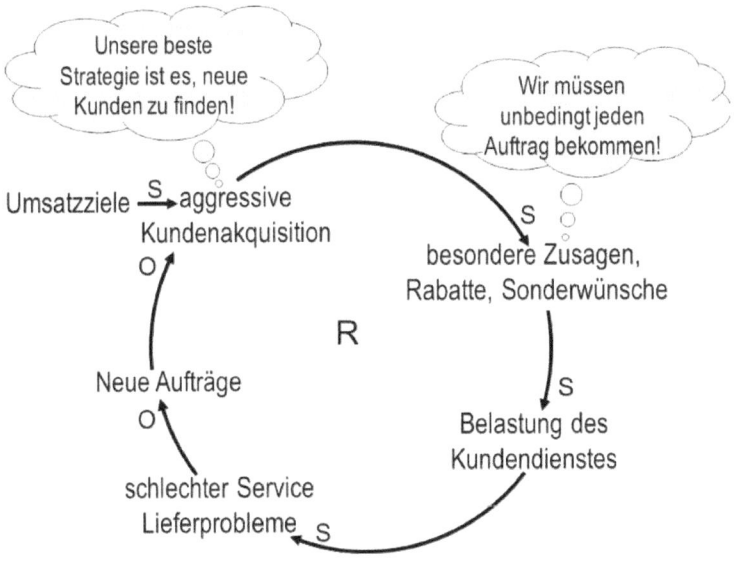

Abbildung 6-22: Mentale Modelle im Feedbackdiagram kennzeichnen

Das obige Beispiel zeigt, dass ungeeignete mentale Modelle nicht zu den gewünschten Ergebnissen führen. In der Sprache der Systemdynamik bedeutet das, dass die mentalen Modelle das System falsch konstruiert haben. Aber wie löst man sich von schädlichen mentalen Modellen, die die Ursache unerwünschten Systemverhaltens sind? Selten gelingt es durch Selbstreflexion. Denn der Einzelne ist dazu kaum fähig. Es geht nur in Gruppenarbeit zum Beispiel in der Familie, im Freundeskreis, in Unternehmen oder in Ausschüssen in der Politik. Denn nur ein Meinungsaustausch zwischen allen Beteiligten einer Problemsituation und eine erweiterte Betrachtungsweise auf die Ursache eines Problems und dessen Beseitigung führen zu einer dauernden Lösung.

Bei Meinungsverschiedenheiten und unterschiedlichen Beurteilungen eines Sachverhalts ist der gezielte Einsatz der „Reflektionsleiter" oder "Leiter der Rückschlüsse" ein wertvolles Instrument, um deren Entstehen und Ursache zu erkennen (Chris Argyris, Donald Schön, Peter Senge). Sie ist ein wirkungsvolles Werkzeug, um mentale Modelle aufzudecken, zu testen und zu verändern. Sie beschreibt den Ablauf, den wir beschreiten sollten, um schnell von den tatsächlichen Gegebenheiten einer Situation zu Schlussfolgerungen und Handlungen zu gelangen. Gleichzeitig decken wir dabei die Struktur der Klischees und Vorurteile auf. Der Prozess führt zu neuen Schlussfolgerungen und effektiveren Maßnahmen. Die Reflektionsleiter ist eine wirksame Arbeitsweise, die selbstverstärkende Natur, den Teufelskreis, mentaler Modelle zu durchbrechen (Abbildung 6-23).

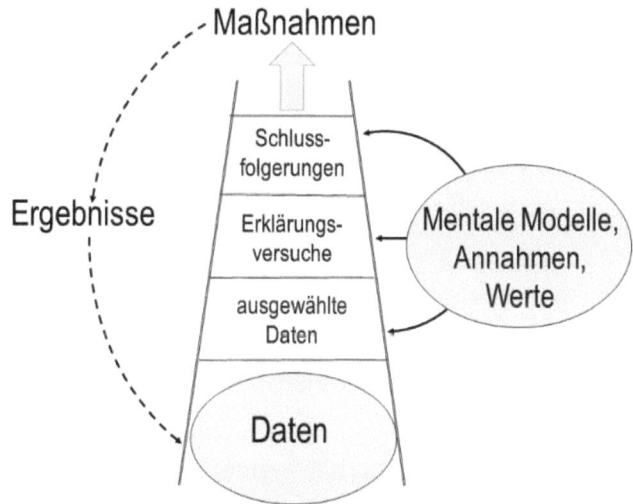

Abbildung 6-23: Mit Hilfe der Reflektionsleiter können die mentalen Modelle durchbrochen werden.

Und so setzen wir die Reflexionsleiter ein. Wir beginnen mit der Sammlung problemrelevanter Daten. Allerdings haben wir nur ein begrenztes Auffassungsvermögen für die enorme Fülle wesentlicher Daten. Deshalb wählen wir nur bestimmte Daten aus und interpretieren sie nach unseren Annahmen, Werten und mentalen Modellen. Dann treffen wir unsere Schlussfolgerungen und entscheiden uns für bestimmte Maßnahmen. Unsere persönliche Sicht auf die Dinge kann allerdings zu Entscheidungen mit unerwünschten Konsequenzen führen. Denn wir durchlaufen diese Schritte ohne die Auswahl der Daten oder unsere Schlussfolgerungen zu überprüfen. Wir unterstellen unseren Schlussfolgerungen absolute Richtigkeit. Um diese Falle zu vermeiden, hilft der bewusste Einsatz der Reflektionsleiter in einer Arbeitsgruppe, um das Problemverständnis zu steigern und zu stärken. Dabei kommt es darauf an, dass

- wir uns fragen, welche Ergebnisse wir erwarten und welche wir unter den bestehenden Umständen erhalten,
- wir prüfen, welche Annahmen uns zu den getroffenen Entscheidungen führen,
- wir die Annahmen und ihre Auswirkungen auf unsere Entscheidungen klar benennen und uns bewusst machen,
- wir eine Liste von allen Schlussfolgerungen erstellen, die wir fälschlich für Tatsachen halten,
- wir Schlussfolgerungen eindeutig von Fakten oder Ergebnissen trennen,
- wir alle Lösungsvorschläge gemeinsam beurteilen,
- wir Widersprüche, die auf unterschiedlichen Daten beruhen aufdecken,
- wir ermitteln, ob neue Schlussfolgerungen daraus gezogen werden können,
- wir bereit sind, unangenehme Wahrheiten zu diskutieren und
- wir zusätzliche Daten ermitteln, die unsere kollektive Entscheidungssicherheit verbessern.

Der Lernprozess erfolgt dabei in drei Schritten:
- Offenlegen aller mentalen Modelle,
- in Frage stellen der mentalen Modelle und
- korrigieren oder ändern der mentalen Modelle.

Die drei Schritte gehen als Einheit fließend in einander über und können nicht voneinander getrennt werden.

Entscheidungen werden umso effektiver, je differenzierter die Meinungsbildung verläuft. Ausschlaggebend dafür ist eine Mischung von befürwortender und nachforschender Haltung. Bei der Befürwortung wird ein bestimmter Standpunkt eingenommen. Während Nachforschung ein Prozess ist, in dem Fragen gestellt, Analysen vorgenommen und eigenmächtige Bewertungen vermieden werden.

In schwierigen Lagen sowie bei Streitigkeiten und Meinungsverschiedenheiten nimmt in Arbeitsgruppen aber auch bei Einzelnen die Befürwortung zu und die Bereitschaft für nachforschendes Verhalten ab. Ferner verkommen Befürwortung und Nachforschung zu engstirnigen Erörterungen und zu einer Art Kreuzverhör. Keine der beiden Tendenzen fördert kollektives Lernen. Bessern sich jedoch Qualität und Gleichgewicht der beiden Merkmale, Befürwortung und Nachforschung, eines gut geführten Gedankenaustauschs, dann entstehen zutreffendere Annahmen über die Ursachen von Problemen und wirkungsvollere Veränderungsstrategien.

6.5 Visionen

Welche Haltung treibt das System an?

Eine Vision beschreibt die Ziele, die eine Organisation mittel- und langfristig erreichen will. Sie ist eine klar verständliche Leitlinie für gegenwärtiges und zukünftiges Handeln. Sie ist somit ein Bild von den Chancen, für das sich die Mitarbeiter eines Unternehmens begeistern können. Es bringt Klarheit und Richtung in ihr Denken und Handeln, denn sie wissen, wofür sie sich einsetzen und welche Aufgaben und Projekte erfolgreich abgeschlossen werden müssen, um das Unternehmen in die vorgegebene Richtung zu entwickeln (Abbildung 6-24). Dabei müssen die beiden Merkmale »Anschaulichkeit« und »Anziehungskraft« Triebfeder für eine tragfähige Vision sein.

Von einer Vision begeistert zu sein, ist wohl einer der natürlichsten und wesentlichsten Grundsätze, mit denen Menschen sich selbst und andere überzeugen und führen. Jede Firma kann dauerhaft nur dann erfolgreich sein, wenn sich die Mitarbeiter mit dem Unternehmen identifizieren. Sie wollen wissen, wofür Ihr Unternehmen steht und welchen Sinn ihre Arbeit hat; sie wollen zu positiven Zielen beitragen, eigenständig Entscheidungen treffen und selbstsicher handeln. Darauf basiert die emotionale Bindung zum Unternehmen, aus der sich wiederum das Engagement der Mitarbeiter ableitet. Eine Vision wird von Werten getragen und von einem Nutzen nach außen.

Eine gute Unternehmensvision kann eine Identifikationsfläche und den notwendigen Orientierungsrahmen schaffen. Sie drückt aus: *„Warum tun wir das, was wir heute tun?"* Und: *„Was wollen wir in den nächsten Jahren erreichen?"* Es gibt viele Beispiele für Visionen.

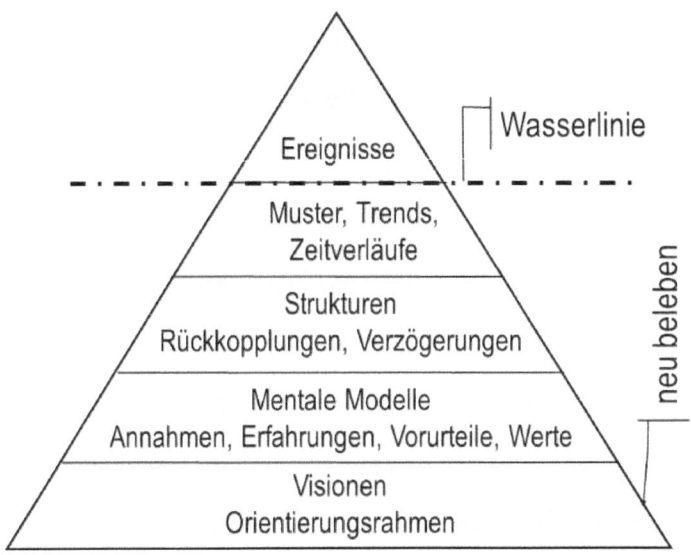

Abbildung 6-24: Visionen sind die Grundlage von mentalen Modellen.

Eines der besten Beispiele ist Martin Luther Kings berühmte Rede von 1963 – »I have a dream«. Hier hat er ein sehr anschauliches Bild von einer Gesellschaft gezeichnet, in der Menschen unterschiedlicher Herkunft gleichberechtigt und friedlich miteinander leben. Diese Rede ist das Musterbeispiel für eine Vision, weil King seine Zukunftsvorstellung so plastisch, farbig und anschaulich beschrieben hat, dass man diese Bilder buchstäblich erleben kann. Sie entfalteten damit für die Menschen eine große Anziehungskraft.

Im Oktober 1957 überraschte die Sowjet Union die westliche Welt mit ihren technischen Fähigkeiten und sandte einen künstlichen Erdsatelliten, den Sputnik, in eine Erdumlaufbahn. Und im April 1961 bewältigte Juri Gagarin mit dem Raumschiff Wostok 1 seinen spektakulären Raumflug und umrundete dabei als erster Mensch einmal die Erde. Diese technologischen Leistungen stellten den bis dahin sicher geglaubten Überlegenheitsanspruch des Westens in Frage. Waren Demokratie und Freiheit nicht mehr länger wettbewerbsfähig gegen über dem kommunistischen System? In dieser Situation erklärte der damalige Präsident der USA, J. F. Kennedy, 1961 visionär „Amerika wird vor Ende der Dekade einen Mensch zum Mond befördern". Sieben Jahre später, am 20.Juli 1969, verwirklichten Neil Armstrong und Buzz Aldrin

J. F. Kennedys Vision und hissten die Fahne der USA auf dem Mond. Die westliche Welt konnte wieder zuversichtlich in die Zukunft schauen.

Bekannt ist auch ein Zitat von Saint-Exupéry: „Wenn Du ein Schiff bauen willst, so trommle nicht Männer zusammen, die Holz beschaffen, Werkzeuge vorbereiten, Holz bearbeiten und zusammenfügen, sondern lehre sie die Sehnsucht nach dem weiten, unendlichen Meer." Und so, wie dieses unübertreffliche Bild vom Meer Menschen begeistert, so sollen alle Visionen vor dem geistigen Auge helle, klare und deutliche Bilder zukünftig gewollter Zustände erzeugen, die letztlich den Sog auslösen, mit dem wir uns motivieren.

Henry Ford schuf in einer kleinen Garage ein motorisiertes Vierrad. Er nannte es „T-Modell" (Tin Lizzy), das mit seinem Zweizylinder-Benzinmotor eine Leistung von acht PS brachte. Seine Vision war: „Es wird ein Automobil für die Masse sein. Es muss groß genug für eine Familie sein, aber nur so groß, dass ein Unerfahrener es problemlos bedienen und pflegen kann, und nicht zu schwer, damit sein Verbrauch nicht so hoch ist." In den 100 Jahren nach dem Start seiner Gründung produzierte die Ford Motor Company weltweit fast 300 Millionen Fahrzeuge und ist einer der größten Automobilhersteller der Welt.

Visionen sind Leitlinien und enthalten keine konkreten Handlungsanweisungen. Sie geben nur Ziele vor. U.a. beziehen sie Stellung zum wirtschaftlichen Erfolg, sie beschreiben die Position der Produkte und der angewandten Technologien in den Märkten, sie zeigen die Beziehungen zu den Kunden auf, sie stellen das Verhältnis zu den Mitarbeitern dar, sie erklären die Verbindung zu den Anteilseignern und definieren die Verantwortung für Nachhaltigkeit.

Von den Leitlinien eines Unternehmens (englisch: *Vision*) unterscheiden sich Aussagen zum Unternehmenszweck (englisch: *Mission*). Erstere bleiben in der Regel über längere Zeit unverändert, während Geschäftsstrategien und -methoden häufig veränderten Umfeldbedingungen angepasst werden müssen. Eine genau formulierte Beschreibung des Unternehmenszwecks hilft daher wie ein Filter Wichtiges von Unwichtigen zu trennen, macht deutlich, welche Märkte mit welchen Produkten bedient werden sollen und vermittelt der gesamten Organisation ein Gefühl für die beabsichtigte Richtung der Geschäftsentwicklung. Der Unternehmenszweck verhält sich zu den Leitlinien eines Unternehmens wie Ursache zu Wirkung. Eine Mission muss erfüllt werden, wohin gegen eine Vision den Rahmen dafür absteckt.

Visionen machen Unternehmen erfolgreicher, leistungsfähiger, widerstandsfähiger gegen Rückschläge und flexibler bei Veränderungen im Umfeld. Visionäre Unternehmen florieren über lange Zeiträume. Sie sind bedeutend leistungsfähiger und erfolgreicher als ihre Wettbewerber. Sie erzielen bedeutend bessere Kapitalrenditen. Sie ziehen die besseren und engagierteren Mitarbeiter an. Sie sind eben die erfolgreichsten ihrer Branche.

Eine Vision bietet für Unternehmen freilich keine Sicherheit dafür, von Rückschlägen verschont zu bleiben. Schon viele Firmen hatten bedrohliche Krisen durchzustehen, konnten sie aber bewältigen. Einige Beispiele: Boeing war gleich mehrfach betroffen und musste in den 70er Jahren viele tausend Mitarbeiter entlassen. 3M war schon kurz nach der Gründung fast dem Zusammenbruch nahe. Sony hatte seinen Flop mit dem Videosystem Beta. Bei IBM gab es die Unterschätzung des Trends zum PC. Aber eines kann man beobachten: Visionäre Unternehmen können Krisen wesentlich erfolgreicher bewältigen.

Allerdings macht eine gut formulierte und einprägsame Vision Unternehmen alleine nicht überlebensfähig. Dazu gehört mehr. Darauf gibt es eine erstaunlich schlichte Antwort: Es geht nicht um Gewinnen und Wachstum um jeden Preis, sondern um das Minimieren von Risiken und das Verhindern von Scheitern. Unternehmen, die Wirtschaftskrisen und Strukturbrüche überstehen, reagieren zügig auf Veränderungen in ihren Märkten, passen sich neuen Gegebenheiten an und vermeiden Risiken, die das Fortbestehen gefährden. Sie stellen ihr Geschäftemodell in Frage und überprüfen die Zweckmäßigkeit ihrer eigenen Erfindungen und ihrer Angebote an ihre Abnehmer. Sie legen die alte Erfolgsroutine ab und passen sich den Veränderungen in ihrem Umfeld schneller an als ihre Wettbewerber. Sie überprüfen kontinuierlich ihre mentalen Modelle. Sie sind konsequente Systemdenker.

Eine Gesellschaft ohne Visionen ist eine Gesellschaft ohne Zukunft. Sie verhält sich wie ein Wanderer ohne Ziel. Auch auf Regierungsebene könnte eine Vision Kräfte neu in Bewegung setzen. Sie könnte lauten: Den Wohlstand fördern und die Sicherheit gewährleisten. So banal dies klingen mag, sind beides doch die grundsätzlichen Aufgaben jeder Regierung. Die davon abgeleiteten Ziele könnten lauten: den Industriestandort als primäre Quelle der Wertschöpfung und des

Wohlstandes fördern, die Grundlagen der digitalen Revolution festigen, einen sozialen Ausgleich schaffen, Schulden abbauen und mit einem umfassenden Sicherheitskonzept einschließlich der Abwehr von Cyberangriffen das Lebensgefühl stärken.

Eine Vision darf nicht mit einer Strategie oder einer Taktik verwechselt werden.
- Eine Strategie ist die Fähigkeit, das Marktpotential so einzusetzen, dass dem Wettbewerb der eigene Wille aufgezwungen werden kann, durch Setzen von Leitlinien, Vorbereitung der Operationen und Optimierung der Wertschöpfungskette.
- Taktik ist die Führung verschiedener Organisationseinheiten unterschiedlicher Disziplinen auf den Wettbewerbsfeldern unter planvoller, umsichtiger und vorausschauender Berechnung.

6.6 Systemische Veränderungen managen

Mit jeder Verständnisebene ist eine typische Vorgehensweise verbunden. Um das charakteristische Verhalten auf jeder der unterschiedlichen Ebenen zu veranschaulichen, dient als Beispiel ein Produktionsunternehmen, das in Fließbandfertigung unterschiedliche Getriebe herstellt. Die Fabrikation von Getrieben ist eine Massenfertigungsindustrie. Sie zeichnet sich durch große Stückzahlen, häufige Prozesswiederholungen und die Fertigung für unbestimmte Abnehmer aus. Genauso wie andere Bearbeitungsabläufe großen Umfangs sind die wesentlichen Ziele: Sicherheit, schnelle Taktzeiten und eine hohe Produktqualität. Neben den Vorteilen der hohen Arbeitsproduktivität ist der Fertigungsprozess störanfällig. In der vorliegenden Darstellung treten im Produktionsablauf gelegentlich Störungen auf, wodurch fehlerhafte Getriebe das Fließband verlassen.

- *Ereignisse:* Auf der Ereignisebene zu handeln bedeutet, jedes schadhafte Getriebe auszusortieren und es dann entweder neu zu bearbeiten oder als unbrauchbaren Abfall auszurangieren. Wir könnten eventuell noch versuchen, die Ausschussquote mit Hilfe einer besseren Einstellung der Maschinen oder kürzeren Wartungsintervallen zu reduzieren. Das ändert aber nichts daran, dass wir hauptsächlich rückwirkend handeln –d.h. auf Ereignisse reagieren, ohne Aussicht darauf, dass der Produktionsablauf erheblich und dauerhaft weniger störanfällig wird.

• *Muster und Trends:* Die Verhaltensmuster entstehen durch die dem System zugrunde liegende Struktur. Wenn wir folglich die Ausschussquote über längere Zeit beobachten, könnten wir einen typischen Zeitverlauf feststellen und kommen der Systemstruktur näher. So könnte der Anteil fehlerhafter Getriebe im Tagesverlauf schwanken oder in der Nachtschicht höher als in der Tagschicht sein. Auch könnten Defekte an unterschiedlichen Stellen des Produktionsablaufs auftreten oder eine Überschreitung der Taktzeiten die Ursache für fehlerhafte Teile sein. Indem wir diese Trends verfolgen und Wiederholungen dieser Trends beobachten und versuchen sie zu vermeiden, können wir nicht nur reagieren, sondern das bestehende Produktionssystem den Gegebenheiten besser anpassen. Die ergriffenen Maßnahmen verändern jedoch die Systemstruktur nicht.

• In der *Systemstruktur* werden unsere gegenwärtig gültigen mentalen Modelle und Visionen in die Tat umgesetzt. Die dadurch gebildete Struktur der Fließbandfertigung bewirkt die unerfreuliche Ausschussquote und konfrontiert uns mit den täglichen Gegebenheiten. Der Fertigungsprozess kann nur verbessert werden, indem seine Struktur geändert wird. Muster und Trend liefern die Basisdaten zur Erkennung von Schwachstellen und damit die Voraussetzung zur Verbesserung des Prozesses. Eine veränderte Systemstruktur führt dann zu neuen Mustern und Trends und kann die Störanfälligkeit der Getriebefertigung beseitigen. Im Raum stehen die Fragen: *Wie muss das Produktionssystem gestaltet sein, um Störungen auszuschließen? Welche Struktur könnte die erwarteten Ergebnisse erzeugen und die Störanfälligkeit des Produktionssystems beseitigen?*

Die erforderlichen kreativen Schritte für die Umgestaltungen des Systems könnten u.a. in einer verbesserten und produktionsfreundlichen Konstruktion der Getriebe, einer Anpassung der Produktionsanlage an den derzeit gültigen Stand der Technik, einer veränderten weniger störanfälligen Anordnung der Produktionsabläufe, neu angepasstem Taktzeiten, der Modernisierung der Produktionssteuerung oder einer gründlicheren Schulung der Schichtarbeiter bestehen.

• *Mentale Modelle:* Wir fragen: *Wie ist die Systemstruktur entstanden?* Sie wird für gewöhnlich durch unsere mentalen Modelle – unsere verinnerlichten Bilder von der Wirklichkeit, wie etwas ist- erzeugt. Auf der Ebene mentaler Modelle tätig zu werden, bedeutet die Struktur besser zu verstehen, über sie nachzudenken, um ihren Einfluss auf das Systemverhalten zu erkennen und um sie zu verändern. Denn mentale

Bilder sind nicht so beständig wie reelle Bilder. Sie sind von Mensch zu Mensch unterschiedlich. Jeder stellt sich etwas anderes unter demselben Begriff vor, auch wenn er noch so detailliert beschrieben ist. Wenn wir zulassen, dass sich unsere mentalen Modelle verfestigen und wir sie nicht kritisch hinterfragen, dann verhalten wir uns wie ein Hamster in einer Tretmühle oder wie ein nicht Lernbereiter und erreichen keine Verbesserung der Systemstruktur. Wir bleiben in unseren Überzeugungen, Annahmen und Erklärungsmuster gefangen. Umgestaltungen der Systemstruktur erfordern deshalb vor allem eine Veränderung unserer persönlichen Sichten darüber, welche Leistung ein System auf Grund seiner Struktur erbringen kann oder erbringen sollte. Wenn wir im vorliegenden Beispiel an der Vorstellung der Massenfertigung ohne sichere Aufträge festhalten, dann verschließen wir uns weniger störanfälligen Wahlmöglichkeiten wie z.B. der Serienfertigung von Getrieben mit begrenzter Stückzahl oder der Auftragsproduktion.

- Visionen: Über mentale Modelle nachzudenken und sie zu ändern ist oft ein schwieriger und schmerzhafter Prozess. Warum sollten wir uns trotzdem entscheiden, uns auf diesen Weg zu machen? Weil wir uns einer neuen und überzeugenden Vision verpflichtet fühlen, der wir folgen wollen. Denn auf der Visionsebene handeln wir einfallsreich und schöpferisch. Wir schaffen etwas, das bislang nicht in unserem Denken vorkam und außerhalb unserer Betrachtung lag. So kann eine Vision, die Kundenwünsche und hohe Arbeitsplatzqualität durch Gleitzeit und durch einen kooperativen Führungsstil in den Mittelpunkt unternehmerischen Handelns stellt, dazu führen, althergebrachte mentale Modelle zu durchleuchten und den Sinn des eigenen unternehmerischen Handels zu überprüfen. Ein solcher schöpferischer Prozess verbunden mit einem Gefühl für seine Wirkung eröffnet oft unerwartete Möglichkeiten. Er verändert unsere bislang in Gebrauch befindlichen mentalen Modelle und führt zu veränderten Systemstrukturen, die das ursprüngliche Problem beseitigen.

Alle fünf Verständnisebenen beeinflussen unsere Fähigkeit systemisch zu denken, besonders deshalb weil wir in einer ereignisorientierten Welt leben und unsere Sprache in allen Ebenen fest verwurzelt ist.

Im täglichen Leben, in unserem privaten Bereich oder in unserer Arbeitswelt, treffen wir vielfach auf eine Reihe von Ereignissen, die uns oft als Probleme begegnen und die wir lösen müssen. Unsere Lösungen sind jedoch oft nur von kurzer Dauer und die Symptome kehren als anscheinend neue Probleme wieder. Über Erfolg und Misserfolg im privaten Bereich, genauso wie in der Unternehmensführung und in der Politik entscheidet unsere Fähigkeit ein Problem in unterschiedlichen Verständnisebenen zu untersuchen und dann zu entscheiden. Die Abbildung 6-25 „Verständnisebenen" fasst die Fülle der Entscheidungsmöglichkeiten auf diesen fünf Verständnisebenen zusammen. Das Geschehen um uns herum kann dabei auf mehrfachen Niveaus betrachtet und verstanden werden. Aus der Systemperspektive sind wir dabei vor allem an allen fünf verschiedenen Ebenen *Ereignis / Muster (Zeitverlauf) / Struktur / mentale Modelle / Vision* interessiert.

	Aktion	Zeitachse	Erkenntnis durch:	Fragen
Ereignis	Reagieren!	Gegenwart	Augenzeuge	Was ist die schnellste Lösung?
Muster	Anpassen		Trend verfolgen	Welche Trends kehren wieder?
Struktur	Verändern		Regelkreise	Welche Strukturen verursachen dieses Verhaltensmuster?
Mentale Modelle	Nachdenken		Auswirkungen auf die Struktur	Welche Annahmen und Denkweisen erzeugen diese Struktur?
Vision	Neu beleben	Zukunft	Fördert mentale Modelle	Welche Visionen sind die Grundlage dieser mentalen Modelle?

Abbildung 6-25: Verständnisebenen nach Anderson und Johnson

*Lernen ist wie rudern gegen den Strom.
Sobald man aufhört, treibt man zurück.*

7. Komplexität

Unternehmen müssen finanzielle Risiken oder Umweltprobleme bewältigen, neue Märkte erschließen, neue Technologien oder Produkte einführen oder Strategien für organisches Wachstum entwickeln. Die Führungsaufgaben werden dabei zunehmend komplexer, weil die Unternehmen mit immer turbulenteren Unternehmens- und Umfeldsituationen konfrontiert werden. Weil ihre Welt, aber auch die der Politik, stärker vernetzt und dynamischer geworden ist, wird die Zukunft immer weniger prognostizierbar. Daher können Führungskräfte nicht mehr nach den Regeln einfacher kausaler Zusammenhänge handeln. Wirtschaft und Politik, aber auch einzelne Individuen, sind in dieses vielschichtige Umfeld eingebettet. Dabei werden sie bei ihren Entscheidungen mit den Anforderungen zunehmender Komplexität konfrontiert. Dazu kommt noch, dass dieselbe Entscheidung zu verschiedenen Zeitpunkten unterschiedliche Konsequenzen hat.

Abbildung 7-1: Lernen heißt, eine Wissenslücke schließen.

Komplex bedeutet nicht gleich kompliziert. Wenn wir ein Problem nicht verstehen, dann empfinden wir es als kompliziert. Es fehlt uns das nötige Wissen, es zu beheben. Die Lösung heißt: lernen, um die Wissenslücke (Abbildung 7-1) zu schließen!

Das Problem ist ein Lernbedarf, der sich aus einer „Wissenslücke" zwischen vorhandenem und erforderlichem Wissen ergibt. Die „grundsätzliche Lösung" ist Lernen. Aber das Lernerfordernis stellt auch eine Bedrohung dar. Das führt zu „symptomatischen Lösungen": Abwehrroutinen, die die Wissenslücke beseitigen, indem sie den Lernbedarf verringern. Je wirkungsvoller die Abwehrroutinen sind, desto wirkungsvoller verschleiern sie die Probleme. Das führt dazu, dass die Probleme nicht wirkungsvoll bewältigt werden können und tendenziell immer schlimmer werden

Wenn man nicht weiß, wie die neue Waschmaschine oder der PC funktionieren und wie man sie bedienen soll, dann hilft das Lesen der Bedienungsanleitung. Wenn man dann gelernt hat wie sie arbeiten, dann wird das Komplizierte einfach. Es gibt keine Unsicherheiten mehr, weil das Verhalten der Waschmaschine oder des PCs vorhersagbar ist.

Eine Linzer Torte zu backen ist kompliziert, aber nicht komplex. Das Gleiche gilt für die Erstellung der Einkommenssteuererklärung oder wenn Sie einen Platten an Ihrem Fahrrad beheben wollen. Sie müssen nur den Anleitungen Schritt für Schritt folgen und gelangen so ohne Schwierigkeiten zum Erfolg.

Im Gegensatz dazu gilt ein System im Wesentlichen als komplex, wenn man es nicht durch einfache Ursache-Wirkungsbeziehungen erklären kann. Dabei sind zwei Arten von Komplexität zu unterscheiden. Die Detailkomplexität zeichnet sich durch viele verschiedene Variable aus. Bei der dynamischen Komplexität liegen Ursache und Wirkung räumlich und zeitlich weit auseinander und ein naheliegender Eingriff in die Systemstruktur führt häufig nicht zu den erwartenden Ergebnissen.

Chaos und Komplexität sind sehr unterschiedlich. Chaotische Zustände sind äußerst ungeordnet und nicht zu beeinflussen. Hingegen bestehen komplexe Systeme aus vielen Elementen, die sich gegenseitig beeinflussen. Komplexe Systeme weisen eine Struktur auf; sie sind strukturiert. Sie können durch umsichtiges Eingreifen verändert werden.

Komplexität wird vor allem mit Problemen in Verbindung gebracht. Das heißt, von Komplexität ist immer dann die Rede, wenn man vor Fragestellungen steht, für die man keine einfachen Antworten findet. Komplexität bedeutet aus dieser Sicht Konfrontation mit Unsicherheit. Alle reden von Komplexität und aber wenige können genau sagen, was sie damit eigentlich meinen. Es gibt unzählige Definitionen des Komplexitätsbegriffs. Eine davon lautet: Komplexität ist die Eigenschaft eines Systems, die die Beschreibungen seines Gesamtverhaltens erschwert, selbst wenn man vollständige Informationen über seine Einzelkomponenten und ihre Wechselwirkungen besitzt. Wer aber Komplexität versteht und in komplexen Situationen nachhaltige Entscheidungen trifft, verfügt über grundlegende Vorteile. Denn in Zukunft wird sich hier Leistungsfähigkeit und -stärke entscheiden. Das gilt für Regierungen, Unternehmen und einzelne Individuen gleichermaßen.

Obwohl eine eindeutige Begriffsbestimmung für Komplexität fehlt, beschäftigen sich viele Institutionen und Wissenschaftler mit Fragen zu komplexen Systemen, für die es noch keine befriedigenden Antworten gibt. Hier sind einige Beispiele:

• Im 16. Jahrhundert blühten Handel und Wirtschaft im Orient. In Europa –das Mittelalter ging gerade zu Ende- herrschten dagegen Rückständigkeit, Ignoranz und Dunkelheit. Mit dem 17. Jahrhundert wendete sich das Blatt: Parallel zum Aufstieg des Westens erlebte die arabische Welt ihren Niedergang. Warum ist heute die Region zwischen Marokko und Pakistan rückständig, während sich andere Länder in Europa und Asien weiterentwickelt und vorwärts bewegt haben?

•Wieso hat sich Deutschland aus einer Ansammlung mitteleuropäischer Stadtstaaten, Grafschaften und Königreichen, die sich mitunter sogar feindselig gegenüberstanden, zu einem leistungsfähigen Technologiestandort entwickelt, der einen der vordersten Plätze im Konzert der Industrienationen einnimmt? Und warum beginnt diese Position zu wanken? Warum betreiben innerhalb Deutschlands einige Bundesländer eine zukunftsträchtigere Wirtschafts-, Finanz und Bildungspolitik als andere?

• Warum brach nach fast fünfzig Jahren die Hegemonie und Kontrolle der Sowjetunion über Osteuropa innerhalb weniger Monate in 1989 zusammen? Und warum zerfiel die Soviet Union selbst zwei Jahre später? Warum erfolgte der Zusammenbruch des Kommunismus so schnell und vollständig? Zweifelsohne spielten dabei Gorbatschow und Jelzin die ausschlaggebende Rolle. Aber es hatte den Anschein, als ob beide in Ereignisse hineingezogen wurden, die außerhalb ihrer Kontrolle lagen. War hier eine globale Dynamik am Werk jenseits der Einflussmöglichkeiten zweier einzelner Persönlichkeiten im Zentrum ihrer Macht?

- Wieso ist aus der Chemie als einer Wissenschaft, die in besonders enger Beziehung zur Verbesserung menschlicher Lebensbedingungen steht, eine leistungsfähige Industrie entstanden? Woran liegt es, dass einige der in der letzten Hälfte des 19. Jahrhunderts gegründeten Chemieunternehmen im Laufe der Zeit erfolgreicher und widerstandsfähiger gegenüber den Herausforderungen des Wettbewerbs wurden als zahlreiche ihrer Konkurrenten? Warum beherrschen manche Chemieunternehmen den globalen Wettbewerb besser als andere?

- Warum verlor an einem einzigen Montag im Oktober 1987 der Aktienmarkt an der Wallstreet um mehr als 500 Punkte? Vielfach traf der Vorwurf für diesen Zusammenbruch den mit Hilfe von Computernetzwerken betriebenen Aktienhandel. Aber diese Geschäftsbasis existierte bereits seit vielen Jahren. Gab es irgendeinen anderen Grund dafür, warum dieses Debakel gerade an jenem Montag eintrat?

- Was ist Leben überhaupt? Ist es tatsächlich nichts anderes als eine besonders komplizierte Art Kohlenstoffchemie? Oder ist es etwas Subtileres? Und was sollen wir von solchen Erscheinungen wie etwa Computerviren halten? Sind sie nur teuflische Imitationen des Lebens – oder sind sie in irgendeinem tieferen Sinne lebendig?

- Und schließlich stellt sich wohl die wichtigste Frage: Warum gibt es überhaupt etwas und nicht nichts? Das Weltall entstand aus dem formlosen Miasma des Urknalls. Seitdem ist es, wie es der zweite Hauptsatz der Thermodynamik beschreibt, von einem unausweichlichen Hang zur Unordnung, Auflösung und Zerfall bestimmt. Aber das Weltall hat auch Strukturen wie Galaxien, Sterne, Planeten, Bakterien, Pflanzen, Tiere und Menschen hervorgebracht. Entspricht dem kosmischen Drang zur Unordnung ein gleich starker Drang zu Ordnung, Struktur und Organisation? Und wenn ja, wie können beide Vorgänge gleichzeitig ablaufen?

Bei oberflächlicher Betrachtung aller dieser Fragen, mit denen sich der Chaosforscher Mitchell Waldrop beschäftigt hat, fällt auf, dass sie alle eine gemeinsame Antwort haben: „Niemand weiß es genau." Aber bei näherer Betrachtung überrascht, dass sie doch einige Gemeinsamkeiten aufweisen. Alle Fragen beziehen sich auf Systeme, die komplex sind, in dem Sinn, dass unüberschaubar viele unabhängige Komponenten miteinander in Beziehung treten und vielfältig aufeinander einwirken. Man denke nur an Proteine, Lipide, Kohlehydrate oder Nucleinsäuren, die miteinander zu lebenden Zellen reagieren. Oder man beachte die Milliarden unter einander verbundenen Neuronen, aus denen das Gehirn besteht. Oder betrachtet die Millionen unabhängiger Individuen, die die menschliche Gesellschaft bilden. Oder man wende sein Augenmerk auf Regierungen, deren Aufgabe es ist, im komplexen System einer Volkswirtschaft Leitlinien für die Innen- und Außenpolitik zu entwickeln, die dann von der Verwaltung, an deren Spitze die Ministerien stehen, in die Praxis umgesetzt werden. Und nicht zuletzt denke man an Unternehmen, die untereinander im Wettbewerb stehen oder zusammen kooperieren.

Und wie erklären wir dann den unerwarteten Kollaps anscheinend stabiler Systeme, wie z. B. der Sovietunion oder einst erfolgreicher Unternehmen oder Familiendynastien? Die Ursachen sind hauptsächlich mangelndes Verständnis für dynamische und vernetzte Systeme.

Ein System, das einen wachsenden Material-, Energie- oder Informationsfluss verarbeiten muss, gerät unter Druck und kommt an die Grenze seiner Leistungsfähigkeit. Es muss sich zwischen zwei Möglichkeiten entscheiden. Entweder kollabiert es und löst sich auf oder es muss eine neue Organisationsform annehmen, die auf einem höheren Komplexitätsniveau angesiedelt ist und die neuen Verarbeitungsleistungen besser erbringen kann. Bevor das System aber das höhere Komplexitätsniveau gefunden hat, ist es unübersichtlich und instabil. Es ist gerade diese instabile Phase, mit der Politiker, Manager aber auch jeder Einzelne im Zuge ihres Lebens zu kämpfen haben. Wer in dieser instabilen Phase in der Lage ist, die richtigen Entscheidungen zu treffen, hat Vorteile, die das Überleben sichern.

Ein sehr einfaches System besteht nur aus einer kleinen Anzahl von Teilen, die nur begrenzte Funktionen aufweisen und in nur wenigen Beziehungen zueinander stehen. Der Thermostat einer Zentralheizung, die Wasserversorgung eines Hauses oder die Gangschaltung eines Fahrrades sind gute Beispiele dafür. Sie haben begrenzte Detailkomplexität und beschränkte dynamische Komplexität.

Detailkomplexe Systeme haben eine kaum überschaubare Anzahl von Elementen, die alle gleichzeitig erfasst werden müssen. Dynamische Komplexität beschreibt ein Systemverhalten, dessen Veränderungen im Zeitverlauf zwar verständlich sind, die Ursachen der Veränderungen aber im Verborgenen bleiben.

Für eine bestimmte Art von Komplexität ist die Anzahl der Systemelemente relevant. Je mehr Komponenten ein System besitzt, desto unüberschaubarer und komplexer ist es. Diese Komplexität des Details ist aber im Gegensatz zur dynamischen Komplexität nur von untergeordneter Bedeutung in den von Menschen geschaffenen, sozialen Systemen wie Politik, Verwaltung, Unternehmensführung, Freundschaften oder Familien.

Besitzt ein System eine überschaubare Anzahl von Teilen, die darüber hinaus nur wenige Beziehungen zu einander aufweisen, so ist es in der Regel leicht überschaubar. Wenn wir ein Puzzle aus 500 Einzelteilen betrachten, dann sehen wir auf die Komplexität von Einzelteilen. In der Regel lässt sich ein Weg für Vereinfachung, Einordnung und Aufbau dieser Art von Detailstruktur finden. Denn es existiert nur ein ganz bestimmter Platz für jedes Teil, an den es passt. Detailkomplexität bedeutet eine große Menge verschiedener Teile. Bei der Inventarisierung des Bücherbestandes einer Bibliothek handelt es sich ebenfalls um Detailkomplexität. Das Gleiche gilt für eine umfangreiche Aufeinanderfolge von Montageschritten beim Aufbau einer Modelleisenbahnanlage. Keines dieser Systeme ist dynamisch komplex sondern nur detailkomplex.

Auch die Optimierung von Flugplänen und die Auswahl der Besatzung für die verschiedenen Flüge sind höchst komplex. Aber diese Komplexität beruht auf der besten Lösung aus einer astronomischen Zahl von Möglichkeiten. Es handelt sich dabei um kombinatorische oder Detailkomplexität - die Suche nach einer Nadel im Heuhaufen. Auch Eisenbahnfahrpläne oder Stundenpläne in Schulen fallen unter den Begriff der Detailkomplexität.

Komplexität wird oft mit einer Vielzahl von Komponenten in einem System oder der Anzahl von Kombinationen, die möglich sind, in Verbindung gebracht. Das muss aber nicht so sein. Denn die andere typische Erscheinungsform von Komplexität ist die dynamische Komplexität. Sie tritt dann in Erscheinung, wenn verschiedenartige

Systemkomponenten Eigenschaften zeigen, die sich je nach Zustand der anderen Teile verändern können. Dynamische Komplexität liegt auch dann vor, wenn dieselbe Handlungskette kurzfristig völlig andere Ergebnisse zeitigt als langfristig und wenn nahe liegende Systemeingriffe nicht zu den offensichtlich beabsichtigten Konsequenzen führen.

Die dynamische Komplexität beruht auf Vernetzung und tritt auf, wenn Ursache und Wirkung unbemerkt auftreten und die langfristigen Folgen von Systemeingriffen nicht eindeutig und unmittelbar zu erkennen sind. Sie tritt auch dann auf, wenn die einzelnen Systemelemente auf verschiedene Art und Weise zu einander in Beziehung stehen und wirken können. In diesem Fall hat jede Komponente viele verschiedene mögliche Zustände, die es den wenigen Einzelteilen eines Systems erlauben, auf eine Vielzahl unterschiedlicher Wege miteinander in Verbindung zu treten. Es ist deshalb irreführend die Komplexität aufgrund der Anzahl einzelner Komponenten zu beurteilen anstatt ihre möglichen Verknüpfungen zu untersuchen. Auch trifft es nicht notwendigerweise zu, dass ein System umso einfacher zu verstehen und behandeln ist, je weniger Komponenten es hat. Wie leicht man die Funktionen eines Systems verstehen und durchschauen kann, hängt vom Umfang seiner dynamischen Komplexität ab. Das Verständnis für komplexe Systeme beruht daher auf der Fähigkeit in Zusammenhängen denken sowie sich bei Entscheidungen an Struktur und Dynamik orientieren zu können.

Betrachten wir ein kleines Projektteam. Die Stimmung jeder Person kann sich von einem Augenblick zum anderen ändern. Und es bestehen viele unterschiedliche Möglichkeiten, wie die Teammitglieder im Augenblick zueinander stehen. So kann ein System aus nur wenigen Komponenten bestehen, aber eine ganze Menge Komplexität aufweisen. Probleme, die oberflächlich betrachtet einfach aussehen, können sich als sehr komplex erweisen, wenn wir sie gründlich durchleuchten. Neue Verbindungen zwischen den Teilen eines Systems können seine Komplexität erhöhen. Und eine neu hinzugefügte Komponente kann weitere Beziehungen schaffen.

Die Zunahme der Verkehrsdichte ist ein weiteres Beispiel dafür, wie sich die Komplexität erhöhen kann, wenn einem System weitere Komponenten hinzugefügt werden und welche Folgen dies hat. Überfüllte Autobahnen und Straßen erzeugen politischen Druck, das Straßennetz zu erweitern. Aber wann immer neue Straßen zur Verfügung stehen, steigt erneut die Verkehrsdichte. Und der Ruf nach weiteren

Straßenbaumaßnahmen wird abermals laut. Das neuerlich erweiterte Straßennetz verringert die Fahrzeiten und vergrößert dadurch das Einzugsgebiet von Ballungsräumen. Die Bevölkerungsdichte im betroffenen Gebiet nimmt zu und der Verkehr ebenfalls bis die Forderungen an die öffentliche Verwaltung wieder neue Verkehrswege zu bauen zunimmt. Hier liegt ein klassisches Beispiel dynamischer Komplexität vor.

Wenn ein System um eine neue Komponente erweitert wird, dann erhöht sich die Zahl der möglichen Verbindungen nicht um eine. Sie steigt nicht linear –mit anderen Worten, für jede zusätzliche Komponente erhält man einen größeren Zuwachs an möglichen Verbindungen als einer einfachen Addition entspricht. Stellen Sie sich vor, Sie betrachten ein System, das nur aus drei Komponenten besteht A, B und C. Dann bestehen sechs denkbare Verknüpfungen und Einflussmöglichkeiten:
A wirkt auf B und C, B wirkt auf A und C und C wirkt auf A und B. Wird nun eine zusätzliche Komponente hinzugefügt, dann besteht das System aus vier Teilen: A, B, C und D. Die Anzahl der möglichen Wirkungen erhöht sich jedoch auf zwölf (Abbildung 7-2). Daraus erkennt man, dass nicht besonders viele Teile für die Dynamik eines komplexen Systems verantwortlich sein müssen, auch wenn die einzelnen Komponenten nur eine einzige Aufgabe haben. Wir kennen es aus unserer Erfahrung –zwei Mitarbeiter sind schwerer zu managen, als nur einer, denn die Gelegenheiten für Missverständnisse werden größer. Auch bringt ein zweites Kind den Eltern weit mehr als doppelt so viel Arbeit und Freude als nur eines.

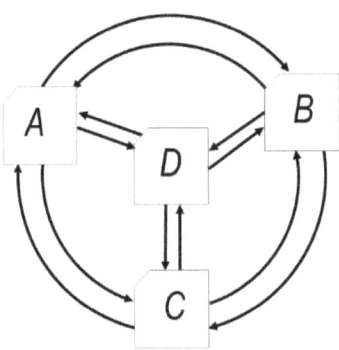

Abbildung 7-2: Die Zahl möglicher Verbindungen erhöht sich nicht linear, wenn ein System um eine Komponente vergrößert wird.

Sehr komplexe Systeme können aus vielen Teilen und Subsystemen bestehen, die ihrerseits unterschiedliche Aufgaben wahrnehmen und sich fortgesetzt unter dem Einfluss anderer Systemkomponenten verändern können. Derartige komplexe Systeme wären vergleichbar mit einem Straßennetz, das sich kontinuierlich verändert je nach dem in welche Richtung man sich darin bewegt und zu welchem Zeitpunkt man sich in ihm aufhält.

Schach ist ein Beispiel für hohe dynamische Komplexität. Mit jedem Zug wird das Spielfeld umgeformt und jeder Zug verändert die Beziehungen der Figuren untereinander. Auch Halma, Mühle oder Monopoly fallen in die Kategorie dynamischer Komplexität. Fußball, Handball oder Eishockey sind weitere Beispiele für dynamisch komplexe Systeme, genauso wie ein Straßenradrennen. Auch hier ändert sich fortgesetzt unter dem gegenseitigen Einfluss aller Komponenten, der Radfahrer, die Systemstruktur dynamisch. Die Konkurrenten sind Teile eines dynamisch komplexen Systems; sie fahren auf einer Straße mit Gegen- und Seitenwind und anderen Einflüssen, die den Energieverbrauch und letztlich den Ausgang des Rennens beeinflussen.

Auch in chemischen Herstellungsprozessen herrscht dynamische Komplexität: die Konzentration der Ausgangs-, Zwischen-, Neben- und Endprodukte verändert sich laufend. Ebenso können sich zeitabhängig u.a. Reaktionstemperatur oder die Reaktionsgeschwindigkeit ändern.

Die Beziehung zwischen den verschiedenen Teilen eines Systems und nicht ihre Größe entscheidet darüber was es leistet. Eine Komponente mag noch so klein sein, sie kann trotzdem das Verhalten des ganzen Systems beeinflussen. Ein Beispiel ist die Schilddrüse. Bei einem Gewichtsanteil von nur 0,5 Prozent des Körpergewichts beeinflusst sie mit dem Hormon, das sie ausscheidet, Wachstum und Stoffwechsel. Ein anderes Beispiel ist der Mikroprozessor. Er ist sozusagen das Herz aller Personalcomputer. Mikroprozessoren sind üblicherweise auf einem einzigen Siliziumstück aufgebracht, das man als Wafer, Mikrochip oder kurz auch als Chip bezeichnet. Ein handelsüblicher Chip ist entlang einer Seite nicht länger als 0,5 Zentimeter und nicht mehr als 0,05 Zentimeter dick. Trotz seiner geringen Größe kann ein Mikroprozessor so programmiert werden, dass er im System des PCs, in das er eingebaut ist, eine Fülle verschiedener Aufgaben der Informationsverarbeitung ausführen kann.

Alle Komponenten eines Systems greifen ineinander. Wie sie ihr ganzes System beeinflussen und in seinen Eigenschaften bestimmen können, hängt davon ab, wie sie mit einander verknüpft sind. Dies zeigt ein interessanter Ansatzpunkt zur Veränderung von Systemen, speziell im Bereich der Personalführung: Je mehr Verknüpfungen bestehen, desto größer sind die Einflussmöglichkeiten. Networking erzeugt Einfluss. Tatsächlich belegen Untersuchungsergebnisse, dass erfolgreiche Manager viermal so viel Zeit mit Networking verbringen als ihre weniger erfolgreichen Kollegen.

Systeme können sich auch gegenseitig beeinflussen. So schließen sich verschiedene Interessengruppen (im übertragenen Sinne kleinere Subsysteme) zusammen, um ein größeres System umzuformen. Sie arbeiten zusammen, um durch bewusste Einflussnahme Veränderungen in der Regierungspolitik, in verschiedenen Organisationen aber auch in Projektteams, in ihrem Sinne herbeizuführen. Je größer die Gruppe von Personen ist, die innerhalb einer Gruppierung Ansichten vertreten, die von der grundsätzlichen Richtung der Gruppe abweichen, desto größer sind die Einflussmöglichkeiten.

Einflussnahme ist immer eine gegenseitige Beeinflussung von Systemen. Die direkteste Einflussnahme des Menschen auf Ökosysteme besteht in ihrer Zerstörung oder Umwandlung. Der Kahlschlag zerstört Wälder – nachfolgend entwickelt sich meist nur eine artenärmere Sekundärvegetation. Auch selektives Holzfällen kann Wald-Ökosysteme in entscheidender Weise verändern. Die Aufsplitterung eines einst zusammenhängenden Ökosystems kann dazu führen, dass die verbleibenden Reste zu klein sind, um für sich existieren zu können.

Erfolg und Misserfolg in der Politik oder in der Unternehmensführung hängen weitgehend davon ab, ob die Entscheidungsträger die Wechselwirkungen und die Komplexität der Systeme verstehen, die sie zu beeinflussen und zum Besseren zu verändern versuchen. Betrachtet man Größe und Komplexität der Systeme, die die Entscheidungsträger in Politik und Wirtschaft zu managen haben, wundert es nicht, dass intuitive oder auf gesundem Menschenverstand basierende Entscheidungen oft nur kurzfristig tragfähig sind oder aber sogar das Gegenteil dessen bewirken, was beabsichtigt war. Der Zustand unserer Lebensbereiche ist eben das Resultat unseres Handelns und nicht unserer Absichten (Friedrich August von Hayek, Sozialphilosoph)! Zu wissen, wie man unter den Bedingungen von komplexen Systemen und ihren inneren

Zusammenhängen denkt, spricht und entscheidet, bedeutet, über einen grundlegenden Wettbewerbsvorteil bei der Konsensbildung, der Entwicklung von Strategien und ihrer operativen Umsetzung zu verfügen. Nur wer die Struktur eines Systems versteht, kann sie verändern und erreicht die erwünschten kontinuierlichen Verbesserungen. Entscheidungsträger in Politik und Wirtschaft müssen daher die Strukturen kennen, in denen sie sich bewegen und Entscheidungen treffen, um nicht nur in der Gegenwart zu agieren sondern auch in die Zukunft führen können. Nur zu wissen, wie man „Feuer löscht", reicht nicht.

In den meisten Managementsituationen herrschen dynamisch komplexe Verhältnisse. Im Verständnis der dynamischen Komplexität liegt der Schlüssel für nachhaltige Entscheidungen durch eine erfolgreiche Veränderung des Systems. Hierzu zwei Beispiele: Das Gleichgewicht von Produktionskapazitäten, Produktionsmenge, Absatzmenge und Umsatz herzustellen, ist eine schwierig zu lösende dynamische Aufgabe, deren Beherrschung sich am unternehmerischen Erfolg messen lässt. Nicht anders verhält es sich, wenn man eine Wertschöpfungskette aus Investitionen, F&E-Budgets, Qualität der Produkte, Stückkosten, Lieferfähigkeit, Wettbewerbsfähigkeit und ausreichenden liquiden Mitteln entwickelt, um eine starke Marktstellung aufzubauen. Wer in solchen Situationen mehrere Entscheidungsschritte voraus denken kann, hat Wettbewerbsvorteile.

Biologische und sozioökonomische Systeme zeigen ein hohes Ausmaß an dynamischer Komplexität. Diese Systeme zeigen wesentliche Verhaltensweisen, so zusagen die „Fingerabdrücke", durch die dynamische Komplexität zu Stande kommt. Um in Systemen, vor allem aber in komplexen Systemen, nachhaltig entscheiden zu können, muss auch deren Dynamik erkannt werden. Das ist nicht immer einfach, weil die Ursachen im Systemverhalten oft versteckt und daher vielfach schwer zu erkennen sind.

Eine Vielzahl von Eigenschaften eines Systems löst dynamische Komplexität aus.

• Komplexe Systeme sind *dynamisch*. Schon Heraklit sagte: „Alles fließt". Kräfte von außen und innen verändern laufend das System. Es ist somit nicht genau berechenbar und reagiert überraschend. Werden Systeme, die unverändert scheinen, aber über einen längeren

Zeithorizont betrachtet, dann erkennt man, dass sie sich dennoch verändern. Diese Veränderungen erfolgen häufig nach langen stabilen Phasen. Zum Beispiel verbrennt ein Fixstern über Millionen Jahre seinen Wasserstoff und explodiert dann innerhalb weniger Sekunden zu einer Supernova. Aktienkurse können sich über Monate und Jahre hinweg positiv entwickeln und dann innerhalb weniger Stunden zusammenbrechen. Auch der Erfolg eines Unternehmens ist nicht auf Dauer garantiert, wenn es nicht seine Struktur verändert. Über viele Jahre betrachtet verändert sich auch die physische und psychische Leistungsfähigkeit eines Menschen.

- Komplexe Systeme verhalten sich überwiegend _nicht-linear_. Fast alle augenfälligen Systeme sind nichtlinear. Die Wirkung ist selten proportional zu ihrer Ursache. Was in einem System begrenzt, in der Nähe des eigentlichen Geschehens stattfindet, trifft nicht immer sofort auf entferntere Bereiche des Systems zu. Der Grund für Nichtlinearität liegt in der Systemstruktur. Zum Beispiel kann ein fehlerhaft registrierter Lagerbestand die Ursache für verstärke Produktion sein. Aber die Produktion kann nicht unter „Null" fallen, unabhängig wie groß der Lagerbestand ist.

Nichtlinearität entsteht auch, wenn mehrere Faktoren eine Entscheidung beeinflussen. Nachdrückliche Erwartungen von Vorgesetzten bessere Ergebnisse zu erzielen, erhöhen Motivation und Anstrengungen von Mitarbeitern. Wenn aber ein Punkt erreicht wird, an dem sie erkennen, dass das Ziel nicht erreicht werden kann oder die fällige Anerkennung ausbleibt, dann resignieren oder kündigen sie.

Zwar werden die Ursachen für die Klimasprünge noch nicht völlig verstanden. Aber alles deutet jedoch darauf hin, dass sie nicht durch plötzliche Änderungen in äußeren Faktoren wie der Sonneneinstrahlung ausgelöst werden, sondern im sprunghaften Charakter des Klimasystems selbst begründet sind. Anders gesagt: Beim Klima handelt es sich um ein stark nicht-lineares System.

- Eine _starke Vernetzung_ ist ein wesentliches Merkmal komplexer Systeme. Die einzelnen Systemelemente beeinflussen nicht nur sich gegenseitig sondern auch ihr Umfeld. Alles ist mit allem vernetzt –jede Handlung hat Folgen. Die enge Vernetzung erzeugt Rückkoppelungen. Jede Entscheidung verändert den Zustand des betreffenden Systems und seines Umfelds. Es entstehen neue Situationen, die die folgenden Entscheidungen beeinflussen. Aus diesen Rückkoppelungen entsteht die Dynamik.

• Komplexe Systeme können sich trotz vielfältiger Veränderungen in ihrem Umfeld stabil verhalten. Sie sind _selbststabilisierend_. Dies wird durch eine Vielzahl negativer, ausgleichender, Rückkoppelungen und die Fähigkeit zahlreiche Informationen über ihre Umgebung zu verarbeiten ermöglicht. Zum Beispiel verfügt ein Thermostat nur über eine negative Rückkoppelung und über eine Information –die Raumtemperatur- und bewältigt nur eine Veränderung. Ein Thermostat regelt die Raumtemperatur automatisch, ist aber nicht in der Lage auf Einbrecher oder zerborstene Glasscheiben zu reagieren. Komplexe Systeme hingegen verfügen oft über tausende einfache Rückkoppelungen und können dadurch ihr Gleichgewicht trotz zahlreicher Veränderungen in ihrem Umfeld aufrecht halten.

• Komplexe Systeme sind _zielsuchend_. Sie haben ein Ziel und verfolgen es aktiv. Hierzu einige Beispiele. Lebewesen wollen nicht nur überleben sondern sorgen auch für Nachwuchs. In Ökosystemen wird der Energieverbrauch optimiert. Menschen suchen Freundschaft, Anerkennung, Sicherheit und Abwechslung. Unternehmen produzieren und erwarten Gewinne. Systeme sind beim Verfolgen ihrer Ziele oft so hartnäckig und erfinderisch, dass es den Anschein hat als hätten sie ein eigenes Bewusstsein.

• Eine weitere Eigenschaft komplexer Systeme ist ihre Fähigkeit _bestimmten Programmen zu folgen_. Ein Schritt folgt auf den anderen und dazwischen überprüft eine negative Rückkoppelung den Erfolg der Maßnahmen und bestimmt, wann jeder einzelne Schritt abgeschlossen und der nächste an der Reihe ist. Kochrezepte sind ein einfaches Beispiel dafür. Bei Arbeiten an einem Fließband wird es schon komplexer.

Ein noch komplexeres Erscheinungsbild von programmfolgenden Verhalten liegt in verästelnden, verzweigten Entscheidungswegen. Verzweigte Programme werden vielfach zur Entscheidungsfindung eingesetzt –von der Medizin bis zu Werkstattleistungen im PKW-Service. Dabei können sie überaus einfach sein oder so kompliziert, dass sie nur mit Hilfe von Computern umgesetzt werden können. An der Gabelung, dort wo die Wahl zwischen einem oder mehreren Optionen besteht, liegt der Unterschied zwischen einfachen und verzweigten Programmen. Dabei schließt eine bestimmte Entscheidung andere aus und bestimmt letztlich das Endergebnis (Pfadabhängigkeit). Viele Maßnahmen sind deshalb irreversibel: Man kann aus einem Spiegelei nicht wieder ein Ei machen (zweiter Hauptsatz der Thermodynamik). Auch können frühere

Investitionsentscheidungen nur schwer rückgängig gemacht werden, weil das unverhältnismäßig hohe Kosten nach sich ziehen würde. Die beteiligten Führungskräfte sind in den dem Unternehmen innewohnenden Regeln und Routinen und in die investierten Gelder in den althergebrachten Geschäftsbereichen des Unternehmens gefangen –sie folgen den vorgegebenen Programmen. Solche Beharrungskräfte können zum Problem werden, weil zwischen Mitarbeitern, Management, Strukturen und Märkten selbstverstärkende positive Rückkopplungen wirken. Das Unternehmen ist demnach mit der bemerkenswerten Situation konfrontiert, dass seine Führungskräfte Teil eines Systems sind, das sie lenken sollen.

- Komplexe Systeme können sich _selbst umprogrammieren._ Während Systeme komplexer werden, entwickeln sie die Fähigkeit ihre Programme so zu modifizieren, dass sie Fehler nicht wiederholen. Durch Umprogrammieren wiederholt Fehler zu vermeiden, ist das grundlegende Wesen von Lernen. Jeder Mensch ist dazu in der Lage. Auf einer höheren Ebene bedeutet dies, neue und bessere Wege für Problemlösungen zu finden. Dabei nehmen Verständnis der Problemsituation und Kreativität zu.

- Komplexe Systeme _modifizieren ihre Umgebung_. Dadurch können sie ihre Leistungsfähigkeit im Zusammenspiel mit ihrem Umfeld verbessern, indem sie die Abläufe denen sie folgen müssen, umgestalten und dabei lernen, Veränderungen vorauszusehen. Einfacher ist es jedoch das Umfeld so zu verändern, dass es leichter wird mit den Gegebenheiten zurecht zu kommen. Wenn zum Beispiel Biber keinen Weiher finden, dann bauen sie einen Damm quer durch einen Fluss, stauen das Wasser, verändern dadurch ihr Umfeld und verbessern ihre Lebensbedingungen. Auch die Menschen haben ihre Umgebung erfolgreich verändert anstatt sich an die vorhandenen Gegebenheiten anzupassen. Durch Ackerbau und Viehzucht wurde im Laufe der Geschichte circa ein Viertel der Erdoberfläche umgestaltet. Bergbau, Erdölförderung, Urbanisation, der Bau der Verkehrsinfrastruktur sowie die industrielle Revolution und die Digitalisierung von Produktionsabläufen verursachten gewaltige technische Veränderungen. Diese Umgestaltung des menschlichen Umfeldes machte die Zivilisation erst möglich, wenngleich derartige Veränderungen nicht selten mit tiefgreifenden Nachteilen verbunden waren, wenn zum Beispiel eine Prärie durch intensives Pflügen zu einer „Staubkugel" wurde oder gedankenloses Abforsten Fluten oder Erdrutsche verursachte.

• Lebensfähige Systeme können sich _selbst kontinuierlich reproduzieren, sich vervielfältigen_. Sie erneuern die Elemente aus denen sie bestehen unbeeinflusst von der Umwelt. Voraussetzung dafür ist ihre Fähigkeit zur „Selbstreferenz", d.h. die Fähigkeit zur Selbstbeobachtung, Selbstbeschreibung, Selbstreflektion und Selbstverständnis.

Die biologische Reproduktion (Vermehrung, Sicherung von Nachwuchs) ist das augenscheinlichste Beispiel für Vervielfältigung. Sie findet aber auch in sozialen Systemen –in Gesellschaftssystemen- statt, wenn zum Beispiel Auswanderer in entfernten Gegenden neue Siedlungen bauen oder ein Unternehmen Tochtergesellschaften gründet. Bemerkenswert ist in beiden Fällen, der biologischen Reproduktion und der Gründung neuer Institutionen, dass das „Kind" selten ein genaues Duplikat der „Eltern" wird. Offensichtlich sind komplexe Systeme in der Lage ihre Programme im Zuge der Reproduktion zu modifizieren. Diese Art der Flexibilität bietet einen großen Überlebensvorteil.

• Komplexe Systeme können sich nicht nur selbst vervielfältigen sondern auch _selbst erhalten und reparieren_. Diese Fähigkeiten erfordern einen enormen Fundus an verdichteten Informationen und das Ergebnis ist jedoch meist nur eine annähernde Kopie des Originals. Die Zellen im Körper zum Beispiel sterben laufend und werden durch neue ersetzt. Das bedeutet zwar, dass sich das System „Körper" auf der mikroskopischen Ebene laufend verändert, sich aber als Ganzes stabil und funktionsfähig erhält. Wenn sich jemand in den Finger schneidet oder sich den Arm bricht, dann repariert der Körper die Verletzung. Wenn alles zufriedenstellend verläuft und der Heilungsprozess abgeschlossen ist, dann befinden sich die geheilten Körperteile zwar nahe genug am ursprünglichen Zustand aber nicht exakt so wie vor der Verletzung.

Gesellschaftssysteme zeigen ein vergleichbares Verhalten. In einer Stadt zum Beispiel werden alte Gebäude niedergerissen und an ihrer Stelle neue vom Original abweichende errichtet. Auch wenn ein Sportstadium abgerissen und durch einen Wohnkomplex ersetzt wird dann bleibt trotzdem der Charakter einer Stadt erhalten. Und wenn ein Tornado, ein Erdbeben oder eine andere Katastrophe Teile einer Stadt zerstören, dann werden die Schäden beseitigt und die Gebäude wieder aufgebaut aber nicht genauso wie sie vorher bestanden.

• Komplexe Systeme können sich _selbst erneuern und selbst umgestalten._ Sie können ihre Elemente umgestalten und deren Verknüpfungen verändern, um neuen Herausforderungen erfolgreich zu begegnen und neue Ziele zu erreichen. Leicht verständlich wird dies, wenn man soziale Organisationen betrachtet –ein Land, das seine Regierungsform wechselt oder ein Unternehmen, das sich weitgehend reorganisiert, um neuen und anderen Herausforderungen gewachsen zu sein. Auch sind viele Menschen und andere Lebewesen im Stande, sich umzugestalten, allerdings nicht im selben Umfang. Niemand kann versuchen seine Atmung auf Kiemen umzustellen oder sich Flügeln wachsen zu lassen, aber er kann durch Training erfolgreich versuchen, seine Muskelkraft zu vergrößern, seine Lungenkapazität zu erweitern oder sein Kreislaufsystem zu stärken. Darüber hinaus verfügt der Mensch mit seinem Verstand über die außergewöhnliche Fähigkeit sich selbst und seine geistige Verfassung zu reorganisieren. Viele von uns machen die Erfahrung, dass sich vorhandene Informationen plötzlich zu einer neuen Sicht einer bestimmten Situation zusammenfügen. Wenn wir älter werden, erneuern wir unsere Persönlichkeit. Erfolgt dies langsam, sprechen wir von reifen, wenn es schnell verläuft kann dies das Ergebnis einer persönlichen Krise sein.

•Komplexe Systeme sind _anpassungsfähig_. Die Leistungsfähigkeit und die Entscheidungsregeln ihrer Elemente (Variablen) können sich im Laufe der Zeit verändern. Diese Entwicklung führt zu Auslese und Wachstum einiger Elemente, wohingegen andere aussterben. Anpassung erfolgt, wenn Menschen aus Erfahrung lernen; besonders dann wenn sie neue Methoden entwickeln, um ihre Ziele trotz unerwarteter Hindernisse zu erreichen.

•Komplexe Systeme verhalten sich bei Eingriffen vielfach entgegen dem, was man intuitiv vermuten würde. Sie setzen sich eingeleiteten Maßnahmen zur Wehr. Ihr Verhalten entspricht dann nicht der Erwartung. Es ist _konterintuitiv_. Ursache und Wirkung sind dabei zeitlich und räumlich voneinander entfernt während wir die Ursache in der Nähe des Ereignisses suchen, das wir verstehen wollen. Unsere Aufmerksamkeit richtet sich dabei auf die Symptome des Problems, das wir lösen wollen und eben nicht auf die zugrundeliegende Ursache.

Auch dazu gibt es eine sehr anschauliche Parabel: Eine Gruppe von Kanuten hatte einen Staudamm erreicht und steuerte das Ufer an, um das Boot um das Hindernis herumzutragen. Eine zweite Gruppe traf später ein und ein junger Mann beschloss über den Damm zu fahren, um keine Zeit zu verlieren. Das Boot kenterte und der Mann fiel ins eiskalte Wasser. Man konnte ihm nicht helfen und musste entsetzt mit ansehen, wie er verzweifelt gegen die Rückströmung am Fuß des Dammes ankämpfte. Sein Kampf dauerte nur wenige Minuten, dann wurde er bewusstlos. Augenblicklich wurde sein Körper von dem wirbelnden Wasser in die Tiefe gezogen. Sekunden später tauchte er wenige Meter flussabwärts im ruhigen Wasser wieder auf. Was der Mann in den letzten Momenten vor seiner Bewusstlosigkeit vergeblich versucht hatte, gelang der Strömung danach in Sekundenschnelle. Ironischerweise war es gerade sein verzweifeltes Ankämpfen gegen die Kräfte am Fuß des Dammes, das seine Bewusstlosigkeit verursachte. Der Mann wusste nicht, dass der einzige Ausweg „kontraintuitiv" war. Wenn er nicht versucht hätte, den Kopf über Wasser zu halten, sondern stattdessen zu der Stelle hinunter getaucht wäre, wo ihn die Strömung flussabwärts zog, wäre er nicht bewusstlos geworden. Aber glücklicherweise hat er überlebt.

•Die Komplexität der Systeme, in die wir eingebettet sind, überfordert oft unsere Fähigkeit sie zu verstehen. Die Folge: Viele anscheinend eindeutige Lösungen eines Problems misslingen oder verschlimmern sogar die Situation. Das System verhält sich _entscheidungsresistent_. Es widersetzt sich den eingeleiteten Maßnahmen zur Problemlösung. Hierzu einige Beispiele:

Straßenbauprogramme, die dafür ausgelegt sind, die Verkehrsbelastung zu reduzieren, erhöhen das Verkehrsaufkommen und die Umweltverschmutzung, weil sich das Einzugsgebiet vergrößert.

Zigaretten mit einem niedrigen Gehalt an Teer und Nikotin erhöhen genau genommen die Einnahme von Krebs erregenden Substanzen und Kohlenstoffmonoxide, weil die Raucher mehr Zigaretten rauchen, tiefere Züge machen und den Rauch länger in der Lunge halten, um den niedrigeren Nikotingehalt auszugleichen.

Antiblokkiersysteme und andere Sicherheitsvorrichtungen verleiten manche Autofahrer zu aggressiveren Fahrverhalten. Dadurch schwindet der beabsichtigte Nutzen solcher Einbauten.

Pestizide und Herbizide fördern die Entwicklung resistenter Schädlinge, vernichten ihre natürlichen Feinde, reichern sich in der Nahrungskette an und vergiften Fische und Vögel und in manchen Fällen auch Menschen.

Deiche und Dämme werden errichtet, um Schäden durch Hochwasser zu vermeiden. Trotzdem richtet Hochwasser weiterhin große Schäden an, weil ehemalige Überschwemmungsgebiete in der Annahme zugebaut werden, sie seien aufgrund der Dämme sicher.

•Hochkomplexe Systeme können sich _selbst programmieren_. Sie wählen nicht einfach mit Hilfe eines bestehenden Programms neue Ziele neu, aus sondern erfinden sie. Für ein neues Ziel müssen dann neue Programme entwickelt werden, um es zu erreichen. Dies gelingt nicht auf der Grundlage bereits bestehender Programme sondern durch neue Erkenntnisse und ein tiefgreifendes Verständnis in die neue Zielsetzung. Diese Vorgehensweise ist bezeichnend für alle erfolgreich abgeschlossenen Projekte, bei denen nicht auf Erfahrungen aufgebaut werden kann. Die Mondlandung im Jahre 1969 ist eines der augenfälligsten Beispiele für die Fähigkeit der Selbstprogrammierung menschlicher Systeme. Auch der Bau der österreichischen Semmeringbahn im Jahre 1854, der ersten Gebirgsbahn der Welt, beruhte nicht auf Erfahrungen, sondern auf neuen Einsichten und Ingenieurleistungen. Die industrielle Revolution, die im 18. Jahrhundert in England begann, ist eine Aufeinanderfolge neuer Zielsetzungen und Programme, angefangen mit dem Bau der Dampfmaschine bis zur Entwicklung von Hochgeschwindigkeitszügen, selbstfahrender Autos, Personal Computers, der ISS Raumstation oder Großraumflugzeugen.

Die Fähigkeit sich neuen Zielen zuzuwenden und die Begabung neue Programme zu entwickeln, um die neuen Ziele zu erreichen, verkörpern das höchste Niveau an Flexibilität in komplexen Systemen. Auch Tiere können eine beträchtliche Geschicklichkeit bei Problemlösungen an den Tag legen. Die Ziele, die sie verfolgen, werden aber im Wesentlichen von ihren Genen diktiert. Ein Zaunkönig hat nie das Bedürfnis eine Kathedrale zu bauen oder ein Schimpanse wird nicht vom Wunsch getrieben, eine Dampfmaschine zu entwickeln. Hingegen konnten beide Ziele von Individuen und sozialen Systemen, in denen sich Menschen bewegen, aufgegriffen werden, genauso wie viele andere, die weit über unsere genetische Programmierung hinausgehen. In dieser Hinsicht sind soziale Systeme, wie einzelne Individuen, Institutionen, Organisationen, Unternehmen und ganze Volkswirtschaften, viel offener und unberechenbarer als Systeme, in denen Menschen keine Rolle spielen.

Zusammenfassend können wir sagen, dass komplexe Systeme, zielsuchend, programmfolgend und fähig sich umzuprogrammieren sind. Sie können ihre Umgebung modifizieren. Sie sind dynamisch, nicht-linear, stark vernetzt, selbststabilisierend, in der Lage sich zu vervielfältigen, sich selbst zu reparieren und sich selbst umzugestalten. Sie sind anpassungsfähig, entscheidungsresistent und fähig neue Programme zu entwickeln. Je komplexer ein System ist, je mehr dieser Eigenschaften besitzt es. Größere Komplexität bewirkt Vorteile, hat aber auch Nachteile. Verglichen mit einem einfachen System, kann ein hoch komplexes System mehr Informationen verarbeiten, Änderungen in seiner Umgebung treffsicherer voraussehen, schneller lernen, sich auf eine umfangreichere Bandbreite von Veränderungen im Umfeld einstellen und flexibler und angemessener handeln. Ein höherer Grad an Komplexität bedeutet, dass das System mehr Subsysteme verwalten und koordinieren muss, dass die Fehlerwahrscheinlichkeit steigt und dass ein höherer Aufwand an Energie und an Ressourcen betrieben werden muss, um Informationen zu erfassen und zu verarbeiten. Jede Zunahme an Komplexität verursacht zusätzliche Kosten und oft sinnlose Schwierigkeiten, die die Leistungsfähigkeit des gesamten Systems begrenzen. Trotzdem ist die Komplexität der Systeme, die uns umgeben, vorteilhaft, weil sie mehr Stabilität und Effizienz erzeugt, als durch Kosten und Belastungen verloren gehen. Allerdings müssen wir im Umgang mit komplexen Systeme einige Probleme berücksichtigen.

Eines dieser Probleme entsteht, wenn ein komplexes System mehrere Subsysteme kontrolliert, deren Ziele im Widerspruch zueinander und zum „Hauptsystem" stehen. Es kommt zu Situationen, in denen das, was für jeden Einzelnen oder eine Gruppe vorteilhaft ist, sich für das Ganze aber als schädlich herausstellt. Die beste Beschreibung dieses Zustandes stammt von Garrett Hardin und ist bekannt als *„Tragödie der Gemeingüter".* [2009 wurde der Nobelpreis für Wirtschaftswissenschaften an Elinor Ostrom vergeben für ihre Untersuchungen von Problemen, die im kollektiven Handeln bei knappen Ressourcen, die gemeinschaftlich genutzt werden, entstehen.] Das bedeutet in diesem Zusammenhang, dass mehrere Individuen oder Gruppen gemeinschaftliche Ressourcen in Anspruch nehmen und sich dabei ausschließlich an ihren individuellen Bedürfnissen orientieren. Anfangs scheint die Ressource reichlich vorhanden und unbegrenzt. Jeder nutzt sie zu seinem Vorteil, so als wäre er der einzige Eigentümer oder Nutznießer. Er berücksichtigt dabei nicht, dass auch andere Individuen oder Gruppen auf die Ressource zurückgreifen. Niemand ist sensibilisiert oder denkt an eine eventuell begrenzte Verfügbarkeit der Betriebsmittel (Abbildung 7-3). [Siehe auch Seite 277 ff, Systemarchetypen: die Tragödie der Gemeingüter.]

Anfangs werden alle Nutzer der Ressource für die Inanspruchnahme belohnt. Nach einer Weile nimmt die Verfügbarkeit der Ressource ab oder ist von minderer Qualität. Daraufhin verstärken alle Nutzer der Ressource ihre Anstrengungen, um ausreichend die betreffenden Betriebsmittel zum gewünschten Zeitpunkt und in ausreichender Qualität zu bekommen. Findet zu diesem Zeitpunkt kein Systemeingriff statt, gibt es keinen Sachverwalter der gemeinsamen Ressource und bestehen keine ausreichenden Alarmsignale dann wird die Verfügbarkeit erheblich eingeschränkt oder völlig erschöpft.

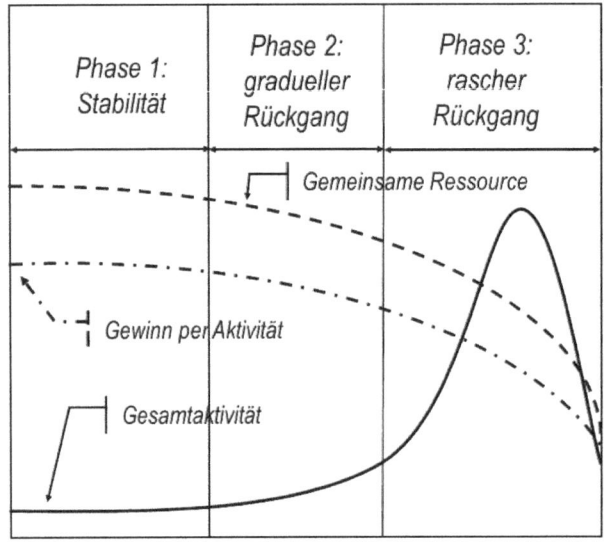

Abbildung 7-3: Die Überlastung einer gemeinschaftlich genutzten Ressource führt zu ihrer Erschöpfung.

Eine solche Situation kann eindrucksvoll mit einem Weideland, das mehreren Bauern eines Dorfes als Gemeingut zur Verfügung steht und auf dem sie ihre Schaf- und Kuhherden weiden lassen, beschrieben werden. In einer Situation, die von einer positiven Rückkoppelung beherrscht wird und die der Tragödie der Gemeingüter entspricht, sagt sich jeder Viehzüchter folgendes: „Je mehr Kühe und Schafe ich besitze, desto wohlhabender bin ich. Da die Herde umsonst weidet, werde ich die Herde vergrößern so schnell es nur geht." Aber durch dieses Verhalten entsteht eine Situation, der jeder Viehzüchter machtlos gegenübersteht. Da jeder seine Herde vergrößert, wächst auch die Anzahl der Tiere, die auf dem gemeinsamen Weideland grasen. Ab einen bestimmten Zeitpunkt, wird das Weideland schneller abgegrast als es nachwachsen kann. Schließich fressen die Tiere das Gras bis auf die Wurzeln, vernichten die Pflanzen und hinterlassen nichts als Verwüstung. Die Tiere verhungern und im Dorf herrscht Mangel an Nahrungsmitteln.

Bemerkenswert ist, dass kein Viehzüchter Vorteile davon hat, wenn er freiwillig seine Herde klein hält. Wenn er darauf verzichtet, mehr Kühe und Schafe zum Grasen auf das gemeinsame Weideland zu schicken, dann erhöht er den Anreiz für seine Nachbarn noch mehr eigenes Vieh auf die Gemeinschaftsweiden zu schicken. Sein uneigennütziges Verhalten kann die Katastrophe nicht verhindern und er wird unterdessen ärmer. Da jeder Viehzüchter erkennt, dass es sinnlos ist, seinen Viehbestand nicht zu vergrößern, vergrößert er ihn so weit als möglich, bis die unausweichliche Katastrophe eintritt.

Bezeichnend für diese Situation ist, dass jeder Viehzüchter aus seiner Sicht die vernünftigste Entscheidung trifft und sich jeder aber im Endeffekt nur Nachteile einhandelt. Wie kann es soweit kommen? In der Tragödie der Gemeingüter fehlt eine negative Rückkoppelung, die den Umfang der Herde jedes einzelnen Viehzüchters begrenzt und so Anzahl der Kühe und Schafe aller Viehzüchter auf ein Maß beschränkt, das sicher stellt, dass nicht mehr Grass abgeweidet wird als nachwachsen kann.

Dafür existieren verschiedene Lösungsmöglichkeiten. Wenn, zum Beispiel, 50 Familien im Dorf leben, kann könnte eine Lösung darin bestehen, das kollektive Weideland in 50 Parzellen zu teilen und jedem Viehzüchter eine zuzuteilen. Würde in diesem Fall ein Viehzüchter zu viele Kühe und Schafe auf seiner Parzelle weiden lassen und sich dadurch das Gras nicht mehr regenerieren können, dann wäre nur er der Leidtragende. So hätte jeder Viehzüchter den Anreiz, die seine Herde auf einer vertretbaren Größe zu halten.

Aber es wäre sehr teuer alle Zäune hoch zuziehen und das Vieh würde sich in ihnen verheddern oder sie niederreißen. Auf lange Sicht wäre es daher einfacher und billiger, jeden Viehzüchter dazu zu berechtigen, nur eine ganz bestimmte abgesprochene Anzahl von Tieren auf dem gemeinsamen Weideland grasen zu lassen. Wenn das Land 200 Tiere verträgt, könnte jedem Viehzüchter zugebilligt werden, 4 Tiere weiden zu lassen.

Eine weitere Lösung wäre, jährliche Versteigerungen zu veranstalten, in denen dem meistbietenden Viehzüchter das Recht eingeräumt wird, 200 Tiere auf dem kollektiven Weideland grasen zu lassen. Das finanzielle Ergebnis der Auktion könnte dann gleichmäßig zwischen allen übrigen Viehzüchtern des Dorfes geteilt werden.

Für jede Lösung, das Problem der Tragödie der Gemeingüter zu überwinden, ist irgendeine Art übergreifender Regelung, eine Art „freiwilligen Zwanges", erforderlich. Die Tragödie der Gemeingüter besteht nämlich darin, dass die Katastrophe unvermeidlich eintritt, wenn nicht alle Viehzüchter ihr ursprüngliches Verhalten ändern. Begenzt aber jeder Viehzüchter seine individuelle Freiheit zugunsten des übergeordneten Systems, des Dorfes, dann hat er Vorteile.

Allgemein kann das Problem, das in der Tragödie der Gemeingüter herrscht, wie folgt beschrieben werden. Wenn das System sich selbst korrigieren könnte, selbstkorrigierend wäre, dann würde eine außerhalb befindliche negative Rückkoppelung, das System ins Gleichgewicht drängen (Abbildung 7-4).

Wenn der Gewinn für eine individuelle Aktivität sinkt, dann signalisiert das System Korrekturmaßnahmen, um die indivieduelle und dann die gesamte Aktivität zu reduzieren. B2 in Abbidlung 7-4 durchläuft dann einen negativen Korrekturszyklus bis sich das System erholt hat und ernuet wieder höhere Gewinne abwirft.

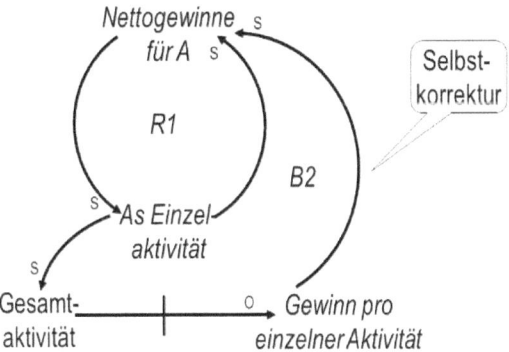

Abbildung 7-4: selbstkorregierende Dynamik der Tragödie der Gemeingüter

Wenn der Gewinn für eine individuelle Aktivität sinkt und keine Korrekturmaßnahmen greifen, wird der Einzelne ermutigt, seine individuellen Aktivitäten zu erhöhen, um Nachteile zu kompensieren.

R1 in Abbildung 7-5 treibt eine Verstärkungsspirale an, die dazu führt, dass die Ressource gänzlich erschöpft wird (R2).

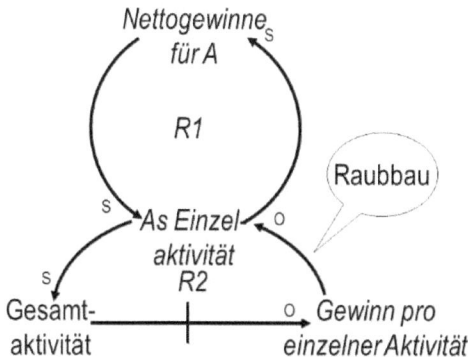

Abbildung 7-5: beschleunigter Raubbau in der Tragödie der Gemeingüter

Zusammengefasst heißt das: Wenn der Gewinn für eine individuelle Aktivität sinkt, dann hat das Sytem für seinen Material-, Energie- und Informationsfluss nur zwei Möglichkeiten, nämlich Selbstkorrektur oder beschleunigter Zusammenbruch durch Raubbau (Abbildung 7-6).

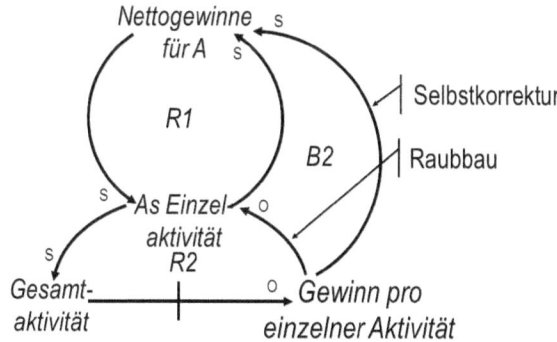

Abbildung 7-6: Selbstkorrektur oder Raubbau sind die konkurrierenden Kräfte in der Tragödie der Gemeingüter

Wie bemerkt man, dass man sich in den Fängen einer Tragödie der Gemeingüter befindet? Man erkennt es an zwei Schlüsselfaktoren:
- eine gemeinsame Ressource, auf die zwei oder mehrere Individuen, Gruppen, Institutionen, Organisationen, Unternehmen, etc. beliebig und gleichberechtigt zugreifen können und
- das Fehlen einer übergreifenden Aufsicht oder der Managementverantwortung einer beauftragten Organisation.

Die entscheidende Herausforderung in einer Tragödie der Gemeingüter besteht darin, ein kollektives Verständnis darüber zu finden, wodurch die gemeinsame Ressource überlastet wird und wie die Überbeanspruchung vermieden werden kann. Wenn niemand einsieht, dass seine individuellen Handlungen die Gewinne aller beeinträchtigen, wird sich jede Debatte darum drehen, wozu der eine einverstanden sein soll, ein anderer aber nicht bereit ist. Daraus entstehen endlose Wortgefechte über unterschiedliche Maßnahmen, aber es ändert sich letztlich gar nichts. Das hängt damit zusammen, dass der Lösungsansatz nicht auf der individuellen Ebene liegt. Warum? Angenommen ein Hochseefischer entscheidet sich, weniger zu fischen, weil er einsieht, dass Überfischen letztlich seine Ausbeute begrenzt. Was folgt dann aber? Der Fischer erleidet Verluste, aber der Raubbau durch Überfischen geht weiter, weil die anderen Fischer ihr Verhalten nicht ändern. Denn so lang das System so ausgelegt ist, jedem Fischer individuelle Gewinne zu verschaffen ohne vor den langfristigen kollektiven Folgen zu warnen, wird weitergefischt um den Gewinn zu maximieren.

Das Problem der Tragödie der Gemeingüter begegnet uns in vielfältigen Situationen. Kennzeichnender Weise tritt das Problem immer dann auf, wenn es innerhalb der bestehenden Systemgrenzen nicht gelöst werden kann. Das Beispiel des kollekiven Weidelandes war ein Problem, das das ganze Dorf betraf, aber Entscheidungen können nur auf der individuellen Ebene der Viehzüchter getroffen werden. Die Lösung war entweder die Entscheidungsgewalt einem System zu übertragen, das der Größe des Problems entspricht, in diesem Fall dem Gemeinderat oder das Problem in viele kleine Probleme aufzuteilen und jedem einzelnen Viehzüchter exklusiv die Entscheidung über seinen Teil des Problems zu überlassen.

Aber die zweite Lösung ist nicht immer praktikabel. Man kann zum Beispiel die Atmosphäre nicht einzäunen, damit die Umweltverschmutzung im dem Land bleibt, in dem sie verursacht wird.

In einem solchem Falle müsste die Lösung des Problems an eine Autorität höherer Ebene delegiert werden, wie zum Beispiel an die EU-Kommission. In Europa sind aber die Länder relativ klein und die Umweltprobleme, die in einem Land entstehen, weiten sich auf andere Länder aus. Treibhausgase, die in einem Land ausgestoßen werden, breiten sich über andere Länder aus, ohne dass die EU-Kommission die Möglichkeit hat, schlichtend einzugreifen. Ein Land kann sich darüber beschweren, ohne Aussicht auf Erfolg, die Umweltverschmutzung eines andern Landes zu stoppen, wenn dieses dazu freiwillig nicht bereit ist.

Die Industrialisierung schreitet schließlich immer weiter fort und Probleme wie die Umweltverschmutzung sind schon jetzt zunehmend ein weltweites Problem. Alle Schadstoffe landen letztlich in der Atmosphäre oder in den Ozeanen und sind ein globales Problem. Da die Umweltprobleme zunehmen, brauchen wir eine Art „Weltbehörde", die mit dem Durchsetzungsvermögen ausgestattet ist, globale Probleme auf globaler Ebene zu entschärfen und zu lösen. Die Gründung der Vereinten Nationen war ein Schritt in diese Richtung. Aber bis jetzt haben die einzelnen Staaten ihnen nicht das Recht eingeräumt, ihr Umweltverhalten zu überprüfen und zu kontrollieren.

Die Tragödie der Gemeingüter findet nicht nur auf lokaler oder globaler Ebene statt sondern auch in Familien und Unternehmen. Die Modelleisenbahn, mit der alle Kinder spielen dürfen oder der Streit unter Geschwistern um die Zuwendung der Eltern; Überlastung eines gemeinsamen Textverarbeitungsbüros oder Rechenzentrums; keine Kostenzuordnung der Qualitätssicherung; Umlagen statt Kostenzuordnung; natürliche Ressourcen werden erschöpft, weil konkurrierende Unternehmen sie ausbeuten; alle erdenklichen Varianten der Umweltverschmutzung; Sozialsysteme.

Was folgt daraus: Verwalten sie das „Gemeingut", indem Sie entweder für Disziplin, Formen der Selbstbeschränkung oder Gruppendruck sorgen oder indem Sie ein offizielles Regelungsverfahren einführen, das im Idealfall von den Teilnehmern selbst konzipiert wird. Am besten vermeiden Sie Umlagen oder unbeeinflussbare Kosten.

Ein weiteres Problem besteht darin, dass in komplexen Systemen _die Beschaffung von Informationen hohen Aufwand und hohe Kosten verursacht._ Die Tragödie der Gemeingüter entsteht bei dem Versuch, das Problem auf einer zu niedrigen Ebene im System zu lösen. Es läge daher nahe, alle Probleme auf der höchsten Ebene eines Systems zu bewältigen. Allerdings müsste dann die höchste Ebene eines Systems alle Entscheidungen für alle Ebenen des Systems treffen. Das würde dazu führen, dass diese Ebene alle Informationen sammeln, registrieren und aufbereiten müsste, um alle Entscheidungen treffen zu können. Dies wiederum wäre enorm kostspielig.

Vielfach wird bereits schon jetzt der Umfang der öffentlichen Verwaltung beklagt. Auf welches Ausmaß aber müsste die Bürokratie aufgebläht werden, sollte jede Entscheidung anstatt auf lokaler Ebene in Städten, Landkreisen und Bundesländern in Berlin getroffen werden. Sollte zum Beispiel die Einstellung von Lehrern und Mitarbeitern in der öffentlichen Verwaltung, die Beschaffung von Computern, Schneepflügen oder Rettungswagen, die Reparatur des Straßennetzes und der Bau neuer Dienstgebäude, die Erweiterung der Müllabfuhr, die Genehmigung neuer Bauvorhaben, die Bereitstellung neuer Gewerbeflächen, etc. auf oberster Regierungsebene entschieden werden, würde fast nichts erledigt. Der Aufwand an Zeit, Kosten und Personal wäre unvorstellbar groß und das ganze System würde schnell zerrieben werden. Mit anderen Worten, es besteht eine Konfliktsituation zwischen zwei bewährten „Daumenregeln". Einerseits ist es schneller, einfacher und billiger Entscheidungen auf der niedrigsten möglichen Ebene des Systems zu treffen. Andererseits ist es unerlässlich, Entscheidungen auf der Ebene zu treffen, die mit Sicherheit die Tragödie der Gemeingüter vermeiden kann. Leider gibt es aber keine lupenreine Lösung dieses Konflikts. Wird die Kontrolle über ein Problem einer höheren Ebene übertragen, werden zwar Konflikte zwischen den Subsystemen abgebaut, aber es steigen die Kosten und Flexibilität sowie Leistungsfähigkeit lassen nach. Übernimmt die Kontrolle eines Problems ein Subsystem auf einer niedrigeren Ebene, nimmt zwar das Reaktionsvermögen zu und das Problem wird schneller gelöst, aber die Wahrscheinlichkeit, dass es zu ernsthaften Konflikten kommt, steigt.

Für fast alle komplexen Systeme scheint daher die beste Daumenregel zu sein: *„Entscheide auf der möglich niedrigsten Ebene, aber sei bereit die Kontrolle einer höheren Ebene zu übertragen, sobald ernsthafte Probleme auftreten"*.

Natürliche Systeme verhalten sich zwangsläufig in diesem Sinne. Man muss sich nicht daran erinnern, zu atmen oder bewusst daran denken, welche Muskeln man beim Gehen bewegen muss. Solange nichts schief läuft, kann man es der niedrigen Ebene des Nervensystems überlassen, diese Aufgaben zu lösen. Die höchste Ebene –das eigentliche

Bewusstsein- bleibt dadurch für wichtigere Aufgaben frei. Sollte aber etwas Unerwartetes eintreten und das Subsystem mit Schwierigkeiten zu kämpfen hat, wenn man zum Beispiel schwindelig wird, zu ersticken droht oder stolpert, dann ist die höhere Ebene gefordert.

Dagegen wird in Wirtschaft und Politik die Ebene, auf der ein Problem gelöst werden kann, nicht automatisch festgelegt. Einerseits wird von vielen Individuen und Organisationen der bedrohliche Zustand einer Tragödie der Gemeingüter vielfach nicht wahrgenommen, sobald er eintritt. Sie geben ungern ihre Freiheit im eigenen Sinne handeln zu können auf und wollen nicht durch Gesetze und Vorschriften beengt werden. Widerstand gegen Umweltstandards oder Wettbewerbseinschränkungen sind überzeugende Beispiele. Wenn andererseits offensichtliche Unzulänglichkeiten im betreffenden System erkannt werden, werden sie nicht umgehend beseitigt, weil nicht bewusst ist, dass die Kosten immer größer werden je länger das Problem ungelöst bleibt.

Fast alle haben bestimmte Vorstellungen, welche Probleme auf Regierungsebene angegangen und gelöst werden sollten. Wenn jemand davon überzeugt ist, dass mehr für die Bewältigung der Arbeitslosigkeit, für mehr Verbrechensbekämpfung und Verkehrssicherheit, mehr gegen Drogenmissbrauch und Diskriminierung von Minderheiten, mehr für Bildung und Ausbildung, mehr gegen Steuerhinterziehung, mehr für den Umwelt-und Verbraucherschutz, mehr für die Vereinbarkeit von Beruf und Familie oder weiteren Aufgaben von Seiten der politischen Führung unternommen werden sollte, dann hält er die entstehenden Kosten für gerechtfertigt. Allerdings lassen sich die meisten Probleme nicht vollständig lösen. Kosten und bürokratischer Aufwand wären zu groß.

Bedauerlicherweise hat jedes System nur begrenzte Ressourcen, um Informationen zu beschaffen und zu verarbeiten. Es wird daher vor die unangenehme und schwierige Entscheidung gestellt, welchem Problem erhöhte Aufmerksamkeit geschenkt und wie intensiv an der Lösung gearbeitet werden soll. Das bedeutet keineswegs, dass sich eine Gesellschaft über ihre Probleme hinwegsetzen soll. Im Grunde genommen ist kein Gesellschaftssystem fehlerfrei und formvollendet. Die Bevölkerung muss verstehen und tolerieren, dass keine Problemlösung fehlerfrei und gerecht ist, zumal jedes gelöste Problem ein neues erzeugt.

Ein weiteres Informationsproblem ist die *Verfälschung von Rückkoppelungen*. Unvollständige oder falsche Informationen führen zu nicht tragfähigen Entscheidungen. Daher müssen sich komplexe Systeme auf Informationen verlassen, um ihre Subsysteme kontrollieren zu können. Darin besteht allerdings ein Anreiz zu „lügen" oder den Informationsfluss zu verfälschen. Zum Beispiel sind Steuererklärungen, Forschungs- und Arbeitsunterlagen, Angaben über das Verkehrsaufkommen auf den Straßen, der Schiene und im Luftraum, Stimmauszählungen, Arbeitsmarkt- oder Exportstatistiken, Werbeaussagen und vieles mehr Informationen, die einen wesentlichen Teil verschiedener Rückkoppelungsschleifen in politischen und wirtschaftlichen System bilden und Grundlagen für Entscheidungen sind. Wenn aber Information leicht verfälscht werden können, um dadurch Rückkoppelungen, die Grundlagen von Entscheidungen sind, zum Vorteil von Betrügern zu manipulieren, dann nehmen die Qualität der Informationen und die Leistungsfähigkeit des ganzen Systems ab. Komplexe Systeme versuchen daher mit großen Aufwand zu verhindern, dass Informationen manipuliert werden. Dies geschieht durch „Querinformationen", durch Strafen für die Manipulation von Informationen, die höher sind als ihr Vorteil –zum Beispiel bei Steuerhinterziehungen- oder durch den Versuch Betrügereien zu erschweren. Da Rückkoppelungsschleifen vor Verfälschungen andauernd geschützt werden müssen, entstehen zusätzliche Kosten für die Beschaffung von Informationen.

Flexibilität ermöglicht einem komplexen System in einem sich schnell verändernden Umfeld zu überleben. Dies führt aber leider zu einem *Verlust von Berechenbarkeit*. Zutreffende Informationen über das zukünftige Verhalten eines Systems sind aufgrund der Flexibilität schwieriger zu beschaffen –besonders in Wirtschaft und Politik.

Eine Demokratie –zum Beispiel- handelt zwar viel flexibler als eine Diktatur. Aufgrund dieser Flexibilität ist es aber viel aufwendiger verlässliche langfristige Planungen zu erstellen. Trotzdem kann die soziale Marktwirtschaft auf Veränderungen schneller und präziser reagieren als ein staatliches Planungssystem, obwohl die Vorhersage veränderter wirtschaftlicher Bedingungen wie in den Ländern der Europäischen Union schwieriger ist als vergleichsweise in China oder Nordkorea. Der Wahrheitsgehalt dieser Aussage lässt sich innerhalb der Europäischen Union oder Deutschland überprüfen. Zum Beispiel ist es für einen Beamten in der öffentlichen Verwaltung leichter vorherzusehen, welche Aufgaben er in den nächsten fünf Jahren erledigen wird, als einem Mitarbeiter in einer sich dynamisch entwickelnden Branche wie in der Automobil-, der Software oder der chemischen Industrie, wo sich

Produkte sowie Montage- und Verfahrenstechnik in kurzen Zeitabständen laufend verändern.

Im Ergebnis bezahlen wir die größere Flexibilität. Wir laufen Gefahr Zeit und Geld zu verschwenden durch letztlich nutzlose Weiterbildungsmaßnahmen oder Fehlinvestitionen. Bis zu einem gewissen Grad verbessert zwar eine erhöhte Flexibilität die Leistungsfähigkeit eines Systems, so dass sich der Preis der Unsicherheit lohnt. Verändert sich das Umfeld jedoch zu schnell, dann steigen die Kosten zunehmend, um auf Unsicherheiten zu reagieren. Es wird deshalb immer erfolgsentscheidender sich dieser Kosten bewusst zu werden und nutzlose Veränderungen im System und Verluste durch Planungsunsicherheiten gering zu halten.

*Wer, wie, was,
wieso, weshalb, warum,
wer nicht fragt, bleibt dumm.*
(Sesam Straße)

8. Entscheiden in komplexen Situationen

Wie kommen Systemdenker auf den Grund der Probleme und lösen sie?

Systemdenken ist eine Denkweise und eine Sprache, mit der man die Kräfte und Wechselbeziehungen, die das Verhalten von Systemen bestimmen, begreifen, beschreiben und steuern kann. Diese Disziplin hilft uns zu erkennen, wie wir Systeme effektiver verändern und wie wir in größerer Übereinstimmung mit den übergreifenden Prozessen in persönlichen Bereichen, der Politik, der Wirtschaft, der Technik und der Natur handeln können.

Systemdenker beobachten auf vielfältige Weise, wie Systeme funktionieren und wie sie sich verändern lassen. Sie verfügen über Fähigkeiten unterschiedliche Maßnahmen zu ergreifen, um das Systemverhalten zu verbessern. Die Möglichkeiten zu handeln, umfassen ein breites Spektrum von Denkstrategien, die passende Fragestellungen unterstützen und geeignete Problemlösungen begünstigen. Es handelt sich dabei nicht um Routinen der üblichen Art, um lieb gewonnene und um nicht nachgefragte Gewohnheiten, Probleme in dynamischen und komplexen Systemen zu lösen. Vielmehr fördern die Verhaltensweisen eines Systemdenkers flexibles Denken und das Verständnis für neue und ungewohnte Betrachtungsweisen und Problemlösungen.

Bevor wir jedoch versuchen, eine Fragestellung mit den Methoden des Systemdenkens zu lösen, müssen wir sicherstellen, dass es sich überhaupt um ein systemisches Problem handelt. Aber wie erkennen wir systemische Probleme?

- *Das Problem ist chronisch. Es tritt immer wieder auf.*
- *Das Problem brennt seit längeren unter den Nägeln. Es hat eine Vorgeschichte.*
- *Bisherige Lösungsversuche sind gänzlich oder nach kurzzeitiger Verbesserung der Situation fehlgeschlagen.*
- *Die Ursache des Problems ist völlig oder zum Teil unklar. Es gibt keine oder keine befriedigende Lösung für das beobachtete Zeitverhalten*

der Schlüsselvariablen –den Elementen, die das Systemverhalten maßgeblich bestimmen.
- *Die Schlüsselvariablen zeigen einen der folgenden für systemische Probleme typischen Zeitverläufe: Anstieg auf ein höheres Niveau, scharfer Abfall oder steiler Anstieg, zielsuchender Verlauf, Schwankungen (Oszillation), steiler Anstieg und anschließender scharfer Abfall oder keine wesentlichen Änderungen nach Systemeingriffen.*

Oft befinden wir uns in Situationen, in denen wir leider feststellen müssen, dass sich die Verhältnisse nicht so entwickeln, wie wir wollen. Dafür gibt es zahlreiche, komplexe und vielschichtige Gründe. Die Methoden des Systemdenkens können aber helfen, den unerwünschten Zustand zu erkennen, zu verstehen und Auswege zu finden.

Die richtigen Fragen zu stellen, um unerwünschtes Verhalten von Systemen zu ergründen und zu verändern, sind im Folgenden beschrieben. Es sind Wege, darüber nachzudenken, wie Systeme funktionieren und wie sich welche Maßnahmen auf das Systemverhalten auswirken.

Die Fertigkeit in der systemischen Problemformulierung ist von einigen zentralen Fragen abhängig:
- *Wie haben wir durch unser Denken, unsere Prozesse, unsere Verfahren und unsere Vorgehensweise zu der Situation, vor der wir heute stehen, beigetragen bzw. sie erzeugt?*
- *Welche Zielabweichungen treiben unser System an, wann und wie stark?*
- *Wie genau wissen wir, wo diese Zielabweichungen liegen?*
- *Wie überwachen wir diese Zielabweichungen?*
- *Mit welchen unterschiedlichen Maßnahmen können wir den Zielabweichungen begegnen? Wann und wie erreichen wir die Zielvorgaben?*

Wir werden regelmäßig mit vielfältigen Problem konfrontiert und stellen fest, dass sie sich nicht mit herkömmlichen Denkansätzen lösen lassen. Entscheidend für den Erfolg von Veränderungen ist die Definition des Problems.
- *Was ist das Problem?*
- *Wie beseitige ich das Problem?*
- *Wie bringe ich die Situation in Ordnung?*
- *Welches Ziel streben wir an?*

- *Welche Ergebnisse erwarten wir?*

sind die unerlässlichen ersten Fragen, um sich Lösungsansätzen für das Problem zu nähern.

Wenn wir uns darüber im Klaren sind, welches Ziel wir erreichen wollen, können wir genauer beschreiben, wo wir derzeit stehen und was wir in der Zukunft erwarten wollen. Systemdenken hilft den derzeitigen Zustand, die Wirklichkeit mit der wir konfrontiert werden, besser zu beschreiben. Sobald wir uns die Differenz zwischen dem derzeitigen Zustand und dem gewünschten Ziel verdeutlichen, werden die erforderlichen Maßnahmen offensichtlich.

- *Was ist der derzeitige Zustand?*
- *Warum hat sich der derzeitige Zustand eingestellt?*
- *Welche Ergebnisse beobachten wir?*
- *Wie soll das System auf unsere Bemühungen reagieren, um sich zu verändern?*

sind Fragen zum gegenwärtigen Zustand des Systems.

Das Systemverständnis beruht auf der Betrachtung des „Ganzen" und nicht seiner Teile. Systemdenker versuchen daher die großen Zusammenhänge zu erkennen und zu verstehen. Ein Systemdenker tritt einen Schritt zurück, um die Dynamik und die Wechselwirkungen zwischen den Teilen des Systems zu untersuchen. Er sieht den ganzen Wald und nicht die einzelnen Bäume. Er berücksichtigt, dass mit der Veränderung eines Elementes gleichzeitig alle anderen beeinflusst werden.

- *Welchen Zeitrahmen muss ich wählen, um die Balance zwischen dem großen Ganzen und wichtigen Details zu erhalten?*
- *Konzentriere ich mich auf die Bereiche, die das Problem wesentlich beeinflussen und nicht auf Details, die ich nicht beeinflussen kann?*
- *Welchen Zeitrahmen muss ich wählen, um das Problem zu erfassen?*

sind die Fragen, die sich ein Systemdenker stellen muss, um die großen Zusammenhänge des Systemverhaltens zu erfassen

Die System Dynamik beschäftigt sich mit dem Verhalten eines Systems im Verlauf der Zeit. Das Erkennen und kritische Betrachten von Verhaltensmustern -oft als Zeitverlauf bezeichnet- ist ein entscheidender Schritt bei Untersuchung eines Systems und seines Verhaltens.

Dynamische Systeme bestehen aus voneinander abhängigen Elementen, deren Werte sich im Laufe der Zeit verändern. Systemdenker beobachten, wie sich diese Elemente mit der Zeit verändern und wie dadurch Muster und Trends entstehen. Die Diagramme, die die Veränderungen der Teile (Variablen) im Zeitverlauf wiedergeben, erlauben einen Einblick in die wechselseitigen Abhängigkeiten der Systemelemente und in die Struktur des Systems. Wie Sand in einer Sanduhr lässt sich beobachten, wie sich das System im Zeitverlauf verändert.

Man fragt sich:
- *Welche Elemente haben sich verändert?*
- *In welche Richtung haben sich diese Elemente und die Probleme, die mit ihnen verbunden sind, verändert –sind sie größer oder kleiner geworden?*
- *Welche Muster und Trends haben sich im Zeitverlauf entwickelt?*

Ein Systemdenker berücksichtigt, dass die Struktur eines Systems sein Verhalten erzeugt. Er versteht, dass dauerhafte Veränderungen des Verhaltens eines komplexen Systems nur durch die Umgestaltung seiner Struktur möglich sind. Äußere Einflüsse müssen dabei unberücksichtigt bleiben.
- *Wie beeinflussen sich die Systemelemente gegenseitig?*
- *Wie funktioniert das Zusammenspiel der Elemente, durch das das Verhalten des Systems entsteht?*
- *Konzentriere ich mich auf die Systemstruktur, um ein unerwünschtes Systemverhalten zu korrigieren und nicht auf äußere Einflüsse?*

sind geeignete Fragen.

Die in jedem System innewohnende Eigenschaft ist seine Rückkopplung. Ein Systemdenker identifiziert die kreisförmige Natur der komplexen Ursache-Wirkungs-Beziehungen. Er weiß, dass die Ursache-Wirkungs-Beziehungen innerhalb dynamischer Systeme zirkular und nicht linear verlaufen. Komplexe Ursache-Wirkungs-Beziehungen sind Ausgleichsrückmeldungen, in denen das System versucht, ein Ziel zu erreichen und aufrecht zu halten, zum Beispiel die Temperatur der Heizungsanlage in einem Haus. Es kann sich auch um verstärkende Rückkopplungen handeln, zum Beispiel sind die Zinseinnahmen umso höher je größer der Kontostand ist.
- *Wie beeinflussen sich die Systemelemente gegenseitig?*
- *Wie entsteht die zirkuläre Kausalität?*

- *Dominiert eine Feedbackschleife im Zeitverlauf das System? Wenn ja, wie?*

könnte man fragen.

Eine Veränderung der Perspektive kann das Verständnis wie das dynamische System funktioniert verbessern. Um zu erkennen wie ein System tatsächlich arbeitet, betrachtet der Systemdenker das System aus unterschiedlichen Blickwinkeln, vorzugsweise arbeitet er mit anderen zusammen.

- *Bin ich offen für neue Betrachtungsweisen des Systems?*
- *Suche ich eigene Erkenntnisse oder übernehme ich fremde Betrachtungsweisen?*
- *Wie beeinflussen verschiedene Standpunkte die Art wie ich das System verstehe?*
- *Wer könnte mir helfen, neue Sichten für die Untersuchung des Systems zu gewinnen?*

sind die Fragen, die vielfach weiterhelfen.

Mentale Modelle sind Überzeugungen, Annahmen und Erklärungsmuster, die wir ungeprüft und zumeist kritiklos von den eigenen Sichten, anderen Personen, Sachverhalten und unserem Umfeld haben. Mentale Modelle sind zumeist unbewusst. Trotzdem haben sie starke Auswirkungen auf unsere Wahrnehmung und unser Verhalten. Ein Systemdenker überprüft daher rigoros seine Annahmen, mit denen er das System beurteilt. Es sind seine persönlichen tief verwurzelten Denkmodelle, die das Verständnis eines Sachverhalts formen. Mit ihrer Hilfe erläutert, plant und entscheidet ein Systemdenker. Die richtigen Denkmodelle, führen zu einer nachhaltigen Verbesserung der Leistung des Systems. Dabei kann die Stufenleiter der Schlussfolgerungen (Wahrnehmungsvermögen, Anschauungen, Handlungen/Maßnahmen) helfen, die eigenen Denkmodelle zu überprüfen. Sie ist ein visuelles Instrument, das dazu zwingt, zu überlegen, wie und warum bestimmte Annahmen entstehen, Überzeugungen entwickelt und Maßnahmen auf der Grundlage der wahrgenommenen Daten ergriffen werden.

- *Wie beeinflussen meine Erfahrungen aus der Vergangenheit meine Theorien und Annahmen über das Verhalten des Systems und meine Entscheidungen?*
- *Wie gut passen meine Theorien und Denkmodelle zu dem untersuchten System?*
- *Haben ich und auch diejenigen, die an der Problemlösung arbeiten, das Problem einvernehmlich definiert?*

sind die Fragen, die zu einer nachhaltigen Problemlösung beitragen.

Ein Systemdenker betrachtet ein Problem voll und ganz und vermeidet schnelle Rückschlüsse. Er ist geduldig. Er weiß, dass es Zeit braucht, um die Struktur eines Systems und seine Verhaltensweisen zu verstehen, bevor er dann Maßnahmen empfiehlt und umsetzt. Ein Systemdenker versteht auch, dass schnelle Lösungen auf lange Sicht mehr Probleme schaffen. Er ist sich der Anspannung bewusst, die entsteht, wenn eine Entscheidung nicht sofort umgesetzt wird. Er ist in der Lage diesem Druck stand zu halten, bis sich ein besseres Verständnis des Systems herausgebildet hat.

- *Wie viel Zeit brauchen wir für die Problemdefinition?*
- *Können wir die Anspannung verkraften, die entsteht, wenn das Problem nicht umgehend gelöst wird?*
- *Wie können wir anderen helfen, solange geduldig zu sein, bis das Problem gelöst ist?*

fragt ein routinierter Systemdenker.

Ein Systemdenker berücksichtigt, dass seine mentalen Modelle seine Sicht der aktuellen und zukünftigen Wirklichkeit beeinflussen. In jeder Situation nimmt ein Individuum wahr und deutet was sich im Augenblick ereignet und erstellt davon ein Bild, ein mentales Modell, von der Struktur des Systems. Mentale Modelle sind Annahmen, Überzeugungen und Werte, die subjektiv bestehen und oft ein Leben lang gehalten werden. Systemdenker sind sich bewusst, wie diese mentalen Modelle den Blickwinkel auf das System und letztlich die getroffenen Entscheidungen beeinflussen.

- *Wie beeinflussen die bestehenden mentalen Modelle die erwünschten Ergebnisse?*
- *Wie behindern die vorherrschenden mentalen Modelle unsere Bemühungen in diesem Bereich?*
- *Wie kann ich anderen helfen, zu verstehen, welchen Einfluss ihre mentalen Modelle auf unsere Entscheidungsfindung haben?*

fragt jeder Systemdenker, der den schädlichen Einfluss starrer mentaler Modelle auf nachhaltige Problemlösungen kennt.

Die Kenntnis der Systemstruktur versetzt den Systemdenker in die Lage, Eingriffsmöglichkeiten zu erkennen. Basierend auf dem Verständnis der Struktur, der Rückkopplungen und der inneren Zusammenhänge eines Systems implementiert ein Systemdenker die Hebelwirkung, die am ehesten die gewünschten Ergebnisse zu produzieren scheint. Unter

Hebelwirkung sind Veränderungen in der Struktur zu verstehen, die zu erheblichen dauerhaften Verbesserungen führen.

- *Wo könnte eine kleine Änderung der Systemstruktur eine lang anhaltende gewünschte Wirkung auslösen?*
- *Wie können unsere Kenntnisse von der Systemstruktur helfen, denkbare Eingriffsmöglichkeiten zu identifizieren?*
- *Gibt es noch andere kleinere Änderungen, die wir noch nicht in Betracht gezogen haben, die uns die gewünschten Ergebnisse bringen könnten?*

lauten erfolgsversprechende Fragen.

Ein Systemdenker berücksichtigt die lang- und kurzfristigen Folgen der geplanten Maßnahmen. Er bedenkt, dass langfristige Folgen oft zu unerwünschten Nebenwirkungen führen können. Bevor er die geplanten Schritte in die Wege leitet, um ein dynamisches System zu verändern, wiegt er alle denkbaren Folgen ab. Diese Praxis erhöht die Wahrscheinlichkeit, dass die gewählte Aktion die gewünschten Ergebnisse produziert.

- *Überprüfen wir die langfristigen Auswirkungen unserer Maßnahmen?*
- *Berücksichtigen wir die langfristigen Ergebnisse auch dann, wenn eine langfristige Betrachtung vorerst unbedeutend erscheint?*
- *Sind wir bereit kurzfristige Nachteile für langfristige Erfolge in Kauf zu nehmen?*
- *Bedenken wir, dass auch kurzfristige Nachteile zu langfristigen Schwachstellen führen könnten?*

sind Fragen, die einen vorsichtigen Umgang mit geplanten Veränderungen sicherstellen sollen.

Ein Systemdenker berücksichtigt Zeitverzögerungen bei der Veränderung von Ursache-Wirkungs-Beziehungen. Er berücksichtigt, dass Veränderungen in einem komplexen dynamischen und rückgekoppelten System oft nur mit Verzögerungen auf das Systemverhalten wirken. Er kalkuliert diese Verzögerungen in die Beurteilung seiner Maßnahmen ein.

- *Wie lange dauert es, bis wir die erwarteten Ergebnisse beobachten können, nachdem wir Veränderungen am System vorgenommen haben?*
- *Wird die Veränderung, die wir vorschlagen, sofort Wirkung zeigen?*
- *Wie lange müssen wir warten, bis wir eine Veränderung feststellen können?*

• *Welche Auswirkungen haben die Zeitverzögerungen auf das Ergebnis der Veränderungen?"*
sind Fragen, die weiter helfen.

Ein Systemdenker überprüft regelmäßig wie sich das System nach den vorgenommen Eingriffen verhält und entscheidet sich eventuell zu weiteren Veränderungen. Dynamische Systeme verändern sich ständig im Laufe der Zeit. Deshalb ist es schwierig, auf Anhieb die beste Lösung zu finden. Daher überwacht und beurteilt ein Systemdenker das Verhalten des Systems fortgesetzt und greift, wenn nötig ein, um sicher zu stellen, dass das System die gewünschten Ergebnisse liefert. Durch die kontinuierliche Bewertung der Ergebnisse des Systems wird das Verständnis für das Problem verbessert. Im Laufe der Zeit bringt jede schrittweise Veränderung das System dem gewünschten Verhalten näher.

• *Woran werden wir erkennen, dass unsere Maßnahmen das Verhalten des Systems in die gewünschte Richtung bringen?*
• *Haben wir genügend Zeit, um die Auswirkungen unsere Maßnahmen zu bewerten?*
• *Wenn wir die Veränderungen des Systems betrachten, eröffnen sich uns noch andere Eingriffsmöglichkeiten?*
sind Fragen, die das Verständnis für das Verhalten des Systems fördern.

Zusammenfassend kann man festhalten:
Ein Systemdenker
> ➢ entwickelt seine Fähigkeit das Systemverhalten wahrzunehmen,
> ➢ verbessert sein Systemverständnis,
> ➢ plant und entscheidet in Kenntnis der Systemstruktur über Maßnahmen zu Verhaltensveränderungen und
> ➢ überprüft die Ergebnisse und ändert die ergriffenen Maßnahmen–falls erforderlich.

Es ist nicht einfach, sich in einer komplexen, vernetzten Welt zurecht zu finden. Einige Daumenregeln, keine uneingeschränkten Gesetzen, helfen dabei weiter.

• *Alles ist mit allem vernetzt:* Wir leben in einer komplexen Welt in der sich alle Subsysteme untereinander beeinflussen und auch überlappen. Es ist ein großer Fehler, ein Subsystem isoliert zu betrachten, als wäre es mit anderen Systemen nicht versetzt. Dies geht fast immer ins Auge, weil andere Systeme unerwartet reagieren.

- *Isolierte Einzelaktionen sind keine Lösung:* Neben den unmittelbaren Auswirkungen bestimmter Maßnahmen entstehen Folgeerscheinungen, die durch das gesamte System rieseln.

- *Es gibt kein „weg damit", nichts verschwindet:* Insbesondere in Ökosystemen kann man zwar etwas von einem Ort zum einem anderen bewegen oder verändern, aber niemals vollständig loswerden. Solange es auf der Erde vorhanden ist, ist es ein Teil des globalen Ökosystems. In Unkenntnis dieser Regel ist der Versuch sich des Hausmülls, industrieller Schadstoffe, Umweltgifte, Insektizide oder radioaktiven Materials vollständig zu entledigen immer fehlgeschlagen. Das Gesetz von der Erhaltung der Masse gilt immer, überall und uneingeschränkt.

- *Es gibt kein kostenloses Mittagessen*: In komplexen Systemen scheint die günstigste Lösung auf lange Sicht betrachtet oft als die teuerste. Man kann nicht erwarten etwas umsonst zu erhalten. Es lauern immer irgendwo versteckte Kosten.

- *Die Natur weiß es am besten*: Natürliche Ökosysteme haben sich im Laufe von Millionen Jahre entwickelt und alles nimmt einen bestimmten Platz ein und erfüllt sinnvolle Aufgaben. Gegenüber Vorschlägen, ein anscheinend „nutzloses" Systemelement zu verändern oder auszusortieren, ist Misstrauen angebracht. Erscheint etwas in einem Ökosystem unbrauchbar, bedeutet dies, dass seine Aufgabe nicht verstanden wird und dass bei Umgestaltungen im System das Risiko Schaden anzurichten wächst. Im Zweifelsfall ist Vorsicht geboten. Es ist immer besser nach einer „natürlichen" Lösung zu suchen –soweit als möglich

Zum Beispiel wurden Jahrhunderte hindurch „nutzlose" Sümpfe und Moorlandschaften trocken gelegt. Im Laufe der Zeit stellte sich jedoch heraus, dass diese Gebiete lebenswichtig für den Gewässerschutz und als Brut- und Laichplätze für Vögel und die Fischzucht sind.

- *Hüten Sie sich vor falschen Annahmen über das Verhalten eines Systems.* Wenn wir von unseren Einsichten überzeugt sind, halten wir es nicht mehr für nötig, nochmals genau hinzusehen, ob wir tatsächlich auf dem richtigen Weg sind. Es fehlt uns der Kennerblick nach Anzeichen zu suchen, dass wir doch nicht richtig liegen könnten. Es unterlaufen uns dann regelrecht schwere Fehler, wenn wir Entscheidungen auf der

Grundlage falscher Annahmen treffen anstatt auf Unsicherheiten sensibel zu reagieren.

- *Vermeintlich offensichtliche Lösungen schaden mehr als sie nützen:* Alle komplexen Systeme setzen sich mit ihren negativen Rückkoppelungen gegen äußere Veränderungen und Einflüsse zur Wehr. Wenn man versucht, ein System durch direkte und „offensichtliche" Maßnahmen zu verändern, dann versucht es alle Eingriffe nach Möglichkeit zu aufzuheben. Je größer der Aufwand wird, ein System mit aller Gewalt zu verändern, umso größer werden seine Widerstände. Im günstigsten Fall erreicht man vorrübergehende Veränderungen. Wird ein System anhaltend und hartnäckig zu Veränderungen gezwungen, dann verliert es seine Fähigkeit sich gegen Veränderungen zur Wehr zu setzen und bricht vollständig zusammen.

- *Suchen Sie Eingriffe mit hoher Wirkung*: Fast alle rückgekoppelten Systeme haben Schwachstellen. Immer sind es die Kontrollstellen, die das Verhalten des Systems und seine Antworten auf Veränderungen steuern. Entweder durch Umgestaltungen der Kontrollstellen oder Veränderungen der Informationen, die sie erhalten, lässt das Verhalten des Systems am wirkungsvollsten verändern. Wenn zum Beispiel die Zimmertemperatur angehoben werden soll, dann muss der Thermostat entsprechend höher gestellt oder ein Eiswürfel darauf gelegt werden.

- *Nichts wächst ewig:* Die exponentielle Wachstumskurve, die durch positive Rückkoppelungen entsteht, wächst nur in einer mathematischen Betrachtung ins Unendliche. In der Realität hört das Wachstum früher oder später auf. Und je schneller es zunimmt, desto früher kommt es zum Erliegen. Bevölkerungswachstum, Energieverbrauch, Umweltverschmutzung, Ernährungsengpässe, Staatsverschuldung oder Flüchtlingsströme müssen rechtzeitig begrenzt werden bevor es zu extremen und nicht mehr zu bewältigenden Zuständen kommt. Die Fragen lauten: wann und wie?

Allerdings gibt es auch Situationen, in denen sich ein gewünschtes Wachstum verlangsamt oder ganz stagniert. Dies kann zum Beispiel die Gewinnsituation oder die Zuwächse an Produktivität in Unternehmen oder Steuereinahmen in der Politik betreffen. In diesen und ähnlichen Fällen wäre es falsch, das Wachstum mit aller Gewalt anzutreiben. Richtig wäre, die Wachstumsbremsen wie zum Beispiel störende bürokratische Maßnahmen zu beseitigen.

- *Setzen sie sich nicht gegen positive Rückkoppelungen zur Wehr. Unterstützen sie stattdessen negative Rückkoppelungen:* Vergiften sie nicht die Pflanzenschädlinge sondern unterstützen sie deren Feinde. Teilen sie nicht Strom und Gas zu, sondern erhöhen sie stattdessen den Preis. England bediente sich durch Jahrhunderte einer Variante dieser Vorgehensweise in seiner Europapolitik: Immer dann wenn eine Nation Oberhand gewann, dann unterstütze England den schwächeren Staat. Mit anderen Worten: Schwächen sie nicht ihre Feinde, sondern unterstützen sie die Feinde ihrer Feinde.

- *Stellen sie keine Regeln, Verordnungen oder Gesetze auf, die sich nicht durchsetzen lassen:* Wenn viele versuchen ein Gesetz zu missachten und dies auch gelingt, dann hat das Gesetz grundsätzlich wenig Aussichten sein Ziel zu erreichen. So entstehen ideale Vorraussetzungen für Korruption, Erpressung und organisierte Kriminalität. Eine Gesellschaft, die ernsthaft versucht nicht durchsetzbare Gesetze durchzusetzen, fällt auseinander. Denken sie an den unermesslichen Schaden, den die Hexenverfolgung, die Inquisition, der dreißig jährige Krieg oder der amerikanische Bürgerkrieg angerichtet hat. Es waren gescheiterte Versuche, Gesetze gegen religiöse oder politische Überzeugungen durchzusetzen. Dasselbe Problem entsteht in Wirtschaft und Politik und in anderen vergleichbaren Systemen, wo sich eine höhere Ebene dadurch schwächt indem sie versucht, Subsysteme übermäßig zu überwachen.

- *Es gibt keine einfachen Lösungen:* Die Systeme, in denen wir leben und die uns umgeben, sind vielfach ungeordnet und kompliziert. Wir werden andauernd herausgefordert, Lösungen für eine Vielzahl von Problemen zu finden. Durchgreifende Lösungen aber müssen umsichtig auf ihre Auswirkungen auf das gesamte System überprüft werden. Jeder der eine einfache Antwort nach dem Motto „ Wir müssen es nur machen und alles wird goldrichtig" zu verkaufen versucht, ist entweder dämlich, unehrlich oder eigennützig.

- *Lobenswerte Absichten reichen nicht aus:* Nichts schmerzt mehr als wenn sich herausstellt, dass eine gute Absicht mehr Schaden anrichtet als Nutzen. Einfältiges Mitgefühl ist in unserer komplexen Welt nicht ratsam. Stümperhafte Missionare verursachen oft ein Trauerspiel, weil sie dem Gefühl nachgeben ohne den Verstand einzusetzen, um die gesamte Situation zu erfassen.

- *Hohes sittliches Verhalten beruht auf genauen Vorhersagen:* Man kann nicht beurteilen, ob eine Aktion korrektem Verhalten entspricht, solange man keine Vorstellung über ihre Folgen hat. Eine Handlung ist nicht annehmbar, wenn sie zu bedrohlichen Ergebnissen führt. Jeder sollte versuchen vorherzusehen, zu welchen Ergebnissen die unterschiedlichen Entscheidungen führen.

- *Hilfe schadet mehr als sie nützt, wenn sie die Empfänger nicht unabhängig macht:* Vorübergehende Entlastungen von Armut und Hunger schieben den Mangel nur auf, mit der Folge, dass die Katastrophe später verstärkt auftritt. Das ist keine Begründung gegen Hilfeleistungen, sondern ein Einwand gegen halbherzige Maßnahmen. Ghandi äußerte sich hierzu viel entschiedener: „Gibst du mir einen Fisch, dann werde ich einen Tag lang satt. Wenn du mich lehrst wie man fischt, dann bin ich ein Leben lang versorgt."

- *Es gibt keine endgültigen Lösungen:* Wäre die gesamte Lebenswelt stabil, dann würden die am besten Angepassten die Erde schlicht weg in Besitz nehmen und die Evolution würde unterbleiben. In einer Periode ökologischen Wandels aber sind es die Angepassten und nicht die am besten Angepassten, die überleben. Dies trifft auf soziale aber auch auf natürliche Systeme zu. Zu Zeiten schneller Veränderungen, die wir gegenwärtig erleben, besteht die beste Lösung eines Problems darin, es zu beobachten und zu überwachen sowie sich für die Zukunft möglichst viele Auswahlmöglichkeiten offen zu halten.

- *Jede Lösung verursacht neue Probleme:* Autos befreien zwar die Straßen von Pferdemist belasten aber die Umwelt. Die moderne Medizin ermöglicht uns länger und gesünder zu leben, fördert aber den globalen Bevölkerungszuwachs verbunden mit der Gefahr von Lebensmittelknappheit. Das Fernsehen bietet uns den sofortigen Zugang zu wichtigen Informationen und Ereignissen aber auch zu nerventötendem Trommelfeuer an Geistlosigkeit und Gewalt. Es kommt darauf an, die neuen Probleme vorherzusehen und dann zu entscheiden, ob wir sie als Nebeneffekt der ursprünglichen Problemlösung akzeptieren und zwar auch dann, wenn sie unlösbar scheinen. Demgegenüber kann eine unbefriedigende Lösung des ursprünglichen Problems sich auf lange Sicht als vorteilhaft herausstellen.

- *Zwanglos organisiere Systeme sind oft besser:* Breitgefächerte und dezentralisierte Systeme erscheinen oft planlos, unorganisiert und verschwenderisch, aber auf lange Sicht sind sie letztlich stabiler, flexibler und leistungsfähiger als übersichtlich angeordnete Systeme. Mäßig angepasste Systeme wirken flüchtig im Vergleich zu Systemen, die besonders gut auf bestimmte Situationen angepasst sind. Aber letztlich überleben die mäßig angepassten. Systeme, die beweglich genug sind, um moderate Schwankungen zu tolerieren wie zum Beispiel in der Lebensmittelversorgung, bei der Einwohnerzahl oder bei der Inflationsrate sind viel leistungsfähiger als Systeme, die Energie und Ressourcen für eine verschärfte Kontrolle verschwenden.

•*Lassen sie sich nicht durch Zyklen im System verwirren*: Jede negative Rückkoppelung erzeugt größere oder kleinere Schwingungen. Viele Menschen aber können unverständlicher Weise nicht mit periodischen Schwankungen umgehen oder verleugnen sie ganz einfach, besonders dann wenn die Perioden länger als zwei bis drei Jahre dauern. Wenn zum Beispiel die Wirtschaft in den letzten vier Jahren stetig gewachsen ist, ist nahezu jeder optimistisch. Es wird die Erfahrung der Vergangenheit einfach in die Zukunft projiziert und dabei vergessen, dass ein Konjunkturrückgang umso wahrscheinlicher wird je länger der Aufschwung dauert. Genauso sehen viele auch dann auf der Talsohle einer Rezession schwarz wenn sich Wirtschaftswachstum wieder wahrscheinlicher einstellen wird.

Ähnlich verhält es sich auf dem Arbeitsmarkt. Er schwankt so wie die Wirtschaft. Wenn sich ein zwischenzeitliches Überangebot verschiedener Berufsgruppen, zum Beispiel Chemiker, Maschinenbauer oder IT-Spezialisten, abzeichnet dann werden Jugendliche davon abgehalten, ein Studium auf diesen Gebieten aufzunehmen. Innerhalb kurzer Zeit entsteht dann ein Engpass und offene Stellen können nicht besetzt werden. Daraufhin werden Jugendliche verzweifelt überredet, sich in den Mangelberufen ausbilden zu lassen. Und so entsteht dann wieder ein Überangebot.

Offensichtlich ist die beste Zeit für eine Ausbildung in einem Beruf, bei dem gerade ein Überangebot herrscht, dann zu beginnen, wenn es keine freien Stellen gibt und nur sich wenige auf diesem Arbeitsgebiet ausbilden lassen. Daher entwickelt sich dann zur Zeit des Abschlusses der Ausbildung wieder ein Engpass. Das offensichtliche Problem besteht darin, dass viele von uns ein kurzes Gedächtnis haben und dazu neigen aus der nahen Vergangenheit in die Zukunft zu projizieren. Als Ergebnis entsteht das Muster in Abbildung 8-1. Einer ähnlichen Situation begegnen wir auch, wenn wir eine unachtsame Wahl der Zeitpunkte einer Zeitreihe von Bestandsgrößen treffen (Abbildung 4-11). Wir erhalten dann falsche Informationen zum vorherrschenden Trend.

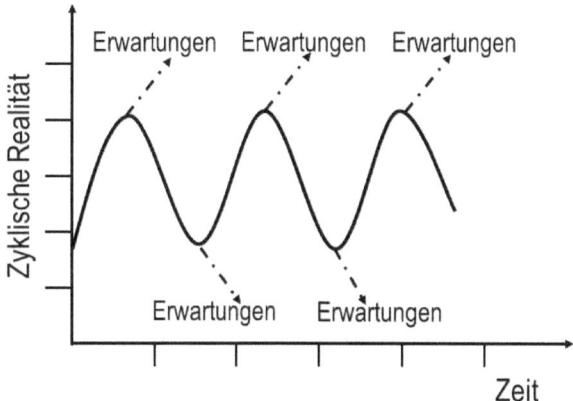

Abbildung 8-1: falsche Projektionen

•<u>Denken sie an den goldenen Mittelweg:</u> Sobald jemand mit einem ernsthaften Problem konfrontiert wird, neigt er dazu, alles zu überbewerten, das bei der Lösung hilft. Er bietet alle seine Kräfte auf, um das Problem in Griff zu bekommen, auch wenn dadurch neue Probleme entstehen. Wie der Mensch, der sich als Erwachsener zu Tode futtert, weil er als Kind immer zu wenig zu essen hatte und hungrig war. Viele denken nicht daran, dass zu viel von etwas genauso schädlich sein kann wie zu wenig. Sie vermuten, dass wenn mehr von etwas gut ist, dann ist viel mehr noch besser –aber oft stimmt das nicht. Der Ausweg besteht darin, diese Situation wahrzunehmen und den Mittelweg zu wählen, wenn das Pendel zu einem Extrem schwingt, denn „Extreme erzeugen Probleme".

•<u>Hüten sie sich vor faulen Kompromissen</u>: Manchmal ist der Mittelweg schlechter als eines der beiden Extreme. Eine alte Fabel erzählt von einem Esel, der sich zu Tode hungerte, weil es sich nicht entscheiden konnte, welchen der beiden Heuhaufen zwischen denen er saß, er zuerst fressen sollte.

Manchmal muss man sich zwischen zwei Alternativen entscheiden, weil ein Kompromiss zu keiner brauchbaren Lösung des Problems führt. In einer derartigen Situation kommt es darauf an, das gesamte System sorgfältig zu begutachten und in Erwägung zu ziehen zu welchen Ergebnissen die unterschiedlichen Lösungen führen.

• *Nehmen sie auch kleinere Veränderungen wahr:* Manche Systeme können nur auf Veränderungen reagieren, die oberhalb einer bestimmten Reizschwelle liegen. Ein Beispiel dafür ist das „Gleichnis vom gekochten Frosch"? Wenn sie einen Frosch in einem Topf mit kochendem Wasser setzen, springt er sofort unverletzt heraus. Aber wenn das Wasser Zimmertemperatur hat und sie den Frosch nicht erschrecken, bleibt er ganz ruhig sitzen. Steht der Topf nun auf einer Heizplatte und wird die Temperatur allmählich erhöht, geschieht etwas sehr Interessantes. Während die Temperatur von 20 auf 30° C steigt, bewegt sich der Frosch nicht. Er wird tatsächlich alle Anzeichen von äußerstem Wohlbehagen zeigen. Während die Hitze nach und nach zunimmt, wird der Frosch immer schlapper und schlapper, bis er unfähig ist aus dem Topf herauszuklettern. Obwohl der Frosch durch nichts daran gehindert wird, sich zu retten, bleibt er sitzen, wenn er nicht gerettet wird. Warum? Weil der innere Wahrnehmungsapparat des Frosches auf plötzliche Veränderungen in seiner Umwelt eingestellt ist und nicht auf langsam wachsende Bedrohungen. Solange die Veränderung langsam genug ist, löst sie keine Gegenreaktion aus.

Etwas Ähnliches geschieht auch in Unternehmen, wenn sich die Entscheidungsträger nicht schnell genug den sich ändernden Rahmenbedingungen anpassen. Ursächlich hängt dies mit Defiziten in den Denkstrukturen der Entscheidungsträger zusammen. Ihre Wahrnehmung ist auf schnelle, dramatische Änderungen im Umfeld ausgerichtet und nicht auf langsame und kleine. Wie lässt sich sonst erklären, wenn Unternehmen ihre führende Marktposition an ihre Konkurrenten verlieren? Das geschieht, wenn z.B. die Risiken und Chancen der Globalisierung und des technischen Fortschritts, aber auch Veränderungen in der Bevölkerungsstruktur oder die unzureichende Ausbildung vieler Jugendlicher, um die Herausforderungen des 21. Jahrhunderts zu bestehen oder die langsam sich abzeichnende Verknappung von Rohöl nicht in die jeweiligen Entscheidungsfindungen mit einbezogen werden! Unternehmen werden u.a. bedroht, wenn sie ihre Organisationsstruktur nicht den Fortschritten der Informationstechnologie angleichen, die Produktpipeline den Erfordernissen der Zukunft nicht angepasst ist oder „High-Potentials" aus Kostengründen nicht gefördert werden und deshalb abwandern.

Die Politik und mit ihr unser Land, aber auch viele Unternehmen werden das gleiche Schicksal erleiden wie der Frosch, wenn sie nicht lernen, die allmählichen Prozesse, die die größten Bedrohungen darstellen, wahrzunehmen und auf Veränderungen nachhaltig zu reagieren. Beispiele hierfür sind die Digitalisierung, die Zuwanderung aus fremden Kulturkreisen oder die Pfadabhängigkeit in Wirtschaftssystemen.

Nun kommt es darauf an, dass nicht nur langsame, graduelle Veränderungen ernst genommen, sondern auch Maßnahmen entwickelt werden, mit denen diesen Veränderungen wirkungsvoll begegnet wird. Sonst wird nämlich nur das System der Kurskorrekturen verbessert ohne zu klären, welcher Kurs tatsächlich beschritten werden soll. Auf das „Boiling-Frog-Syndrom" übertragen heißt das, man springt von einem Kessel in den anderen, sobald man spürt, dass das Wasser wärmer wird, ohne nach einer grundsätzlichen (fundamentalen) Lösung, dem Teich mit Seerosen, zu suchen.

Manchmal bedient sich ein Land der Taktik kleinerer Veränderungen, um einen Gegner mit einer Reihe entschlossener kleiner Schritte eine Niederlage beizubringen. Jeder Schritt schwächt die Gegenpartei ein wenig, aber es lohnt sich für sie nicht, harte Gegenmaßnahmen vom Zaun zu brechen bis sie letztlich zu schwach ist, dem Angriff Widerstand zu leisten. Ein widerstandsfähiges System sollte daher zwar auf kleine Veränderungen nicht überreagieren aber es sollte in der Lage sein, eine Serie kleiner Veränderungen zu erkennen und darauf zu reagieren um eine Katastrophe zu vermeiden, die unweigerlich eintritt, wenn Konsequenzen der kleinen Veränderungen nicht berücksichtigt werden.

• *Beachten sie die Grenzbereiche:* Manche Systeme verändern sich nur allmählich. Andere wiederum wechseln unerwartet von einem Verhalten in ein völlig neuartiges. Dies ist vielfach eine Abwehrroutine gegen zu niedrige Reizschwellen („Er ist sanft wie ein Lamm solange er nicht zu hart angegangen wird. Dann nimm dich aber besser vor ihm in Acht".) In anderen Fällen hilft die veränderte Verhaltensweise faule Kompromisse zu vermeiden. Aber häufig ist die Ursache für das veränderte Verhalten eines Systems oder eines seiner Subsysteme darin zu suchen, dass ihre Reserven erschöpft sind, um angemessen mit Problemdruck fertig zu werden.

Dies kann verheerend sein, wenn man sich auf ein System verlässt, das eine Menge Missbrauch ertragen kann, dann aber plötzlich als Ergebnis einer anscheinend belanglosen Situation zusammenbricht. Demokratien, die soziale Marktwirtschaft und Ökosysteme sind anfällig für ein derartiges Verhalten. Sie scheinen so robust zu sein, dass man immer wieder in ein Subsystem nach dem anderen eingreifen und die Belastungen zunehmend erhöhen kann und trotzdem werden sie sich immer wieder erholen. Aber man kann nie sicher sein, wann „ein Tropfen das Fass zum Überlaufen bringt" und das System geschädigt wird. Dies sei eine Wahrung an alle Regierungen!

- *Wettbewerb ist oft eine verschleierte Zusammenarbeit*: Ein Schachspieler versucht mit allen seinen ihm zur Verfügung stehenden geistigen Kräften seinen Gegenspieler zu besiegen und stellt dann zu seiner Enttäuschung fest, dass ihn sein Konkurrent freiwillig gewinnen lässt. Das ist ein Verstoß gegen die Regel, im Wettbewerb „sein Bestes zu geben". So ist der Wettstreit zweier Rechtsanwälte im Gerichtssaal ein wesentlicher Teil eines viel größeren Prozesses, in dem Richter, Rechtsanwälte, Staatsanwälte und eventuell auch Geschworene zwar miteinander im Wettstreit stehen, aber auf der Suche nach einem gerechten Urteils zusammenarbeiten. Wettbewerb bedeutet eben auch Zusammenarbeit. Dies trifft auch auf Unternehmen zu, die die Wirtschaft am Laufen halten, indem sie untereinander im Wettbewerb stehen und dadurch Fortschritt und Weiterentwicklung vorantreiben. Aber auch Parteien kooperieren im politischen Alltag, stehen aber im Wahlkampf im erbitterten Widerstreit. Was sich als erbitterter Konkurrenzkampf herausstellt ist in Wirklichkeit Bestandteil eines größeren Systems in dem die Mitwirkenden in einem Ritual nach bestimmtem Regeln zusammenarbeiten.

Die Zusammenarbeit findet schon beim Aufstellen fairer Wettbewerbsregeln statt. Aber wie kann man zwischen kooperativen Wettbewerb und destruktiven Wettbewerb unterscheiden. In einem kooperativeren Wettbewerb sind die Konkurrenten bereit, nach festgelegten Regeln zu handeln und das Ergebnis einer gerechten Auseinandersetzung anzuerkennen, auch wenn sie auf der Verliererseite landen. Sie wissen, dass das „Spiel" weitergeht und sie eine neue Change erhalten. Dagegen sind extreme Bewegungen wie Kommunismus, Faschismus oder Islamismus für eine Demokratie alarmierend und gefährlich, weil sie die politische Führung in einen destruktiven Wettbewerb treiben mit dem Ziel nach einem Sieg jede Art von Wettbewerb zu unterdrücken

- *Ungeeignete Grenzen führen zu unbefriedigenden Entscheidungen:* Als allgemein gültige Regel gilt, dass ein System, das für ein bestimmtes Problem verantwortlich ist, das gesamte „Problemgebiet" erfassen muss. Die Handlungsvollmacht muss mit der Zuständigkeit übereinstimmen, sonst entsteht eine „Tragödie der Gemeingüter".

- *Vorsicht vor der Tragödie der Gemeingüter:* Ein Problem der Gemeingüter entsteht, wenn sich Subsysteme in einer Wettbewerbssituation zu einander befinden und durch ihr Verhalten dem gesamten System schaden. Die Ursache für das Problem ist das vermeintliche Recht eines Subsystems alle Vorteile beim Zugriff auf ein Gemeingut zu genießen ohne dafür im vollen Umfang zu bezahlen. Die Lösung besteht darin, entweder die gemeinsamen Mittel aufzuteilen, was nicht immer möglich ist oder den Zugang für jedes Subsystem zu begrenzen.

- *Mit Weitblick gewinnt man auf lange Sicht immer:* Die Lösung von Problemen in komplexen Systemen braucht Zeit. Wenn wir warten bis das Problem entsteht und erst dann darauf reagieren, bleibt für eine angemessene Lösung oft nicht genug Zeit. Wenn wir aber in die Zukunft denken und ein Problem voraussahnen, haben wir meistens mehr Wahlmöglichkeiten und eine bessere Perspektive das Problem zu erfassen bevor uns die Situation über den Kopf wächst. Wenn wir auf ein Problem reagieren müssen, dann bedeutet das, dass uns das System kontrolliert. Nur mit Vor- und Weitsicht besteht praktisch die Change, das Verhalten des Systems im Auge zu behalten. Oder mit anderen Worten: Wer nicht versucht die Zukunft nach seinen Vorstellungen zu gestalten, muss die Zukunft ertragen, die er bekommt.

Um komplexe Systeme zu erfassen und ihr Verhalten zu verstehen, um sie notfalls verändern zu können, benötigt man einen Lösungsansatz, der die komplexe Vernetzung des untersuchten Systems berücksichtigt. Unter Bezug auf die Arbeiten von Dietrich Dörner können in diesem Zusammenhang mehrere Fehler im Umgang mit komplexen Systemen auftreten:

- *Falsche Zielbeschreibung:* Statt die Erhöhung der Lebensfähigkeit des Systems anzugehen, wird versucht Einzelprobleme zu lösen. Das System wird abgetastet, bis ein Missstand gefunden wird. Dieser wird beseitigt. Danach wird der nächste Missstand gesucht und unter Umständen bereits eine Folge des ersten Eingriffs korrigiert. Man nennt so etwas Reparaturdienstverhalten. Die Planung geschieht ohne große Linie, einem Anfänger beim Schachspiel vergleichbar.

- *Unvernetzte Situationsanalyse:* Man ist damit beschäftigt, große Datenmengen zu sammeln, die zwar enorme Listen ergeben, jedoch zu keinem Gefüge führen. Aufgrund fehlender Ordnungsprinzipien –etwa Rückkoppelungskreisen, Verzögerungen - gelingt dabei keine sinnvolle Auswertung der Datenmassen. Auf die Erfassung des Systems wird verzichtet. Die Dynamik des Systems bleibt auf diese Weise unerkannt.

- *Irreversible Schwerpunktbildung:* Man versteift sich einseitig auf einen Schwerpunkt, der zunächst richtig erkannt wird. Er wird deshalb zum Favoriten. Aufgrund der ersten Erfolge beißt man sich an ihm fest und lehnt andere Einsichten ab. Dadurch bleiben schwerwiegende Konsequenzen des Handelns in anderen Bereichen oder gar vorhandene Probleme und Missstände unbeachtet.

- *Unbeachtete Nebenwirkungen:* Im linear-kausalen Denken befangen, geht man bei der Suche nach geeigneten Maßnahmen, um die Lage zu verbessern, sehr zielstrebig vor. Auf eine Nebenwirkungsanalyse wird verzichtet–oft auch dann noch, wenn man den vernetzten Aufbau des Systems erkannt hat. Es wird gewissermaßen kein Policy-Test (Wenn-dann-Test) zum Durchtesten der möglichen Strategien unternommen.

- *Tendenz zur Übersteuerung:* Eine häufig beobachtete Vorgehensweise ist folgende: Zunächst geht man zögernd und mit kleinen Eingriffen an die Beseitigung der Missstände heran. Wenn sich darauf im System nichts tut, ist die nächste Stufe ein kräftiges Eingreifen, um dann bei den ersten unerwarteten Rückwirkungen –durch Zeitverzögerung hatten sich die ersten kleinen Schritte unbemerkt akkumuliert- wieder komplett zu bremsen.

- *Tendenz zu autoritären Verhalten:* Die Macht, das System verändern zu dürfen und der Glaube, es durchschaut zu haben, führen zu einem diktatorischen Verhalten, welches für komplexe System völlig ungeeignet ist. Für derartige Systeme ist eine Vorgehensweise, die nicht gegen den Strom sondern mit dem Strom schwimmend verändert, am wirkungsvollsten. Bei der Durchsetzung von durchgreifenden Lösungen, die die Systemstruktur gefährden, spielt zudem häufig die Hoffnung auf einen zweifelhaften persönlichen Prestigegewinn eine Rolle: eher durch die Größe des Projektes als durch dessen bessere Funktionsfähigkeit zu Macht und Ansehen zu kommen.

In einer Bewertungssituation muss eine Emotion, die gar nicht zu dieser Situation gehört, wahrgenommen und nicht mit der Bewertung verwickelt werden.

9. Systemarchetypen

Systemarchetyp ist ein von Peter M. Senge erschaffener Begriff zur systemischen Beschreibung und Darstellung von grundlegenden Strukturen, die sich beim Verhalten von Individuen und Organisationen beobachten lassen.

Die Systemarchetypen sind als leicht verständliche Modelle zur Systemanalyse konzipiert. Sie sind häufig auftretende Kombinationen von ausgleichenden und verstärkenden Rückkoppelungen und bestehen aus zwei oder mehr Schleifen. Jeder Archetyp kennzeichnet für eine bestimmte Situation einen typischen Zeitverlauf, die Struktur, die diesen auslöst, die mentalen Modelle, die dahinter wirken und wirkungsvolle Systemeingiffe. Insbesondere soll die Eigendynamik der Verhaltensmuster nachvollziehbar werden, um unerwünschte, bzw. unbeabsichtigte Auswirkungen des eigenen Handelns zu vermeiden.

Systemarchetypen sind auch als „klassische Systemerzählungen", „typische Strukturen" oder „Schablonen" bekannt. Sie erleichtern das Verständnis und die Darstellung von Systemstrukturen. Wenn Sie Systemarchetypen regelmäßig anwenden, lernen Sie eine Struktur „zu sehen", sobald Sie eine der klassischen Systemerzählungen hören. Deshalb gibt es mehrere Gründe mit Systemarchetypen vertraut zu sein, weil sie
- Systemdenken sichtbar machen,
- gut verständlich sind und häufig wiederkehren,
- leicht übertragbar sind,
- den Schwerpunkt der Betrachtung von Schuldzuweisungen auf Nachforschung verlagern und
- das Systemverständnis in Arbeitsgruppen fördern.

Systemarchetypen bauen schnell ein Bewusstsein für Systeme auf. Sie unterstützen auf einfache und verbindliche Art und Weise mit anderen, die keine Erfahrung im Systemdenken haben, über Systeme zu kommunizieren. Sie sind leicht verständlich und tragen dazu bei, Überlegungen stärker auf einen systemischen Blickwinkel auszurichten.

Die klassischen Systemerzählungen helfen systemische Fragestellungen von einer auf eine andere Situation zu übertragen.

Systemarchetypen zu beherrschen bedeutet
- den Inhalt des Geschehens und typische Zeitverläufe wahr zu nehmen,
- beide in reellen Situationen zu erkennen,
- über die Struktur, die Sie sehen, zu kommunizieren und mit anderen über abweichende Sichten zu sprechen,
- die Systemstruktur zeichnen zu können,
- den Sachverhalt zu vertiefen und die Struktur zu erweitern und
- die Auswirkungen von Systemeingriffen aufzuzeigen.

Es gibt fünf grundlegende Systemarchetypen.

- *Fehlkorrekturen:* ein Problem tritt immer wieder zutage ungeachtet wiederholter Versuche es zu lösen.

- *Problemverschiebung:* ein Problem kehrt immer wieder und es wird anhaltend schwieriger es unter Kontrolle zu halten. Die angewandten Maßnahmen konzentrieren sich auf die Problemsymptome anstatt auf die dem Problem zugrunde liegenden Ursachen. Im ungünstigsten Fall verfestigt sich eine „Suchtstruktur" in der die ursprüngliche Ursache des Problems überhaupt nicht mehr wahrgenommen wird.

- *Grenzen des Wachstumes:* Wachstum findet anscheinend ohne Einschränkung kontinuierlich oder mit erhöhter Geschwindigkeit statt. Wenn jedoch ein Problem auftritt, werden die Anstrengungen das Wachstum weiter anzutreiben verstärkt. Schließlich wird trotz großer Anstrengungen das Problem zu lösen kein Fortschritt erreicht. Die Leistungsfähigkeit des Systems wird langsamer oder kommt ganz zum Erliegen.

- *Die Tragödie der Gemeingüter:* mehrere Individuen oder Gruppen nehmen gemeinschaftliche Ressourcen in Anspruch und orientieren sich dabei ausschließlich an ihren individuellen Bedürfnissen. Es kommt zu Situationen, in denen das, was für jeden Einzelnen oder eine Gruppe vorteilhaft ist, sich für das Ganze aber als schädlich herausstellt.

- *Widersacher wider Willen:* Partner verhalten sich wie Gegenspieler, weil einer unbeabsichtigt in einer Weise handelt, die den Erfolg der anderen untergräbt. Die Auswirkungen dieser Aktionen erzeugen Enttäuschung und Verstimmungen zwischen den Parteien, die einen Punkt erreichen können, an dem die Partnerschaft zu einer feindlichen Gegnerschaft eskaliert.

Dazu kommen noch vier weitere Systemarchetypen.

- *Eskalation:* Zwei oder mehrere Parteien / Organisationen steigern ihre Aktivitäten kontinuierlich, um mit den anderen gleich zu ziehen oder sie zu übertreffen. Die Dynamik erzeugt zunehmende Anstrengungen, die eigene Position gegenüber den anderen Akteuren zu verbessern. In einer „Eskalationssituation" wird die Handlung einer Partei von der anderen als Bedrohung wahrgenommen. Die andere Partei reagiert in ähnlicher Weise, wodurch sich die erste Partei nun bedroht fühlt und dem entsprechend handelt.

- *Erodierende Ziele:* Wenn ein festgelegtes Ziel nicht erreicht wird oder erreicht werden kann, dann wird das Ziel heruntergesetzt. Das ist eine Struktur von der Art der Problemverschiebung, bei der eine kurzfristige Lösung dazu führt, dass ein langfristiges, grundsätzliches Ziel gesenkt wird.

- *Erfolg den Erfolgreichen:* Des einen Erfolg führt zum Niedergang des anderen. Zwei Aktivitäten konkurrieren um eine begrenzte Unterstützung oder Ressource. Je erfolgreicher eine dieser Aktivitäten wird, desto mehr Unterstützung erhält sie und entzieht sie der anderen.

- *Wachstum und Unterinvestition:* Ziele, die die Lage verbessern könnten, driften, grundsätzliche Lösungen der anstehenden Probleme werden nicht effektiv umgesetzt, die Wachstumsgrenzen werden nicht beseitigt, das Wachstum verlangsamt sich und kommt schließlich völlig zum Erliegen.

*Die Lösungen von gestern
sind die Probleme von heute.*

9.1 Fehlkorrekturen

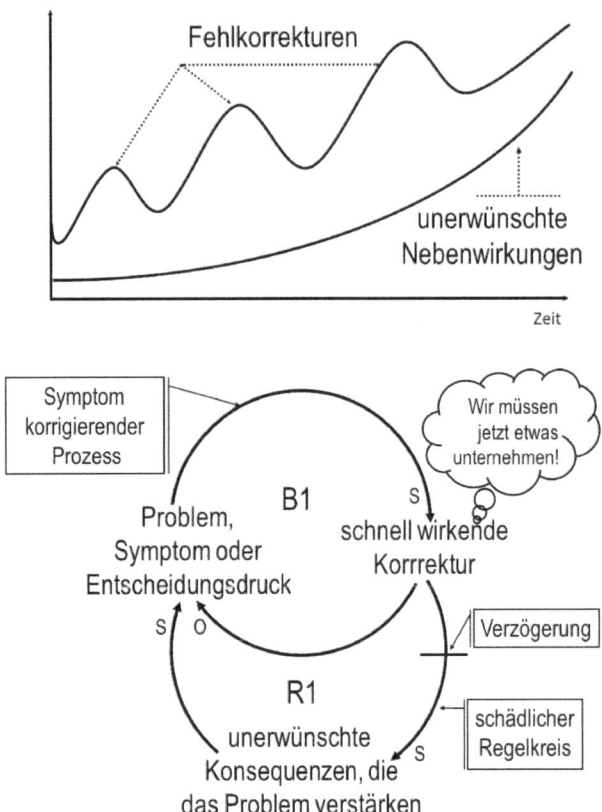

Abbildung 9-1: Zeitverhalten und Rückkoppelungen bei Fehlkorrekturen

Trotz wiederholter Anstrengungen ein Problem zu lösen, tritt es immer wieder auf, wenn das Problem nicht grundsätzlich gelöst wird sondern symptomatische Lösungen, sog. Schnellschüsse, erfolgen. Diese Art von Lösungen schlägt fehl. Dieses Verhalten des Systems wird von einer Struktur beherrscht, die aus einer negativen ausgleichenden und einer positiven verstärkenden Rückkoppelung besteht. Zunächst wird die angestrebte Problemlösung von der ausgleichenden Rückkoppelung erbracht und zeitverzögert durch die verstärkende Rückkoppelung wieder wettgemacht (Abbildung 9-1).

Die Maßnahme im Ausgleichskreis löst eine Aktion im Verstärkungskreis aus, die das ursprüngliche Problemsymptom noch verstärkt. Dabei nehmen Häufigkeit und Heftigkeit des Problems mit der Zeit zu und oszillieren im Zeitverlauf. Denn das Problem wird zeitweise kleiner oder sogar ganz beseitigt, bevor es wieder auftritt.

Im Folgenden wird der Systemarchetyp Fehlkorrekturen näher erläutert.

FutureTec ist ein erfolgreicher Zulieferer für die Automobil- und Maschinenbauindustrie. Über Jahre wuchs die Firma und erwirtschafte beachtliche Gewinne. Lieferungen und Rechnungsstellung erfolgten problemlos. Aber unverhofft musste die Firma einen Umsatzrückgang in Kauf nehmen. Die Auftragsaquisition dauerte beängstigend länger und die Gewinnsituation verschlechterte sich.

Übereinstimmend wurden die Umsatzrückgänge festgestellt. Ebenso war man sich darin einig, dass einige Stammkunden zu anderen Lieferanten wechselten. Auch wurde festgehalten, dass mangelhafter Kundendienst wesentlich zum Verlust von Kunden beitrug. Was aber war die Ursache für den fehlerhaften Service? Der Kundendienst bestritt die Probleme nicht, aber berichtete, dass er mit ungewöhnlichen Anforderungen überschüttet wird. Dies bezog sich auf ungewöhnliche Rechnungslegung, Sonderwünsche bei der Produktgestaltung und ungewöhnliche Auslieferungsvereinbarungen. Im Endergebnis führte dies zu weniger Routineaufträgen und gesteigertem Verwaltungsaufwand bei unzureichender Personaldecke. Dies zusammengenommen belastete den Kundendienst zusätzlich und ergab die erwiesenen unbefriedigenden Serviceleistungen (Abbildung 9-2).

Welche Ursachen hatten die von der Routine abweichenden Aufträge? Die Vertriebsmanager berichteten, dass die Auftragsaquisition schwieriger geworden ist und nur unkonventionelle Schritte neue Kunden brachten. Nur spezielle Preiskonditionen, ungewöhnliche Produktkonfigurationen und maßgeschneiderte Lieferbedingungen brachten erfolgreiche Verkaufsabschlüsse. Mit dieser aggressiven Kundenansprache sollten der Abwärtstrend angehalten und die Umsatz- und Gewinnziele von FutureTec erreicht werden. Aber tatsächlich nahm der Umsatz weiter ab, weil unter dieser Akquisitionspolitik die Qualität des Kundendienstes leidet. Ebenso haben die Bemühungen neue Kunden zu gewinnen anstatt Stammkunden zuhalten eine zusätzliche Fehlkorrektur angestoßen.

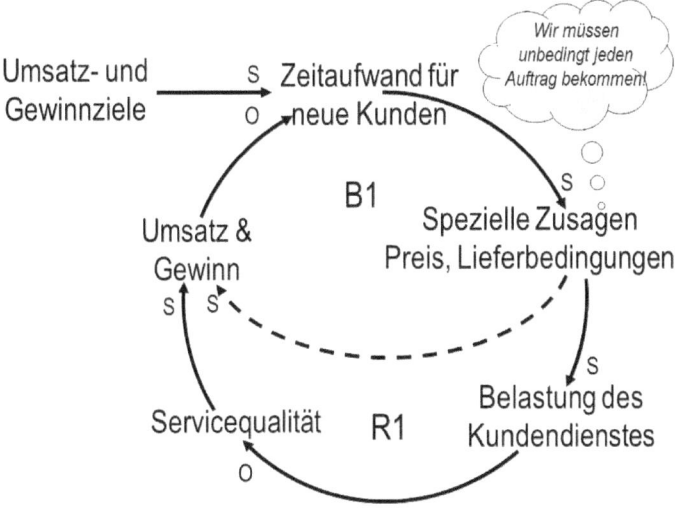

Abbildung 9-2: Spezielle Zusagen führen zu neuen Aufträgen, belasten aber den Kundendienst.

In einer Situation der Fehlkorrekturen ist das Problem, das wir wahrnehmen und auf das wir reagieren, oft nur das Symptom eines tiefer verborgenen, weniger sichtbaren Problems. Zum Beispiel könnte der Geschäftsplan eines Firmengründers zu optimistisch sein oder ihm die Erfahrung, wie man ein Unternehmen führt, fehlen. Für einen Staat mit wachsenden Schulden könnte die Ursache darin liegen, dass sich lokale Interessen gegenüber übergeordneten nationalen Interessen durchsetzen oder Politiker sich darauf konzentrieren, wieder gewählt zu werden anstatt die Zukunftssicherung voranzutreiben. In beiden Fällen wäre es sinnvoll, genau und unnachgiebig das tiefer liegende Problem zu suchen und nicht lediglich das Symptom zu bearbeiten. Die schmerzhafte Ironie von Fehlkorrekturen besteht nämlich darin, dass alle Maßnahmen das Problem zu lösen, es nur noch verschlimmern. Deshalb ist der beste Weg mit der Situation von Fehlkorrekturen zurecht zu kommen, sie zu vermeiden.

Mentale Modelle, von denen „Fehlkorrekturen" beherrscht werden:
- Das ist ein einfaches Problem und die Lösung ist offensichtlich. Es ist unvorstellbar, dass die Lösung zu unerwarteten Überraschungen führt.
- Wir müssen das Problem sofort lösen. Mit negativen Auswirkungen beschäftigen wir uns später.
- Wir müssen das Problem unverzüglich lösen, sonst ist mit nachteiligen Folgen zu rechnen –für das Projekt, das Team, das Unternehmen oder sogar für mich persönlich.
- Wir müssen das Problem loswerden, damit die Vorgesetzten, der Vorstand oder die Öffentlichkeit nicht Wind davon bekommen.
- Ich werde dafür bezahlt, mich der Probleme anzunehmen.
- Wir können nicht allzu viel Zeit mit dem Problem verschwenden; es stehen noch mehr Probleme zur Lösung an.
- Wenn das Problem wieder auftritt, nehmen wir an, dass die Lösung erfolgreich war, wir aber nicht genug eingegriffen oder nicht lang genug daran gearbeitet haben und wir deshalb mehr in die gleiche Richtung unternehmen müssen.

Wie kommt es zu Fehlkorrekturen?
- Die angewandte Lösung wird hastig umgesetzt, weil das System den Problemdruck nicht ertragen kann.
- Weil die Korrekturmaßnahmen vorübergehend wirken aber deren langfristigen Folgen nicht offensichtlich sind, besteht die Tendenz, die Maßnahmen zu verstärken. Wenn dann das Problem aber immer wieder kehrt, werden externe Einflüsse verantwortlich gemacht.
- Die Maßnahmen behandeln das Symptom und nicht das zugrunde liegende Problem.
- Die langfristigen Auswirkungen einer Lösung auf andere Teile des Systems werden zu wenig berücksichtigt. Sie werden im Normalfall auch nicht in die Bewertung mit einbezogen.

Wie vermeidet man mit Fehlkorrekturen?
- Definieren Sie das Problem. Nehmen Sie sich Zeit das Problem abzuklären und zu verdeutlichen, unabhängig von Maßnahmen, die Sie bereits ergriffen haben.
- Überprüfen Sie Lösungen aus der Vergangenheit aber auch geplante und aktuelle.
- Listen Sie unbeabsichtigte Wirkungen auf. Es ist oft leichter die *erwünschten* Wirkungen eigener Handlungen wahrzunehmen als die *unerwarteten* Resultate zu erkennen.

- Ermitteln Sie die Dynamik, die die Problemsymptome erzeugt. Symptome zu bearbeiten kann zu einer Vollzeitbeschäftigung ausarten, weil jede Maßnahme neue Symptome erzeugt, die wiederum untersucht und gelöst werden müssen. Um diese Tretmühle zu beenden kommt es darauf an, in erster Linie die Ursache des Problems zu erkennen.
- Suchen Sie die Zusammenhänge, die zwischen den unerwarteten Konsequenzen und der grundlegenden Ursache des Problems bestehen.
- Ermitteln Sie Systemeingriffe, die die Struktur entscheidend verändern. Vielfach lässt sich dadurch mit einem geringfügigen Aufwand das grundsätzliche Problem lösen.
- Zeichnen Sie alle möglichen Nebeneffekte des geplanten Systemeingriffs.
- Entwickeln Sie ein gemeinschaftliches Verständnis des Systemarchetyps.

Wie lässt sich die Situation bei FutureTec verbessern?

Spätestens seit der Kundendienst den Leistungsdruck am meisten spürt, ist es an der Zeit nach Möglichkeiten zu suchen, die unbeabsichtigten Folgen zu begrenzen. Dies wäre zwar angemessen, aber eine bessere Vorgehensweise wäre, den Ursachen für die Umsatz- und Gewinnrückgänge gezielt nachzugehen. Besteht die beste Strategie tatsächlich darin, für die Akquisition neuer Kunden mehr Zeit aufzuwenden? Will das Unternehmen eventuell seine Marktstellung verändern und gänzlich neue Produkte anbieten? Wenn ja, zu welchem Preis und wie lange würde es dauern? Als letzter Ausweg hätte die Stärkung des Kundendienstes zwar Hand und Fuß, aber am erfolgreichsten wäre eine gründliche Überarbeitung der Strategie. Letztlich kommt es darauf an, die ausgleichende Rückkoppelung in Abbildung 9-2 zu stärken und den „Teufelskreis" zu schwächen oder ganz zu beseitigen.

Im Zentrum der Untersuchungen von „Fehlkorrekturen" ist zu beachten, dass der Verstärkungsprozess *„Problemsymptom / rasche Lösung / unbeabsichtigte Folgen"* seine Energie direkt aus der Umsetzung der schnellen Lösung bezieht. Jedesmal wenn die schnelle Korrektur umgesetzt wird, wird die Rückkoppelungsschleife „unerwünschte Konsequenzen, die das Problem verstärken" (R1 in Abbildung 9-2) aktiviert. Je schneller die Schleife, die die schnell wirkende Korrektur (B1 in Abbildung 9-2) enthält, angetrieben wird, desto öfter treten die unerwarteten Folgen auf. Je mehr Energie, Aufwand und Aufmerksamkeit in die schnellen Lösungen fließen, desto stärker treten die unbeabsichtigten Folgen in Erscheinung.

Vermutlich ist es unmöglich „Fehlkorrekturen" ausnahmslos zu vermeiden, weil wir nicht die Fülle möglicher unbeabsichtigter Auswirkungen auf unsere Entscheidungen kennen können. Dennoch hilft uns dieser weitverbreitete Archetyp, unsere Theorien danach zu untersuchen wie das Problem entsteht und wie unsere Lösungen wirken. Die Fragen dazu lauten. *„Worin besteht das grundlegende Problem"?* und *„Mit welchen Nebeneffekten bei den Lösungswegen ist zu rechnen?"*

*Probleme kann man niemals
mit derselben Denkweise lösen,
durch die sie entstanden sind.*
Einstein

9.2 Problemverschiebungen

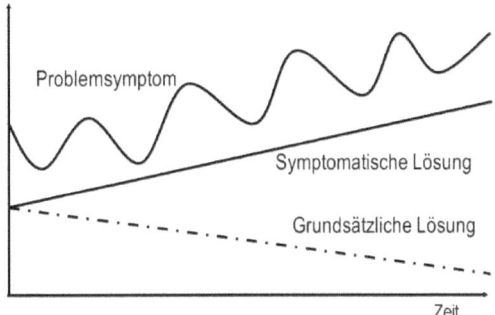

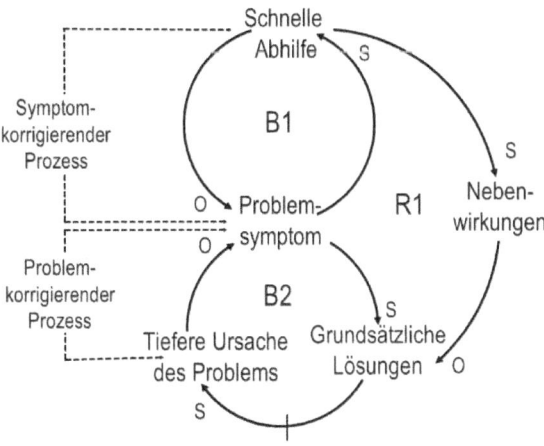

*Abbildung 9-3: Zeitverlauf und Rückkoppelungen
bei Problemverschiebungen*

Ein Problem tritt immer wieder auf, trotz wiederholter Versuche es zu lösen. Verstärkte Anstrengungen helfen nicht, es zu kontrollieren. Oft wird das Problem von Ursachen, die außerhalb des Systems liegen, ausgelöst. Die dem Problem zugrundeliegende Ursache ist entweder schwer zu erkennen oder nicht in Griff zu bekommen. Dieser Archetyp verbaut die Systemsicht und täuscht die Machbarkeit einfacher, oft auch radikaler Lösungen vor, die aber zu offenkundigen Schwierigkeiten führen. Damit wird der nachhaltigen Lösung eines Problems ausgewichen.

Die Struktur einer Problemverschiebung besteht aus zwei miteinander verknüpften ausgleichenden und einer verstärkenden Rückkoppelung. Die obere ausgleichende Schleife (B1 in Abbildung 9-3) zeigt die meist angewandte schnelle Korrektur. In der unteren ausgleichenden Schleife (B2 in Abbildung 9-3), in der das Problem ebenfalls sitzt, liegt die Dynamik des problemkorrigierenden Prozesses. Meistens enthält sie eine Verzögerung, die dazu führt, dass der problemkorrigierende Prozess mehr Zeit braucht um Wirkung zu zeigen, als die „schnelle Korrektur". Im Endergebnis bewirkt das Problemsymptom den symptomkorrigierenden Prozess. Die symptomatische Lösung beschränkt den Blick auf das Problemsymptom und verhindert dadurch den problemkorrigierenden Prozess zu verfolgen. Dadurch taucht das Problemsymptom mit Sicherheit wieder auf.

Diese Struktur ist sehr irritierend, weil die zwei ausgleichenden Schleifen wie eine verstärkende Schleife wirken. Sie treiben die Situation in die gleiche Richtung wie die verstärkende Schleife (R1 in Abbildung 9-3). Dadurch wird das System in eine unerwünschte Richtung gedrückt. Als ob dies nicht schon unerfreulich genug wäre, beeinflusst die symptomatische Lösung die Entwicklung unbeabsichtigter Nebenwirkungen, die meistens auch noch eine gewisse „Suchtabhängigkeit" erzeugen. Denn die Nebenwirkungen schwächen die Wahrnehmung für die Notwendigkeit des problemkorrigierenden Prozesses. Die Wechselwirkung zwischen dem Problemsymptom, der symptomatischen Lösung, den Nebenwirkungen und dem problemkorrigierenden Prozess erzeugen einen trägen Verstärkungsprozess, der dazu führt, dass das Problem noch schwerer zu lösen ist und immer wieder kehrt. Nun kann man sagen: „Meine Lösung hat einen Pferdefuß, weil ich nicht zu der eigentlichen Problemursache vorstoße."

Wenden wir uns nach dieser theoretischen Überlegung einem Beispiel aus dem Leben zu.

Ein Sprichwort sagt: „Schenke ihm einen Fisch und er wird einen Tag lang satt. Lehre ihn zu fischen, dann hat er immer genug zu essen." Viele Länder kämpfen gegen Hungersnot, müssen aber dabei erkennen, dass wohlgemeinte humanitäre Hilfe das Problem im Laufe der Zeit noch verschärft (Abbildung 9-4).

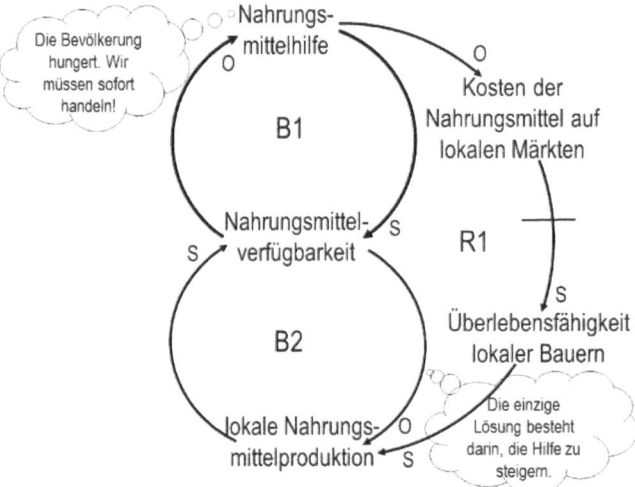

Abbildung 9-4: Die Lebensmittelhilfe reduziert die Verfügbarkeit lokal erzeugter Nahrungsmittel.

Dafür gibt es zwei Gründe. Ist, zum einen, die Ursache von weit verbreiteter Unterernährung chronisch und eine Folge unzureichender Versorgung mit Lebensmitteln, dann verbilligt eine drastische Erhöhung der Nahrungsmittelhilfe die lokalen Lebensmittelpreise und drückt letztlich den Preis heimisch produzierter Lebensmittel. Sind zweitens die Hilfsprogramme erfolgreich, nimmt meistens die Kindersterblichkeit ab. Auch wenn die Verfügbarkeit von Lebensmittel konstant bleibt, wird nach einigen Jahren die Nachfrage nach Nahrungsmitteln größer, weil die Bevölkerung wächst (Abbildung 9-5).

Viele Regierungen und NGOs (non-governmental organisations) haben diesen „Teufelskreis" erkannt und beurteilen nunmehr die Notwendigkeit von Hilfsprogrammen anders. Viele Länder der „dritten Welt" verweigern Hilfsprogramme außer bei nationalen Katastrophen.

Deshalb bieten die meisten NGOs nur in andauernd kritischen Situationen Hilfe an. Dazu gehören die Unterstützung beim Aufbau einer lokalen leistungsfähigen Landwirtschaft und Entlastungen bei der Versorgung in Notfällen. Viele Länder haben auch die Notwendigkeit einer

Geburtenkontrolle erkannt. Aber wie Abbildung 9-4 zeigt entstehen die Probleme einfach nur aus der Nahrungsmittelhilfe auch ohne Wachstum der Bevölkerung.

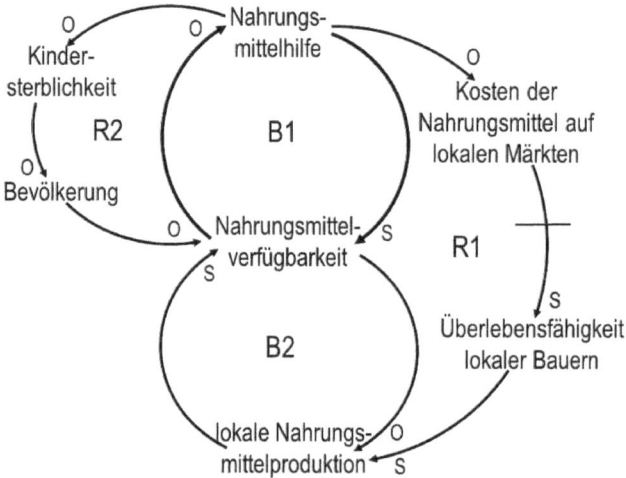

Abbildung 9-5: Die Lebensmittelhilfe reduziert die Kindersterblichkeit und erhöht die Nachfrage nach Nahrungsmitteln.

Es gibt einen Bereich, der besondere Aufmerksamkeit erfordert, weil die Strukturen der Problemverschiebung hier auffällig verbreitet und ungemein gefährlich sind –und zwar, wenn äußere „Intervenierende" bei der Problemlösung zu helfen versuchen. Die Intervention versucht, die augenfälligen Probleme zu lindern und tut dies derart erfolgreich, dass die Menschen innerhalb des Systems nicht lernen, wie sie in Zukunft die Probleme selbst bewältigen können.

Besonders destruktiv verhalten sich scheinbar fürsorgliche Eltern, wenn sie ihre Kinder regelmäßig bei ihren Hausaufgaben unterstützen und ihnen dadurch die Möglichkeit nehmen, ihre eigenen Begabungen aufzubauen.

Wenn Hilfe von außen erforderlich ist, sollten sich die Helfer daher strikt auf eine einmalige Intervention beschränken (und dies vorher allgemein bekannt machen) oder in der Lage sein, den Menschen beim Aufbau eigener Fertigkeiten, Ressourcen und Infrastrukturen zu helfen, damit sie künftig besser mit ihren Problemen umgehen können.

In einer Problemverschiebung beherrschen Fehlkorrekturen die Struktur. Die Rückkoppelung der Nebenwirkungen verstärkt diese Ausrichtung. Ihr liegen die folgenden mentalen Modelle zugrunde:

- Wir müssen auf das Problem unverzüglich reagieren. Verzögerungen können wir uns nicht leisten. Fundamentale Lösungen versuchen wir später.
- Wir haben nur die Wahl, uns mit dem Symptom zu beschäftigen. Die Ursache des Problems liegt wo anders.
- Wir wenden diese Lösung nur einmal an.
- Wir können jetzt nicht schlagartig aufgeben. Es ist noch immer gut gegangen.
- Die Lösung ist nicht ganz in Ordnung. Aber wir können uns noch immer anders entscheiden.
- Eigentlich würden wir eine mehr grundsätzliche Lösung bevorzugen, aber die Kosten/Nutzen-Analyse spricht dagegen.
- Es fehlen Zeit, finanzielle Mittel und die nötige Unterstützung für eine anderslautende Lösung.
- Die Lösung war in der Vergangenheit immer erfolgreich. Wir müssen uns jetzt nur mehr anstrengen.
- Alternative Lösungen brauchen Zeit und niemand weiß, ob sie aussichtsreich sind.
- Die mentalen Modelle, die auch die Fehlkorrekturen auslösen, wirken auch hier, wenn die tieferliegende Ursache des Problems nicht wahrgenommen wird.

Wie kommt es zu Problemverschiebungen?

- Kurzfristige Ergebnisse werden leichter akzeptiert. Langfristige Lösungsansätze sind schwerer zu vermitteln und beschwerlicher aufrecht zu erhalten bis sie wirken.
- Ohne Visionen oder langfristigen Zielen entlasten kurzfristig wirkende Reaktionen den Entscheidungsdruck.
- Wenn man glaubt, dass alles über Nacht gelöst werden kann, wird man leicht von kurzfristige Lösungen abhängig.
- Wenn man Verzögerungen nicht ertragen oder nicht warten kann, wird man von kurzfristigen Lösungen abhängig.
- Andauernder Einsatz schneller Lösungen untergräbt die Fähigkeit langfristig zu denken und zu entscheiden.

Wie vermeidet man Problemverschiebungen?

- Stellen Sie die richtigen Fragen. Wenn Sie bemerken, dass Sie oder Ihre Organisation auf ein Problem mit einer „schnellen Antwort" reagieren, dann fragen Sie:

„Was ist die tiefere Ursache des Problems?"

„Gibt es eine Lösung, die wir einsetzen würden, wenn wir mehr Geld, Zeit, Arbeitskräfte oder andere Betriebsmittel hätten?"

„Stimmt die aktuelle Lösung mit unser Vision überein? Und wenn nicht, welche Vorgehensweise entspräche unserer Vision?"

„Mit welchen langfristigen Auswirkungen müssen wir rechnen, wenn wir die beschlossene Lösung umsetzten? Welche Nebenwirkungen könnten eintreten?"

- Behalten Sie die grundsätzlichen Lösungen im Auge, auch dann, wenn Sie zurzeit an den symptomatischen Lösungen arbeiten.

Der Weg aus der Struktur der Problemverschiebungen beinhaltet zwar schnelle symptomatische Lösungen, erfordert aber gleichzeitig grundsätzliche Lösungen in Gang zu bringen. Sobald die grundsätzliche Lösung zu greifen beginnt, müssen dann die schnellen Lösungen beendet werden.

- Halten Sie an der Vision Ihrer Organisation fest. Problemverschiebungen werden oft ins Spiel gebracht, wenn als vorrangiges Ziel die Entlastung von Unannehmlichkeiten oder Entscheidungsdruck oder nur einfach ein besseres Gefühl gelten. Dazu kommt noch, dass schnelle Entscheidungen, dann besonders attraktiv werden, wenn ein Unternehmen seinen Schwerpunkt auf kurzfristige Erfolge verlagert. Um Problemverschiebungen zu vermeiden, muss deshalb ein Ausgleich zwischen kurz- und langfristigen Zielen geschaffen werden.

- Vermeiden Sie die Abhängigkeit von Problemverschiebungen.

Um die Dynamik der Abhängigkeit zu identifizieren, wenden Sie die Problemverschiebung als Diagnostikwerkzeug an und fragen wie folgt: *„Worauf reagiert die Abhängigkeit?" „Auf welche Symptome reagieren wir?" „Wie entsteht dieses Verhalten?"*

Die Struktur des Archetyps „Problemverschiebungen" ist eine Erweiterung von „Fehlkorrekturen". Sie beginnt mit einer ausgleichenden Dynamik, weil das Ausmaß des Problems unerträglich wird. Als Ausweg wird dann eine symptomatische Lösung erzwungen. Diese Lösung wirkt eine geraume Zeit. Weil die unmittelbare Lösung so offensichtlich erfolgreich scheint, wird es fraglich, ob es sich um eine symptomatische oder eine fundamentale Lösung handelt.

In einer Situation der „Problemverschiebung" sollte eine grundsätzliche Lösung nicht als die einzig „richtige" herangezogen werden, weil „richtig" vielfach vom eigenen Standpunkt abhängt. Stattdessen muss der Versuch unternommen werden zwischen einer symptomatischen und einer fundamentalen Lösung zu unterscheiden. Dabei ist zu hinterfragen wessen Sichtweise zur Diskussion steht. Ferner muss das Problem aus unterschiedlichen Blickwinkel betrachtet werden, um ein besseres Verständnis der Struktur zu erhalten. Eine mögliche Lösung wird dadurch offensichtlicher.

Die „Problemverschiebung" lenkt die Aufmerksamkeit auf eine allzu menschliche Neigung, Unbehagen oder Sorgen so schnell als möglich zu verdrängen. Dieses Verhalten führt dazu, sich mehr auf Symptome des Problems zu konzentrieren als auf seine grundsätzlichen Ursachen. Der Systemarchetyp „Problemverschiebungen" macht deutlich, wie mühelos man von solchen symptomatischen Lösungen abhängig wird, selbst dann wenn die Bereitschaft wächst, stärker für eine mehr grundsätzliche Lösung einzusetzen.

So wie andere Systemarchetypen kann auch die „Problemverschiebung" dazu beitragen, verschiedene andere mögliche Lösungen aufzuzeigen. Sie hilft auch das Verständnis für das System, in dem die Probleme auftauchen, zu vertiefen. Bei keinem Problem, dem wir in unserem Leben begegnen, gibt es *die* grundsätzliche Lösung. Der Systemarchetyp unterstützt Sie aber eine Strategie für unterschiedliche kurz- und langfristige Lösungen auszuarbeiten und die Rolle einer symptomatischen Lösung beim Auftreten eventueller Nebeneffekte zu untersuchen. Der Archetyp „Problemverschiebungen" ermutigt Sie genauer hinter Ihre Aktionen zu schauen, die Sie eingeleitet haben. Sie fragen sich, ob Ihre Maßnahmen lediglich dem Wunsch entspringen, sich von unmittelbaren Druck zu befreien oder ob Sie überlegen, ob Sie sich unbewusst effektiveren Lösungen widersetzen oder ob Sie bereits von gewohnheitsmäßigen Reaktionen abhängig geworden sind.

If you don't know where you are going,
you may end up somewhere else.
Alice in Wonderland

9.3 Grenzen des Wachstums

Ein Prozess verstärkt sich selbst und führt zu einer Phase des Wachstums oder der Expansionsbeschleunigung. Dann verlangsamt sich das Wachstum (häufig scheinbar aus unerfindlichen Gründen), kommt schließlich zum Stillstand und kann sich sogar umkehren und immer schneller auf einen Zusammenbruch zusteuern.

Die Wachstumsphase wird durch einen oder mehrere verstärkende Feedbackprozesse verursacht. Die Verlangsamung entsteht aufgrund eines ausgleichenden Prozesses, der einsetzt, wenn eine „Grenze" erreicht ist. Bei dieser Grenze kann es sich um externe Einflüsse, eine beschränkte Ressource, interne Reaktionen oder individuelle Einflüsse auf das Wachstum handeln.

Der sich beschleunigende Zusammenbruch ist die Folge des in umgekehrter Richtung laufenden Verstärkungsprozesses, der einen wachsenden Rückgang bewirkt.

Das Feedbackdiagramm in Abbildung 9-6 kann wie folgt erklärt werden: Mit steigender Leistung verbessert sich das Ergebnis, es wächst (R1 in Abbildung 9-6). Der Wachstumsvorgang bestärkt weitere Anstrengungen Aber die Leistung bzw. das Wachstum ist mit einem begrenzenden Faktor gekoppelt, einer Aktion, die bewirkt, dass bei steigender Leistung Kräfte wirksam werden, die das eintretende Ergebnis verzögern. Der begrenzende Einfluss reduziert die Leistung und somit das Wachstum (B1 und B2 in Abbildung 9-6). Der Schlüssel im Verständnis der Dynamik besteht darin, dass der Verstärkungsprozess in einer Wachstumsperiode solange überwiegt bis ein Beschränkungsvorgang überhandnimmt und weiteres Wachstumspotential ausschaltet.

So wie andere Systemarchetypen hat auch der Systemarchetyp „Grenzen des Wachstums" sein eigenes spezifisches Zeitverhalten. Es besteht im exponentiellen Wachstum, das sich schließlich entweder abschwächt oder weitgehend zurückfällt. Diese Systemstruktur formt ein s-förmiges Zeitverhalten, das sich allen Versuchen widersetzt, die Leistungsfähigkeit des Systems wiederzubeleben.

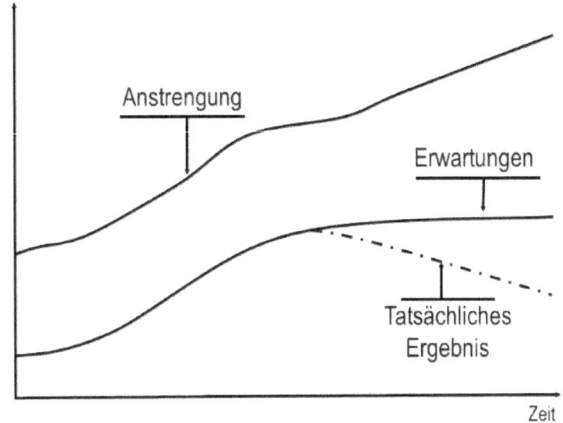

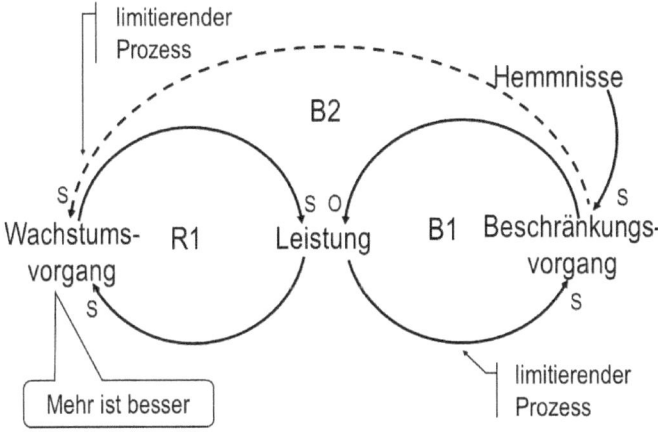

Abbildung 9-6: Zeitverhalten und Rückkoppelungen bei „Grenzen des Wachstums"

Mit anderen Worten kann man sagen:

In Boomzeiten mit zunehmendem Wachstum und Erfolg wird hart gearbeitet, um die günstige Entwicklung aufrecht zu erhalten. Niemand macht sich Gedanken, dass in Zukunft Probleme auftreten könnten. Und niemand fragt, was zu unternehmen ist, wenn sich der Aufschwung abschwächt oder ganz ausbleibt.

In manchen Situationen schwächt sich das Wachstum auf unerklärliche Weise ab oder einige Probleme treten auf. Es erscheint jedem naheliegend, dass er so weitermachen soll wie bisher, sich aber mehr anstrengen muss. Schließlich wird deutlich, dass trotz erhöhter Anstrengungen kein Fortschritt im Wachstum erzielt wird. Es gibt auch Situationen in denen das Wachstum plötzlich ganz einbricht und die herkömmliche Vorgehensweise härter zu arbeiten, um den Lauf der Dinge aufzuhalten, nicht greift.

Es bestehen vielfältige Beeinträchtigungen von Wachstumsstrukturen. Beispiele dafür sind:
•*Externe Faktoren:* Marktgröße, Bevölkerungsdichte, Wettbewerb, Gesetzgebung, Umweltstandards, Mindestlohn
•*Interne organisatorische Beschränkungen:* finanzielle und technologische Ressourcen, Patentsituation, Ausbildungsstand, Humankapital, Organisationsstruktur
•*Individuelle Faktoren:* Fähigkeiten, mentale Modelle, Geisteshaltung, Bereitschaft für Veränderungen, Lernvermögen, Fähigkeit, Probleme zu lösen und Wissen einzubringen

Wenden wir uns nach dieser theoretischen Überlegung zum besseren Verständnis einem Beispiel aus dem praktischen Leben zu.

MoonChem, ein neugegründetes Hochtechnologieunternehmen, entwickelt und vertreibt Zwischenprodukte für Pharmaunternehmen und Chemikalien für die IT-Industrie. Um sein Wachstum aufrecht zu erhalten muss es beständig und zuverlässig neue Produkte anbieten können. MoonChem reinvestiert daher einen wesentlichen Teil seiner Gewinne in qualifizierte Fachkräfte und in moderne Ausrüstungen seiner Forschungs- und Entwicklungslaboratorien. Diese Strategie ist die Grundlage seines Erfolgsrezeptes, die auf dem vorrangigen Ausbau der F&E-Kapazitäten beruht (R in Abbildung 9-7).

Während der letzten zwei Jahre waren die Zuwächse an Umsatz und Gewinn beachtenswert. Seitdem lässt das Wachstum nach und wird im laufenden Jahr stagnieren. Die Einführung neuer Produkte wurde vernachlässigbar niedrig. Die Entwicklungszeit für neue Produkte –die durchschnittliche Zeit um ein neues Produkt von der ersten Idee bis zur Markteinführung zu entwickeln- war in der Vergangenheit kurz, dauerte aber in den letzten Monaten immer länger. Die Projektleiter verbrachten immer weniger Zeit mit Forschungs- und Entwicklungsaufgaben und wesentlich mehr Zeit mit Verwaltungsaufgaben B in Abbildung 9-7).

Während der letzten zwei Jahre waren die Zuwächse an Umsatz und Gewinn beachtenswert. Seitdem lässt das Wachstum nach und wird im laufenden Jahr stagnieren. Die Einführung neuer Produkte wurde vernachlässigbar niedrig. Die Entwicklungszeit für neue Produkte –die durchschnittliche Zeit um ein neues Produkt von der ersten Idee bis zur Markteinführung zu entwickeln- war in der Vergangenheit kurz, dauerte aber in den letzten Monaten immer länger. Die Projektleiter verbrachten immer weniger Zeit mit Forschungs- und Entwicklungsaufgaben und wesentlich mehr Zeit mit Verwaltungsaufgaben B in Abbildung 9-7).

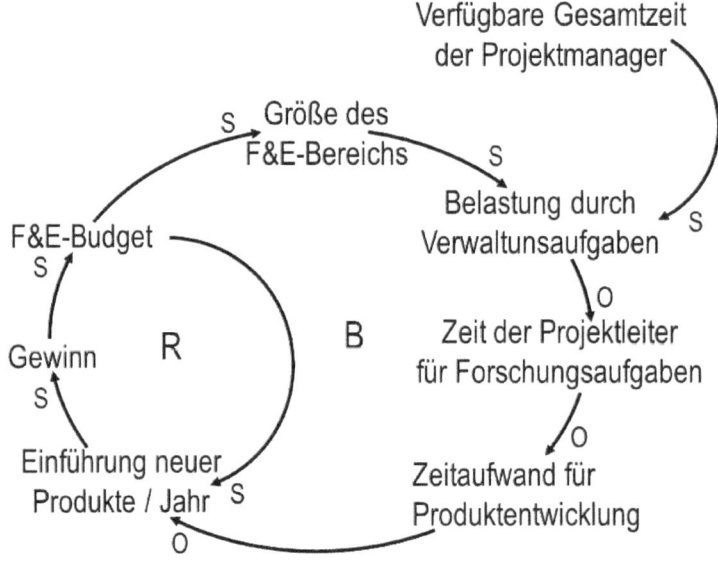

Abbildung 9-7: Zu hohe Belastungen für Verwaltungsaufgaben haben zu wenig Zeit für Forschungsaufgaben zur Folge.

Wie lässt sich die Situation verbessern? In einer Struktur der „Grenzen des Wachstums" versuchen wir entweder die Begrenzungen des Wachstums innerhalb kürzester Zeit zu beseitigen oder das Wachstum zu verlangsamen, um Zeit für die nötigen Veränderungen zu gewinnen. Wir stellen in der vorliegenden Situation fest, dass die gegenwärtige Begrenzung die Zeit ist, die den Projektleitern für Forschungs- und

Entwicklungsaufgaben zur Verfügung steht. Eine einleuchtende Alternative bestünde darin, den Zeitrahmen, in dem die Projektleiter mit Entwicklungsaufgaben beschäftigt sind, zu vergrößern. Könnte dies erreicht werden, wenn zusätzliche Chemiker eingestellt würden? Allerdings muss dabei berücksichtigt werden, dass es Zeit braucht, um die Neueingestellten in die Projekte einzuarbeiten und dass die Beschränkungen deshalb nicht kurzfristig beseitigt werden können.

Eine weitere Option wäre, den Forschungs- und Entwicklungsbereich in kleinere Organisationseinheiten aufzuspalten, um die Komplexität und den Verwaltungsaufwand zu reduzieren. Auch könnten bestimmte Routineaufgaben, wie zum Beispiel die Anfertigung von Sicherheitsdatenblättern an externe Stellen vergeben werden. Entscheidend ist, in einer Situation der „Grenzen des Wachstums" die Beschränkungen zu beheben und nicht mit Gewalt das Wachstum anzutreiben.

Mentale Modelle, die den Systemarchetyp „Grenzen des Wachstums" beherrschen:
- Wachstum ist schön, mehr Wachstum ist besser. Je härter wir arbeiten, desto schneller wachsen wir.
- Unser Wachstum hält andauernd an. Es gibt keine Grenzen, die wir nicht bewältigen können. Eine Abschwächung oder gar ein Zusammenbruch können uns nicht passieren. Wir sind die Ausnahme.
- Unsere Probleme liegen im Markt, in der wirtschaftlichen Situation, im globalen Umfeld, etc. Wir verursachen unmöglich irgendeines unserer Probleme selbst.
- Unsere Aktionäre verlangen von uns steigende Dividenden und erwarten, dass wir unsere Wachstumsziele erreichen.

Auswirkungen der „Grenzen des Wachstums":
- Dies ist die Situation einer s-förmigen Wachstumskurve oder einer schnell wachsenden Organisation, die unvermittelt zusammenbricht.
- Nichts wächst für immer.
- Wenn Sie ihr Wachstum nicht selbst managen, dann erledigt es jemand anders für Sie.
- In jeder Situation bestehen mehrere einschränkende Kräfte. Einige sind offensichtlich und leicht erkennbar, andere aber nicht. Innerhalb einer bestimmten Zeit stellt sich aber nur einer dieser Faktoren als Begrenzung heraus. Die Fähigkeit eine Situation der „Grenzen des Wachstums" zu beherrschen besteht darin, die nächste mögliche

Begrenzung vorherzusehen und sie auszuschalten, bevor sie wirksam wird.
- Selbst wenn ein System eine Beschränkung bewältigt, tritt vielfach eine neue auf.
- Wenn Sie Ihre Leistungen aus der Vergangenheit verstärken, laufen Sie Gefahr, die Beschränkung schneller in Gang zu setzen und die Schwierigkeiten zu vergrößern.

Wie werden Sie mit dem Systemarchetyp „Grenzen des Wachstums" fertig?
- Setzen Sie Ihr mentales Modell, dass es keine „Grenzen des Wachstums" gibt, außer Kraft.
- Bedenken Sie Einflüsse, die das System in seinem Wachstum begrenzen und thematisieren Sie sie bevor sie an Dynamik gewinnen.
- Halten Sie begrenzende Aktionen oder ihre Auswirkungen klein.
- Versuchen Sie zumindest das Wachstum zu bremsen, wenn es die erwarteten Ergebnisse nicht liefert. Suchen Sie die begrenzenden Einflüsse solange dafür Zeit und Geld noch reichen.
- Denken Sie daran, dass Verstärkungsprozesse grundsätzlich instabil sind. Versuchen Sie, dem System eine ausgleichende Struktur hinzuzufügen, um es vor einem Zusammenbruch zu schützen. Erliegen Sie nicht der Versuchung, das System anzutreiben bevor es seine Grenzen erreicht hat.

Der Systemarchetyp „Grenzen des Wachstums" unterscheidet sich grundsätzlich von den beiden Systemarchetypen „Fehlkorrekturen" und „Problemverschiebungen". Dennoch sind diese drei Systemarchetypen am leichtesten erkennbar. Vor allem setzt der Systemarchetyp „Grenzen des Wachstums" einen Maßstab für moderne Zivilisationen. Westliche Gesellschaften setzen ihren Schwerpunkt vielfach auf Wachstum um des Wachstums willen –das „je größer desto besser"-Syndrom. Dieser Archetyp aber weist darauf hin, dass es sehr wohl Grenzen gibt, zeigt uns aber auch, dass wir diese Grenzen wahrnehmen können, wie sie entstehen und wie wir sie überwinden können. Und vor allem denken Sie daran, die Beschränkungen zu beheben und nicht mit Gewalt das Wachstum anzutreiben, sonst lässt sich die Rückkoppelung B1 und B2 in Abbildung 9-6, die das Wachstum einschränkt, nicht ausschalten.

*Nicht die Dinge sind positiv oder negativ,
sondern unsere Einstellung macht sie so.*
Epikur

9.4 Die Tragödie der Gemeingüter

Der Systemarchetyp ist allgegenwärtig und darf in seinen Auswirkungen nicht unterschätzt werden. Er zeigt sich im privaten Bereich, in Unternehmen, in volkswirtschaftlichen Strukturen und in der internationalen Politik (siehe auch Kapitel 7 Komplexität, Seite 225 ff).

Die Struktur der „Tragödie der Gemeingüter" ist eine unübersichtliche und vielschichtige Variante der „Grenzen des Wachstums". Dabei richten Individuen oder Gruppen ihre Aktivitäten ausschließlich an ihren eigenen Zielvorstellungen aus, sind jedoch abhängig von öffentlich zugängigen Produktionsmitteln, wie Grundstücken, Luft, Wasser, pflanzlichen oder tierischen Rohstoffe, Mineralien, Erzen oder Metallen. Zum Teil bezieht sich die Abhängigkeit aber auch auf weniger anschauliche Betriebsmittel wie Textverarbeitungsbüros, Rechenzentren, Qualitätskontrolle, IT-Unterstützung, Energieversorgung oder Finanzmittel für Investitionen.

In allen Fällen der „Tragödie der Gemeingüter" gehören die allgemein zugänglichen Ressourcen keinen speziellen Einzelindividuen oder Gruppen oder werden von ihnen verwaltet. Die Gemeingüter werden als offen und für jeden frei zugänglich betrachtet. Die Nutznießer beanspruchen die Ressource unabhängig voneinander, so als wären sie die einzigen Eigentümer oder Begünstigte. Niemand berücksichtigt, dass noch andere auf die Ressource zugreifen. Und niemand überlegt, dass sie nur begrenzt zur Verfügung steht.

Je intensiver Einzelne oder Gruppen auf die Ressource zugreifen, umso größer werden deren Vorteile. Um ihren Gewinn zu maximieren, steigern sie deshalb ihren Zugriff. Für eine bestimmte Zeit, es kann sich dabei um Monate oder Jahrhunderte handeln, scheint die Ressource unbegrenzt zur Verfügung zu stehen. Wenn die gesamten Aktivitäten die Grenze der Verfügbarkeit nicht überschreiten, dann scheint das System unerschöpflich. Das ist aber eine Illusion. Denn in einer Welt begrenzter Ressourcen stoßen wir irgendwann und überall an Grenzen, wenn der Zugriff weiter andauert.

Nach einer gewissen Zeit wird daher jede Ressource schwerer zugänglich und weniger verfügbar oder von minderer Qualität. Jeder Nutznießer verstärkt daher seine Aktivitäten, um ausreichende Mengen, zur richtigen Zeit und in der gewünschten Qualität zu erhalten. Dieses Verhalten wird Hals über Kopf von allen übernommen und beschleunigt den Raubbau der Ressource. Ohne Regeln für den Zugriff und ohne verantwortungsvolle Verwaltung der Ressource und vor allem ohne entsprechende Warnung vor den Beschränkungen und Grenzen wird sie immer schwerer zugänglich oder weitgehend unbrauchbar.

Leichter verständlich wird die Situation der „Tragödie der Gemeingüter" anhand des folgenden Gleichnisses: Ein Schiff geht auf Kreuzfahrt von Hafen zu Hafen. Auf dem Oberdeck gibt es Liegestühle, allerdings dreimal weniger, als es Passagiere an Bord gibt. In den ersten Tagen auf Fahrt wechseln die Liegestühle fortwährend ihre Besitzer. Sobald jemand aufsteht, gilt der Liegestuhl als frei; Handtücher oder andere Belegsymbole werden nicht anerkannt. Das war eine zweckmäßige Ordnung, das begrenzte Gebrauchsgut « Liegestuhl » wurde nicht knapp. Doch nach der Ausfahrt aus einem Hafen, in dem eine Menge neuer Passagiere an Bord gekommen ist, bricht diese Ordnung zusammen. Die Neuankömmlinge, untereinander bekannt, verhalten sich anders. Sie bringen die Liegestühle an sich und erheben fortan dauerhaften Besitzanspruch. Die Mehrheit der anderen Passagiere hat nunmehr das Nachsehen. Knappheit regiert, Streit ist an der Tagesordnung. Und die meisten Gäste an Bord sind schlechter dran als zuvor (*Nach Heinrich Popitz, Phänomene der Macht*).

Das typische Muster des Zeitverlaufs einer Struktur der „Tragödie der Gemeingüter" besteht aus drei Trendlinien Eine Linie zeigt die Variable der Gesamtaktivität, die die Summe aller Aktivitäten und Ergebnisse einzelner Individuen oder Gruppen umfasst (Abbildung 9-8). Die zweite Linie verfolgt die Entwicklung der gemeinsamen Ressource. Die dritte Line stellt den Gewinn per Aktivität dar, den Ertrag, den jeder Nutznießer der Ressource erzielt.

Im Zeitverlauf entwickeln sich drei eigenständige und unterschiedliche Phasen, die charakteristisch für die Konstellation der „Tragödie der Gemeingüter" sind. Anfangs überwiegt eine stabile Phase, in der das verfügbare Gemeingut durch die Gesamtaktivität kaum beeinträchtigt wird. In diesem Zeitabschnitt haben steigende Zugriffe keine nachteiligen Auswirkungen auf die Gewinnsituation. Auch wird den Nutznießern die Existenz von Begrenzungen nicht bewusst. Dies kann so weiter gehen, solange die Verbrauchsrate die Erneuerungsrate nicht übersteigt (es werden weniger Bäume gefallt als gepflanzt oder die Einnahmen übersteigen die Ausgaben oder Erholungsphasen kompensieren die Arbeitsüberlastung).

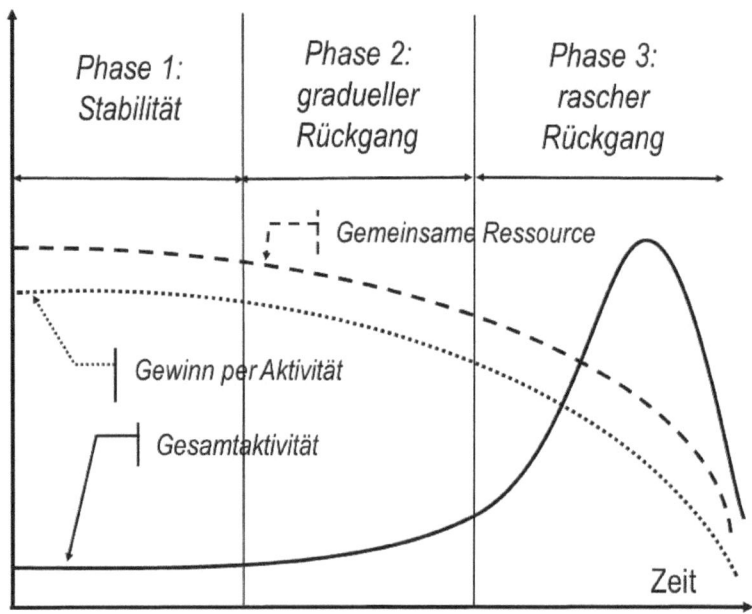

Abbildung 9-8: Zeitverlauf der Tragödie der Gemeingüter

Sobald der Verbrauch des Gemeingutes größer ist als seine Erneuerung, tritt die Phase des graduellen Rückgangs ein. Anfänglich sinkt das Niveau der Ressource unmerklich, fällt dann aber schneller, wenn die Gesamtaktivität zunimmt. Dabei treibt die steigende Bedeutung des Gemeingutes für die Nutznießer den Zugriff an. Zu einem bestimmten Zeitpunkt erreicht dann der Verbrauch aber einen Zustand, der die Regenerationsrate maßgeblich beeinflusst. Das bedeutet, dass das Gemeingut schneller verbraucht wird als es seine Erneuerungsrate erlaubt. Dies führt letztlich dazu, dass der Mehrverbrauch zur Ursache für die Abnahme der Erneuerungsrate wird und das Gemeingut noch schneller aufgebraucht wird. Sobald dies eintritt, kommt es zur Phase des raschen Rückgangs, der zum völligen Zusammenbruch des Gemeingutes führt, wenn nicht drastische Korrekturmaßnahmen ergriffen werden.

In der Phase des raschen Rückganges wird die Gesamtaktivität maßgeblich beeinflusst von der zunehmenden Verknappung des Gemeingutes verbunden einem jähen Rückgang des Gewinns per Aktivität. Diese Entwicklung kann zu panikartigen Zugriffen auf die Ressource führen –nach dem Motto *„ich muss meinen Anteil bekommen, bevor das Gemeingut versiegt"*. Die Gesamtaktivität nimmt dadurch exponentiell zu und fällt dann drastisch, weil das Gemeingut nicht mehr zur Verfügung steht. So entsteht die „Tragödie der Gemeingüter".

In beiden Situationen, der „Grenzen des Wachstums" und der „Tragödie der Gemeingüter", beherrschen Begrenzungen das Geschehen, allerdings auf sehr unterschiedliche Art und Weise. In den „Grenzen des Wachstums" treffen wir auf Grenzen, die durch umsichtige Planung und rechtzeitige Investitionen in die Ressource erweitert werden können. Die wichtigste Lehre, der „Grenzen des Wachstums" besteht deshalb darin, rechtzeitig in die Leistungsfähigkeit des Systems zu investieren und die wachsende Nachfrage zu berücksichtigen, damit zukünftiges Wachstum nicht durch unzureichende Kapazitäten behindert werden. In der „Tragödie der Gemeingüter" sind die Grenzen innerhalb des in Frage kommenden Zeitrahmens festgelegt. Die vorrangige Erkenntnis liegt darin, den Zugriff auf das Gemeingut in einer Art und Weise zu managen, die dazu führt, dass das System nicht in Phase raschen Rückgangs abgleitet.

Die „Tragödie der Gemeingüter" erfordert besondere Aufmerksamkeit, weil sie die „Makrosicht" einer Dynamik darstellt, die von einer großen Ansammlung einzelner Individuen oder Gruppen auf der „Mikroebene" erzeugt wird. Die Aktivitäten der Nutznießer A und B sind Stellvertreter von dutzenden oder tausenden einzelner Handelnden, von denen alle die Vorteile im Gebrauch des Gemeingutes „genießen" (Abbildung 9-9). Weil jeder Nutznießer die Vorteile seiner Aktivitäten auskostet, besteht die Tendenz, die jeweiligen Aktivitäten zu verstärken, weil die Gewinne ohne angemessene Kostenbeteiligung steigen (R1 und R2 in Abbildung 9-9). Dazu kommt noch, dass der Teilnehmerkreis größer wird, weil sich die Gewinnsituation herumspricht. Beide Tendenzen beschleunigen den Anstieg der Gesamtaktivität, was letztlich zu einem Rückgang des Gewinns jedes Einzelnen oder ganzer Gruppen führt.

Wäre dies ein „sich-selbst-korrigierendes" System, dann würde der äußere Ausgleichskreis anfangen zu wirken (Abbildung 9-9). Mit einem Anstieg der Gesamtaktivität, würden die Gewinne der einzelnen

Aktivitäten im Endeffekt fallen. Dieser Einbruch würde zu einem Rückgang der individuellen Gewinne (B5 in Abbildung 9-9), im weiteren Verlauf zu einer Abnahme der einzelnen Anstrengungen und letztlich auch zu einer Abschwächung der Gesamtaktivitäten führen. Unglücklicherweise ermutigt aber der Aufbau dieses Archetyps die Nutznießer zum gegenteiligen Verhalten –nämlich die Aktivitäten zu intensivieren als Antwort auf den Rückgang der persönlichen Gewinne in der Annahme, sie könnten die abnehmenden Erträge durch größere Anstrengungen ausgleichen (R3 in Abbildung 9-9). Kurzfristig gedacht, erscheint diese Strategie erfolgreich zu sein –aber nur so lange als sich die Aktivitäten in der Phase des graduellen Rückgangs (Abbildung 9-8) bewegen. Meistens jedoch bewegt sich die Dynamik auf die Phase des raschen Zusammenbruchs zu.

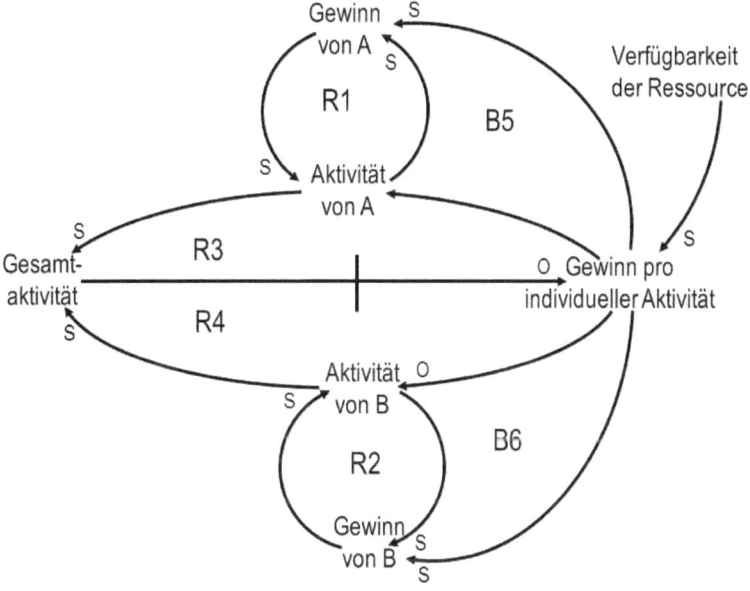

Abbildung 9-9. Struktur der „Tragödie der Gemeingüter"

Selbst ohne die „Beschleunigungsdynamik" neigt die „Tragödie der Gemeingüter" dazu, „den Bogen zu überspannen" und dann zusammenzubrechen. Denn Systeme erholen sich manchmal nur langsam, weil sie eine verzögerte Rückkopplung zwischen Gesamtaktivität und dem Gewinn per individueller Aktivität haben. So kommt es, dass oft der Moment, in dem man ein Problem zum ersten Mal wahrnimmt, mit dem identisch ist, wo es schon fast zu spät ist, etwas dagegen zu tun. Unwissentlich oder unabsichtlich werden die Grenzen eines Systems überschritten und damit seine begrenzte Tragfähigkeit. So gerät das System unter Überbelastung und sendet Warnsignale aus, die je nach Beachtung zu Korrektur oder Kollaps führen.

Abbildung 9-10 macht die gegeneinander stehen den Kräfte deutlich. Wenn der Gewinn, der bei einer individuellen Aktivität entsteht fällt, dann gibt es zwei Wege, auf denen die Energie durch das System läuft: Selbstkorrektur oder fortschreitende Erschöpfung (Raubbau).

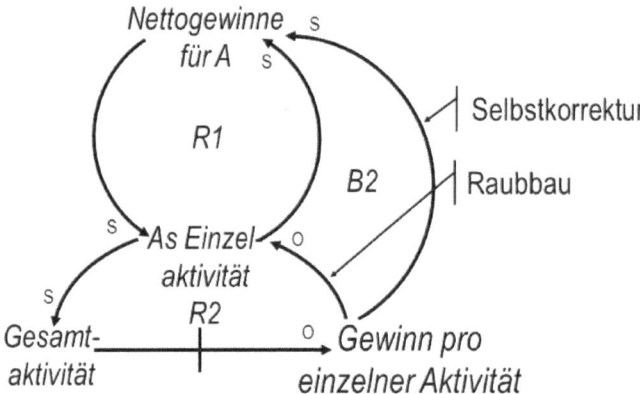

Abbildung 9-10: Selbstkorrektur oder Raubbau stehen miteinander im Wettbewerb

Abbildung 9-11 zeigt die Dynamik der fortschreitenden Erschöpfung –den Raubbau. Wenn der individuelle Gewinn fällt, dann werden die Nutznießer ermutigt, ihre Anstrengungen zu erhöhen. R1 in Abbildung 9-11 durchläuft solange einen Verstärkungsprozess bis das Gemeingut vollständig aufgebraucht ist.

In Abbildung 9-12 wird die Dynamik der Selbstkorrektur gezeigt. Wenn der Gewinn bei einer individuellen Aktivität fällt, dann sendet das System ein Signal aus, das die individuelle Aktivität und in Folge die Gesamtaktivität reduziert. R1 in Abbildung 9-12 durchläuft einen verstärkten Zerfallsprozess, der so lange anhält bis sich das System erholt hat und wieder höhere Gewinne liefert.

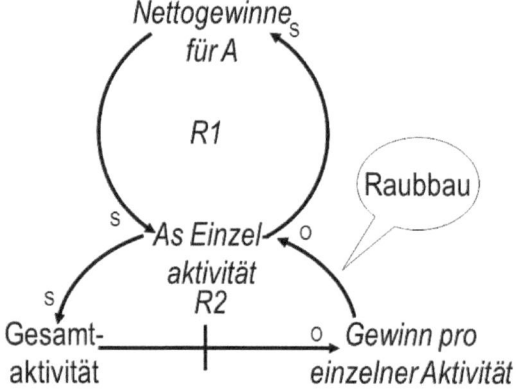

Abbildung 9-11: Die Dynamik der fortschreitenden Erschöpfung

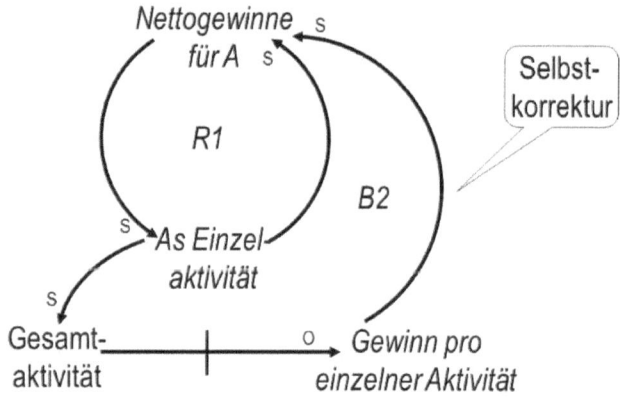

Abbildung 9-12: Die Dynamik der Selbstkorrektur

Ein Beispiel aus der Wirklichkeit: Zu viele Boote und zu wenig Fische (Abbildung 9-13) erzeugen die Dynamik der „Tragödie der Gemeingüter".

Zunächst erhöht jeder Fischer seine Ausbeute, indem er öfter auf Fangfahrt geht. Dadurch steigt die gesamte Fangquote und die verfügbare Menge an Fischen fällt, weil die Erneuerungsrate der

Fanggründe mit der Ausbeute nicht mehr Schritt halten kann. Das hat zur Folge, dass bei gleicher Anzahl von Fangfahrten die Ausbeute fällt.

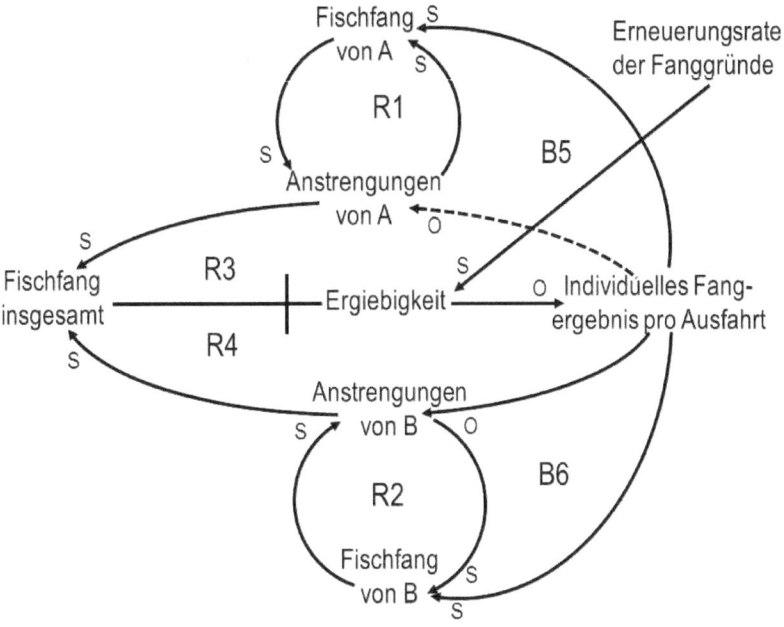

Abbildung 9-13: Die Ursache von Überfischungen

Nun spielt die Verzögerung zwischen dem gesamten Fischfang und der Ergiebigkeit der Fischgründe eine entscheidende Rolle sobald die Ausbeute langsam abnimmt. Ab jetzt wird weiter drauf los gefischt bis die Ausbeute unrentabel wird und immer mehr Fischer den Fischfang aufgeben. Die Lektion aus dem Systemarchetyp „Tragödie der Gemeingüter" ist, dass das Gemeingut unausweichlich vernichtet wird, wenn es jedem Einzelnen überlassen bleibt, seinen eigenen Interessen nachzugehen. Es besteht nämlich kein Anreiz das eigene Verhalten zu ändern. Die Lösung besteht nur in einer gemeinsamen Vereinbarung an die sich jeder Nutznießer des Gemeingutes hält.

Wie bemerken Sie, dass man Sie sich in einer Situation der „Tragödie der Gemeingüter" befinden? Halten Sie nach zwei Schlüsselfaktoren Ausschau: auf ein Gemeingut, auf das zwei oder mehrere Nutznießer einen relativ uneingeschränkten Zugang haben und auf eine fehlende übergeordnete Kontrollfunktion, die das Gemeingut verwaltet. Die entscheidende Herausforderung bei einer „Tragödie der Gemeingüter" besteht darin einvernehmlich festzustellen wie das

Gemeingut überlastet wird und wie man dem gegensteuert. Wenn niemand einsieht wie seine individuelle Vorgehensweise jedermanns Nutzen beeinträchtigt, dann führt das zu einer endlosen Auseinandersetzung. Das hängt damit zusammen, dass die Lösung des Missbrauchs der Ressource nicht auf der individuellen Ebene liegt. Warum: Angenommen Fischer A entschließt sich seine Ausfahrten zu reduzieren, weil er einsieht, dass das Überfischen der Fischgründe die Fangrate schmälert und er -langfristig betrachtet- weniger Fische nach Hause bringt. Aber was geschieht nun? Der Fischer A hat nun Nachteile, weil er freiwillig nicht mehr so viele Fische wie früher fängt. Das Überfischen aber geht aber weiter, weil die anderen Fischer ihre Ausfahrten nicht einschränken. Denn solange das System so gestaltet ist, dass es unmittelbar individuelle Gewinne liefert ohne auf die langzeitigen Nachteile für alle aufmerksam zu machen, werden die restlichen Nutznießer fortfahren, ihre aktuellen Gewinne zu steigern. Und das, obwohl hinlänglich bekannt ist, dass Fische und andere marine Lebewesen ein begrenztes Gut sind.

Die folgenden typischen mentalen Modelle treiben die Entscheidung voran, weiter auf die Ressource zuzugreifen oder die Ausbeute sogar zu steigern:
- Das Gemeingut steht zu meinem Vorteil zur Verfügung und ich kann davon so viel beanspruchen wie ich brauche.
- Es ist für jeden Nutznießer genug vorhanden. Jemand wird mich schon darauf hinweisen, wenn ich mir Sorgen machen muss, in welchem Umfang ich das Gemeingut beanspruchen kann.
- Ich bin nur ein Nutzer. Meine Aktivitäten fallen nicht ins Gewicht.
- Jemand anders ist für die Ressource verantwortlich.
- Wenn ich etwas härter oder länger arbeite, ziehe ich den gleichen Nutzen wie früher.
- Ich muss meinen Aufwand wesentlich steigern, um keine Verluste zu erleiden.
- Es wird sich nichts verändern, wenn nur ich mit dem Gemeingut sparsamer umgehe.
- Es ist ungerecht, wenn ich nicht den gleichen Nutzen aus dem Gemeingut wie früher ziehen kann.

Wenn Sie erst einmal erkannt haben, dass Sie sich in einer Situation der „Tragödie der Gemeingüter" befinden, können Sie mit den folgenden Schritten versuchen, die Überbeanspruchung des Gemeingutes zu verlangsamen oder zu beenden sowie die Situation eventuell zum Erfolg zu wenden:

- Identifizieren Sie die Anreize, die die individuellen Verstärkungsprozesse antreiben. Welchen Ertrag strebt jeder Nutznießer an? Was motiviert ihn –von außen und von innen?
- Bestimmen Sie den Zeitrahmen in dem die Nutznießer ihre Gewinne verwirklichen. Anhand der Zykluszeit können Sie abschätzen, mit welcher Rate auf das Gemeingut zurückgegriffen wird. Je kürzer der Zeitraum ist, innerhalb dessen sich Aufwand und Belohnung auszahlen, desto größer ist die Motivation die Ressource in Anspruch zu nehmen und umso schwieriger wird es die Nutznießer zu überzeugen, auf kurzfristige Gewinne zu verzichten.
- Bestimmen Sie die Zeit bis zu der die Ressource aufgebraucht ist. So können Sie veranschlagen wieviel Zeit Ihnen noch für Korrekturmaßnahmen bleibt. Bedenken Sie jedoch, dass ein gemeinsames Bewusstsein erforderlich ist, um alle Nutznießer von der Existenz des Problems und den erforderlichen Maßnahmen zu überzeugen, was allerdings oft schwer zu erreichen ist.
- Um eine Struktur der „Tragödie der Gemeingüter" zu überwinden, kommt es darauf an, die langfristigen Auswirkungen auf das Gemeingut und die unmittelbaren Folgen für die einzelnen Nutznießer zu erfassen. Stellen Sie die Kosten zukünftiger Verluste verständlich für alle Nutznießer dar.
- Letztlich kann eine mit allen Nutznießern vereinbarte Verwaltung des Gemeinguts eine wirksame und nützliche Möglichkeit sein, um die Erschöpfung der Ressource zu verhindern. Richten Sie daher die Verantwortung des Managements auf größere Zusammenhänge und kontrollieren Sie die Zuteilung der gemeinsam benutzten Ressource.

Die „Grenzen des Wachstums" und die „Tragödie der Gemeingüter" helfen, die Auswirkungen begrenzter Ressourcen in vielen Lebensbereichen wahrzunehmen und zu untersuchen. Und so wie der „Erfolg den Erfolgreichen" kann dieser komplexe Archetyp neue Sichten auf den Zugriff auf ein Gemeingut bewirken. Die „Tragödie der Gemeingüter" lenkt unsere Aufmerksamkeit auf den Verbrauch und die beschränkte Verfügbarkeit eines Gemeingutes. Sie betont die Notwendigkeit einer Zusammenarbeit der Nutznießer und einer übergeordneten Verwaltung der Ressource. Gleichermaßen bestärkt uns dieser Archetyp, die Auswirkungen von Wachstumsplänen zu überdenken. Er betont die Voraussetzungen für den Zugriff auf die Ressource und die Auswirkungen einer steigenden Inanspruchnahme.

*Ein kleiner Fehler am Anfang
ist ein großer am Ende.*
Aristoteles

9.5 Widersacher wider Willen

Zwei Gruppen von Menschen haben sich entschlossen, zusammenzuarbeiten, weil sie sich gegenseitige Vorteile durch diese Beziehung versprechen. Jede Partei handelt zum Vorteil der anderen in der Hoffnung, dass die Verbindung beiden nützt, wenn die Partnerschaft reibungslos funktioniert. Und dennoch endet die Partnerschaft in Verbitterung. Das Problem entsteht wenn eine oder beide Parteien eine lokale Leistungsdiskrepanz korrigieren, die oft durch äußere Einflüsse ausgelöst wird. Die ergriffenen Maßnahmen verbessern dann zwar den eigenen Erfolg, untergraben aber unbeabsichtigt das Ergebnis des Partners. Die Auswirkungen dieser abträglichen Aktionen führen zu Enttäuschung und Ärgernis zwischen den Partnern. Entweder bemühen sich beide Partner die Verbindung aufrecht zu erhalten oder das Ärgernis erreicht einen Punkt, an dem die Beziehung zerbricht und in offener Gegnerschaft endet.

Der Archetyp „Gegner wider Willen" findet sich bei funktionsübergreifenden Teams, bei Joint Ventures, bei Kämpfen zwischen Gewerkschaften und Unternehmensführungen, bei Zulieferern und Herstellern, bei Zentrale und Zweigstellen, bei Regierungen, bei non-governmental-Organisations, in einer Ehe, bei Familienstreitigkeiten und sogar bei Bürgerkriegen. Jedes Mal, wenn zwei Gruppen viel durch eine Zusammenarbeit zu gewinnen hatten, ist nicht immer auszuschließen, dass die Kooperation in bitteren Kämpfe und Ressentiments endet.

Die Vorteile der Partnerschaft nehmen zu, sind eine zeitlang auf höheren Niveau stabil, fallen dann oder verschwinden ganz. In jeder Partnerschaft entstehen gegenläufige Interessen. Manche treten schon frühzeitig auf. Mit der Zeit werden sie gravierender und schließlich beherrschen sie die Situation. Die Partner werden zu Widersachern wie der Zeitverlauf der partnerschaftlichen Entwicklung zeigt (Abbildung 9-13). Das dazugehörige Feedbackdiagramm ist sehr komplex und besteht aus drei Phasen (Abbildungen 9-14 bis 9-16).

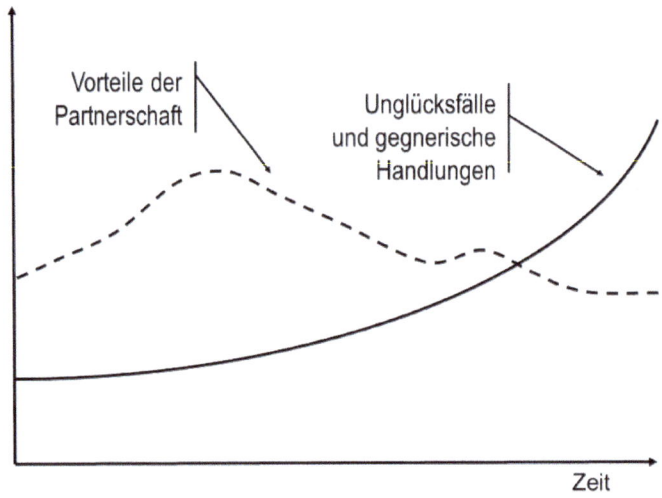

Abbildung 9-13: Zeitverlauf „Widersacher wider Willen"

In der ersten (Entwicklungs-)stufe vereinbaren die Partner zum wechselseitigen Vorteil ihre Zusammenarbeit. Dies ist ein „Tugendkreis": wir handeln zu ihrem Vorteil, sie können Erfolge verbuchen und sie sind motiviert zu unserem Vorteil zu handeln. So werden für uns alle Vorteile geschaffen (Abbildung 9-14).

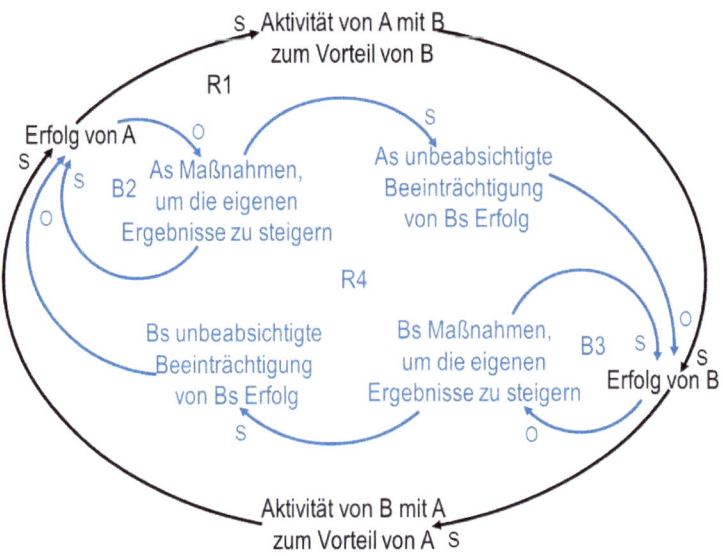

Abbildung 9-14: Wachstumsmotor der Partnerschaft

In der zweiten Stufe überwiegt eine Ausgleichsdynamik (B1 und B2 in Abbildung 9-15), weil die Partner ohne gegenseitige Abstimmung und unabhängig voneinander Schritte unternehmen, um ihre Leistung zu steigern. Derartige Aktionen werden vielfach durch äußere den Erfolg gefährdende Umstände erzwungen.

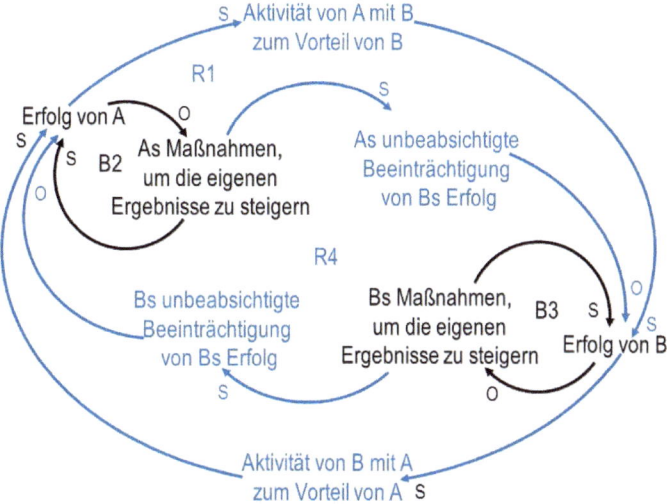

Abbildung 9-15: lokale Korrekturen

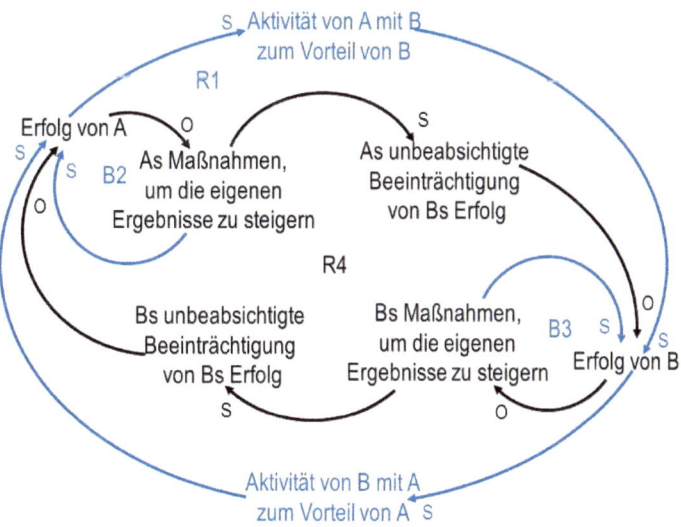

Abbildung 9-16: unbeabsichtigte Folgen der lokalen Korrekturen

In der dritten Stufe unterminieren die lokalen Korrekturen der einzelnen Partner den Erfolg der anderen. Hier handelt es sich um einen „Teufelskreis" (ähnlich zu „Eskalation") mit dem Ergebnis, dass der ursprüngliche „Tugendkreis" in das Gegenteil verkehrt wird. Der innere Verstärkungskreis wird zum „Schlachtfeld" (Abbildung 9-16).

Mentale Modelle, die die Partnerschaft stärken sind:
• Es ist vorteilhaft, eine Kooperation mit der anderen Gruppe einzugehen, weil sie für beide Vorteile bringt.
• Wenn wir den anderen helfen, dann helfen sie auch uns.

Mentale Modelle, die zur Beeinträchtigung der Verbindung führen:
• Um weiter erfolgreich zu sein, müssen wir Maßnahmen ergreifen, die maßgeblich für unseren Erfolg sind.
• Diese Maßnahmen betreffen nicht unseren Partner.

Mentale Modelle, die konfliktbeladene Positionen erzeugen:
• Die Anderen verursachen uns Probleme, während wir die Partnerschaft in gutem Glauben weiterführen und unterstützen.
• Die Anderen übergehen und schaden uns. Warum bemerken sie nicht was sie anrichten und hören damit auf.

Wenden wir uns nach dieser theoretischen Überlegung zum besseren Verständnis einem Beispiel aus dem praktischen Leben zu.

Ein großer Hersteller von Konsumgütern und ein namhafter Großhändler waren sich über die Vorteile einer engen Zusammenarbeit mit ihren Händlern beziehungsweise Zulieferern bewusst. Von der Kooperation versprachen sie sich eine Verbesserung der Leistungsfähigkeit ihrer verbundenen Produktions- und Verteilungssysteme. (Diese Interessengemeinschaft, die sich allmählich selbst verstärkte, bildet die äußere Verstärkungsschleife R1 in der Abbildung 9-17).

Aber nach einigen Jahren empfanden beide, dass der Andere völlig eigennützig die Zusammenarbeit beschädigt hat und sich ihre Beziehungen verschlechtert hatten. Wie konnte es soweit kommen? Das hing teilweise mit einem Denkschema zusammen, das seit einigen Jahren um sich griff. Hersteller waren massiven Wettbewerbskämpfen ausgesetzt und mussten ihren Kunden erhebliche Rabatte einräumen und Preiskampagnen durchführen. Dadurch konnten sie ihren Marktanteil vergrößern und ihre Gewinne steigern (Dies zeigt der Ausgleichskreis B2). Aber die Preiskampagnen führten zu zusätzlichen Kosten und Schwierigkeiten bei dem Großhändler. Er reagierte auf diese Entwicklung, indem er große Mengen des Produktes während der Niedrigpreisphase kaufte und dann zum regulären Preis verkaufte, wenn die Verkaufsförderung vorüber war. Durch diese Strategie konnte der Händler seine Gewinne verbessern (Ausgleichskreis B3).

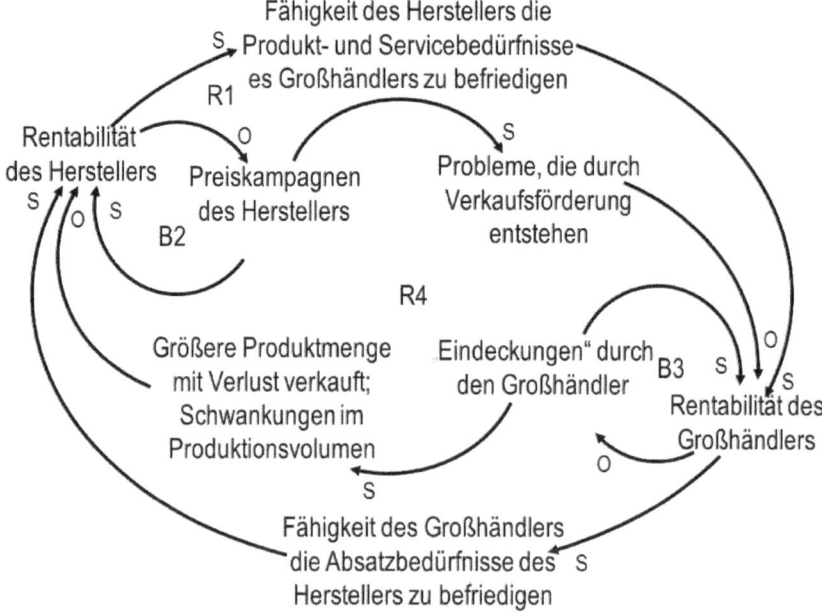

Abbildung 9-17: Kooperation von Herstellern und Großhändlern

Dies reduzierte die Gewinne des Herstellers von Konsumgütern, weil der Großhändler eine wesentlich größere Produktmenge zu einem niedrigeren Preis vom Hersteller bezog, als der Hersteller geplant hatte. Diese Strategie erzeugte großen Schwankungen in der Produktionsmenge und verursachte zusätzliche Kosten, weil der Großhändler, der bereits „eingedeckt" war monatelang keine neuen Aufträge erteilte bzw. neue Produkte bestellte. Um seine Ergebnissituation zu verbessern verstärkte der Hersteller seine Preiskampagnen und machte den Großhändler für seine Probleme verantwortlich. Der Großhändler wiederum schob die Schuld auf den Hersteller und füllte sein Lager weiter auf.

Letztlich investierten die Konsumgüterhersteller in Rabattkampagnen auf Kosten neuer Produktentwicklungen. Und der Händler legte den Schwerpunkt seiner Geschäftätigkeit auf den Kauf und die Lagerung ermäßigter Produkte. Viele der kurzfristigen Gewinne aus den Preiskampagnen wurden durch langfristige Kosten aufgezehrt. Es hatte sich eine Verstärkungsschleife gebildet (R4 in Abbildung 9-17), die eine „Todesspirale" von wechselseitig schädlichen Handlungen auslöste.

Wie entkommen Sie aus der der Falle der „Widersacher wider Willen"? Der Systemarchetyp „Fehlkorrekturen" hilft hier, das Problem zu lösen. Der äußere Kreis R1 in Abbildung 9-17 zeigt, dass sich für beide Partner der Erfolg leichter einstellt, wenn sie sich gegenseitig unterstützen. Dabei hilft, wenn die Probleme ohne Schuldzuweisungen angesprochen und Alternativen aufgezeigt werden, um die Kooperation wieder aufzubauen. Unter diesen Umständen verpflichtet sich der Hersteller der Konsumgüter die Preiskampagnen zu beenden und eine Preispolitik stabiler Preise zu betreiben. Der Großhändler revanchiert sich indem er seine Bestellungen gleichmäßig über das Jahr verteilt, um dem Hersteller eine bessere Produktionsplanung zu ermöglichen. Im Endeffekt kann der Hersteller dann versuchen, eine vergleichbare Zusammenarbeit mit anderen Großhändlern zu vereinbaren.

Entscheidend ist, Regeln zu entwickeln, die das gegenseitige Verständnis dafur fördern, dass jeder Partner sich überlegt verhält und guten Willen ist. Diese Einstellung ermöglicht es dem jeweiligen Partner auf unbeabsichtigte Folgen des Vorgehens des anderen hinzuweisen ohne Streit vom Zaun zu brechen. Auch wenn dann noch immer Vorfälle auftreten, die nicht beabsichtigt waren, stärkt der Korrekturprozess die Partnerschaft.

In einer Partnerschaft müssen Sie Folgendes bedenken:
- Jede lokale fehlerbehebende Maßnahme birgt in sich die Gefahr, Störungen in der Kooperation zu verursachen. In einem stark verflochtenen System haben alle Maßnahmen des einen Partners, die unabhängig scheinen, unvorhersehbare Auswirkungen auf den anderen Partner.
- Ohne ausreichende Informationen kann auch ein wohlgesinnter Partner abträgliche Beweggründe seitens des anderen vermuten.

- Unabhängig davon, wie wohlmeinend und umsichtig eine Kooperation gestaltet ist, kann sie sich ohne gegenseitige Rücksichtnahme nachteilig entwickeln.
- Die Partner bewerten den Erfolg einer Kooperation nicht immer nach gleichen Maßstäben.
- Wenn die Kooperation schwächelt oder gar scheitert, fühlen sich beide Partner als Opfer und Geschädigte.
- Wenn sich die Partner bedroht fühlen, dann schützen sie ihre Interessen –passiv oder aggressiv.
- Befürchtungen, Gefährdungen, Enttäuschungen und fehlende Bereitschaft, sich mit Schwierigkeiten auseinanderzusetzen, können dazu führen, dass einer oder beide Partner die Beziehungen beenden.

Wie managen oder verändern Sie die Dynamik der „Widersacher wider Willen"?

- Gestehen Sie den „Störfall" und den Schaden, den er verursachte, ein und entwickeln Sie die Bereitschaft für rechtzeitige Rückmeldungen. Klären Sie mit Ihrem Partner, wodurch Ihre Vorgehensweise Probleme bei Ihrem Partner verursacht hat.
- Entwickeln Sie einen Kontrollmechanismus, der Störfälle in der Kooperation zu vermeiden hilft. Finden Sie mehr über Ihren Partner heraus, damit Sie unbeabsichtigten Folgen ausweichen können. Geben Sie Ihrem Partner die Gelegenheit über Ihre geplanten Maßnahmen zu sprechen, bevor Sie wesentliche Veränderungen in Ihren Geschäftsabläufen vornehmen.
- Nehmen Sie Ihre mentalen Modelle wahr, die zu Konflikten führen können. Verdrängen sie nicht, wenn der Kooperation abträgliche Maßnahmen ergriffen wurden, um Problemen in der eigenen Leistungsfähigkeit entgegenzuwirken.
- Versichern Sie sich regelmäßig des Zwecks und des Nutzens der Verbindung. Stärken Sie die gegenseitige Auffassung darüber, wie der Partner seinen Erfolg definiert. Setzen Sie gemeinsame Ziele fest. Hilft die Vorgehensweise jedes Partners dem anderen? Welches Verhalten muss aufhören?

*Es ist schwieriger
eine vorgefasste Meinung zu zertrümmern,
als ein Atom.*
Einstein

9.6 Eskalation

Zwei oder mehrere Parteien oder Organisationen steigern ihre Aktivitäten kontinuierlich, um mit den anderen gleich zu ziehen oder sie zu übertreffen. Die Dynamik erzeugt zunehmende Bemühungen, die eigene Position gegenüber den anderen Akteuren zu verbessern.

Wettbewerber, Gegenspieler oder Rivalen sind entschlossen, den anderen gegenüber im Vorteil zu sein oder zumindest gleich zu ziehen. Jede Partei richtet ihre Aktivitäten an der anderen aus. Immer wenn ein Konkurrent Maßnahmen zu seinem Vorteil ergreift, dann legt sein Gegenspieler nach und versucht seinen Vorsprung zu halten oder auszubauen. (Diese Struktur kann mehr als zwei Rivalen einschließen, aber in der Regel wird sie in ihrer einfachsten Form gezeigt, um den Charakter der Eskalation deutlich zu machen.)

Diese Dynamik ufert aus, wenn ein Konkurrent seine Position relativ zum Wettbewerber nachhaltig verbessern will. Wenn sich dann die Maßnahmen an den vermuteten zukünftigen Aktivitäten des Gegenspielers und nicht an seinen tatsächlichen orientieren, dann wird diese Dynamik noch weiter verstärkt. Auch treiben Ängste und Befürchtungen einer Partei deren Bemühungen größere Vorteile gegenüber der anderen zu gewinnen die „Eskalation" weiter an. Die Dynamik von zwei Parteien, ein Gefühl von Sicherheit zu erlangen, entwickelt sich zu einem Verstärkungsprozess, der die Anspannung und Nervosität auf beiden Seiten sprunghaft erhöht und eine Systemstruktur eines „Achtermusters" mit zwei Ausgleichskreisen erzeugt.

Die „Eskalation"-Dynamik gedeiht in einem Wettbewerbsumfeld und durchdringt –nicht überaschend- Wirtschaft und Politik. Die gängige Logik, die „Eskalation" antreibt, läuft wie folgt: Wenn mein Wettbewerber gewinnt, dann verliere ich –und vice versa. Diese Gesetzmäßigkeit führt zu allen möglichen „Kämpfen" – Preiskämpfen, Kundenwerbung, Verkaufsförderung, Rabattschlachten, Konflikte zwischen Unternehmen und Gewerkschaften, Vertrieb gegen Produktion, Ehestreitigkeiten, soziale Verteilungskämpfe und so weiter. Und am Ende verliert jeder.

Trotzdem kann sich diese Dynamik auch günstig entwickeln, sobald die Kontrahenten versuchen die Situation zu verbessern. Die Herausforderung in jedem „Eskalation"-zustand besteht darin, einen Weg zu finden, der die Zustände umkehrt und dazu führt, dass jeder Konkurrent Vorteile daraus zieht anstatt die Abwärtsspirale der Destruktion weiter anzutreiben.

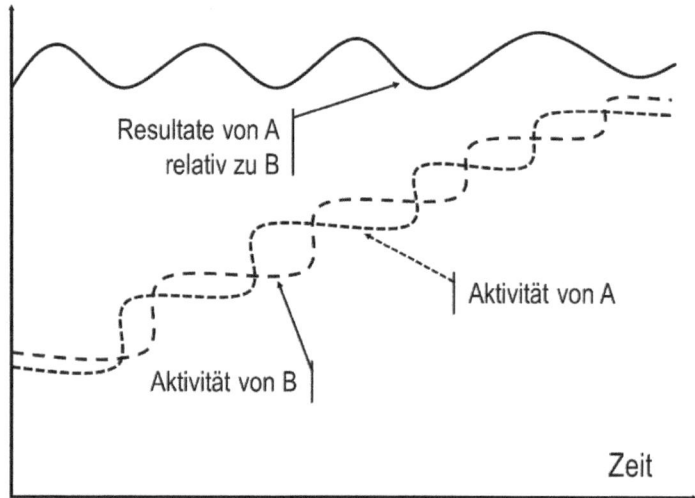

Abbildung 9-18: Zeitverhalten einer Eskalation von zwei Parteien

Das typische Muster des Zeitlaufs in einer Struktur der „Eskalation" zeigt eine Linie für jeden Wettbewerber in der Konfliktsituation (Abbildung 9-18). Die Aktionen oszillieren und spitzen sich in einem regelmäßigen Zyklus zu. Die Überlegenheit verlagert sich zwischen den Wettbewerbern. Das Gleichgewicht der Machtverhältnisse ist dann ausgeglichen, wenn die Konkurrenten ihren jeweiligen Nachteil wettmachen.

In einer Situation, die von einer „Eskalation" beherrscht wird, nimmt das Gefühl, die richtigen Maßnahmen zu ergreifen zu. Im gleichen Zuge nehmen dann allerdings auch die Feindseligkeiten zu und die Qualität der Beziehung nimmt ab. In der Darstellung des Zeitverhaltens einer „Eskalation" können die oszillierenden Aktivitäten der Kontrahenten in einer Grafik zusammengefasst werden (Abbildung 9-19). Man erkennt dadurch, wie das Verhalten der Gegenspieler die Gesamtsituation verschlechtert. Das geht solange bis einem Konkurrenten die Ressourcen ausgehen, um im Wettbewerb zu bestehen. Der Betreffende wird dann versuchen, Regeln auszuhandeln, die den Wettbewerb erträglich machen.

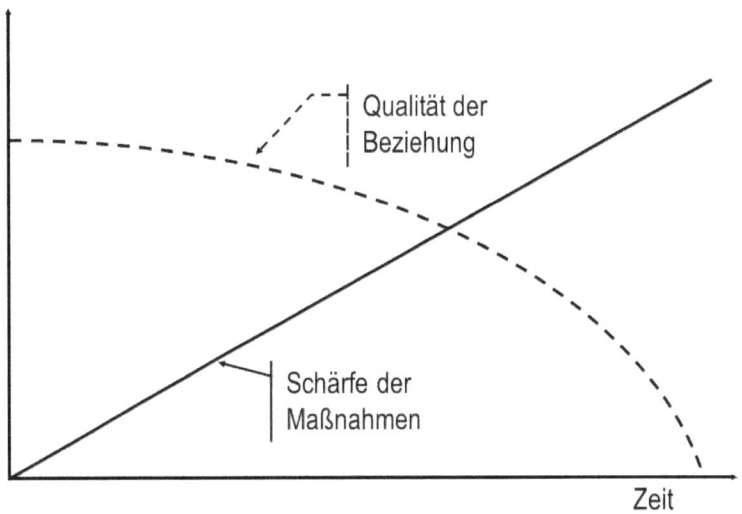

Abbildung 9-19: Kombination des Zeitverhaltens der oszillierenden Aktivitäten von A und B

Im Mittelpunkt einer Dynamik der „Eskalation" befinden sich eine oder mehrere Parteien, die sich gegenseitig von den Aktionen der anderen bedroht fühlen. Jede Seite versucht ihre eigene Position zu stärken, indem sie versucht, ihren eigenen Ausgleichsprozess in die Wege zu leiten (Abbildung 9-20). Im Ergebnis schrauben beide Parteien ihre Aktivitäten hoch, weil sie die Überlegenheit der Gegenseite als Bedrohung wahrnehmen. Wenn wir der Dynamik dieser Struktur in der linken Rückkoppelungsschleife (B1 in Abbildung 9-20) folgen, dann sehen wir, dass jede Aktivität von A seine Position relativ zu B stärkt. A fühlt sich nun in seiner Position gefestigt und fährt seine Aktivitäten herunter. Als Folge von As Aktivitäten fühlt sich nun B von A bedroht und steigert seine Anstrengungen. Dadurch stärkt B seine Position relativ zu A (B2 in Abbildung 9-20). Weil B nun Oberwasser gewinnt, fühlt sich A bedroht und wir kommen zurück zu B1 in Abbildung 9-20 und der „Eskalationszyklus" nimmt einen erneuten Anlauf durch die beiden Rückkoppelungsschleifen.

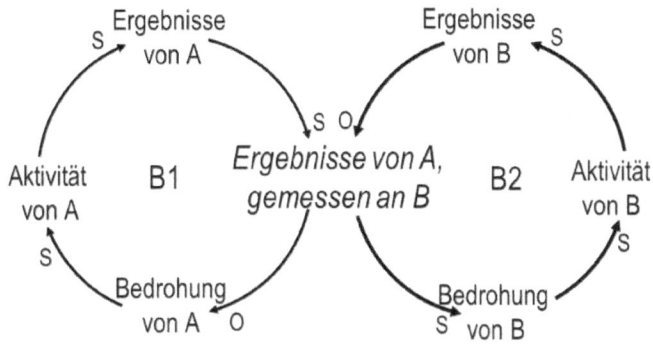

Abbildung 9-20: Feedbackstruktur einer Eskalation

Wenn zwei oder mehr Parteien auf Aktionen der anderen mit Hochdruck reagieren, dann ist die entstandene Dynamik schwer zu übersehen. Aber es bestehen noch andere weniger offensichtliche Aspekte dieser Struktur, die ebenso Aufmerksamkeit verdienen. So besteht die „Eskalation" aus zwei ausgleichenden Strukturen, die wie die beiden Enden eines Schaukelbretts zusammenarbeiten –je kräftiger man auf das eine Ende drückt umso kraftvoller muss das andere Ende dem Kraftimpuls entgegenwirken. Dabei ist zu beachten, dass sich die beiden Ausgleichskreise wie Spiegelbilder verhalten in denen sich die Richtung des Impulses an der zentralen Variablen umkehrt. Die Dynamik in der Ausgleichsschleife B1 in Abbildung 9-20 verläuft im Uhrzeigersinn. Sobald sie sich über die zentrale Variable (Ergebnisse von A, gemessen an B) in den beiden Ausgleichskreisen B1 und B2 entfaltet, verkehrt sich die Richtung gegen den Uhrzeigersinn. Das Ergebnis dieser konkurrierenden Verknüpfung der beiden Ausgleichskreise ist, dass die Gesamtdynamik des Systems einen Verstärkungszyklus erzeugt. Indem jede Partei versucht Oberwasser zu gewinnen, verschlechtern sich ihre Positionen insgesamt. Die Wechselwirkungen der Gegenspieler, die versuchen zu überleben, ihren Besitzstand zu wahren oder sich gegenseitig zu überflügeln, erzeugen eine Verstärkungsspirale in der keine der Parteien das Gefühl hat, das Ruder fest in der Hand zu haben. Wenn nun die zwei Rückkoppelungsschleifen in Abbildung 9-20 aus ihrer „Achterverbindung" entkoppelt werden, dann entsteht ein einziger Verstärkungskreis (Abbildung 9-21).

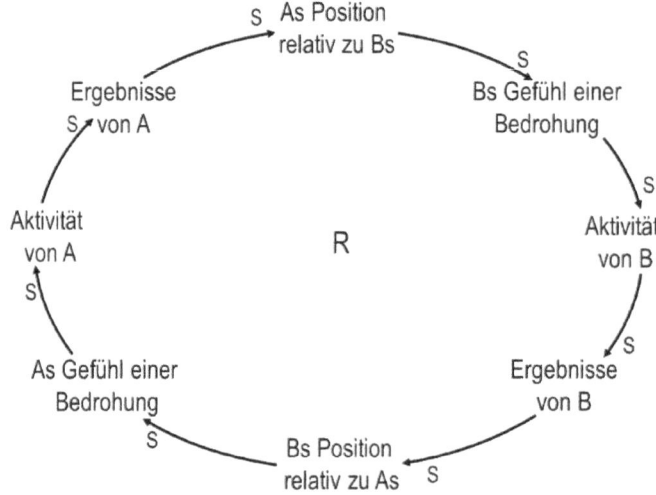

Abbildung 9-21: Die Eskalationsdynamik wird sichtbar, wenn die beiden Ausgleichskreise in Abbildung 9-20 entkoppelt werden.

Interessanterweise demonstriert die „Eskalationsstruktur" auch die Fähigkeit unserer mentalen Modelle unsere eigene Wirklichkeit hervorzubringen. Die Struktur zeigt wie wir darüber denken können, dass eine Bedrohung vorliegt und wie wir dann handeln, um uns zu verteidigen. Im Zuge dieser Aktionen erzeugen wir Drohgebärden, die wir ursprünglich befürchteten. Unsere Ängste werden unsere Wirklichkeit. Die Ironie dieser Situation besteht darin, dass wir die Situation, die wir auslösen, so betrachten als ob wir das Opfer von Bedrohungen sind, obwohl eigentlich das Gegenteil zutrifft.

Eine „Eskalationsstruktur" hat das Potential sowohl negative als auch positive Ergebnisse für alle betroffenen Parteien zu erzeugen. Der Archetyp ist in der Lage, steigende Verbesserungen der Produktivität, der Qualität oder der Innovationsfähigkeit hervorzubringen. So kann sich jede beliebige Eskalation zum Vorteil für die involvierten Gegenspieler entwickeln.

Die Geschwindigkeit mit der sich die Überlegenheit von einer Rückkoppelungsschleife auf die andere verlagert, kann sich dramatisch verändern. Im Falle von Preiskämpfen oder von Verhandlungen kann es

Tage oder Wochen dauern, in denen sich die Dynamik durch die beiden Rückkoppelungsschleifen bewegt. Beim Wettrüsten zwischen zwei Ländern kann sich die Dynamik oft erst innerhalb mehrerer Jahre entfalten. Bei Meinungsverschiedenheiten kann sie innerhalb von wenigen Sekunden durch beide Schleifen laufen, wenn Emotionen hochkochen.

In manchen Situationen verführt die „Eskalationsstruktur" die Kontrahenten dazu, ihre Angriffs- oder Verteidigungsaktionen zu verschärfen in vermeintlicher Voraussicht der Schachzüge der anderen Gegenspieler. Sie bereiten ihren zweiten und dritten Gegenschritt vor noch ehe die anderen überhaupt ihren ersten Schritt vollzogen haben. Falsche Vorahnungen beschleunigen die Dynamik, weil wir unsere Ängste in die Motive anderer projizieren, denn „wir kennen diese Sorte von Leuten". Dies verstärkt die mentalen Modelle und Vorurteile über die anderen Konkurrenten und macht es undenkbar, die „Eskalation" einvernehmlich zu beenden.

Ein klassisches Beispiel einer Eskalation ist das Wettrüsten zwischen den USA und der Sowjetunion. Während des kalten Krieges waren beide Supermächte in einem Ringen um militärische Überlegenheit gefangen. Weder die USA noch die Sowjetunion beabsichtigten einen bewaffneten Konflikt vom Zaun zu brechen. Beide waren jedoch entschlossen über ein ausreichendes Waffenarsenal zu verfügen, um für den Ernstfall gerüstet zu sein.

Nach dem zweiten Weltkrieg verfügten beide Nationen nicht mehr über ausreichende Mengen an Kriegsgerät. Deshalb begannen die USA ihr Waffenarsenal wieder aufzustocken und zu modernisieren. Als Sowjetspione ihre Regierung über das Vorgehen der USA informierten, legten die Sowjets ein vergleichbares Programm für ihre Streitkräfte auf. Sobald die Sowjetunion begann, fortgeschrittene Militärtechnologie zu entwickeln, antworteten die USA mit einem vergleichbaren System. Hatten die USA dann genügend Waffen, versuchte die Sowjetunion die USA zu übertrumpfen. Innerhalb kurzer Zeit verfügten beide Länder über genug Waffen, um sich gegenseitig mehrmals vernichten zu können. Das Wettrüsten erschöpfte die wirtschaftlichen, technologischen und finanziellen Kräfte der Sowjetunion und trug maßgeblich zu ihrem Zusammenbruch bei.

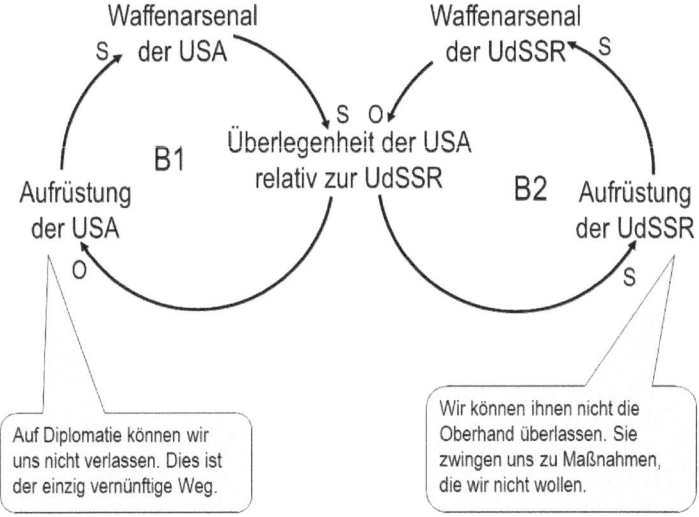

Abbildung 9-22: Wettrüsten USA vs. Sowjetunion

Auch in der Wirtschaft sind „Eskalationssituationen" weit verbreitet, wie das folgende Beispiel zeigt.

In einer Gegend, bekannt als „Biotec-Valley", ist eine Vielzahl schnell wachsender Biotechnologie-Unternehmen tätig. Sie sind regelmäßig auf der Suche nach hoch qualifizierten Hochschulabsolventen, um ihre Wachstumspläne verwirklichen zu können. Jedoch standen nicht genug qualifizierte Berufsanfänger zur Verfügung und deshalb standen die einzelnen Unternehmen im Wettbewerb um talentierte Nachwuchskräfte.

Der „Incentive-Boom" begann, als sich BiCo entschloss, aggressiv um gut ausgebildete Fachkräfte zu werben. Der erste Schritt war eine Verbesserung der Incentiveangebote durch mehr bezahlte Urlaubstage und einen erweiterten Stock-Option-Plan für neu eingestellte Mitarbeiter. BiCo wurde attraktiver und es gelang, mehr Mitarbeiter mit der erforderlichen Qualifikation einzustellen. Hingegen hatte der bedeutendste Wettbewerber von BiCO, die Firma FermoData, Probleme Mitarbeiter zu finden, die geeignet waren, die anstehenden Aufgaben zu erledigen. Deshalb reicherte FermoData nach einiger Zeit seinen eigenen Benefitplan um Angebote für Studienbeihilfen an, gewährte zusätzliche

Urlaubstage und überarbeitete seinen Stock-Option-Plan. So gelang es FermoData relativ zügig seine offenen Stellen zu besetzen, während BiCo seinen Personalbestand nicht auf das erforderliche Niveau aufstocken konnte (Abbildung 9-23).

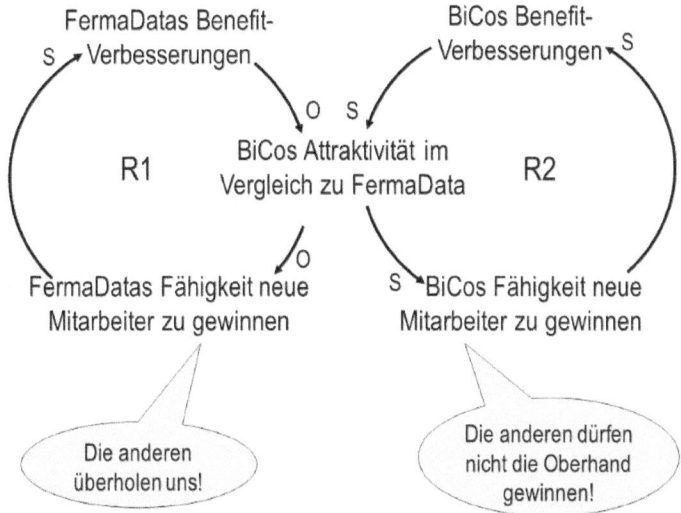

Abbildung 9-23: Die Eskalation entsteht durch immer höher geschraubte Zuwendungen.

Im Laufe der nächsten Monate, wechselten sich die beiden Unternehmen untereinander ab, ihre „Incentive-Angebote" auszubauen. Nach jeder Runde mussten sie jedoch feststellen, dass das „Standard-Paket" des Wettbewerbers das eigene wieder übertraf. Eines Tages fand dann der HR-Direktor von FermoData heraus, dass BiCo wieder sein „Standard-Paket" aufgebessert hatte und darüber hinaus individuelle Boni Mitarbeitern von Wettbewerbern anbot, falls sie das Unternehmen verlassen sollten. Nun „wetterte" der HR-Direktor von FermoData: „Jetzt reicht's – etwas muss geschehen".

Was aber soll geschehen? Wie beherrscht man eine „Eskalation"? In Situationen, in denen das Hauptaugenmerk der Auseinandersetzung nur auf eine Variable –zum Beispiel auf die Incentiveangebote für Neueinstellungen oder den Verkaufspreis- gerichtet ist, wird es kompliziert, die Dynamik zu stoppen oder umzukehren. Denn kurzfristig ist es sowohl für FermoData als auch für BiCo schwierig auf verbesserte

Bonusangebote zu verzichten und andere Leistungsanreize zu betonen, weil ein gesättigter Arbeitsmarkt gemeinhin empfindlich auf veränderte Angebote reagiert. Wie lässt sich aber dann doch noch destruktiv-eskalierendes Verhalten verhindern? Am besten versuchen beide Firmen sich nicht gegenseitig zu überbieten sondern nur gleichzuziehen. Gewöhnlich existieren auch noch zwei weitere Optionen für eine Deeskalation: einseitiger Rückzug aus dem Wettbewerb und Verlagerung des Schwerpunktes der Aktivitäten auf die eigenen Stärken oder die Incentive-Angebote auf Felder ausdehnen, die nicht kostentreibend sind (z.B. besseres Betriebsklima, sichere Arbeitsplätze, Home-Offices).

Wenn man in einer „Eskalations"-dynamik gefangen ist, dann helfen die folgenden Fragen die Situation zu klären und zu entschärfen:
- Wessen Aktion wird von wem als Bedrohung empfunden?
- Worin besteht die Bedrohung und was ist die Ursache der Bedrohung?
- Welche Schritte unternimmt die eine Partei gegen die andere? Können sie verändert werden?
- Welche Vorurteile oder Vermutungen stecken hinter den Antworten auf eine Bedrohung?
- Welche signifikanten Verzögerungen im System verschleiern die eigentliche Natur der Bedrohung?
- Wie schnell aktiviert das System die Bedrohung? Wird mit Unterstellungen gearbeitet?
- Erschwert die Geschwindigkeit und Unterstellung ein Anhalten oder Verlangsamen der Eskalation?
- Kann ein übergeordnetes Ziel individuelle Ziele der Akteure herbeiführen und die Dynamik in eine andere Richtung lenken?

In hochkompetitiven Industrien ist es unmöglich „Eskalations"-strukturen restlos zu vermeiden. Unter Umständen führen sie aber zu verbesserten Leistungen durch „kollegialen Wettbewerb". In diesen Fällen wirkt „Eskalation" anregend und belebend: Welches Team kann Fehler schneller beheben als die anderen? Wer erreicht die besseren Sicherheitsstandards? Wer setzt Maßstäbe in der Produktqualität? Hier wird die Dynamik nicht durch Bedrohungen getrieben, sondern durch Verbesserungen, nach denen sich auch die Wettbewerber ausrichten.

Am besten ist es verständlicherweise, eine „Eskalation" zu vermeiden. Die folgenden Vorschläge geben Hinweise wie man destruktiven Zuständen ausweichen kann:

- Achten Sie auf Ausgleichsmöglichkeiten; vor allem dann wenn der Wettbewerb ausschließlich auf einem Feld stattfindet.
- Suchen Sie Gebiete auf denen sich Eskalation vorteilhaft auswirkt: Qualität, Sicherheit, Verlässlichkeit, Termintreue
- Stellen Sie in Ihrer Organisation sicher, dass jede Eskalation zwischen Arbeitsgruppen einem übergeordneten Ziel dient. Die innerbetriebliche Wettbewerbsstruktur muss ein übergeordnetes Ziel verfolgen.
- Identifizieren Sie den Ablauf des Wettbewerbs: Ist eine einzige Variable die Grundlage für die Unterscheidung zwischen den Wettbewerbern?
- Stellen Sie die Bedrohung dar. Sind die Maßnahmen auf die tatsächliche Bedrohung ausgerichtet oder nur auf die Erhaltung von Werten, die nicht länger haltbar sind?
- Überprüfen Sie Ihre Wettbewerbsmaßnahmen. Können die Variablen (Preis, Qualität, Design, etc.), die Grundlage des „Spiels" sind, verändert werden?
- Identifizieren Sie das übergeordnete Ziel, das die Parteien verfolgen.
- Vermeiden Sie zukünftige Eskalationsfallen, in dem Sie ein System des kooperativen Wettbewerbs schaffen.

Der Begriff *Bedrohung* oder *Gefährdung* suggeriert, dass die „Eskalations"-struktur auf Verunsicherung oder Angst beruht. Argumente im Recht zu sein, resultieren aus Bedenken an der persönlichen Identität oder den eigenen Einflussmöglichkeiten. Die Verstrickung zum Beispiel in einen „Incentive-Wettbewerb" kann auch ein Symptom dafür sein, für potentielle Mitarbeiter nur über einen attraktiven Benefitplan interessant zu sein. Etwas mehr Objektivität würde aber helfen, die Gefühle von Verunsicherung zu kontrollieren. Eine Überprüfung der mentalen Modelle, die die Dynamik antreiben, kann zu mehr Objektivität und zu einem breiteren Durchblick beitragen. Der Systemarchetyp „Eskalation" hilft dabei, die weitaus größeren langfristigen nachteiligen Auswirkungen im Vergleich zu oberflächlichen Reaktionen abzubilden. Die Überprüfung der Mutmaßungen und mentalen Modelle, die wir über unsere Wettbewerber haben, kann uns anderslautende Begründungen für unsere Aktionen und neue Wege öffnen, die uns zu einer Deeskalation oder einer vorteilhaften Eskalation führen.

Leben Sie so intensiv Sie können;
alles andere ist ein Fehler.
Henry James

9.7 Erodierende Ziele

In einer Situation der „erodierenden Ziele" kann eine Abweichung zwischen der gewünschten Leistung, und den tatsächlichen Gegebenheiten durch Korrekturmaßnahmen oder durch ein Herabsetzen der Ziele behoben werden. Vielfach wird die Lücke durch ein stufenweises Herabsetzen des Ziels geschlossen. Im Laufe der Zeit schlittert das Leistungsniveau dann abwärts. Die Abweichung verläuft so allmählich, oft sogar ohne Absicht, dass die betroffenen Personen oder Organisationen sich nicht einmal der Auswirkungen bewusst werden. Fortgesetzte minderwertige und schwache Leistungen, führen dazu, dass das Ziel oder das Niveau immer weiter heruntergesetzt und das System daher immer weniger leistungsfähig wird.

Allerdings besteht mitunter der Zwang ein Ziel deshalb zu reduzieren, weil es unrealistisch ist oder die Korrekturmaßnahmen zu schwer, zu teuer oder zu zeitaufwendig sind. Manchmal ist die Zielerreichung auch unmöglich, zum Beispiel wenn das Ziel „Null Fehler" lautet. Wird ein Ziel aber bewusst gesenkt oder neu definiert, obwohl es erreichbar wäre, müssen die Strukturen verändert werden, die den Druck, das Ziel zu reduzieren, erzeugt haben.

Die entgegengesetzte Situation tritt ein, wenn die Zielsetzung nach oben zur „Zielausweitung" tendiert. In dieser Dynamik wird die Zielhöhe immer dann angehoben, wenn sie erreicht worden ist. Diese Struktur hat die Wirkung eines Verstärkungsprozesses, der so lange wirkt bis eine bestimmte Grenze erreicht ist –gesteigerte Leistungsfähigkeit hat ihre physikalischen, mentalen oder finanziellen Beschränkungen. Diese Struktur wird durch die Überzeugung „wir können es noch besser" oder „unser Bestes ist niemals gut genug" angetrieben.

Der Zeitverlauf in Abbildung 9-24 ist bezeichnend für eine Situation der „erodierenden Ziele", in der das Ziel höher liegt als die gegenwärtige Leistung. Zielhöhe und Ergebnis der einzelnen Maßnahmen ändern sich durchgehend und die Veränderungen der Zielhöhe und der Leistungsfähigkeit treten ohne große Verzögerung auf. Die Linie, die die Leistungsfähigkeit darstellt, fällt mehr oder weniger langsam. Spiegelbildlich dazu verlaufen die Veränderungen der Zielhöhe. Wenn in einem System die Struktur der „erodierenden Ziele" überwiegt, dann hat eine Abweichung zwischen dem Ziel und der Leistung, zur Folge, dass das System entweder auseinanderfällt oder sich eine neue Zielhöhe einstellt.

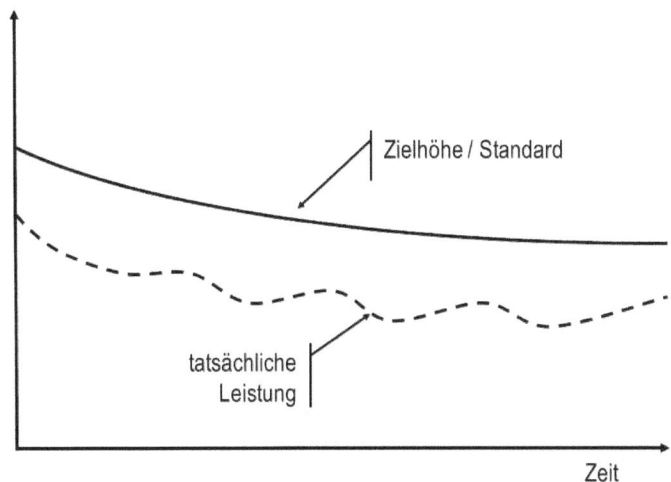

Abbildung 9-24: Zeitverlauf bei „Erodierenden Zielen"

Die Systemstruktur des Systemarchetyps „erodierende Ziele" besteht aus zwei miteinander verbundenen Ausgleichsprozessen (Abbildung 9-25). Sie sind über die Lücke vernetzt, die zwischen dem Ziel und der aktuellen Situation besteht. Die rechte Schleife (B2 in Abbildung 9-25) zeigt die Korrekturmaßnahmen, die die Lücke verkleinern oder sogar schließen könnten, um die Leistung des Systems dem Ziel anzupassen. Die linke Schleife (B1 in Abbildung 9-25) weist darauf hin, dass die Zielhöhe reduziert wird, um den Druck aus dem System zu nehmen.

Die rechte Schleife (B2 in Abbildung 9-25) wird auch durch eine Verzögerung zwischen den Korrekturmaßnamen und den Auswirkungen dieser Aktionen auf die aktuelle Situation kontrolliert. Das bedeutet, dass es normalerweise relativ lange dauert bis die Folgen der Korrekturmaßnahmen verstanden werden.

„Erodierende Ziele" sind Ausgleichsschleifen, die zeigen, dass etwas schief läuft. Sie sind ein spezieller Fall von „Problemverschiebungen". Die linke Schleife entlastet den Handlungsdruck, ohne auf die grundsätzliche Ursache der Leistungslücke hinzuweisen.

Die Lücke ist geschlossen, wenn zwischen dem Ziel und der Leistung des Systems keine Differenz besteht. Das bedeutet, dass keine Maßnahmen ergriffen werden müssen, weder um die Situation zu verbessern noch um das Ziel zu reduzieren. Tatsächlich trifft dies fast nie zu. Es findet immer eine Bewegung in der einen oder anderen Richtung statt. In der Struktur der „Erodierenden Ziele" kann die Dynamik in drei Richtungen wirken:
- Der „korrektive Regelkreis" dominiert.
- Der „Zielreduzierungskreis" dominiert.
- Die Dominanz pendelt zwischen beiden Regelkreisen hin und her.

In der Realität überwiegt meistens die Dynamik die Ziele zu reduzieren.

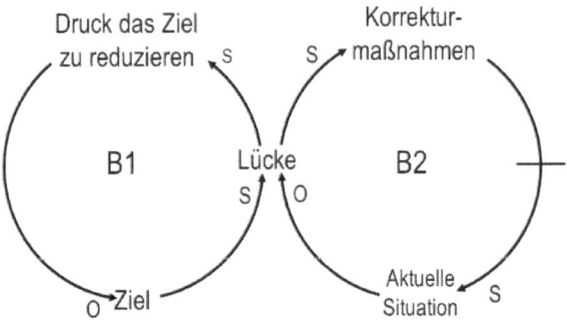

Abbildung 9-25: Systemstruktur „Erodierende Ziele"

Der Systemarchetyp „erodierende Ziele" zeigt noch weitere Trends im Zeitverlauf. Wenn die Struktur vom „Druck das Ziel zu reduzieren" (B1 in Abbildung 9-25) angetrieben wird, dann können die folgenden Situationen entstehen:
- Die Zielhöhe wird reduziert und die aktuelle Situation bleibt konstant, weil keine Korrekturmaßnahmen vorgenommen werden (Diagramm a in Abbildung 9-26) oder
- die aktuelle Situation verliert gleichzeitig mit der Zielhöhe an Boden (Diagramm b in Abbildung 9-26).

Wenn die Struktur von „Korrekturmaßnahmen" (B2 in Abbildung 9-25) beherrscht wird, dann kann folgendes geschehen:

• Die Zielhöhe bleibt konstant und die Korrekturmaßnahmen werden angehoben und die aktuelle Situation verbessert sich (Diagramm c in Abbildung 9-26) oder

• die Zielhöhe und die Maßnahmen zur Anpassung an die Zielhöhe werden stetig gesteigert (Diagramm d in Abbildung 9-27) und es entwickelt sich eine positive Aufwärtsdynamik.

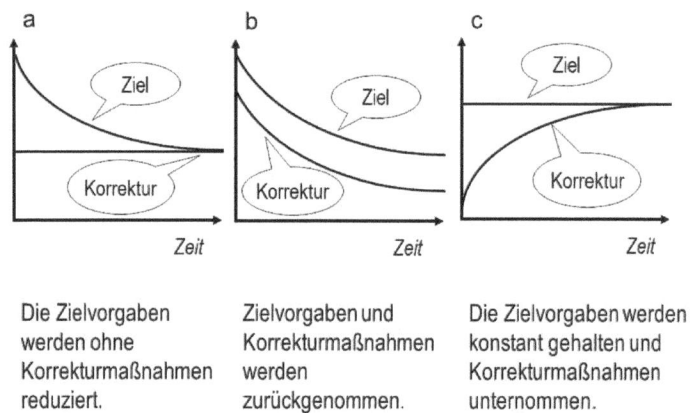

a — Die Zielvorgaben werden ohne Korrekturmaßnahmen reduziert.

b — Zielvorgaben und Korrekturmaßnahmen werden zurückgenommen.

c — Die Zielvorgaben werden konstant gehalten und Korrekturmaßnahmen unternommen.

Abbildung 9-26: Trends im Zeitverlauf von „erodierenden Zielen"

Wenn die beiden Rückkoppelungsschleifen abwechselnd dominieren, dann treffen sich die beiden Trendlinien von Ziel und Maßnahmen in der Mitte (Diagramme e und f in Abbildung 9-27).

Mehrere charakteristische mentale Modelle führen zur Zielreduzierung:

• Diejenigen, die die Ziele vorgegeben haben, können sich nicht vorstellen, wie diese Anforderungen erfüllt werden können.

• Im Normanfall erreichen wir unseren Standard. Aber unter den derzeitigen Umständen können wir mit dem Erreichten zufrieden sein.

• Uns fehlen die Ressourcen, um die vorgeschriebenen Ziele zu erreichen.

• Es lohnt sich nicht, so hart zu arbeiten.

- Wichtig ist, dass wir die Ziele erreichen, die wir uns selbst gesetzt haben.
- Es ist widersinnig, ein Ziel zu setzen, das sich nicht erreichen lässt. Die Leute werden entmutigt und werden sich keine Mühe geben, die Vorgaben zu realisieren.

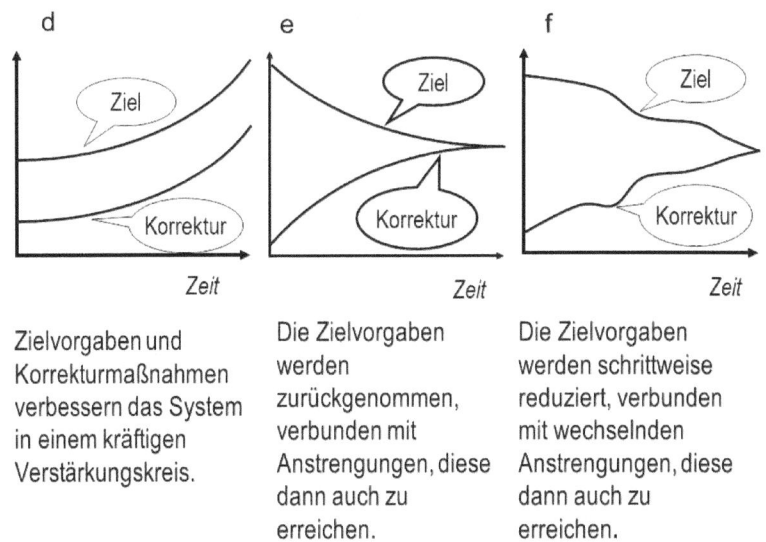

Zielvorgaben und Korrekturmaßnahmen verbessern das System in einem kräftigen Verstärkungskreis.

Die Zielvorgaben werden zurückgenommen, verbunden mit Anstrengungen, diese dann auch zu erreichen.

Die Zielvorgaben werden schrittweise reduziert, verbunden mit wechselnden Anstrengungen, diese dann auch zu erreichen.

Abbildung 9-27: Trends im Zeitverlauf von „erodierenden Zielen"

Der Bericht über StreamLine ist eine klassische „erodierende Ziele"-Situation (Abbildung 9-28).

StreamLine, ein Produzent von High-Tech-Komponenten, war viele Jahre lang Marktführer. Seit einiger Zeit aber blieb der Erfolg aus und StreamLine musste leider feststellen, dass es Marktanteile verlor. Eine Studie sollte die Ursache der Probleme aufzeigen und zum Verständnis der Situation beitragen.

Die Studie beschrieb die traditionellen Stärken der Firma bei der Entwicklung innovativer Konstruktionen und anspruchsvoller Materialien. Die Firmenkultur wurde von einem technischen Genie geprägt. Folglich wurde das Unternehmen nie konsequent auf Produktionsplanung und Liefertermine ausgerichtet.

Diese Schwächen wurden zunehmend offenkundiger als die Firma immer größer wurde. Die Studie deckte auf, dass die Kunden verstärkt unzufrieden mit dem mangelhaften Service und der Unzuverlässigkeit der Lieferzusagen wurden. Sie wandten sich folglich an neue Lieferanten.

Firmeninterne Belege besagten, dass Lieferzusagen zu 90% erfüllt wurden. Allerdings wurde auch offensichtlich, dass Lieferzusagen und Verzugsdauer nicht festgehalten wurden. Weitere Recherchen deuteten darauf hin, dass zunehmend längere Lieferzeiten den Kunden genannt werden mussten, weil das Unternehmen gar nicht in der Lage war, kurzfristige Termine einzuhalten.

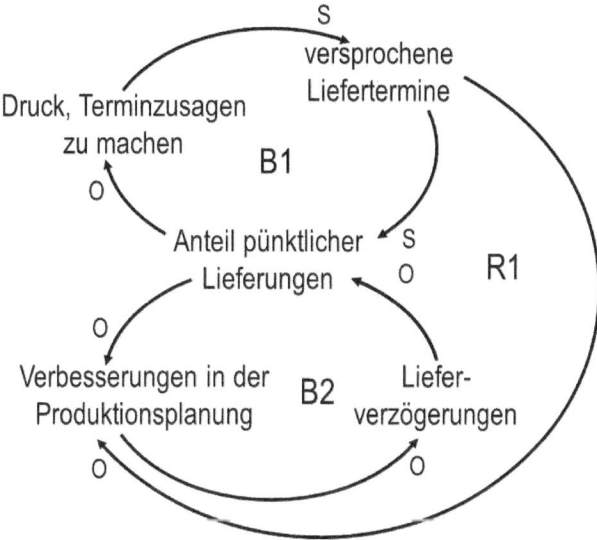

Abbildung 9-28: Liefertermine werden nicht eingehalten.

Wie lässt sich die Situation, in der sich StreamLine befindet erklären? Die Dynamik der „erodierenden Ziele" wird in der Rückkoppelung R1 in Abbildung 9-28 ersichtlich. Der Schlüssel, Marktanteile wieder zurückzugewinnen, liegt in den Verbesserungen der Produktionsplanung. Sie reduziert die Lieferverzögerungen, erhöht den Anteil pünktlicher Lieferungen, nimmt den Druck aus den Terminzusagen und hilft die Liefertermine einzuhalten. Ersichtlich wird, dass nur <u>ein</u> definiertes Ziel nicht ausreicht, die Gesamtsituation zu verbessern. Der wirkungsvollste Eingriff in die Systemstruktur besteht daher darin, sich nicht nur auf die Entwicklung anspruchsvoller Materialien zu konzentrieren, sondern auch die Produktionsplanung und somit die Lieferfähigkeit zu optimieren.

„Erodierende Ziele" sind schwer in den Griff zu bekommen. Ihre Dynamik vollständig zu vermeiden, kann sich zu einer kaum zu bewältigenden Herausforderung entwickeln. Aber wie lässt sich eine Situation „erodierender Ziele" doch noch managen:
- Beschreiben Sie die Ziele oder die Maßstäbe einer Leistung, die driften könnten oder die sich mit der Zeit verschlechtert haben oder die einen wechselnden Verlauf aufweisen.
- Überlegen Sie, ob die Systemstruktur noch andere Ziele enthält, die im Widerspruch zu einander stehen. Untersuchen Sie, wie sich dieser Widerspruch auflösen lässt.
- Machen Sie ausfindig, wie die Zielsetzung gesteuert wird. Sind es die Wettbewerber, die Kunden oder die Firmenpolitik? Ziele, die außerhalb des Systems liegen sind für einen Veränderungsdruck weniger anfällig.
- Untersuchen Sie das Procedere, mit dem die Zielabweichungen korrigiert werden. Stellen Sie sicher, dass es nicht dazu beiträgt, von den vorgegebenen Standards abzuweichen. Finden Sie heraus, ob die Zielsetzung nachhaltig mit der Leistungsstärke der Vergangenheit verknüpft ist. Das ist in Ordnung, wenn sich die Leistungsstärke verbessert, aber verheerend, wenn sie nachlässt.
- Verschaffen Sie sich Klarheit über die ursprüngliche Vision Ihrer Organisation und motivieren Sie alle Betroffenen an den Zielen festzuhalten, die erforderlich sind um die Vision zu verwirklichen.

Die Struktur der „erodierenden Ziele" ähnelt in vieler Hinsicht der „Problemverschiebung". In einer Dynamik der „erodierenden Ziele" wird durch das Absenken der Standards der Abstand zwischen der Niveauhöhe und der aktuellen Leistung viel schneller geschlossen als es durch fehlerbehebende Maßnahmen gelingt, die in der Regel zeitaufwendiger, teurer und arbeitsaufwendiger sind. Das ist eine Art schneller Korrektur, bei der die ausgleichende Rückkoppelung der Systemstruktur „erodierender Ziele" (B1 in Abbildung 9-25) eine mehr symptomatische Lösung erzeugt. Dabei wird bei der Lösung des Problems (die Lücke zwischen den erwarteten und tatsächlichen Gegebenheiten) die mühelosere und einfachere Lösung bevorzugt –die Niveauhöhe zu senken- anstatt den mühevolleren und teureren Weg zu gehen, um das aktuelle Leistungsniveau zu verbessern.

Bei „Problemverschiebungen" sind alle Maßnahmen darauf gerichtet, die Zielhöhe zu verändern. Dabei werden Aufmerksamkeit und Energie von der grundsätzlichen Lösung abgezogen und vorsätzlich kurzfristige Lösungen bevorzugt. Faktisch unterhöhlt der unbeabsichtigte Nebeneffekt bei „Problemverschiebungen" die Fähigkeit, die Situation zu verbessern. Hingegen geschieht in einer Dynamik der „erodierenden Ziele" die Erosion der Zielhöhe vielfach unbeabsichtigt.

Der Druck, das Leistungsniveau durch „erodierende Ziele" zu senken, stellt eine allgemeine Tendenz dar, Ziele schleifen zu lassen anstatt sie durch höheren Ressourceneinsatz zu erreichen. Personen oder Organisationen entschließen sich zu schnellen Lösungen, die die Situation erleichtern und geben nicht ihr Bestes, um das Ziel zu erreichen.

Der Systemarchetyp „erodierende Ziele" erklärt auch, wie eine Organisation in die Falle von „Wachstum und Unterinvestition" tappt. Dabei entsteht ein Problemdruck auf die Leistungsanforderungen, die schwer zu bewältigen, zu beurteilen und vorherzusagen sind. Der Entschluss, das Wachstum zu stützen, nimmt ab und Investitionen, die das Wachstum sicherstellen könnten, werden auf ein Minimum gebracht, verschoben oder ganz zurückgezogen.

Jede schwierige Situation, die du jetzt meisterst,
bleibt Dir in der Zukunft erspart.
Dalai Lama

9.8 Erfolg dem Erfolgreichen

Vor die Wahl gestellt, gehen Investoren auf Nummer sicher und legen ihre begrenzten Mittel dort an, wo sie die besten Ergebnisse erwarten. Ihre Kapitalanlagen verursachen eine selbsterfüllende Prophezeiung, die dazu führt, dass die bevorzugten Projekte geschäftlich erfolgreich sind während andere schwächeln. Das Ergebnis hängt in hohem Maße von den Erwartungen oder den Ausgangsbedingungen ab und davon, ob eine Person oder Gruppe stärker gefördert oder bevorzugt wird als andere. Der „Erfolg den Erfolgreichen"-Archetyp suggeriert, dass der Erfolg überwiegend strukturbedingt ist und weniger von Leistungsfähigkeit und Begabung abhängt.

In einer „Erfolg dem Erfolgreichen"-Situation wetteifern zwei oder mehrere Personen, Gruppen, Projekte, Organisationen oder Initiativen um den begrenzten Vorrat einer Ressource (Zeit, Aufmerksamkeit, Grund und Boden, Geld), die von auswärts (einer auswärtigen Gesellschaft oder Person) kontrolliert wird. Nun wird Einer aus der Reihe der Zuwendungsempfänger allmählich sehr erfolgreich, während die anderen zu kämpfen haben. Und je erfolgreicher dieser Eine wird, desto mehr Unterstützung erhält er und entzieht die Ressource den Anderen. Im Hinblick auf den abnehmenden Ertrag der Anderen entschließen sich diejenigen, die über die Ressourcen verfügen, noch mehr Mittel dem Erfolgreichen zuzuteilen. Und so entwickelt sich ein „Teufelskreis", der auf eine einzige Alternative fixiert ist.

Denn der anfängliche Erfolg rechtfertigt anscheinend weitere Ressourcenzuweisungen an den bislang Erfolgreichen während andere Wahlmöglichkeiten ihrer Erfolgschancen beraubt werden, selbst dann, wenn sie die langfristig überlegeneren Alternativen wären. Mit anderen Worten, eher als eine „Überleben der Stärksten"-Strategie erscheint die „Erfolg dem Erfolgreichen"-Struktur mehr als ein „Überleben der Zuerst-bevorzugten".

Ein allgemeingültiges Muster des Zeitverlaufs für den „Erfolg dem Erfolgreichen"-Archetyp zeigt ein Paar auseinanderstrebender Kurven – eine auf dem Weg nach oben und die andere abwärts

(Abbildung 9-29). Der Erfolgstrend von A nimmt zu, eventuell in einen exponentiellen Beschleunigungsprozess. Die Ergebnisse von B hingegen nehmen ab, eventuell mit zunehmender Geschwindigkeit. Der charakteristische Verlauf der Kurven hängt davon ab, ob die Zuwendung der Mittel schwankt oder ob sie kontinuierlich gleichmäßig erfolgt und wie groß die zeitliche Verzögerung zwischen der Mittelzuweisung und dem Erfolg von A ist.

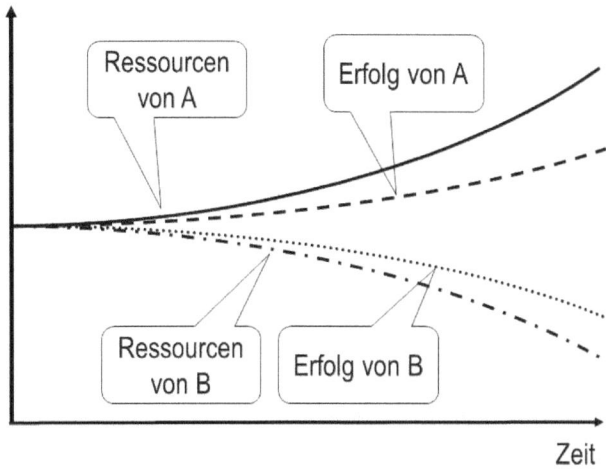

Abbildung 9-29: Zeitverlauf der Struktur „Erfolg dem Erfolgreichen"

Das Feedbackdiagramm einer „Erfolg dem Erfolgreichen"-Struktur (Abbildung 9-30) besteht aus zwei Verstärkungskreisen, die über die Variable „Zuweisung von Ressourcen an A anstatt an B" mit einander verknüpft sind. Der eine Verstärkungskreis (R1) ist ein „Tugendkreis" des wachsenden Erfolgs von „A", der andere Kreis (R2) ein „bösartiger" Kreis der Partei B, in dem Mittelzuweisungen und Erfolg abnehmen.

Der Vorrang bei der Mittelzuweisung von A gegenüber von B führt dazu, dass B immer weniger Zuwendung erhält. Bs Erfolg sinkt oder er steigt im Vergleich zu A langsamer. Diese im Vergleich zu A verminderte Leistung verstärkt die Konstellation, die Mittel vorzugsweise A zuzuteilen.

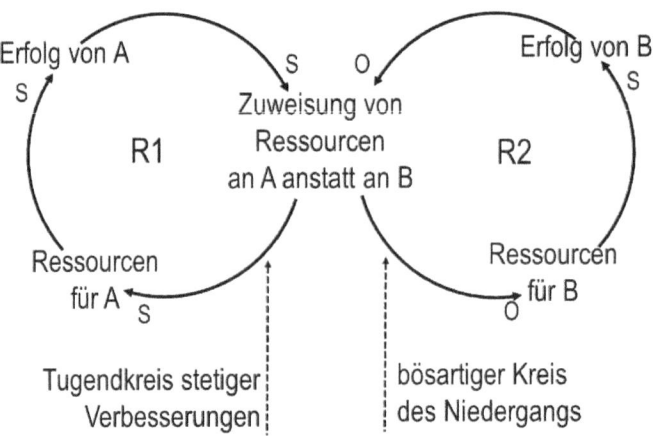

Abbildung 9-30: Systemstruktur des „Erfolg dem Erfolgreichen"

Die Entscheidungsregel für die Zuweisung der Ressourcen –seien es Geld, Aufmerksamkeit oder Anerkennung- ist der Schlüssel der Dynamik dieser Struktur. Dahinter steckt vielfach die gezielte Absicht der Entscheidungsträger, A zu bevorzugen. Der Mangel an Erfolg von B wird dabei meistens auf den inhärenten „Mangel an Potential" und nicht auf die Politik, wie die Zuwendungen erfolgen, zurückgeführt. Wenn, in der Tat, der Erfolg oder Gewinn die bevorzugte und einzige Zielvorgabe ist, dass ist es vertretbar, die Mittel so zuzuteilen, dass sie den größtmöglichen Ertrag abwerfen. Wenn diese Entscheidungsregel aber mit anderen Zielen unvereinbar ist, dann müssen andere Alternativen entwickelt werden.

Annahmen und Überzeugungen, die es rechtfertigen in A anstatt in B zu invertieren:
- Die erfolgreichen Projekte brauchen mehr Ressourcen.
- Sie sind erfolgreich, sie setzen die Ressourcen richtig ein. Sie wissen, wie man erfolgreich wird.
- Der Wettbewerb um die Zuwendungen verbessert die Leistungsfähigkeit aller Bewerber.
- Es ist immer richtig auf Gewinner zusetzen.
- Die weniger erfolgreiche Partei verdient nicht mehr Unterstützung und würde die Ressourcen auch weniger vorteilhaft einsetzen. Sie

machen bestimmt etwas falsch und verursachen ihren eigenen Misserfolg.

Klingen Ihnen diese Gedankengänge nicht vertraut? Sie sind ein spezieller Fall einer „Verteidigungsroutine", die beweisen soll, dass Sie sich auf dem richtigen Weg befinden.

Annahmen und Überzeugungen, die die Dynamik von „Erfolg dem Erfolgreichen" in Gang setzen, haben Auswirkungen auf die Gesamtsituation:
- Die Entscheidungsträger für die Zuteilung von Ressourcen verstehen nicht immer ihre Beweggründe oder die Auswirkungen ihrer Entscheidungen.
- Die Ursachen für Erfolg und Misserfolg sind nicht immer offensichtlich.
- Leistungsfähigkeit wird mit einer tatsächlichen Leistung verwechselt.
- Der Zusammenhang zwischen der Unterstützung des Erfolgreichen und der Erfolglosigkeit der weniger Erfolgreichen ist nicht immer offensichtlich.
- Ein scheinbarer Erfolg ist mitunter der kritische Faktor, um Ressourcen zu erhalten, die dann tatsächlich zum Erfolg führen.
- Erfolgsfördernde Maßnahmen für eine Partei können unbeabsichtigt zu schlechteren Ergebnissen einer oder mehrerer anderer Parteien führen, obwohl dies eigentlich nicht geplant ist. Das Fehlen einleuchtender Einsichten in die Ursachen des Erfolges der einen Partei und der Misserfolge der anderen Parteien trägt zu der unerwünschten Situation bei.

Sehen Sie sich nach der Theorie einmal zwei konkrete Beispiele aus dem täglichen Leben an. Eines beschreibt das Spannungsfeld zwischen Beruf und Familie. Das andere befasst sich mit der Entscheidung, die ein Unternehmen zwischen zwei Softwarepaketen treffen muss.

Im Spannungsfeld zwischen zwei Situationen kann jeder von uns seinen Prioritäten nur eine bestimmte Menge an Zeit und Aufmerksamkeit widmen. Je mehr Zeit wir in den Beruf stecken, umso erfolgreicher werden wir. Und dies wiederum treibt uns an, noch mehr zu arbeiten. Ähnliche Ergebnisse erzielen wir, wenn wir unsere Zeit und Energie für die Familie, öffentliche Aufgaben oder Fitness und Sport verwenden. Die meisten von uns bemühen sich um einen Ausgleich zwischen ihren wichtigsten Prioritäten.

Aber angenommen, ein sehr wichtiges Projekt zwingt uns, über einen größeren Zeitraum länger zu arbeiten. Die Vernachlässigung der übrigen Prioritäten –in unserem Falle die Familie- erzeugt Spannungen zu Hause. Der Ehepartner beklagt sich, dass Sie fast nie mehr zu Hause sind. Die Kinder sind enttäuscht, dass Sie nicht mehr zu den Veranstaltungen in ihrer Schule kommen. Ihre Eltern klagen darüber, dass Sie sie kaum mehr anrufen oder ´mal kurz vorbeikommen.

Wenn Sie dann einmal zu Hause sind, werden Sie mit unerledigten Hausarbeiten konfrontiert: der Garten, die Abstellkammer, der Keller, die Gartenmöbel, die im Herbst verstaut werden müssen. Dazu kommt noch ein Nachholbedarf: Gespräche, familiäre Entscheidungen, Einladungen, Verpflichtungen in den Schulen Ihrer Kinder, ungelöste Meinungsverschiedenheiten, Pubertätsprobleme und –krisen, Midlife-Crisis, schlechte Gefühle. Alles zusammen genommen, erscheint Ihr Zuhause plötzlich wie ungemütlicher Hochdruckkessel. Deshalb ziehen Sie sich noch mehr von Ihrer Familie zurück und konzentrieren sich verstärkt auf Ihre Projektarbeit in der Firma.

Ihre Arbeitsergebnisse beginnen sich zu lohnen und werden aufmerksam in der Firma registriert. Die Geschäftsleitung kommentiert wohlwollend Ihre Erfolge. Zur gleichen Zeit wie Ihre Chancen in der Firma steigen, häufen sich Spannungen und Klagen zu Hause.

Was lehren uns der Trend und die Systemstruktur, wenn Familie und Beruf nicht im Gleichgewicht sondern in einem Spannungsfeld zueinander stehen?

Dies ist eine klassische „Erfolg-den-Erfolgreichen"-Struktur, in der eine Aktivität die Tendenz hat, die andere zu dominieren. Der Erfolg im Job führt zu immer mehr Aufmerksamkeit und Zeit für die Erledigung beruflicher Aufgaben, während die zunehmend unbefriedigende Situation in der Familie es mit sich bringt, dass dorthin immer weniger Zeit und Zuwendung fließen (Abbildung 9-31 und 9-32).

„Erfolg-den-Erfolgreichen" weist darauf hin, die Gesamtsituation zu betrachten und das übergeordnete Ziel im Auge zu behalten. Wenn das übergeordnete Ziel darin besteht, ein ausgeglichenes Leben zu führen, dann müssen wir unsere Prioritäten ändern und ganz bewusst unseren

Arbeitsaufwand schrittweise auf ein individuell vertretbares Maß reduzieren.

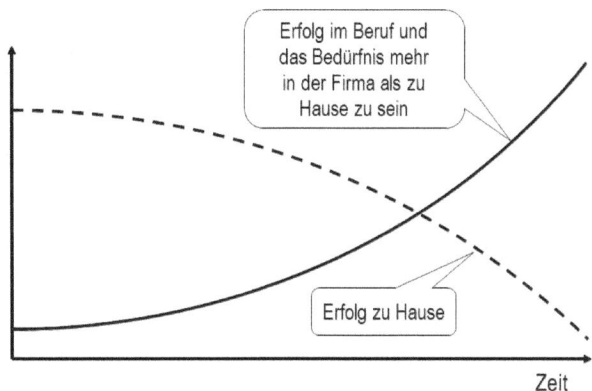

Abbildung 9-31: Trend von Beruf und Familie im Spannungsfeld

In dieser Struktur wirkt noch ein weiterer Systemarchetyp. Bei stetigem Wachstum in einem Verstärkungsprozess (R1 und R2 in Abbildung 9-32) müssen die „Grenzen des Wachstums"-Archetypen berücksichtigt werden. Was ist die Grenze der steigenden Befriedigung im Beruf? Gibt es eine zeitliche Beschränkung für den Aufwand in der Firma? Welche Erfolgshöhe streben wir an? Oder ist der Preis für den Erfolg der totale Zerfall der Familie?

Der „Grenzen-des-Wachstums"-Archetyp sollte uns bewusst machen, dass ein momentaner Erfolgs-, Wachstums- oder Verbesserungstrend nicht für immer und nachhaltig anhält. Im Falle eines Ausgleichs zwischen unserem Berufs- und Familienleben, müssen wir lernen, dass der Trend immer mehr und mehr Zeit dem Beruf zu widmen, seine Grenzen hat. Auch Erfolg hat seine Grenzen. Die wachstumsbegrenzenden Variablen sind Gesundheit, Kreativität, Wohlbefinden der und in der Familie, Stress.

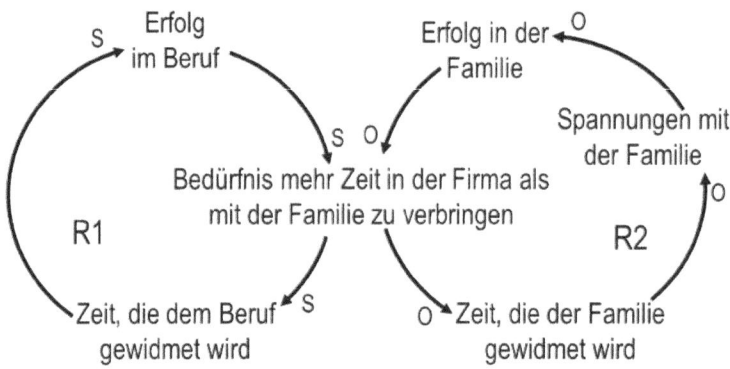

Abbildung 9-32: Systemstruktur von Beruf und Familie im Spannungsfeld

Es ist oft schwer, eingefahrene Wege zu verlassen, wie die folgende Situation zeigt. ChemPrint, ein Verlag für naturwissenschaftliche Fachliteratur, will sich über die neuesten Drucktechnologien auf dem Laufenden halten. Auf der Suche nach verschiedenen Auswahlmöglichkeiten beschaffte die Kommunikationsabteilung zwei Softwarepakete für computergestützte Veröffentlichungen. Die Redaktionsleiterin war von DruckExpress begeistert und verbrachte mit ihrer Arbeitsgruppe eine ganze Trainingswoche. Unmittelbar danach wurde die neue Software in der Praxis mit großem Erfolg getestet.

Weil mehr Aufträge für Veröffentlichungen herein kamen, mussten drei neue Mitarbeiter eingestellt werden. Zwei von ihnen waren mit der anderen Software –TopPrint- vertraut. Im Zuge der Projektarbeiten mussten aber Dateien und Arbeitsergebnisse untereinander ausgetauscht werden und deshalb wurden die Empfehlungen der neuen Mitarbeiter, zu TopPrint zu wechseln, nicht weiter verfolgt.

Als von beiden Softwareunternehmen Upgrades angeboten wurden, entschieden die Manager für DruckExpress 3.8 und später für 4.0. Soweit jemand auf die Überlegenheit von TopPrint hinwies, wurde er an die

Aufwendungen an Zeit, Training und Geld für die Upgrades von DruckExpress erinnert.

Eines Tages wurden Gerüchte laut, dass ein großes Softwareunternehmen die Rechte des Computerprogramms von DruckExpress erwerben und es in sein neues Betriebssystem für computergestützte Veröffentlichungen integrieren wolle. Nun kam bei ChemPrint die Frage auf „Was machen wir jetzt?"

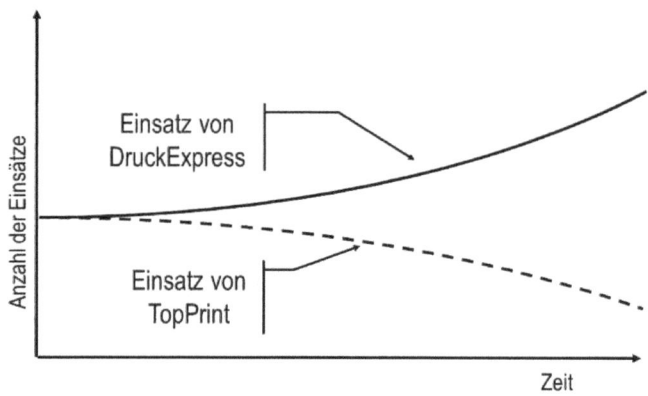

Abbildung 9-33: Zeitverlauf der Variablen beim Einsatz von zwei Softwarepaketen

Bei ChemPrint stützt die Systemstruktur von „Erfolg dem Erfolgreichen" den Trend in der Auswahl von zwei Softwarepaketen für computergestützte Veröffentlichungen (Abbildung 9-33 und 34). Obwohl dem Unternehmen zwei Softwarepakete zur Verfügung stehen, wird das eine -nämlich DruckExpress- bevorzugt. Je öfter Druckexpress eingesetzt wird, desto seltener wird TopPrint angewandt. Schließlich tendiert die Bereitschaft TopPrint zu benutzen, gegen Null, obwohl TopPrint gegenüber Druckexpress mehrere Vorteile aufweist. Das Unternehmen ist deshalb einem beschwerlichen Unterfangen ausgesetzt, das Beharrungsvermögens der „Erfolg dem Erfolgreichen"-Dynamik aufzubrechen, um letztlich auf TopPrint umzusteigen und unabhängig zu bleiben.

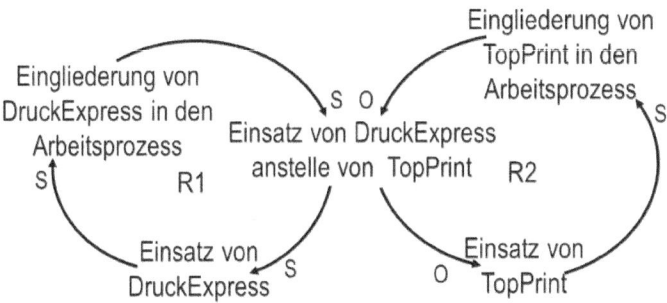

Abbildung 9-34: Systemstruktur beim Einsatz von zwei unterschiedlichen Softwarepaketen

Diese Situation veranschaulicht die „Entscheidungsfalle" in einer „Erfolg dem Erfolgreichen"-Struktur. Es ist grundsätzlich nicht abwegig, eine Aktivität oder ein Investment vor anderen zu bevorzugen. Wenn aber eine Person oder eine Organisation einen bestimmten Weg eingeschlagen hat, dann entstehen mit einem Wechsel zu einer anderen Vorgehensweise oder einem anderem System eindeutig Kosten. Um am Ball zu bleiben, sind die Kosten für einen Wechsel jedoch nicht immer vertretbar. Dennoch muss geklärt werden, ob wir uns für eine Person, ein Produkt oder eine Strategie entscheiden, weil sie langfristig die bessere Wahl sind oder ob wir eingefahrenen Wegen aus der Vergangenheit folgen.

Wie beherrscht oder verändert man die Dynamik von „Erfolg den Erfolgreichen"? Es ist immer leichter einen Verstärkungsprozess im Systemarchetyp „Erfolg dem Erfolgreichen" von Anfang an zu verhindern, als ihn zu stoppen, wenn er erst einmal in Bewegung gesetzt ist. Entwickeln Sie daher ein Bewusstsein dafür, wie Ihre Investitionsentscheidungen die Ergebnisse und zukünftige Entscheidungen beeinflussen.

- Finden Sie heraus, wie die aktuellen Entscheidungen über die Mittelzuweisungen zustande gekommen sind. Welche Entscheidungskriterien liegen der Entscheidung zugrunde? Sind sie noch derzeit zwingend?

- Machen Sie die Ziele klar und deutlich. Verpflichten Sie sich allen Betroffenen zum Erfolg zu verhelfen. Loten Sie das Potential jeder Aktivität getrennt aus und bauen Sie Ihre Zuwendungspolitik auf den Erfordernissen und der Leistungsfähigkeit jeder einzelnen Aktivität auf. Untersuchen Sie ebenfalls, ob es möglich ist, die Erfolgsaussichten aller Beteiligten zu verknüpfen.
- Stellen Sie Ihre mentalen Modelle in Frage. Haben Sie eine „Verteidigungsroutine" entwickelt, die der einen Partei von Natur aus bessere Fähigkeiten unterstellt, die aber nur die Folge Ihrer Entscheidungen sind.
- Listen Sie die Fähigkeiten aller Beteiligten auf, die von Ihren Entscheidungen über die Zuwendungen betroffen werden.
- Beseitigen Sie unerwünschten Wettbewerb oder sinnlose Gegenüberstellungen. Erwägen Sie, mit lohnenswerten aber risikoreicheren Investitionen zu experimentieren, um sicher zu stellen, dass Ihnen keine interessanten Gewinnaussichten entgehen.
- Beschaffen Sie zusätzliche Mittel, wenn sich Investitionen in beide Parteien lohnen. Insbesondere überlegen Sie, mit welchen Ergebnissen Sie rechnen können. Und dann denken Sie darüber nach, ob diese Ergebnisse versuchsweise in neue Investitionen eingebracht werden können.
- Untersuchen Sie, wie Sie zurzeit den Erfolg messen. Wir neigen dazu, daran zu glauben was wir messen aber eher messen wir, was wir glauben. Wenn dann unsere Ergebnisse diese Überzeugung stützen, können sie das Bild verzerren, wie gut wir vorankommen oder wie interessant eine Alternative ist.
- Erfassen Sie Ihr innerbetriebliches Leitbild für Erfolg und vergleichen Sie es mit betriebsfremden Vorstellungen. Kollegen, Berater, Wirtschaftsanalytiker und Wettbewerber beurteilen möglicherweise das Geschäftsumfeld unter neuem Licht.
- Stemmen Sie sich gegen innere Innovationswiderstände. Wie würden Sie sich verhalten, wenn Sie Ihr eigener Wettbewerber wären? Wie würden Sie Ihre Leistung steigern, wenn Sie ein neuer Trainer wären?
- Fragen Sie sich: „Welche Ergebnisse will ich erzielen?" Ist es in Ordnung, wenn in der derzeitigen Situation eine Partei oder ein Projekt einen Erfolg verzeichnen kann, die anderen aber scheitern? Oder ist es Ihnen lieber, wenn alle Parteien überzeugende Ergebnisse liefern? Wollen Sie Ihr gegenwärtiges Produkt oder Ihre gewohnte Routine stützen oder wollen Sie einen Spitzenplatz im Markt erreichen?

„Erfolg dem Erfolgreichen" wirft die Frage auf, wie Erfolg in bestimmtem Situationen zustande kommt. Der Systemarchetyp zeigt, wie kleine Unterschiede in den Anfangsbedingungen bedeutende und nachhaltige Auswirkungen auf ein Ergebnis haben können. Er ist vergleichbar mit dem Schmetterlingseffekt in der Chaostheorie, der besagt, dass der Flügelschlag eines einzigen Schmetterlings die Ursache für einen mehrere hundert Kilometer entfernten Hurrikan sein kann. Dieser Systemarchetyp weist darauf hin, dass kleine, vielleicht auch zufällige, Abweichungen am Anfang eines Prozesses ausschlagend für das Endresultat sind, wenn wir uns nicht verdeutlichen, welches Gesamtergebnis wir zu erreichen versuchen. Er warnt uns davor, in eingefahrenen Wegen gefangen zu bleiben oder in unzeitgemäßen Gewohnheiten zu verharren, nur weil unsere Vorgehensweise in der Vergangenheit erfolgreich war.

*Was wäre das Leben,
hätten wir nicht den Mut, etwas zu riskieren.*
Vincent van Gogh

9.9 Wachstum und Unterinvestition

In einer „Wachstum und Unterinvestition"-Situation gerät das Wachstum einer Organisation an seine Grenzen. Mit Hilfe von Kapazitätserweiterungen könnten die Beschränkungen aber beseitigt oder zumindest verzögert werden. Als Ergebnis von unflexibler Entscheidungspolitik oder von Verzögerungen im System wird stattdessen die Leistung heruntergesetzt oder es wird auf eine schwächere Nachfrage zurückhaltend reagiert. Die rückläufige Nachfrage führt dazu, die Investitionen weiterhin zurückzustellen oder auch noch die Kapazität herabzusetzen. In beiden Fällen bricht die Leistungsfähigkeit ein.

Mit anderen Worten: Wachstum wird geringer, wenn es an seine Grenzen stößt. Bezeichnenderweise geschieht dies nicht selten mit Verzögerung. Das Wachstum überschreitet dann kurzfristig seine Grenzen. Sie werden dann eine Zeit lang nicht wahrgenommen, weil die Aufmerksamkeit auf Wachstum gerichtet ist. Werden sie dann endlich bemerkt, werden sie ignoriert oder fehlinterpretiert.

Die Grenzen des Wachstumes könnten mithilfe von Investitionen überwunden werden. Jedoch wird es seine Zeit brauchen, bis die Investitionen wirken und der Erfolg sich wieder einstellt. Hier muss besonderes Augenmerk auf die Leistungsstandards gerichtet, damit sie nicht ausgehöhlt werden.

Weil eine grundsätzliche Lösung zu riskant erscheint und nur langsam Wirkung zeigt, kommt es zur Problemverschiebung, um die Belastung zu verlagern. Externe Parteien oder Organisationen, wie zum Beispiel Kunden, Lieferanten, oder Wettbewerber greifen ein, um das Problem zu beseitigen. Die symptomatische Antwort auf das Problem wird immer intensiver betrieben, wohingegen die grundsätzliche Lösung in weite Ferne rückt. Das Unternehmen wird dann von außenstehenden Kräften und Einflüssen abhängig anstatt sein eigenes Geschick in die Hand zu nehmen und zu kontrollieren.

Der charakteristische Zeitverlauf von „Wachstum und Unterinvestition" besteht aus vier Variablen (Abbildung 9-35): Nachfrage, Kapazität, wahrgenommene Notwendigkeit zu investieren und Investition in die Kapazität. Die wahrgenommene Notwendigkeit zu investieren bewirkt die tatsächlichen Investitionen, die wiederum die Kapazität beeinflussen und letztlich die Nachfrage tangieren. Die Diskrepanz zwischen Nachfrage und Kapazität beeinflusst immer wieder die wahrgenommene Notwendigkeit zu investieren. Und so wird der Kreislauf geschlossen.

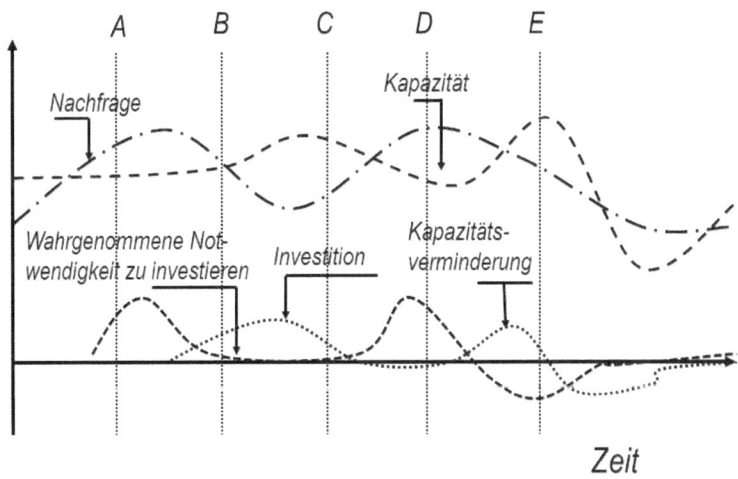

Abbildung 9-35: Struktur von „Wachstum und Unterinvestition" mit den Variablen Nachfrage, Kapazität, wahrgenommene Notwendigkeit zu investieren und Investition

Abbildung 9-35 zeigt auch einige bezeichnende Fakten über das Verhalten dieser vier mit einander verknüpften Variablen. Zum Zeitpunkt „A" ist die Nachfrage größer als die Kapazität und die wahrgenommene Notwendigkeit zu investieren steigt. Nach einer gewissen Verzögerung wird in die Kapazität investiert, die darauf größer wird. Sobald zum Zeitpunkt „B" die Kapazität die Nachfrage zu übersteigen beginnt, fällt die wahrgenommene Notwendigkeit zu investieren auf null. Aufgrund von

Verzögerungen zwischen Planung und Investition wächst die Kapazität weiter über die Nachfrage. Aufgrund der Überkapazität kann das Unternehmen seine Kunden nunmehr verlässlicher bedienen. Nun nimmt die Nachfrage wieder solange zu bis sie die Kapazität zu übersteigen beginnt und der Zyklus beginnt bei „A" von neuem.

Jedoch lauert in diesen Auf- und Abwärtstrends eine Gefahr. In einem stark umkämpften Wettbewerbsumfeld gelingt es einem Unternehmen nur schwerlich, seine alten Kunden wieder zurückzugewinnen, wenn deren Nachfrage befriedigt werden könnte sobald das Unternehmen wieder über die erforderliche Kapazität verfügt. Anstieg und Höchstwerte der Nachfrage können jedesmal geringer werden, weil Kunden zu anderen Lieferanten wechseln und schwer zurück zu gewinnen sind. Das Unternehmen befindet sich deshalb in der gegenläufigen Situation einer Abwärtsspirale von Kapazitätsanpassungen.

Wenn sich die Nachfrage zum Zeitpunkt „D" nicht wieder erholt, dann reduziert das Unternehmen zum Zeitpunkt „E" seine Kapazität nochmals unter die Nachfrage. In Folge fällt die Nachfrage weiter und löst eine neue Runde von Kapazitätskürzungen aus.

Die „Wachstum und Unterinvestition"-Struktur besteht aus drei Archetypen, die nacheinander ihre Wirkung entfalten (Abbildung 9-36). Die Struktur beginnt mit einem Wachstumsmotor (R1), der die Bemühungen um Wachstum und die Nachfrage umfasst. Dabei ist die Nachfrage die Variable, auf die die Organisation ihre Wachstumsanstrengungen konzentriert. Das Wachstum wird schließlich durch einen Ausgleichskreis gebremst, weil die Kapazität relativ zur Nachfrage nicht ausreicht (B2). Eine „Grenzen des Wachstums"-Struktur (R1 und B2) entfaltet ihre Wirkung.

Die „Grenzen des Wachstums" schaffen ein Problem in dem System: zu viel Nachfrage. In einer eigentlich ungewöhnlichen Struktur der „Problemverschiebung" (B2 und B3) greifen die Kunden ein, um das Problem zu lösen, indem sie die Nachfrage begrenzen (B2). Allerdings wäre jetzt eine mehr grundsätzliche Lösung für alle Betroffenen, die Kapazität zu erweitern, um die Leistung des Unternehmens zu verbessern (B3).

Indessen entwickelt sich die Kapazitätserweiterung als regulierender Prozess einer Struktur der „Erodierenden Ziele" (B3 und B4). Denn als Kriterium für die Kapazitätserweiterung wird die gegenwärtige, bereits reduzierte Nachfrage, die auf der derzeitigen Leistung beruht, genommen (B4). Die Systemstruktur „Wachstum und Unterinvestition" entwickelt ihre Dynamik: Das Ziel der Gegenmaßnahmen erodiert. Die grundsätzliche Lösung wird nicht effektiv umgesetzt. Die Grenzen des Wachstums werden nicht beseitigt. Das Wachstum nimmt ab, wird langsamer, kommt zum Stillstand und bricht auf lange Sicht zusammen.

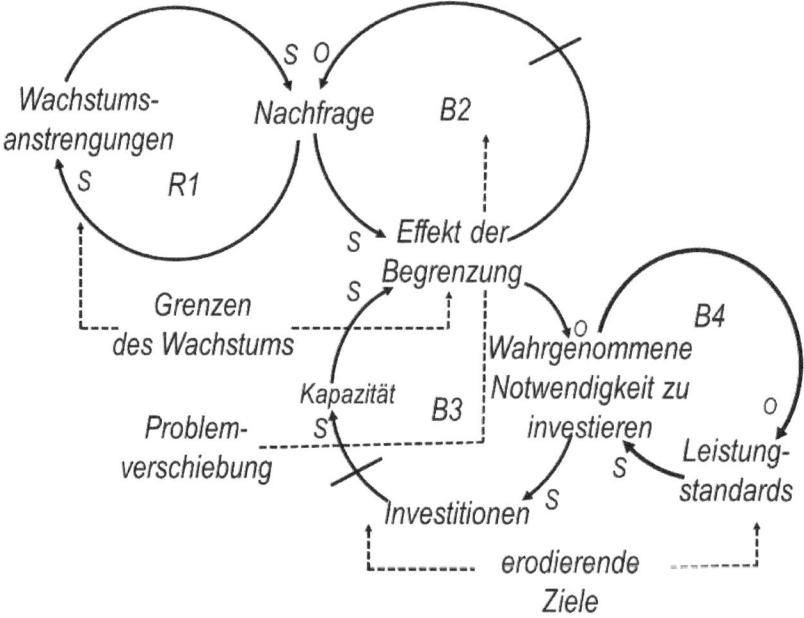

Abbildung 9-36: Die Systemstruktur von „Wachstum und Unterinvestition" entsteht aus den drei Systemarchetypen „Grenzen des Wachstums", „Problemverschiebung" und „erodierende Ziele".

Ein Beispiel aus der betrieblichen Praxis soll das Verständnis für den Systemarchetyp „Wachstum und Unterinvestition" vertiefen.

MagnetoTec, ein Unternehmen für Sicherheitstechnik, wuchs seit seiner Gründung stetig und konnte seinen Umsatz innerhalb weniger Jahre verdoppeln (Abbildung 9-37). Aber in den letzten Monaten häufte sich der Auftragsüberhang, die Lieferrückstände nahmen zu und die Lieferzeiten wurden immer länger. Die Geschäftsleitung jedoch rühmte sich: „Unsere Produkte sind qualitativ so hervorragend, dass unsere Kunden gern längere Lieferzeiten in Kauf nehmen."

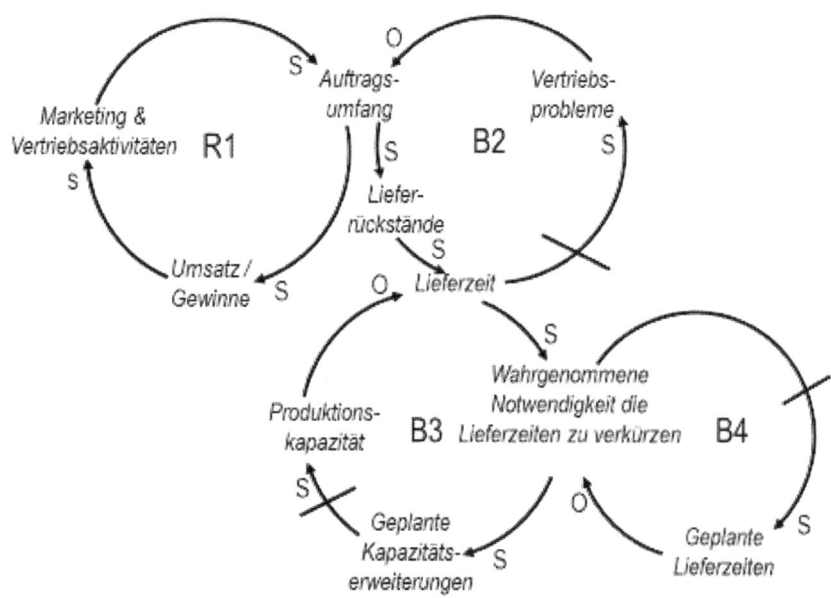

Abbildung 9-37: Vom Elend des nicht-zu-Ende-Denkens

Der größte Teil der Einnahmen wurde direkt in Vertrieb und Marketing investiert und die Vertriebsmannschaft wurde beständig erweitert. Das Management erkannte jedoch auch die Notwendigkeit, die Produktionskapazitäten zu auszubauen und begann den Ausbau zu planen.

Unerwartet ging der Umsatz schrittweise zurück und Panik stellte sich ein. Vertrieb und Marketing reagierten auf diese Situation mit neuen Vertriebskampagnen. In der Folge stieg der Umsatz wieder. Die Pläne für die Erweiterung der Kapazität wurden jedoch zurückgestellt.

Dieser Kreislauf wiederholte sich immer wieder. Und bei jeder Umsatzkrise stellte das Management die Erweiterungspläne abermals zurück. Nach wiederholten Lieferverzögerungen kehrten auch loyale Kunden MagnetoTec den Rücken.

Das Unternehmen kam in den Ruf für mangelhaften Lieferservice und unzufriedene Kunden deckten ihren Bedarf bei anderen Herstellern, deren Qualität auch noch über der von MagnetoTec lag. Die noch verbliebenen Kunden legten wenig Wert auf kurze Lieferzeiten und Termintreue, waren aber besonders preisbewusst. MagnetoTec entwickelte sich zu einem Niedrigpreishersteller, der Produkte minderer Qualität lieferte. Schließlich erwirtschaftete das Unternehmen seine Kosten nicht mehr und wurde insolvent.

Was ist geschehen? Mangelnde Weitsicht und zögerliche Entscheidungen führten das Unternehmen in stürmisches Wetter. Ziele, die die Lage verbessern könnten, erodierten. Grundsätzliche Lösungen der anstehenden Probleme wurden nicht effektiv umgesetzt. Die Wachstumsgrenzen wurden nicht beseitigt. Das Wachstum verlangsamte sich und kam schließlich völlig zum Erliegen.

MagnetoTec fehlt eine realistische Sicht auf den Umsatzrückgang und auf den Verlust an Kunden. Während das Unternehmen auf seine Erfahrungen aus der Vergangenheit vertraute, verbesserten andere Wettbewerber ihre Qualitätsstandards. Dies führte dazu, dass MagnetoTec zum Maßstab für minderwertigen Service wurde. Wie immer, müssen die „Grenzen des Wachstums" im Voraus berücksichtigt werden. Das Wachstum muss vorerst solange im Rahmen seiner Grenzen bleiben bis sie abgebaut wurden und nicht kleiner werden. Unter diesen Umständen wäre es nützlich die Lieferzeiten als Einschränkung im Auge zu behalten anstatt sie zu verändern.

„Wachstum und Unterinvestition" ist eine Verknüpfung mehrerer Systemarchetypen. Dementsprechend werden Sie etliche mentale Modelle wiedererkennen. Einige lassen sich den „Grenzen des Wachstums" zuordnen, andere wiederum sind charakteristisch für die „erodierenden Ziele".

Die mentalen Modelle offenbaren sich in den folgenden Aussagen:
• Wir legen unser Hauptaugenmerk auf Wachstum; der Rest regelt sich von selbst.
• Wenn wir uns mehr anstrengen, dann überwinden wir die Talsohle.
• Um erfolgreich zu bleiben, müssen wir in unseren Wachstumsmotor investieren. Wenn wir unsere Ressourcen anderweitig einsetzen, untergraben wir unseren nächsten Wachstumsschub.
• Wir investieren nur in die aktuelle Nachfrage und nicht in die potentielle.

• Wenn das Wachstum regelrecht zurückgeht, ist eine Investition auf diesem Gebiet zurzeit nicht zu rechtfertigen.

• Seitdem unser Geschäft stagniert, können wir nicht immer das gleiche Ergebnis erwarten. Im Grunde genommen sind wir ja noch immer im Geschäft.

Die Dynamik von „Wachstum und Unterinvestition" lässt sich beherrschen und auch neu organisieren. Das gelingt mit folgenden Maßnahmen:

• Nehmen Sie die Grenzen des Wachstums, besonders die der Kapazität, vorweg und planen Sie die Investitionen rechtzeitig.

• Begrenzen Sie die Maßnahmen, die Wachstum erzeugen, solange bis die erforderliche Kapazität zur Verfügung steht. Wenn Sie Ihr Wachstum nicht managen, greift jemand anderer in Ihre Struktur ein.

• Investieren Sie in die notwendige Kapazität im Voraus.

•Halten Sie an Ihrer Vision fest. Beherzigen Sie Ihre Leistungsstandards und Investitionskriterien.

• Überprüfen Sie Ihre mentalen Modelle, die Ihre Leistungsdefizite und Ihre Investitionsentscheidungen beeinflussen.

• Denken Sie schon während einer Wachstumsphase an potentielle Grenzen, besonders in Bezug auf Ihre Leistung und Belastbarkeit. Fragen Sie sich: „Können wir Umsatzsteigerungen verkraften? Wie viel Produktionskapazität, Kundenservice und Lieferkapazität brauchen wir, um auf eventuelle Umsatzsteigerungen reagieren zu können? Welche Auswirkungen hätten Umsatzrückgänge?"

• Stellen Sie sicher, dass Ihre internen Systeme darauf ausgerichtet sind, auf Wachstum angemessen reagieren zu können. Wenn Sie eine aggressive Wachstumsstrategie verfolgen, aber Ihre interne Organisation nur schwerfällig auf Leistungsdefizite reagiert, dann haben Sie eine strukturelle Unfähigkeit, angemessen auf Wachstum reagieren zu können. Sie fragen: „Wieviel Vorbereitungszeit benötigt das Produktionsteam, um den Produktionsausstoß zu steigern?" Wenn die Vertriebsmannschaft den Mengenumsatz um 15% im Quartal steigert, die Produktion aber nur um 5% im Quartal gesteigert werden kann, dann können Sie damit rechnen, dass sich Lieferrückstände ziemlich schnell aufbauen.

• Untersuchen Sie die Voraussetzungen, die zu Ihren Investitionsentscheidungen führen. Die Leistungen aus der Vergangenheit können zwar mit in die Überlegungen einbezogen werden, dürfen die Entscheidungen aber nicht maßgeblich beeinflussen. Stattdessen untersuchen Sie den Einfluss des Marktes auf das potentielle Wachstum.

Sonst hängen Ihre Investitionsentscheidungen zu sehr von Ihren Erfahrungswerten aus der Vergangenheit ab und stützen sich nicht ausreichend auf zukünftigen Anforderungen.

- Denken Sie an Verzögerungen, die nach Investitionsentscheidungen eintreten. Es dauert eine gewisse Zeit bis die Entscheidung umgesetzt wird und die zusätzliche Kapazität tatsächlich zur Verfügung steht. Vielfach verschlechtert sich die Situation bis sich das Blatt zum Besseren wendet. Wenn Sie diese Verzögerung unterschätzen, dann treffen Sie womöglich vorschnelle Gegenmaßnahmen, die die Situation verschlimmern. Zum Beispiel, wird Ihre Kapazität zu groß, wenn Sie ungeduldig sind und noch weiter investieren, bevor die geplante Erweiterung zur Verfügung steht.
- Der Systemarchetyp „Wachstum und Unterinvestition" erfordert die Fähigkeit den richtigen Zustand des Absatzgebietes wahrzunehmen. Nimmt die Nachfrage ab, weil sich der Markt verändert? Oder nimmt Ihre Fähigkeit auf die Nachfrage zu reagieren ab, weil Ihr Vorgehen Ihr Marktpotential einschränkt? Wenn Sie die Leistungsfähigkeit Ihrer Organisation überprüfen, kommen Sie dann zu der Einsicht, dass Ihr eigenes Verhalten Ihren Geschäftsrückgang verursacht oder dass er ehrlicherweise von Änderungen im Markt ausgelöst wird.

Und bedenken Sie:
- Es stimmt, dass man Geld braucht, um Geld zu verdienen. Oder, wenn Sie nicht investieren, dann haben Sie keine Verzinsung.
- Wachstum kann am besten aufrechterhalten werden, wenn die zukünftigen Investitionen, die Investitionskriterien und die Leistungsstandards strategisch gelenkt werden.
- Die Investitionen müssen weit im Voraus getätigt werden noch bevor die Nachfrage steigt. Wenn Sie nicht selbst Ihr Geschäft in die Hand nehmen, dann übernehmen es die Kunden, die Wettbewerber, der Markt oder das Wirtschaftssystem und „verheizen Sie".

„Wachstum und Unterinvestition" ist ein nicht einfach zusammengesetzter Archetyp, in dem zeitliche Verzögerungen ein wesentlicher Bestandteil sind. Er umfasst das Kräftespiel eines Wachstumsantriebs, einer Beschränkung und eines Ausgleichsprozesses. Im Wesentlichen können wir ihn als eine Verknüpfung der Struktur der „Grenzen des Wachstums" mit der Konstitution der „erodierenden Ziele" sehen.

„Wachstum und Unterinvestition" betrifft viele Bereiche einer Organisation, Marketing, Vertrieb und Produktion inbegriffen, weil er die Wechselbeziehungen zwischen Wachstumsbestrebungen und Investitionsentscheidungen anschaulich darstellt. Er zeigt die nachteiligen Auswirkungen des „Kirchturmdenkens".

Verwechseln Sie Veränderung nicht mit Fortschritt!

9.10 Der Stammbaum der Archetypen

Es gibt bestimmte häufig wiederkehrende Systemstrukturen. Die „Systemarchetypen" oder „generischen Strukturen" sind der Schlüssel, um das Verhalten von Individuen und Organisationen und die potentiellen Ansätze (Hebel) für Veränderungen von Systemstrukturen zu erkennen. Die meisten Archetypen sind miteinander verwandt (Abbildung 9-39).

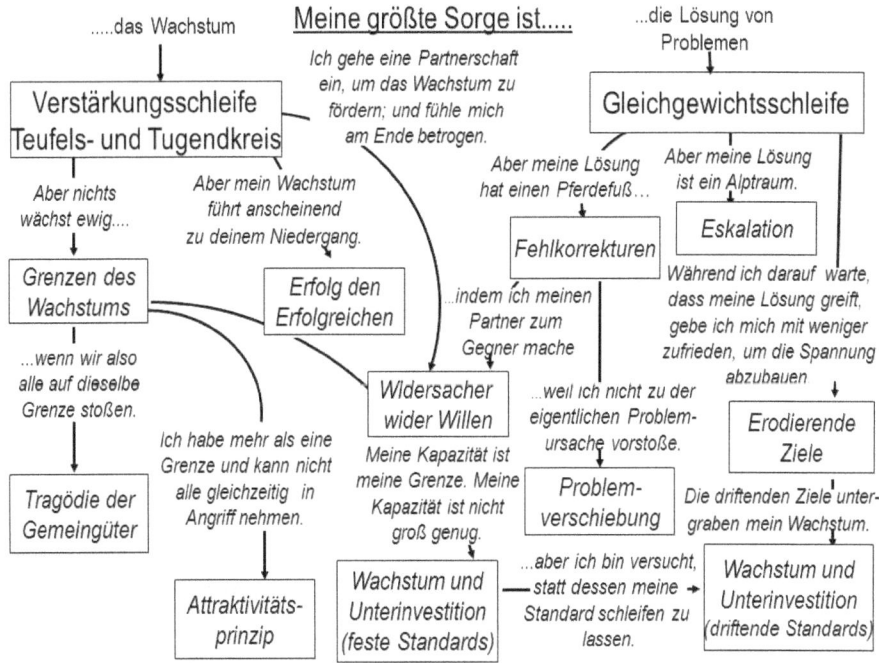

Abbildung 9-39: Stammbaum der Systemarchetypen nach M. Goodman und A. Kleiner

Mit Hilfe des Stammbaums der Systemarchetypen zur Untersuchung des Verhaltens eines Systems können Sie sich durch die Beziehungen der einzelnen Systemarchetypen arbeiten. Fangen Sie an der Spitze an und fragen Sie sich, ob Sie mit stagnierenden Wachstum konfrontiert sind oder ob es um die Lösung eines Problems geht. Dann arbeiten Sie sich durch die entsprechenden Stränge weiter nach unten.

Mit Hilfe des Stammbaums der Systemarchetypen können Sie auch neue Einsichten in eine bestimmte Situation erreichen. Wenn zum Beispiel ein Problem trotz wiederholter Bemühungen es zu lösen, immer wieder auftritt, dann liegt der Schluss nahe, dass Sie es mit „Fehlkorrekturen" zu tun haben. Die offensichtliche Frage lautet dann: „Warum konzentrieren wir uns auf schnelle Lösungen?". Die Antwort darauf ist oft eine Stufe tiefer zu finden: in der Struktur der „Problemverschiebung". Wenn man in einem anderen Fall auf die „Grenzen des Wachstums" stößt, lohnt es sich zu untersuchen, ob eine „Unterinvestition" oder eine „Tragödie der Gemeingüter" vorliegt.

Wenn sich das langfristige Verhaltensmuster eines Systems durch Ihre Eingriffe qualitativ verändert, dann können Sie feststellen, dass Sie einen wirkungsvollen Hebel gefunden haben –wenn zum Beispiel Wachstum nicht mehr stagniert oder Oszillationen, die von Verzögerungen verursacht werden, merklich abnehmen. Derartige Erfolge sind am wahrscheinlichsten, wenn Sie es fertig bringen, die Struktur, die Ihnen vorliegt, zu verändern. Sie ergänzen die Systemstruktur entweder um neue Variable (Elemente) oder Sie lösen Verbindungen auf, die unerwünschte Ergebnisse erzielen.

In der Wirklichkeit bedeutet das „Hinzufügen von Variablen", dass Sie einen neuen Prozess in Gang bringen, Informationen auf neue Weise kontrollieren oder eine veränderte Vorgehensweise begründen. Eine Verbindung zu lösen heißt, unerwünschte Wirkungen des eigenen Handelns auszuschließen oder abzuschwächen oder Verhaltensweisen aufzugeben, die langfristig kontraproduktiv sind. Wenn die Auswirkungen der Veränderungen sehr komplex oder schwer abzuschätzen sind, dann lohnt sich die Zuhilfenahme von Computermodellen.

Die Systemelemente der Archetypen sind in der Regel nicht immer eindeutig definiert und Sie können oft nur darüber spekulieren, wie sich das System unter welchen Annahmen verhält. Das Computermodell eines Systems lässt Sie erkennen, was geschieht, wenn Sie diese Annahmen in logische Schlussfolgerungen überführen. Das macht die Modellentwicklung zu einer wertvollen Möglichkeit der Nachforschung: Sie bietet Ihnen risikolose und neue Arbeitsweisen, um Hypothesen zu testen, bevor Sie danach handeln.

Reißt man eine Fabrik ein oder revoltiert gegen eine Regierung oder unterlässt es, ein Motorrad zu reparieren, nur weil es sich dabei um ein System handelt, heißt das Wirkungen anstelle von Ursachen anzugreifen; und solange nur die Wirkungen angegriffen werden, ist keine Veränderung möglich. Das wahre System, das eigentliche System ist der derzeitige Aufbau unseres systematischen Denkens selbst, und wenn man eine Fabrik niederreißt, jedoch die Rationalität – das sie tragende Denkmodell-, die sie hervorgebracht hat stehen lässt, dann wird die Rationalität einfach eine neue Fabrik hervorbringen. Wenn eine Revolution eine systematische Regierung vernichtet, die systematischen Denkmuster, die diese Regierung hervorgebrachte, jedoch unangetastet lässt, dann werden sich diese Denkmuster in der nach folgenden Regierung wiederholen. Es wird so viel über das System geredet. Und so wenig begriffen.
(Übernommen aus: Robert M. Pirsig, Zen und die Kunst ein Motorrad zu warten; Fischer Taschenbuch Verlag, 2006)

Ich hoffe, Sie sind jetzt mit der Methode des Systemdenkens vertraut geworden und es fällt Ihnen leichter, nachhaltige Entscheidungen in komplexen Situationen zu treffen.

Düsseldorf, im Sommer 2016

10. Benutzte Literatur

Ackoff L. Russel: Ackoff's Best,
John Wiley & Sons Inc., 1999

Alfeld Louis: Introduction to Urban Dynamics,
Wright-Allen Press, Inc., 1976

Anderson Virginia, Johnson Lauren: Systems Thinking Basics,
Pegasus Communications, Inc.1997

Argyri Ch., Schön A. Donald: Die lernende Organisation,
Klett-Cotta, 2008

Arthur W. Brian: Increasing Returns & Path Dependance in the Economy,
University of Michigan Press, June 1994

Arthur W. Brian: Positive Feedbacks in the Economy,
Scientific American, February 1990

Arthur W. Brian: The Nature of Technology,
Free Press, 2009

Barabási A. L.: Linked,
Plume, 2003

Beyer Jürgen: Pfadabhängigkeit ist nicht gleich Pfadabhängigkeit,
Zeitschrift für Soziologie, Jg. 34, Heft 1, Februar 2005

Bossel Hartmut: Systeme, Dynamik, Simulation
Books on Demand, 2004

Bossel Hartmut: Wirtschaft, Gesellschaft und Entwicklung
Books on Demand, 2004

Brynjolfsson Erik, Mcafee Andrew: The Second Machine Age
Plassen Verlag, 2015

Ceckland Peter: Systems Thinking, Systems Practice,
John Wiley & Sons, Ltd, 1993

Dörner Dietrich: Die Logik des Misslingens,
rororo science, 1992

Fisher Len: Katastrophen, wie die Wissenschaft hilft, sie vorherzusagen
Eichborn Verlag, 2001

Forrester Jay W.: Industrial Dynamics,
Productivity Press, 1961

Forrester Jay W.: Principles of Systems,
Productivity Press, 1968

Forrester Jay W.: Urban Dynamics,
Pegasus Communications, Inc. 1999

Förster Jens: Kleine Einführung in das Schubladendenken,
DVA, 2007

Greschik Stefan: Das Chaos und seine Ordnung
Einführung in komplexe Systeme
Deutscher Taschenbuch Verlag, 1998

Goodman M. R.: Study Notes in System Dynamics,
Pegasus Communications, 1989

Haken Herman: Die Selbstorganisation komplexer Systeme
Picus Verlag Wien, 2004

Hardin Garrett: The Tragedy of the Commons,
Science 13, 1968

Helfrich Silke, Kuhlen Rainer, Sachs Wolfgang, Siefkes Christian:
Gemeingüter – Wohlstand durch teilen,
Heinrich-Böll-Stiftung, 2009

Hinken Brian: The Learner's Path,
Pegasus Communuications, Inc., 2007

Holland H. John: Emergence - From Chaos to Order,
Oxford University Press, 1998

Johnson Neil: Simply Complexity, a clear guide to complexity theory
Oneworld, 2007

Kaufmann Draper: Systems 1,
The Innovative Learning Series, 1980

Kim H. Daniel, Anderson Virginia: Systems Archetype Basics,
Pegasus Communications, Inc. 1998

Kim H. Daniel: Organizing for Learning,
Pegasus Communications, Inc., 2001

Meadows Denis: Die Grenzen des Wachstums,
DVA, 1987

Meadows Donella: Limit of Growth, The 30-Year Update,
Chelsea Green Publishing Company, 2004

Meadows Donella: Thinking in Systems,
Earthscan, 2008

Mérö László: Die Grenzen der Vernunft,
Kognition, Intuition und komplexes Denken, rororo, 2002

Milling Peter: Entscheiden in komplexen Systemen,
Duncker & Humboldt, Berlin, 2002

Mitchell Melanie: Complexity – a guided Tour,
Oxford University Press, 2009

North C. Douglas: Institutional Chance & Economic Performance,
Cambridge University Press, 1990

O'Connor Joseph: Heute ist mein Tag
Außergewöhnliche Lösungen für alltägliche Probleme,
VAK Verlags GmbH, 2008

O'Connor J., McDermott I.: Die Lösung lauert überall,
Systemisches Denken verstehen & nutzen
VAK Verlags GmbH, 2003

Ollhoff Jim, Walcheski Michael: Introduction to Complex Systems,
Sparrow Media Group, Inc.2002

Osner Andreas: Personalentwicklung in der Politik,
Verlag Bertelsmann Stiftung, 2005

Ossimitz G.: Entwicklung systemischen Denkens,
Profil Verlag, 2000

Ostrom Elinor: Was mehr wird, wenn wir teilen,
Oekom Verlag, 2011

Popitz Heinrich: Phänomene der Macht,
Mohr Siebeck, 2004

Richardson P. George, Pugh I. Alexander:
Introduction to System Dynamics Modeling, Productivity Press, 1981

Richmond Barry: Systems Thinking – Four Key Questions
High Performance Systems Inc., 1991

Sauter W., Sauter S.: Workplace Learning
Springer-Verlag, 2013

Schragenheim Eli, Dettmer William: Manufacturing at Warp Speed,
St. Lucie Press, 2000

Senge M. Peter et al.: Das Fieldbook zur Fünften Disziplin,
Klett-Cotta, 1997

Senge M. Peter: Die fünfte Disziplin,
Klett-Cotta, 1996

Sterman John D.: Business Dynamics,
Systems Thinking and Modeling for a Complex World
Irwin McGraw-Hill, 2000

Vester Frederic: Die Kunst vernetzt zu denken,
DVA, 1999

Wagner Reinhard: Stock-Flow-Thinking und Bathtub Dynamics,
Universität Klagenfurt, 2004

Wagner Reinhard: Vermittlung systemwissenschaftlicher Grundkonzepte,
Universität Graz, 2002

Waldrop M. Mitchell: Complexity -
The Emerging Science at the Edge of Order and Chaos
Simon & Schuster, 1992

Waldrop M. Mitchell: Inseln im Chaos,
Die Erforschung komplexer Systeme
rororo, 1993

Watzlawick Paul: Die erfundene Wirklichkeit,
Piper, 1985

Watzlawick Paul: Wie wirklich ist die Wirklichkeit,
Piper, 1978

11. System Dynamics Software

Powersim / *http://www.powersim.com* – ist erhältlich von
Powersim AS,
P.O. Box 206, N-5100 Isdalstø, Norwegen;
☏ 0047.56.342.400

ithink/Stella / http://www.iseesystems.com – ist erhältlich von
High Performance Systems,
45 Lyme Road, Hanover, NH 03755; USA
☏ 001.603.643.9636

Vensim / *http://vensim.com* – ist erhältlich von
Ventana Systems, Inc.
60 Jacob Gates Road, Harvard, MA 01451, USA
☏ 001.508 456.3069

12. System Dynamics Institutionen

System Dynamics Society: http://www.systemdynamics.org
Waters Foundation: http://watersfoundation.org/
Leverage Networks: https://www.leveragenetworks.com/
Society for Organizational Learning: http://www.solonline.org/
Santa Fe Institute: http://www.santafe.edu/
Mind Tools: https://www.mindtools.com
Soft Skills: http://www.soft-skills.com/